In guten Händen

Thomas Bauer · Roland Hoede

In guten Händen

Vom Bockenheimer Diakonissenverein
zum Frankfurter Markus-Krankenhaus

1876–2001

Herausgeber
Freunde und Förderer des St. Markus-Krankenhauses
Verein für Krankenpflege und Diakonie in Frankfurt am Main
(gegründet 1876 als Bockenheimer Diakonissenverein)

Verlag Waldemar Kramer

Die Deutsche Bibliothek – CIP-Einheitstitel
Ein Titeldatensatz für diese Publikation ist bei
Der Deutschen Bibliothek erhältlich

Verlag Waldemar Kramer GmbH, Frankfurt am Main
ISBN 3 7829 0516 4

Umschlagentwurf: Lutz Reinhardt, Frankfurt am Main
Druck: Central-Druck Trost GmbH & Co., Heusenstamm
Buchbinderische Verarbeitung: Fikentscher, Seeheim

Inhalt

Vorwort

Im Jahr 2001 jährt sich zum 125. Mal die Gründung des Bockenheimer Diakonissenvereins, des Traditionsgebers und Rechtsvorgängers des heutigen Markus-Krankenhauses in Frankfurt am Main. Dieses Datum ist es uns wert, die Geschichte unseres Krankenhauses und seines früheren Trägervereins mit einem Buch einer größeren Öffentlichkeit zugänglich zu machen.

Menschen, die in einem Krankenhaus arbeiten, aber auch Interessierte von außen, haben meist wenig Möglichkeit, sich ohne Aufwand mit der Geschichte einer Klinik zu beschäftigen. In der Regel bleibt es dem nachforschenden Interesse Einzelner überlassen, den Zugang zu den Quellen zu suchen, um sich einen Eindruck davon zu machen, wie es in vergangenen Tagen um das Krankenhaus bestellt war.

Einzelne Schriftstücke, Akten, die etwa den Kauf von Grundstücken für das Krankenhaus dokumentieren, Fotos von Kranken- und Behandlungszimmern, Verhandlungsprotokolle mit der Stadt Frankfurt, gesammelte Zeitungsausschnitte, sie alle können wertvolle Fundstücke sein für denjenigen, der sich auf die Suche macht. Da mag sich manches Schlaglicht werfen auf dieses und jenes historisch interessante Detail – als kleine Rarität, als geschichtliches Kuriosum, als ein akribisch dokumentierter „Vorgang“ anlässlich einer Angelegenheit, die ansonsten längst in Vergessenheit geraten ist. Aber auch die gewichtige Gründungsurkunde oder das juristische Dokument über die neue Rechtsform sind Bausteine, die sich finden lassen.

Will er aber die Bausteine zu einem Ganzen zusammenfügen, gerät der interessierte Laienhistoriker bald an seine Grenzen: Zu groß ist die Zahl der Einzeldokumente, deren Zusammenhang sich nicht von selbst ergibt. Zu wenig oder gar nicht aufbereitet stehen Quelle an Quelle, allein – wie sind sie zu verstehen und einzuordnen, so dass sich ein Panorama der Geschichte eines Krankenhauses erschließt? Wir konnten für unser Vorhaben mit Dr. Thomas Bauer einen ausgewiesenen Kenner der Frankfurter Stadt- und Gesundheitsgeschichte gewinnen. Das Kapitel über die „braune Zeit“ steuerte der Fachmann für das NS-Gesundheitswesen, Roland Hoede M.A., bei.

Unser Motiv, eine Geschichte des Markus-Krankenhauses vorzulegen, erschöpft sich aber nicht in der Absicht, eine sachgerechte historische Darstellung zu veröffentlichen. Die Geschichte des Markus-Krankenhauses gründet in dem mutigen und engagierten Vorhaben des Bockenheimer Diakonissenvereins, für die kranken Menschen im Stadtteil eine kontinuierliche und fachlich gute Versorgung aufzubauen. Getragen wurde dieses Projekt vom Gedanken, dass die Zuwendung zum Nächsten für Christen ein Auftrag ist, wichtiger Bestandteil des gelebten Glaubens. Dem entsprach ein „un-bedingtes“ Verhältnis zu Dienst und Dienstgemeinschaft. Ebenso das Eingebettetsein in das kirchliche Umfeld: Enger Kontakt zu den Gemeinden vor Ort, Mitarbeit von Pfarrern, Einsatz von der Kirche verbundenen Ehrenamtlichen am Krankenbett, aber auch in den Gremien.

Die Geschichte unseres Krankenhauses ist also zu einem Gutteil auch eine Kunde darüber, wie eine grundlegende christliche Lebensorientierung praktisch umgesetzt wurde. Wir meinen, dass es auch heute noch lohnend ist, sich mit dem diakonischen Verständnis dieser „Menschen des Dienstes“ auseinanderzusetzen. Im Nachspüren der historischen Differenz können und sollten wir unser heutiges Berufsverständnis und unser eigenes Profil schärfen: Geht das Motiv gelebter Nächstenliebe über unseren modernen Begriff der Kundenorientierung hinaus? Zählt Dienstgemeinschaft noch oder wollen wir uns auf „Corporate Identity“ begrenzen? Einbindung ins kirchliche Umfeld, bedeutet sie uns mehr als ein Netzwerk? Wir laden mit der Lektüre also auch zum Nachdenken darüber ein, was wir aus unserer Tradition lernen und für die Begegnung mit unseren Patientinnen und Patienten heute mitnehmen können. Gleichfalls sollten wir aber auch den Mut haben, kritisch zu analysieren, an welchen Stellen wir eine zeitgemäße Weiterentwicklung dieser Tradition für notwendig halten.

Die Leserinnen und Leser des vorliegenden Bandes können viel darüber erfahren, wie ein Krankenhaus eingebunden ist in die Bezüge von Stadt und Region. In diesem Sinne trägt das Buch auch bei zur Geschichtsschreibung der Stadt Frankfurt am Main.

Auch die Entwicklung der Gesundheitspolitik lässt sich anhand der Geschichte unseres Krankenhauses studieren. Der Fortschritt in der Medizin und seine praktische Umsetzung in Diagnose- und Therapiemöglichkeiten im Krankenhaus mussten sich immer mit den gesetzlichen Rahmenbedingungen auseinandersetzen. Die Möglichkeiten der Refinanzierung im Klinikbereich sind in den letzten Jahren immer enger geworden. Im Verbund der Frankfurter Diakonie-Kliniken hat das Markus-Krankenhaus seit 1998 seine Ressourcen stärken und bündeln können. Die Situation der „leeren Kassen“ im Gesundheitssektor fordert heute von den Häusern eine Konzentration und Spezialisierung, die man sich so vor zwanzig, dreißig Jahren nicht hat vorstellen können. Unser Klinikverbund bietet für die Bewältigung dieser Zukunftsaufgabe gute Chancen: Die eigenen Stärken weiter profilieren, medizinisches und pflegerisches Know-how austauschen, Aus- und Weiterbildung auf breiterer Grundlage betreiben; aber auch die Möglichkeit, kleinere, weniger wirtschaftliche Fachgebiete an andere Kliniken des Verbundes abzugeben, die sie mit höherer Effizienz weiter betreiben.

Die wechselvolle Geschichte des Markus-Krankenhauses dokumentiert, dass eine Klinik fortwährend auf die Anforderungen der Zeit reagieren muss. Mit der Darstellung dieser Geschichte wollen wir auch unseren Mitarbeiterinnen und Mitarbeitern danken: Für ihr Engagement, für ihre Professionalität und für ihr Mitgefühl, mit dem sie den Patientinnen und Patienten zu deren Wohl begegnet sind. Wir sind gewiss, dass das Markus-Krankenhaus weiterhin ein Haus mit guter Zukunft ist.

Armin Clauss
Vorsitzender des Stiftungsvorstandes
der St. Markus-Krankenhaus Stiftung
in Frankfurt am Main

Helmut Schmitt
Vorsitzender des Vereins
Freunde und Förderer des
St. Markus-Krankenhauses
Verein für Krankenpflege und
Diakonie in Frankfurt am Main

Bernd Weber
Geschäftsführer der
Frankfurter Diakonie-Kliniken

Grußwort

Der 125. Jahrestag der Gründung des Bockenheimer Diakonissenvereins ist ein guter Anlass, sich die Geschichte des Vereins und des Markus-Krankenhauses bis zu den heutigen Diakonie-Kliniken zu vergegenwärtigen.

Sich der Kranken umfassend anzunehmen, sie zu pflegen und wenn möglich zu heilen, gehört zu den Grundformen christlicher Nächstenliebe. Dabei sind die Organisationsformen von Anfang an vielfältig und reichen von der individuellen Betreuung (z.B. der Barmherzige Samariter, Lukas 10), über kollektive Heilungen bis zur Bestellung professioneller Pfleger (Apostelgeschichte 6).

Im 19. Jahrhundert entstehen viele Vereine, die diakonische Aufgaben übernehmen und fördern wollen, so auch der Bockenheimer Diakonissenverein, dem es im Besonderen um den persönlich verpflichtenden Dienst geht. Stiftungen werden errichtet, die das nötige Geld bereitstellen. Der Gedanke wird in unseren Tagen als „sponsoring" gleichsam neu entdeckt.

Und auch heute ist das Besondere christlicher Krankenpflege die ganz persönliche Zuwendung, die Sorge um Leib und Seele. Diese Zeit für die Seele, für das Gespräch, den Glauben, das Gebet lässt sich mit keiner Krankenkasse abrechnen und ist doch genauso wichtig wie professionelle ärztliche Behandlung und Pflege, wie Medikamente und Ergotherapie.

Auch unter veränderten wirtschaftlichen und politischen Rahmenbedingungen werden wir im christlichen, im evangelischen Krankenhaus in Menschen investieren müssen, um der Menschen willen. Die Kirche vor Ort wird der Rückhalt sein müssen, wie es die Gemeinde seit Gründung des Vereins war.

Die Gute Nachricht von Jesus Christus ist auch im 21. Jahrhundert lebenswichtig und aktuell. Deshalb werden „Dienstgemeinschaft" und „Nächstenliebe" in gelebtes Leben übersetzt werden können zum Wohl der Kranken und Gesunden. Ich wünsche dem Markus-Krankenhaus eine gute, gesegnete Zukunft!

H. Trösken

Pfarrerin Helga Trösken
Pröpstin für Rhein-Main

„Gottes Segen ruhe auch auf diesem Gebiet der barmherzigen Liebesthätigkeit!" – Die Gründungsphase 1876–1891

1. Kapitel

Der Pfarrer und Vorsteher des Frankfurter Diakonissenhauses, Carl Leydhecker, bekam im Mai 1875 Post von seinem Amtsbruder in Bockenheim. Neugierig öffnete Leydhecker das Kuvert und entfaltete den am 13. Mai 1875 aufgesetzten Brief. In dem Schreiben erkundigte sich der evangelische Pfarrer der Nachbarstadt, Metropolitan Jakob Strobel, ob der Frankfurter Diakonissen-Verein zwei Schwestern zur häuslichen Pflege von Kranken, Siechen und Armen nach Bockenheim entsenden könnte.

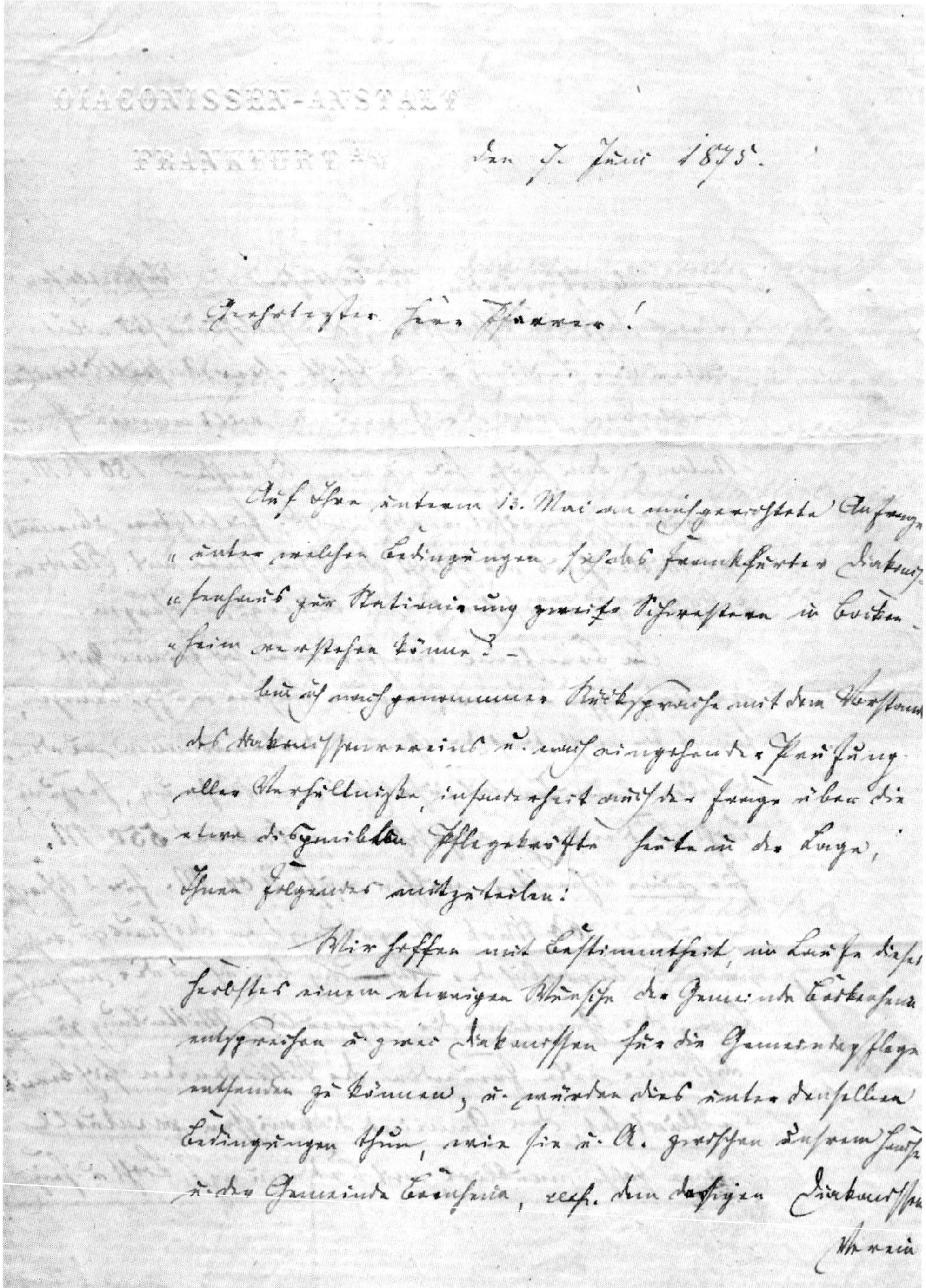
DIACONISSEN-ANSTALT

FRANKFURT a/M den 7. Juni 1875.

Hochverehrter Herr Pfarrer!

Antwortbrief des Frankfurter Diakonissen-Vereins an Pfarrer Jakob Strobel vom 7. Juni 1875.

Strobels Anfrage wurde vom Vorstand des Diakonissen-Vereins wohlwollend geprüft und Pfarrer Leydhecker mit der Abfassung eines Antwortbriefs beauftragt. Leydhecker informierte den Amtsbruder am 7. Juni 1875 über den Vorstandsbeschluss, baldmöglichst zwei Diakonissen zur Gemeindepflege nach Bockenheim abzuordnen. Da es jedoch permanent an Pflegekräften mangelte, sei frühestens im Herbst mit dem Eintreffen der Schwestern zu rechnen. Nach dem dann zu schließenden Gestellungsvertrag habe die Gemeinde für Kost und Logis der Diakonissen aufzukommen und dem Frankfurter Mutterhaus für jede Schwester eine jährliche „Ausleihgebühr“ von 180 Reichsmark zu zahlen. Alles in allem entstünden pro Schwester erfahrungsgemäß Kosten in Höhe von rund 730 Reichsmark im Jahr. Mit dem Hinweis, dass die Gemeinde Bornheim zur Finanzierung der vom Mutterhaus nach dort entsandten Diakonissen einen Verein ins Leben gerufen habe, gab Pfarrer Leydhecker vermutlich den entscheidenden Anstoß zur Gründung des Bockenheimer Diakonissenvereins.

Gründungsmitglied und erster Vorsitzender des Bockenheimer Diakonissenvereins: Jakob Strobel.

In der Wohnungsfrage zeichnete sich für Bockenheim im Juni 1875 eine Lösung ab: „Bezüglich der Wohnung bin ich in der angenehmen Lage“, signalisierte Leydhecker dem Kollegen Strobel, „der Gemeinde erfreuliche Mitteilung zu machen, daß eine edle Freundin der Notleidenden sich bereit erklärt hat, den Gemeindediakonissen eventuell solche meublirt, mit Bedienung, Licht und Heizung kostenfrei zur steten Disposition zu stellen, eine Wohlthat, welche die Gemeinde Bockenheim um so mehr veranlassen dürfte, ihren Gliedern den großen Segen einer geordneten Gemeinde-Krankenpflege zu ermöglichen.“[1] Hinter der geheimnisvollen „edlen Freundin der Notleidenden“ verbarg sich die betuchte Witwe Bertha Bernus, geborene von Grunelius.

Bertha Bernus wollte Gutes tun. Zeitgleich mit Pfarrer Strobel war Bernus im Mai 1875 an den Frankfurter Diakonissen-Verein herangetreten und hatte dem Vorstand die Übernahme eines in der Bockenheimer Schloßstraße 52 geplanten Kinderspitals angetragen. Die Stifterin beabsichtigte das in ihrem Besitz befindliche, dreistöckige Gebäude zur Aufnahme von sechs Kindern komplett einzurichten und zur Deckung sämtlicher Folgekosten ein Kapital bereitzustellen. Diakonissen des Frankfurter Mutterhauses sollten die kranken Kinder pflegen. Den von Pfarrer Strobel angeforderten Gemeindeschwestern stellte Bernus eine möblierte Wohnung in der Schloßstraße 52 in Aussicht. Der Vorstand des Diakonissen-Vereins nahm das großherzige Angebot der Stifterin gerne an, konnte die zugesagte Krankenschwester aufgrund fehlender Pflegekräfte aber erst Anfang 1876 entsenden. Im 1875er Jahresbericht des Frankfurter Diakonissenhauses beginnt der Abschnitt über den schon damals weitverbreiteten Pflegenotstand mit einem Stoßseufzer: „Aber eben der Schwesternmangel! Diese ständige Klage aller Diakonissenhäuser, in die auch wir einstimmen müssen, wenn wir auch mehr wie andere in dieser Beziehung zu danken haben. Doch geht's einmal wunderbarer Weise in unserem Werke so, – je mehr Kräfte wir haben, desto mehr Nachfragen und Bitten um ihre Dienste. Und ganz abgesehen von den erhöhten Forderungen, die die Privatpflege in hiesiger Stadt an unser Haus stellt, [...] wird uns demnächst die Uebernahme der Pflege in einigen Anstalten und Gemeinden eine Anzahl von Schwestern in Anspruch nehmen. Außer einer dritten Gemeindediakonisse, die wir mit dem ersten Januar nach Bornheim sendeten, werden mit dem 1. Februar 2 Schwestern in Bockenheim stationiert werden; die eine zur Leitung des von Frau Bernus-Grunelius daselbst errichteten Kinderhospitals, die zweite für die Gemeindepflege.“[2]

Der 1. Februar 1876 war nicht nur für die Stifterin Bernus und den Pfarrer Strobel ein großer Tag. Vor nunmehr 125 Jahren wurde an jenem ersten Februartag mit einer gottesdienstlichen Feier in der Schloßstraße 52 das Kinderhospital eröffnet und eine Diakonisse namens Maria in das Amt der Gemeindeschwester eingeführt. Der 1. Februar 1876 gilt seither als Gründungstag des Bockenheimer Diakonissenvereins, aus dem später das St. Markus-Krankenhaus hervorgegangen ist. Zum Vorsitzenden des Bockenheimer Diakonissenvereins, der 1877 bereits rund 150 Mitglieder zählte, wurde wie erwartet Jakob Strobel gewählt. Mit W. Flach und E. Ebel war der erste Vereinsvorstand komplett. Dem Eintrag über die Eröffnung der Station in Bockenheim fügte der Protokollführer des Frankfurter Diakonissen-Vereins den frommen Wunsch hinzu: „Gottes Segen ruhe auch auf diesem Gebiet der barmherzigen Liebesthätigkeit!“[3]

Anfangs konzentrierte sich der Bockenheimer Diakonissenverein ganz auf die Gemeindepflege – für viele die „Krone der Diakonie“. Gemeindeschwestern versorgten die häuslichen Armen und Kranken in ihrem Bezirk und leisteten, wo

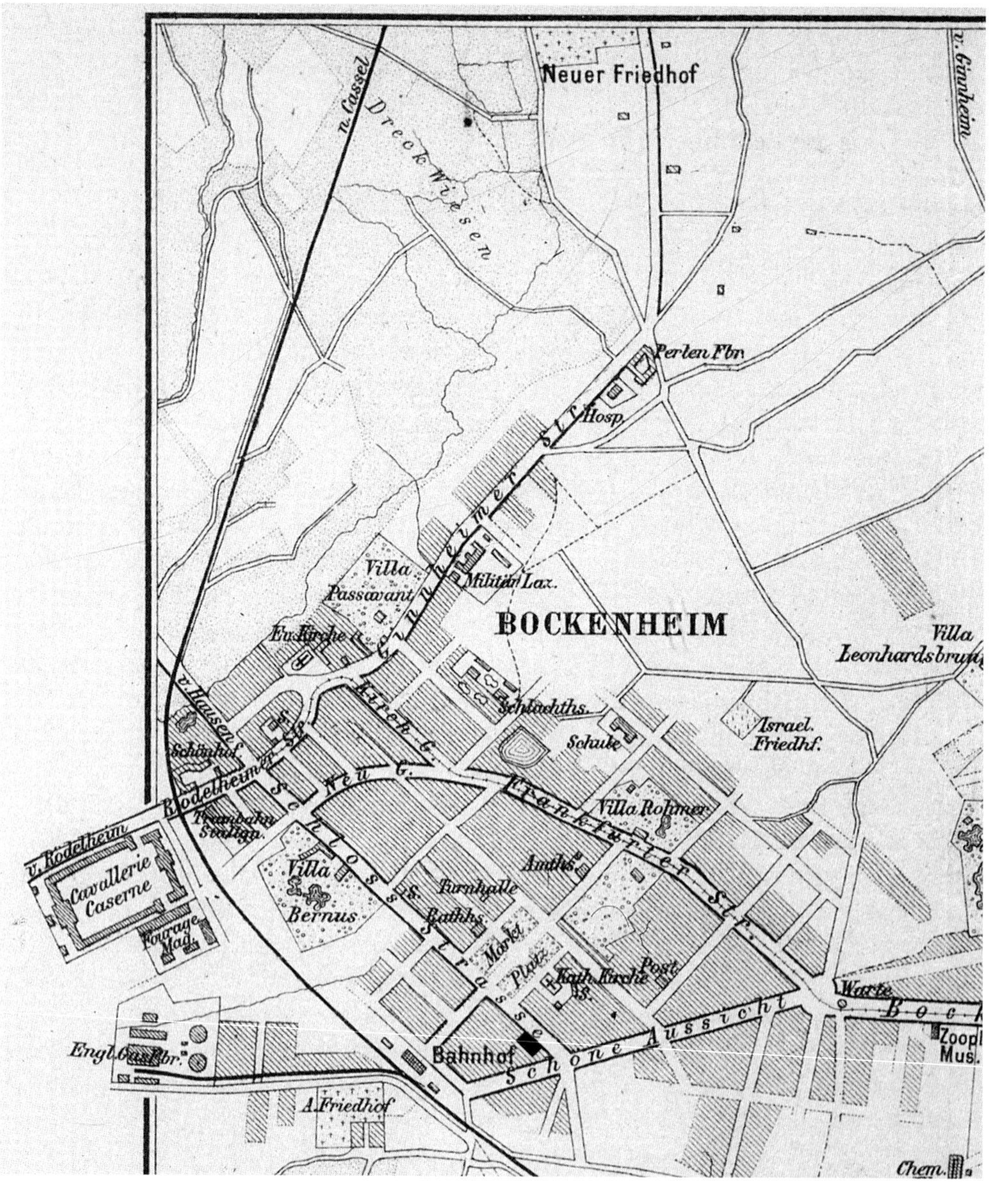

Ludwig Ravensteins Taschenplan von Frankfurt am Main und Bockenheim, um 1880 (Ausschnitt). Die Lage des Kinderhospitals in der Schloßstraße 52 ist auf dem Plan markiert (■).

erforderlich, eine umfassende Pflege der betroffenen Familien. Diakonissen waren, wenn man so will, die Sozialarbeiterinnen des 19. Jahrhunderts. Darüber hinaus übernahmen die in den Kirchengemeinden aktiven Schwestern seelsorgerische Aufgaben. Diakonissen brachten die Kirche zu den Menschen. Laut Neuem Testament bedeutet „Diakonie" Dienst der Gemeinde am Hilfsbedürftigen. Dem Diakon oblag in der urchristlichen Gemeinde die Armenfürsorge. Als „Erneuerer des apostolischen Diakonissenamtes" gilt der am 21. Januar 1800 in Eppstein geborene evangelische Theologe Theodor Fliedner. Unter Berufung auf die Bibel bezeichnete Fliedner die von ihm in der Krankenpflege ausgebildeten Schwestern als Diakonissen.[4]

Theodor Fliedner.
Gemälde von Otto Mengelberg, um 1857.

Während die Fortschritte der Medizin und die Entdeckungen auf dem Gebiet der Asepsis, der Narkose und schmerzstillender Mittel in der ersten Hälfte des 19. Jahrhunderts immer kompliziertere Operationen ermöglichten, lag im Bereich der Krankenpflege noch vieles im Argen. Unqualifizierte Krankenwärter und -wärterinnen sowie haarsträubende hygienische Zustände in den Hospitälern gefährdeten die Erfolge der ärztlichen Kunst. Mediziner forderten seit dem 18. Jahrhundert vehement den Einsatz von geschultem Krankenpflegepersonal. Nachdem sich um 1810 in dem von Napoleon besetzten Rheinland französische Krankenpflegeorden niedergelassen hatten, wurden unter dem Namen „Barmherzige Schwestern" bald auch auf deutschem Boden katholische Pflegegenossenschaften errichtet, die aus den ihnen anvertrauten Krankenhäusern wahre Musteranstalten formten.

Auf Seiten der protestantischen Kirche ergriff, wie gesagt, Theodor Fliedner die Initiative und gründete 1836 den „Evangelischen Verein für christliche Krankenpflege in der Rheinprovinz und Westfalen". Der Verein verfolgte nach Paragraf zwei der Satzung den Zweck, „hilfsbedürftigen und leidenden Teilen der bürgerlichen Gesellschaft, vorzugsweise den armen Kranken, Hilfe zu leisten mittels evangelischer Pflegerinnen, welche das Diakonissenamt im apostolischen Sinne unter ihnen verwalten, sowohl in Krankenhäusern als in den Wohnungen derselben."[5] Zur Ausbildung geeigneter Pflegerinnen eröffnete der umtriebige Fliedner 1836 im heute zu Düsseldorf gehörenden Kaiserswerth ein Krankenhaus, das er nach dem Vorbild der Barmherzigen Schwestern als Mutterhaus organisierte. In dem ersten Diakonissenmutterhaus bildeten unverheiratete Schwestern eine ordensähnliche Glaubens- und Dienstgemeinschaft auf Lebenszeit.

Die Motive, aus denen Frauen in ein Diakonissenmutterhaus eintraten, waren vielschichtig. Oftmals standen hinter der Entscheidung sehr persönliche Krisenerfahrungen oder Suchbewegungen – das in der Gesellschaft fest verankerte, von Selbstlosigkeit, Demut und Hingabe geprägte christliche Frauenbild tat ein Übriges. Die Frauen waren bei ihrer Aufnahme in das Mutterhaus meist Anfang zwanzig und mussten erst einmal eine Probezeit von bis zu anderthalb Jahren absolvieren. Im Gegensatz zu den Barmherzigen Schwestern legte Fliedner größten Wert darauf, dass die angehenden Schwestern regelmäßig von einem sachkundigen Arzt in praktischer Krankenpflege instruiert wurden. Die Hauptlast des Unterrichts trugen eine erfahrene Pflegerin und Fliedners Ehefrau Friederike, die das Mutterhaus als Vorsteherin leitete. Fliedner selbst unterwies die Schülerinnen in Bibelkunde und Ethik der Krankenpflege, womit er die Grundlagen für eine „geistliche Krankenpflege" schuf. Im Kaiserswerther Diakonissenmutterhaus nahm die geregelte Krankenpflegeausbildung ihren Anfang. Zum Ende einer erfolgreich verlaufenen Grundausbildung wurde die Kandidatin feierlich als Diakonisse eingesegnet. Über die Verwendung der neuen Diakonisse entschied einzig und allein das Mutterhaus: Sie konnte entweder im eigenen Haus, in einer auswärtigen Krankenanstalt oder in der Gemeindepflege eingesetzt werden. In jedem Fall blieb die Diakonisse ihrem Mutterhaus direkt unterstellt. Das Mutterhaus, befand Fliedner Anfang 1845, ist „der Mittelpunkt des Ganzen.“[6]

Die Anrede „Schwester“ und die Krankenpflegetracht haben ihren Ursprung im Diakonissenwesen. Schwesternnamen und Einheitskleidung sollten intern die Standesunterschiede zwischen den Diakonissen ausgleichen und nach außen die christliche Gesinnungsgemeinschaft der Pflegerinnen demonstrieren. Speziell für die im Außendienst arbeitenden Gemeindediakonissen bildete die Tracht eine Art Schutzschild. Mitte des 19. Jahrhunderts war es für unverheiratete Frauen ein Unding, ohne Begleitung fremde Familien aufzusuchen. Um den gesellschaftlichen Konventionen Genüge zu tun, aber auch zur Sicherheit der Schwestern, wurden das Kleid und die weiße Haube der ehrbaren, verheirateten Bürgersfrau zur Tracht der Diakonissen bestimmt. Bis heute erwecken Schwesternnamen und Tracht automatisch die Assoziation von Krankenpflege.

Das Dasein als Diakonisse war nicht eben einfach. Der Tag begann im Kaiserswerther Diakonissenhaus in aller Herrgottsfrühe um fünf Uhr. Die zehn- bis zwölfstündige Arbeitszeit wurde nur zur Einnahme der Mahlzeiten und zur Andacht unterbrochen. Im Kampf gegen die Infektionsgefahr setzten die Krankenhäuser in der zweiten Hälfte des 19. Jahrhunderts auf peinlichste Sauberkeit und auf die Farbe weiß: „Weiss macht alles sichtbar, ein einwandfreies Weiss ist sozusagen eine Garantie, ein Beweis für Sauberkeit.“[7] Ob Bettgestelle, Wäsche, Zimmerwände, Schwesternschürzen oder Ärztekittel, alles hatte weiß zu sein. Der Hygienefeldzug brachte für das Krankenpflegepersonal viel zusätzliche Putzarbeit mit sich, zumal wenn die Anstalt noch nicht an die zentrale Trinkwasserversorgung und die Kanalisation angeschlossen war. Ungeachtet der starken Beanspruchung im Krankenhausalltag wurde von den Schwestern erwartet, dass sie sich mit Neuerungen wie der Injektionsspritze, dem Fieberthermometer (um 1850) oder dem Röntgenapparat (um 1900) vertraut machten. Kein Wunder, dass die Mutterhäuser bei den neu eintretenden Schwestern eine gute körperliche und seelische Konstitution voraussetzten. Nachdem sie die aktive, aufreibende Dienstzeit abgeleistet hatten, verbrachten die Diakonissen ihren auch als „Feierabend“ bezeichneten Lebensabend im Schoß des Mutterhauses.[8]

Die drei ersten in Kaiserswerth ausgebildeten Diakonissen wurden von Fliedner am 3. Oktober 1839 eingesegnet. Zwei Schwestern, darunter Marie Schäfer, die zu den von Fliedner zuerst eingesegneten Diakonissen gehörte, kamen nach Frankfurt am Main, wo sie im städtischen Versorgungshaus in der Hammelsgasse arme Kranke und Sieche pflegten. Obwohl sich die mit Fliedners Ehefrau Friederike eng befreundete Mitbegründerin des Versorgungshauses, Meline Scharff-Willemer, sehr für die Diakonissen einsetzte, kam es 1847 zwischen dem Kaiserswerther Mutterhaus und dem Pflegamt der Stadt Frankfurt zu Meinungsverschiedenheiten, die letztendlich zur Abberufung der beiden Krankenschwestern führten.[9] Gleichwohl sollte das Diakonissenwesen über kurz oder lang auch in Frankfurt Fuß fassen. Nachdem das Kaiserswerther Beispiel anderenorts längst Schule gemacht hatte, konstituierte sich im Februar 1861 auch in der damals noch Freien Stadt Frankfurt ein Diakonissen-Verein. Bei der Gründung des Diakonissen-Vereins haben der seit 1813 bestehende Frankfurter Frauenverein und der 1850 ins Leben gerufene Gesamtverein für Innere Mission Pate gestanden. Die Initiatoren des Frankfurter Diakonissen-Vereins kamen allesamt aus den Reihen der beiden älteren Wohltätigkeitsvereine und wollten den Aufbau einer fachkundigen Krankenpflege durch evangelische Schwestern ins Werk setzen, zumal „bereits eine Anzahl katholischer Barmherziger Schwestern sich in der Stadt befand, welche häufig auch zu Dienstleistungen bei Kranken evangelischer Confession verwendet wurden und deren Wirken viel Anerkennung fand."[10]

Als der Frankfurter Senat im Januar 1866 die gedruckten Satzungen des Diakonissen-Vereins genehmigte, wollte dieser nicht mehr nur die evangelische Krankenpflege sicherstellen, sondern auch ein Diakonissenmutterhaus errichten. Bis dato hatten sich Karlsruher Diakonissen im Auftrag des Vereins allein um die Gemeindepflege in Frankfurt gekümmert. Nun eröffnete der Ankauf des Gebäudes Querstraße 3 im Sommer 1866 die Möglichkeit, ein kleines Krankenhaus mit zehn Betten einzurichten. Eine im Juli 1866 vom Vorstand des Diakonissen-Vereins verabschiedete „Haus-Ordnung der evangelischen Diakonissen-Anstalt zu Frankfurt am Main" umreißt in den ersten drei Paragrafen die Zielsetzung des Unterfangens: „§.1. Die evangelische Diakonissen-Anstalt dahier hat den Zweck: Diakonissen – Dienerinnen Jesu Christi in Werken barmherziger Liebe – zum Dienst in Kranken- und Privathäusern zu bilden. §.2. Mit der hiesigen Anstalt sind darum eine Anzahl Krankenzimmer verbunden, wodurch den Diakonissen, neben dem Unterrichte, welchen der Hausarzt ertheilt, zugleich Gelegenheit zur praktischen Krankenpflege gegeben wird. §.3. Das Krankenhaus der Diakonissen-Anstalt nimmt männliche und weibliche Kranke auf – ohne Unterschied des religiösen Bekenntnisses – nach Vorlage eines ärztlichen Zeugnisses, auf welches hin über die Aufnahme entschieden wird. Geisteskranke, Wöchnerinnen, an chronisch unheilbaren Krankheiten, an Blattern, Krätze und Syphilis Leidende können nicht aufgenommen werden."[11]

Die Abberufung der Schwestern durch das Karlsruher Mutterhaus bereitete dem Frankfurter Diakonissen-Verein im Juni 1870 kein allzu großes Kopfzerbrechen. Der Vereinsvorstand packte die Gelegenheit vielmehr beim Schopfe, berief die Schwester Marie Breitling zur Oberin und verschaffte dadurch der Frankfurter Diakonissen-Anstalt den Status eines selbstständigen Diakonissenmutterhauses. Anfang 1871 – das kleine Krankenhaus in der Querstraße war mit verwundeten und erkrankten Soldaten des Deutsch-Französischen Krieges belegt – verfügte der Diakonissen-Verein über 19 Schwestern (acht eingesegnete Diakonissen und elf Probeschwestern). Am Vorabend des Krieges hatte der von Johann Christian Deichler geleitete Vorstand des Frankfurter Diakonissen-Vereins noch rasch die Weichen für die zukünftige Entwicklung des Krankenhauses gestellt und im Mai 1870 ein am äußersten Stadtrand gelegenes Grundstück an der Eschersheimer Landstraße erworben. Dort konnte 1874 ein, nach den Plänen der Architektengemeinschaft Carl Jonas Mylius und Friedrich Bluntschli erbautes, geräumiges Mutterhaus mit vierzig Krankenbetten und Platz für rund fünfzig Diakonissen bezogen werden. Im Juni 1874 trat Carl Leydhecker das Amt des Pfarrers und Vorstehers im Diakonissenhaus an der Eschersheimer Landstraße an.

Fast zur gleichen Zeit wurde 1874 im fernen Schaffhausen der Bethanien-Verein aus der Taufe gehoben. Als 1875 mit dem Prediger Friedrich Eilers einer der Initiatoren des Vereins „Bethanien" (Haus des Elends) nach Frankfurt versetzt wurde, richtete er in seiner Wohnung am Großen Kornmarkt 4 ein Diakonissen-Zimmer ein. Aus der kleinen Schwesternstation am Großen Kornmarkt sollte sich das 1908 am Prüfling eröffnete Bethanien-Krankenhaus entwickeln – ein Diakonissenmutterhaus mit sechzig Schwestern-Wohnungen und siebzig bis achtzig Krankenbetten.[12] Kurz vor der Jahrhundertwende gab es in Frankfurt zwölf Krankenpflege-Organisationen, darunter waren allein vier Diakonissen-Vereine: der

Die Bockenheimer Diakonissen Katharina Völkel und Elise Becker (u.), um 1880.

Das silberne Kreuz gehörte ab 1886 zur Tracht der Frankfurter Diakonissen. Auf der Rückseite eingraviert: „Joh. 12. 25.26."

Frankfurter Diakonissen-Verein, der Bethanien-Verein, der Verein der evangelischen Schwestern im Hause Bethania und, nicht zu vergessen, der Bockenheimer Diakonissenverein.[13]

Gleich nach ihrer Ankunft in Bockenheim stürzten sich die beiden Diakonissen am 1. Februar 1876 in die Arbeit. Angesichts der Überbeanspruchung der Gemeindeschwester beantragte der Bockenheimer Diakonissenverein im Juni 1877 beim Mutterhaus die Entsendung einer zweiten Pflegerin. Mit Rücksicht auf die völlig überarbeitete Krankenschwester im Bernus'schen Kinderspital und unter der Bedingung, dass Gemeinde- und Spitalpflege in Bockenheim künftig als eine einheitliche Station des Mutterhauses geführten werde und sich die Diakonissen in der Kinderkrankenpflege abwechselten, bewilligte der Frankfurter Diakonissen-Verein im November 1877 die Abordnung einer zusätzlichen Kraft.[14] Das Rotationsprinzip scheint sich nicht bewährt zu haben, denn im Februar 1883 musste die für das Kinderspital zuständige Schwester Luise Brill „mit völlig gebrochener Gesundheit wieder abberufen" werden.[15] Seit der Eröffnung vor sieben Jahren hatte der Dienst im Kinderspital die Gesundheit dreier Pflegerinnen verschlissen.

Das Mutterhaus mochte nun nicht mehr länger tatenlos zusehen, wie sich eine Diakonisse nach der anderen bei der Krankenpflege in Bockenheim aufrieb, und beraumte eine Begehung der Schloßstraße 52 an, zu der auch der Hausarzt Paul Loewe und sein Vorgänger Wilhelm Jacobi hinzugezogen wurden. Die beiden Mediziner waren davon überzeugt, „daß die unzweckmäßigen engen u(nd) niederen Räume der Grund der Erkrankung der Schwestern seien, welche keine reine Luft atmen könnten und in denen sich die Keime der Erkrankungen bilden müßten, die dann im Laufe der Zeit zur Entwicklung gelangten. Gründlich sei hier nur durch ein neues, nach den Gesetzen der Hygiene erbautes und mit einem hübschen Garten umgebenes Haus zu helfen."[16] Da zu diesem Zeitpunkt ein Neubau noch nicht infrage kam, wurde von den Teilnehmern der Besichtigung auch die Ausbesserung der schlimmsten Mängel diskutiert. Die von Pfarrer Leydhecker, Oberin von Veltheim, Metropolitan Strobel und Bauunternehmer Harth ins Auge gefassten Maßnahmen erübrigten sich mit der im weiteren Verlauf des Jahres 1883 erfolgten Verlegung des Bernus'schen Kinderspitals in das Frankfurter Mutterhaus.[17] Nur die beiden Gemeindeschwestern mussten weiter in der Schloßstraße 52 ausharren.

Zehn Jahre nach der Gründung war der Bockenheimer Diakonissenverein an einem Wendepunkt angelangt. Der Verein trat allem Anschein nach auf der Stelle, der Elan der Anfangszeit war verpufft. Um die drohende Auflösung abzuwenden, wurde für den 5. Juli 1886 eine Generalversammlung der Vereinsmitglieder einberufen. Die Versammlung wählte einen neuen, auf 14 Mitglieder erweiterten Vorstand, wobei sie an Jakob Strobel als Vorsitzendem festhielt, und verabschiedete eine überarbeitete Fassung der Vereinsstatuten. Nach wie vor richtete sich das ganze Sinnen und Trachten des Diakonissenvereins auf die Sicherstellung der evangelischen Gemeindepflege in Bockenheim. Die Hilfsbereitschaft war jedoch nicht an die Religionszugehörigkeit gekettet: „Die Diakonissen", heißt es in der Schlussbemerkung der Statuten ausdrücklich, „pflegen unentgeltlich unter allen Einwohnern der Stadt ohne Unterschied der Konfession."[18] Neu waren die ehrenamtlichen Sammlerinnen. Zur Konsolidierung der Vereinskasse sollten die Sammlerinnen künftig von Zeit zu Zeit über das in 31 Bezirke eingeteilte Stadtgebiet ausschwärmen, die Mitgliedsbeiträge erheben und in der Bevölkerung für die Sache des Diakonissenvereins werben. Das Erscheinen der Sammlerinnen wurde vom Vorstand in gedruckten Rundschreiben und Zeitungsanzeigen angekündigt,

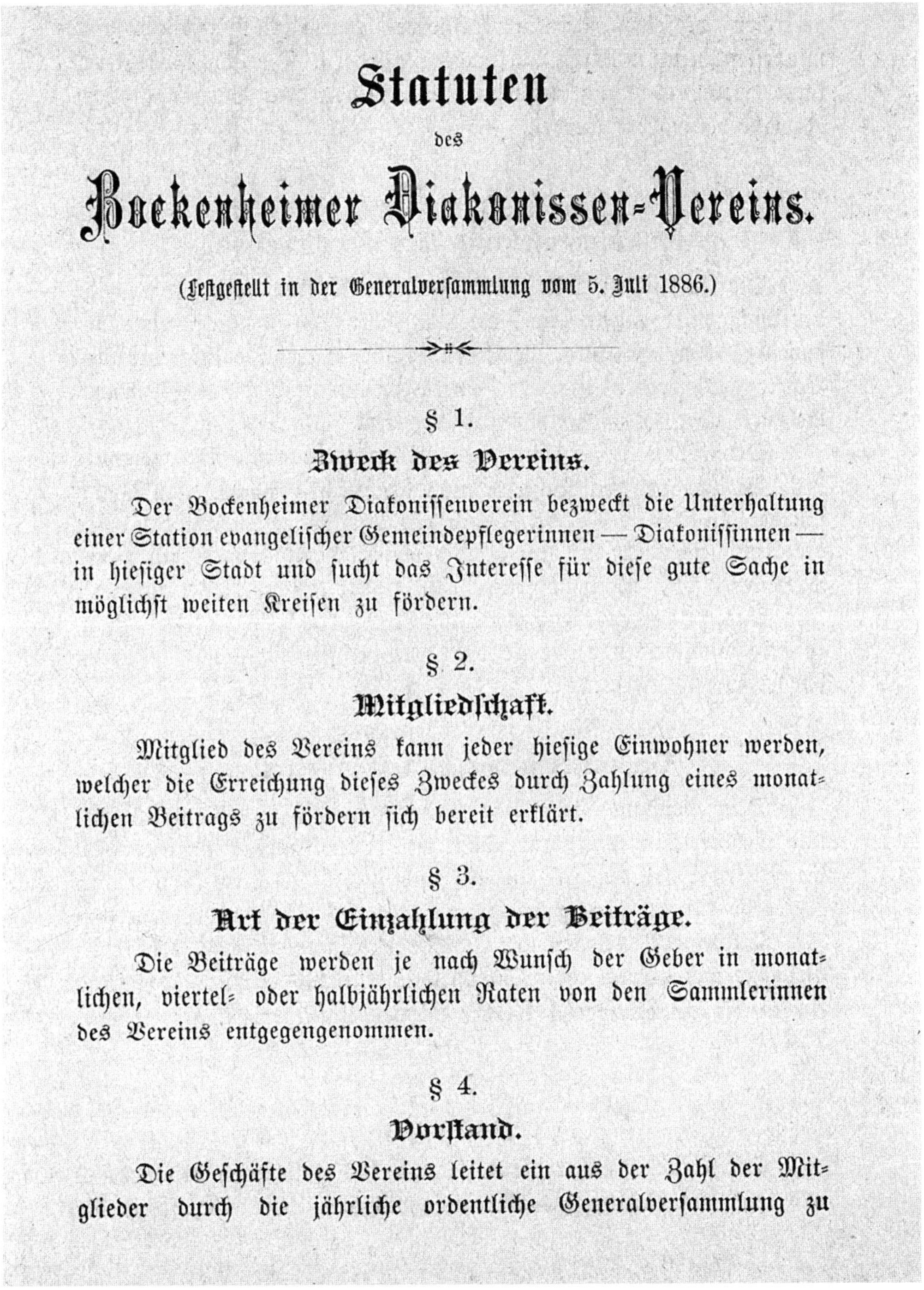

Statuten

des

Bockenheimer Diakonissen-Vereins.

(Festgestellt in der Generalversammlung vom 5. Juli 1886.)

§ 1.

Zweck des Vereins.

Der Bockenheimer Diakonissenverein bezweckt die Unterhaltung einer Station evangelischer Gemeindepflegerinnen — Diakonissinnen — in hiesiger Stadt und sucht das Interesse für diese gute Sache in möglichst weiten Kreisen zu fördern.

§ 2.

Mitgliedschaft.

Mitglied des Vereins kann jeder hiesige Einwohner werden, welcher die Erreichung dieses Zweckes durch Zahlung eines monatlichen Beitrags zu fördern sich bereit erklärt.

§ 3.

Art der Einzahlung der Beiträge.

Die Beiträge werden je nach Wunsch der Geber in monatlichen, viertel- oder halbjährlichen Raten von den Sammlerinnen des Vereins entgegengenommen.

§ 4.

Vorstand.

Die Geschäfte des Vereins leitet ein aus der Zahl der Mitglieder durch die jährliche ordentliche Generalversammlung zu

Titelseite der ersten gedruckten Vereinssatzung.

wodurch sich der Bekanntheitsgrad des Vereins in der 17.700 Einwohner zählenden Stadt insgesamt deutlich erhöht haben dürfte.

Das positive Echo auf die Reorganisation des Bockenheimer Diakonissenvereins ermutigte zum Weitermachen. Ein warmer Geldregen ermöglichte am 1. November 1886 den Umzug der beiden Gemeindeschwestern von der Schloß- in die Niddastraße und die Finanzierung einer dritten Diakonisse (ab 1. März 1887). Im Verlauf des am 1. Juli begonnenen Vereinsjahrs 1886/87 konnten die Gemeindeschwestern 246 Familien durch 4.740 Kranken- und Armenbesuchen betreuen sowie 75 Tagespflegen und 174 Nachtwachen durchführen. Außerdem unterstützten die Diakonissen die Armen in Bockenheim mit Geld-, Wein- und Kleiderspenden, die ihnen von den Stiftern zur Verteilung anvertraut worden waren. Der innerhalb des Diakonissenvereins gebildete Speiseverein für bedürftige Wöchnerinnen und Rekonvaleszenten hatte 1886/87 wöchentlich rund neunzig Mahlzeiten ausgegeben. In Anbetracht einer mit knapp 3.000 Mark gut gefüllten Vereinskasse gehörte auf der am 1. Juli 1887 veranstalteten Jahresmitgliederversammlung sogar Kassenwart Flach, der normalerweise jede Mark dreimal umdrehte, ehe er sie ausgab, zu den Befürwortern der Pläne für den Bau eines Diakonissenheims.[19]

Der Bockenheimer Fabrikant und Stadtrat Wilhelm Zimmer hatte den Diakonissenverein Anfang 1887 mit einem verlockenden Angebot überrascht und einen Bauplatz in der im Entstehen begriffenen Falkstraße zum Vorzugspreis von 12.000 Mark zum Kauf angeboten. Die Neubaufrage stand am 16. März 1887 nicht zum ersten Mal auf der Tagesordnung einer Vorstandssitzung, aber noch nie waren die Vorzeichen für einen Baubeschluss so günstig gewesen wie im Frühjahr 1887. Kassenwart Flach verbreitete in seinem Diskussionsbeitrag Aufbruchsstimmung: „Der Verein dürfe unter diesen Umständen bei der Pflege allein nicht stehen bleiben sondern müsse in anbetracht der reichlichen Unterstützungen, die ihm seitens der Bürgerschaft zuflössen, sich ein höheres Ziel vorstecken."[20] Der stellvertretende Vereinsvorsitzende, Direktor Wiegand, pflichtete Rektor Flach in allen Punkten bei und gab die „Kalamität" im Bockenheimer Krankenhauswesen zu bedenken. Nachdem sich das städtische Hospital mehr und mehr zu einem Armenhaus entwickelt habe, nehme das 1882 in der Ederstraße eröffnete katholische Krankenhaus der Armen Dienstmägde Jesu Christi (heute: St. Elisabethen-Krankenhaus) eine Monopolstellung ein. Vorstand und Generalversammlung des Bockenheimer Diakonissenvereins votierten am 16. März und 1. Juli 1887 jeweils einstimmig für den Bau eines Diakonissenheims und die Aufnahme von Verhandlungen mit dem Grundbesitzer Zimmer.[21]

Bockenheim boomte. Seit dem Kriegsende 1871 und dem Jahr 1887 hatte sich die Bevölkerung mehr als verdoppelt (8.476/ 17.948 Einwohner). Im selben Zeitraum stieg die Anzahl der Wohnhäuser von 716 auf rund 1.200. Die Stadt, deren historischer Ortskern an der vormals zentralen St. Jakobs-Kirche liegt, wuchs entlang der Frankfurter Straße (heute: Leipziger Straße) in Richtung Bockenheimer Warte. Parallel zur „Frankfurter" entstand um 1875 die mit drei- bis fünfstöckigen Wohnblocks bebaute Falkstraße. Während im oberen Teilstück 1876/77 die städtische Realschule und 1883 schräg gegenüber die Mädchen-Volksschule errichtet wurden, siedelten sich im unteren, in die Königs-Straße (heute: Gräfstraße) einmündenden Abschnitt mehrere Fabriken an. Den Anfang machte 1884 das auf Mess- und Regeltechnik spezialisierte Unternehmen Hartmann & Braun, ihm folgten 1886 eine Fabrik für Zentralheizungen und 1889 der spätere Hersteller von elektrotechnischen Geräten und Apparaturen Voigt & Haeffner (Falkstraße 2).[22] Von der im März 1887 zur Prüfung des Grundstücks Falkstraße 35 als Standort für ein Diakonissenheim eingesetzten Kommission wurde die Nähe der Industrieanlagen nicht beanstandet und lediglich die direkte Nachbarschaft einer lärmintensiven Schreinerei bemängelt. Nichtsdestotrotz plädierte das von dem Bauunternehmer Georg Harth beratene und mit den Vorstandsmitgliedern des Diakonissenvereins Wilhelm Flach, Julius Wurmbach und Wilhelm Krause besetzte Gremium dafür, den Bauplatz zu kaufen, da man zu den von Stadtrat Zimmer gebotenen Konditionen keinen besseren finden werde. Zimmer bezifferte

Ansicht der Stadt Bockenheim von Südwesten, um 1890.

den Kaufpreis des über 1.000 Quadratmeter großen Geländes auf 11.326 Mark und forderte eine Anzahlung in Höhe von rund 3.300 Mark.[23]

Das Grundstücksgeschäft wurde daraufhin zwar fest vereinbart, doch da der Bockenheimer Diakonissenverein nicht im Besitz des Korporationsrechts war, konnte der den Bauplatz auf den Verein übertragende, notariell beglaubigte Kaufvertrag nicht unter Dach und Fach gebracht werden. Dem Vereinsvorstand blieb nichts anderes übrig, als den Instanzenweg zu nehmen und beim Königlichen Landrat und Frankfurter Polizeipräsidenten Matthias von Köller die Verleihung der Rechte einer juristischen Person zu beantragen. „Die Stadt Bockenheim", argumentierte Metropolitan Strobel in dem Gesuch vom 16. November 1888, „ist gleichsam Vorstadt der Großstadt Frankfurt a/M und hat die Nachtheile aller solcher Vorstädte, daß sie unverhältnißmäßig viel Angehörige der dürftigeren Klassen aufnehmen muß. [...] Um den Zweck unserer Diakonissen aber dauernd erfüllen zu können, müssen wir ein eigenes Diakonissenheim beschaffen, mit welchem zugleich ein mit kleinen Anfängen beginnendes und mit den wachsenden Mitteln zu erweiterndes Krankenhaus verbunden ist. Zur Sicherstellung solchen Immobilienerwerbs bedarf der Diakonissenverein aber der Rechte einer juristischen Person."[24] Nach einigem Hin und Her sowie einer von den zuständigen Ministerien geforderten formaljuristischen Satzungsänderung wurde dem Bockenheimer Diakonissenverein am 16. Oktober 1889 durch „Allerhöchste Kabinettsordre" endlich das Korporationsrecht verliehen.

Der Verein war unterdessen nicht untätig geblieben und hatte das Bauprojekt weiter vorangetrieben. Nur sechs Tage nach dem Erhalt des Korporationsrechts beschloss der Vorstand am 22. Oktober 1889 die von dem Frankfurter Stadtbaumeister Meckel in Verbindung mit dem Bockenheimer Bauunternehmer Harth erarbeiteten Baupläne. Meckel veranschlagte die Kosten für das dreistöckige Diakonissenheim in der Falkstraße 35 auf 42.000 Mark. Im „Bockenheimer Anzeiger" wurde die bis zum 6. November 1889 befristete Submission der Bauarbeiten bekannt gegeben. Bei der Auftragsvergabe bevorzugte der Vereinsvorstand ortsansässige Firmen. So konnte beispielsweise Georg Harth mit den auf über 15.000

Das Bockenheimer Diakonissenheim, um 1895.

Mark angesetzten Erd- und Maurerarbeiten den lukrativsten Auftrag an Land ziehen. Das 1890 als massiver Backsteinbau ausgeführte Diakonissenheim wurde unmittelbar an die Brandmauer des Adam Wagner gehörenden Nachbarhauses Falkstraße 37 angebaut. Nach der ältesten im Jahre 1902 von dem Kreisarzt Wilhelm Grandhomme verfassten Baubeschreibung verfügte das Diakonissenheim über zehn auf die erste und zweite Etage verteilte Krankenzimmer mit insgesamt zwanzig Krankenbetten. Nur die Zimmer für Patienten erster Klasse waren mit einem Waschtisch ausgestattet, die weniger Betuchten mussten Waschgelegenheiten auf den Krankenhausfluren benutzen. Die Toiletten lagen ebenfalls auf dem Gang und wurden seit 1899 in die städtische Kanalisation entsorgt. Das Haus war an die kommunale Trinkwasserleitung angeschlossen. Der bedeutungsschwerste Raum des Diakonissenheims, das Operationszimmer, befand sich im ersten Stockwerk.

Fehlplanungen verzögerten seit Herbst 1890 die Fertigstellung des Bauwerks. Da offenbar niemand an den Einbau von Gas- und Heizungssystemen gedacht hatte, mussten die Leitungen für Gasbeleuchtung nachträglich verlegt werden. Damit im Diakonissenheim keiner kalte Füße bekam, stiftete der Inhaber einer Eisengießerei zur Herstellung von Öfen und Herden, Julius Wurmbach, seines Zeichens Vorstandsmitglied im Bockenheimer Diakonissenverein, die erforderliche Anzahl von Regulieröfen. Vor allem die in den schlecht isolierten Mansardenzimmern einquartierten Diakonissen werden es Wurmbach gedankt haben. Mit den drei zuvor in der Niddastraße untergebrachten Gemeindeschwestern und den beiden 1891 vom Frankfurter Mutterhaus zur stationären Krankenpflege nach Bockenheim entsandten Schwestern wohnten nunmehr fünf Diakonissen in der Falkstraße 35. Als der Bockenheimer Diakonissenverein im Juli 1891 beim Kreisarzt August Klingelhöffer die Betriebserlaubnis für das Krankenhaus beantragte, erwähnte der Vereinsvorsitzende in dem Schreiben auch die Doppelfunktion des Diakonissenheims, „welches nicht bloß einer größeren Anzahl Diakonissinnen eine passende Wohnung bietet, sondern auch noch eine Anzahl Kranke und Altersschwache zur Pflege aufnehmen kann."[25] Der Kreisarzt hatte keine Einwände.

Halb Bockenheim kam am 5. Juli 1891 zur feierlichen Einweihung des Diakonissenheims. Unter den rund 150 geladenen Gästen wurden an dem Sonntagnachmittag neben Polizeipräsident Wilhelm Karl Ernst Freiherr von Müffling, Bockenheims Bürgermeister Adalbert Hengsberger sowie zahlreichen Ärzten und Geistlichen auch Vertreter der Frankfurter und der Hanauer Diakonissenanstalt gesichtet. Der offizielle Teil der Feier begann mit dem Lied „Lobe den Herrn, den mächtigen König der Ehren“ und dem von Metropolitan Strobel gesprochenen Weihegebet. Im Anschluss an die Festreden der beiden Pfarrer Strobel und Leydhecker wurden die Gäste auf der Veranda und im großen Garten des Diakonissenheims von den Schwestern mit Kaffee und Kuchen bewirtet. Bei aller Gemütlichkeit wollte jedoch niemand den Rundgang durch das neue Gebäude versäumen. „Die Anwesenden“, so der Bericht im „Bockenheimer Anzeiger“ vom 7. Juli 1891, „folgten nunmehr der Einladung zur Besichtigung des Hauses, und wir hatten die Freude, daß sich alle sowohl über die Anlage des Hauses und der Räume, wie auch über die Ausstattung derselben in höchst befriedigender Weise aussprachen und der Versicherung Ausdruck gaben, daß sich die hier zu pflegenden Kranken gewiß weniger in einem Hospital als vielmehr in einem tröstlichen Heim fühlen würden.“[26] Der erste Patient im Diakonissenheim war, soviel bekannt ist, ein Pflegefall. Lange vor der Eröffnung hatte die 76-jährige Witwe des Eisenbahnwärters Müller im März 1891 Pfarrer Strobel um Aufnahme in das Diakonissenheim gebeten. Der Vorstand des Bockenheimer Diakonissenvereins entsprach dem Gesuch am 13. März 1891. Da die Witwe Müller aber nur über 400 Mark im Jahr verfügte und über die tatsächliche Höhe der Pflegekosten noch keine Erfahrungswerte vorlagen, wurde die Unterbringung vorerst auf ein Jahr befristet.[27]

Diakonie und Gesundheit in Bockenheim 1891–1918

2. Kapitel

Bockenheim war im ausgehenden 19. Jahrhundert eine aufstrebende, „bienenfleißige“ Kleinstadt. Kurfürst Wilhelm II. von Hessen-Kassel hatte dem 1.000-Seelen-Dorf am 10. August 1822 Stadtrecht und Gewerbefreiheit verliehen und mit Bedacht einen goldenen Bienenkorb als Symbol des Fleißes auf einem blauen Schild zum Stadtwappen bestimmt. Während in Frankfurt der bis 1864 gültige Zunftzwang wirtschaftliche Initiativen schon im Keim erstickte, konnte sich in Bockenheim ungehindert eine gewerbliche Infrastruktur herausbilden. Bockenheim zog aus der Frankfurter Industriefeindlichkeit großen Nutzen. Die beiden Nachbarstädte ereilte 1866 im deutschen Bruderkrieg das gleiche Schicksal: Sie wurden von Preußen annektiert und den Regierungsbezirken Wiesbaden und Kassel zugeordnet. Als Bockenheim 1885 im Zuge einer Kreisneuordnung in den Landkreis Frankfurt eingegliedert wurde, unterstand es von da an wie der große Nachbar der königlichen Regierung in Wiesbaden.[1]

Die Aufgaben der Ortspolizei, wie zum Beispiel die „Sorge für Leben und Gesundheit“, fielen seit der Annexion in die Kompetenz des von Wiesbaden bestellten Frankfurter Polizeipräsidenten, der in Personalunion auch das Amt des Landrats ausübte. Nur die Bau-, Feuerlösch-, Feld- und Marktpolizei verblieb im Zuständigkeitsbereich der von einem Bürgermeister geleiteten Bockenheimer Stadtverwaltung. Unter Mitwirkung der direkt dem Regierungspräsidenten unterstellten Kreisärzte beaufsichtigte der Frankfurter Polizeichef im Stadt- und Landkreis die öffentlichen und privaten Krankenanstalten, das Impfwesen und die Bekämpfung der Infektionskrankheiten. Nachdem ab 1887 jeweils ein Kreisarzt den Stadt- und den zwei Jahre zuvor geschaffenen Landkreis Frankfurt betreute, wurde der staatliche Gesundheitsbeamte endgültig zur wichtigsten Schaltstelle für die öffentliche Gesundheitspflege in Bockenheim. Der Kreisarzt hatte die Aufgabe: „1. auf Erfordern der zuständigen Behörden in Angelegenheiten des Gesundheitswesens sich gutachtlich zu äußern, [...] 2. die gesundheitlichen Verhältnisse des Kreises zu beobachten und auf die Bevölkerung aufklärend und belehrend einzuwirken; 3. die Durchführung der Gesundheitsgesetzgebung und der hierauf bezüglichen Anordnungen zu überwachen und nach Maßgabe der bestehenden Vorschriften die Heilanstalten und anderweitige Einrichtungen im Interesse des Gesundheitswesens zu beaufsichtigen; auch hat er über das Apotheken- und Hebammenwesen, über die Heilgehülfen und anderes Hülfspersonal des Gesundheitswesens die Aufsicht zu führen.“[2]

Um ein langes Leben der rund 19.000 Bockenheimer bemühten sich im Jahr 1891 neun Ärzte, fünf geprüfte Heilgehilfen, zehn Barmherzige Schwestern, fünf Diakonissen, fünf Privatkrankenpflegerinnen und acht Hebammen. Schwerkranke wurden in eines der drei Bockenheimer Krankenhäuser eingeliefert. Das am 1. Oktober 1875 in der Ginnheimer Straße auf einer Anhöhe in freier Lage eröffnete städtische Krankenhaus hatte ein seit 1835 in der Grempstraße betriebenes, den Anforderungen aber in keinster Weise mehr genügendes Spital abgelöst. Das kommunale Krankenhaus bestand aus einem Hauptgebäude mit 32 Betten für Kranke und pflegebedürftige Sieche, einem nur selten in Anspruch genommenen Isolierhaus und einer auch von Privatpersonen genutzten Desinfektionsanstalt. Außer dem langjährigen Anstaltsarzt Dr. med. Konrad Daube kümmerten sich nur noch der Hausverwalter, eine Rotkreuzschwester und ein Krankenwärter um das Wohl der Patienten. Der Aufenthalt im Bockenheimer Stadtkrankenhaus war kein Honiglecken. Dass bis 1895 ein bis zwei noch „leidlich rüstige Frauen der Siechenabtheilung“ für das Reinigen der Räumlichkeiten verantwortlich waren, lässt tief blicken.[3]

Mit sechzig Betten war das in der Ederstraße 12 gelegene Krankenhaus der Armen Dienstmägde Jesu Christi – das spätere St. Elisabethen-Krankenhaus – kurz vor der Jahrhundertwende das größte Hospital am Platze. Ursprünglich von fünf katholischen Ordensschwestern im Jahr 1882 gegründet, wurde die Anstalt 1891 durch einen Neubau erweitert und verfügte seither über 45 Betten und 15 abgeteilte Plätze für an akuten Haut- und Infektionskrankheiten Leidende. In der seit 1895 von Dr. med. Fritz Rauch betreuten Institution hatten Privatpatienten das Privileg der freien Arztwahl. Von den zwölf vorhandenen Ordensschwestern arbeiteten acht im Krankenhaus; die anderen gingen der Gemeindepflege nach. Wenngleich das katholische Krankenhaus auch Andersgläubigen offen stand, wurde von der Mehrheit der Bockenheimer mit der Zeit ein evangelisches Krankenhaus doch schmerzlich vermisst. Rund zwei Drittel der Einwohnerschaft Bockenheims waren 1890 evangelisch (12.400 Personen). Neben 5.857 Katholiken bildete die jüdische Gemeinde mit 347 Mitgliedern die kleinste religiöse Minderheit in Bockenheim. Das 1891 in der Falkstraße mit 15 Betten eingeweihte evangelische Diakonissenheim stand zumindest in Bezug auf die Kapazität im Schatten der beiden etablierten Krankenhäuser. Im ersten Betriebsjahr konnten in der von Dr. med. Wilhelm Jacobi geleiteten Anstalt mit freier Arztwahl immerhin 72 Patienten stationär behandelt werden. Zehn Jahre später verzeichnete die Krankenhausstatistik 303 Personen, die sich 1901 in der Hoffnung auf Heilung in die Obhut des Bockenheimer Diakonissenheims begeben hatten. Den meisten Patienten konnte vor einhundert Jahren geholfen werden, 15 wurden ungeheilt entlassen und zwanzig Schwerstkranke verstarben während ihres Krankenhausaufenthalts.[4] Abgesehen von den drei genannten Institutionen gehörten im weitesten Sinne auch noch das „Sanatorium für israelitische Nervenkranke“ in der Rödelheimer Landstraße und das Militärlazarett der 1873 in der Ginnheimer Straße bezogenen Kaserne zur Bockenheimer Krankenhauslandschaft.

Der Pflegesatz ist von jeher ein Zankapfel zwischen Krankenhäusern und Kostenträgern gewesen. Das bekam auch der Bockenheimer Diakonissenverein sehr

Das städtische Krankenhaus in der Ginnheimer Straße.

Der Hausarzt des Diakonissenheims, Dr. med. Wilhelm Jacobi, um 1895.

bald zu spüren. Die Offerte, Kassenpatienten gegen einen Tagessatz von zwei Mark im neu eröffneten Diakonissenheim aufzunehmen, wurde im Herbst 1891 vom Vorstand der Bockenheimer Krankenkasse mit der Begründung zurückgewiesen, dass der ortsübliche, mit dem städtischen Krankenhaus und den Armen Dienstmägden Jesu Christi vereinbarte Tarif von einer Mark fünfzig das höchste der Gefühle bedeute. Als die Ortskrankenkasse auf ihrem Standpunkt beharrte, blieb dem Diakonissenverein im Januar 1892 gar nichts anderes übrig, als die Bedingungen der Kasse zu akzeptieren, „obwohl bei dem geringen Verpflegungssatz kein Geschäft zu machen sei."[5] Der das Diakonissenheim leitende Vereinsvorstand schluckte die bittere Pille in der Sitzung vom 25. Januar 1892: „Der Seitens Herrn Dr. Jacoby gestellte Antrag, Kranken der Ortskrankenkasse dahier gegen Vergütung von M. 1,50 pro Tag excl. Medicamente, Verbandzeug, Wein etc. oder M. 2- pro Tag incl. genannter Sachen zu gewähren, unter dem Vorbehalt, für das Haus nicht geeigneten Kranken die Aufnahme zu versagen, wird hierauf einstimmig angenommen. Es sollen außerdem noch weitere Schritte geschehen, um die Frequenz des Hauses durch Private zu erhöhen."[6] Die Sonderregelungen konnten nicht verhindern, dass der Diakonissenverein noch vor Jahresfrist in Geldschwierigkeiten geriet. Für den finanziellen Engpass machte der Vorstand im Dezember 1892 die zu niedrigen Pflegesätze und die Tatsache verantwortlich, „daß zahlungsfähige Kranke nach wie vor die Frankfurter Krankenhäuser und Kliniken benutzten."[7]

Bis zur Verabschiedung des Krankenversicherungsgesetzes durch den Reichstag am 15. Juni 1883 hatten sich Arbeiter und kleine Angestellte ärztlichen Beistand, geschweige denn eine Behandlung im Krankenhaus, nur in den seltensten Fällen leisten können. Das Gesetz zur Versicherung im Krankheitsfall war ein Schachzug von Reichskanzler Otto von Bismarck, um den politischen Gegner zu Schwächen und die Arbeiterschaft für den monarchischen Staat zu gewinnen. Mit Zuckerbrot und Peitsche bekämpfte der konservative preußische Aristokrat die aufstrebende Sozialdemokratie. Auf das am 21. Oktober 1878 erlassene repressive Reichsgesetz „wider die gemeingefährlichen Bestrebungen der Sozialdemokratie" (Sozialistengesetz) folgte zwischen 1883 und 1889 zur Linderung der größten Not ein Paket von Sozialgesetzen, die den Arbeitern Unterstützungen bei Krankheit, Unfall, Invalidität und Alter zugestanden. Die Sozialgesetzgebung begann mit der Krankenversicherung, da hierbei auf die Erfahrungen der schon seit längerem existierenden Hilfskassen zurückgegriffen werden konnte.

Gewerbliche Arbeiter, deren Jahreseinkommen 2.000 Mark nicht überstieg, waren ab 1883 versicherungspflichtig, wobei die an die Krankenkassen abzuführenden Beiträge in Höhe von durchschnittlich zwei bis drei Prozent des Lohns zu zwei Dritteln von den Versicherten und zu einem Drittel von den Arbeitgebern aufgebracht wurden. Im Krankheitsfall übernahm die Kasse die Kosten der Behandlung durch einen Vertragsarzt, des Krankenhausaufenthalts und der verordneten Medikamente. Bei Arbeitsunfähigkeit gewährte die Versicherung ab dem dritten Tag für bis zu 13 Wochen ein Krankengeld von maximal zwei Mark pro Arbeitstag. Da ein am Existenzminimum lebender Haushalt mit vier Personen wöchentlich rund 25 Mark benötigte, stürzte die Krankheit des Haupternährers eine Arbeiterfamilie auch nach 1883 in schwere materielle Not. Der Versicherungsschutz beschränkte sich zunächst nur auf die Person des Arbeiters oder Angestellten und erstreckte sich mithin nur auf ein Fünftel der Erwerbstätigen beziehungsweise auf weniger als ein Zehntel der Gesamtbevölkerung. Familienangehörige konnten erst seit 1892 gegen Zahlung eines monatlichen Zusatzbeitrages mitversichert werden. Während die Vielzahl bereits vorhandener Betriebs-, Innungs- oder Knappschaftskassen in der Regel fortbestand, entwickelte sich die genossenschaftlich organisierte Ortskrankenkasse zur typischen Arbeiterkasse.[8]

In Bockenheim wurde die 1879 gegründete Allgemeine Kranken- und Sterbekasse 1885 in eine Ortskrankenkasse umgebildet, die auch nach der Eingemeindung in die Stadt Frankfurt selbstständig weiterarbeitete. Die Bockenheimer Ortskrankenkasse erhob um 1900 einen wöchentlichen Mitgliedsbeitrag zwischen 15 und 72 Pfennigen, Familienangehörige zahlten eine Mark zwanzig im Monat. Neben der medizinischen Versorgung gewährte die Kasse ein auf 26 Wochen befristetes Krankengeld von bis zu zwei Mark und vierzig Pfennigen am Tag. Nach zähen Verhandlungen wurde die Bockenheimer Ortskrankenkasse im Jahr 1912 der Frankfurter Allgemeinen Ortskrankenkasse einverleibt.[9] Reichskanzler Bismarck gelang es weder mit dem Sozialistengesetz noch mit den Sozialgesetzen, die Arbeiterbewegung niederzuhalten. Die Sozialistische Arbeiterpartei Deutschlands, die sich 1890 in Sozialdemokratische Partei Deutschlands (SPD) umbenannte, verzeichnete bei den Reichstagswahlen deutliche Stimmengewinne und vervielfachte in nur zwölf Jahren die Anzahl ihrer Wähler von 437.000 (1878) auf 1.427.000 (1890). Es war lediglich eine Frage der Zeit, dass die Sozialdemokraten auch in Frankfurt am Main zu ihren ersten Wahlerfolgen kommen würden. Nach dem Überraschungssieg ihres Kandidaten Adolf Sabor bei der Wahl zum sechsten Reichstag im November 1884 mussten sich die Frankfurter Genossen allerdings bis 1900 gedulden, ehe der erste Sozialdemokrat in die Stadtverordnetenversammlung einziehen konnte. Im Wahlbezirk Bockenheim hatte sich der sozialdemokratische Redakteur der „Volksstimme", Max Quarck, gegen die bürgerlichen Mitbewerber durchgesetzt. Neun Jahre später bildete die SPD die zweitstärkste Fraktion im Frankfurter Stadtparlament.[10]

Die Eingemeindung Bockenheims nach Frankfurt lag im beiderseitigen Interesse und beendete 1895 einen jahrzehntelangen Streit der Nachbarstädte um einen offenen, die Lebensqualität im vornehmen Frankfurter Westend beeinträchtigenden Abwassergraben entlang der Gemarkungsgrenze. Neben der Lösung des Abwasserproblems war der Frankfurter Stadtregierung vor dem Hintergrund einer unaufhaltsamen Annäherung der Siedlungsflächen sehr daran gelegen, die Stadtplanung und die Baupolizei in dem westlichen Vorort unter Kontrolle zu bringen. Bockenheim zählte 1891 über dreißig Industriebetriebe mit circa 2.500 Arbeitsplätzen. Der Industrialisierungsschub zu Beginn der siebziger Jahre hatte die Einwohnerzahl Bockenheims emporschnellen und bis 1895 auf 20.978 Personen anwachsen lassen. Zu den eingangs der neunziger Jahre dringend erforderlichen Investitionen in die Anlage einer Schwemmkanalisation, den Ausbau der Wasserleitung und die Errichtung eines Schlachthofs sowie die Erschließung neuer Wohn- und Industriegebiete fehlten der Kleinstadt die finanziellen Mittel. Während in Bockenheim der Anschluss an die Großstadt allgemein herbeigesehnt wurde, Hausbesitzer spekulierten beispielsweise auf eine Steigerung der Grundrenten, sperrte sich die Frankfurter Stadtverordnetenversammlung gegen das Vorhaben, das den städtischen Etat mit erheblichen Folgekosten und das bürgerliche Gesellschaftsgefüge mit einem Anstieg der Arbeiterbevölkerung strapazierte. Die Stadtverordneten beugten sich nur widerwillig Oberbürgermeister Franz Adickes, der energisch für das Projekt der Stadterweiterung eintrat, und der drohenden Zwangseingemeindung durch die preußische Staatsregierung, als sie am 5. Februar 1895 mit knapper Mehrheit für die Eingemeindung Bockenheims stimmten. Der

Geheimer Sanitätsrat
Dr. med. Alexander Spieß,
Frankfurter Stadtarzt von
1883 bis 1904.

Frankfurter Adler trat am 1. April 1895 an die Stelle des Bockenheimer Bienenkorbs.[11]

Für das Krankenhauswesen ergaben sich aus der Eingemeindung keine gravierenden Veränderungen. Die einzige Neuerung betraf die Verwaltung des städtischen Krankenhauses, die von der Bockenheimer Deputation für das Armen- und Krankenwesen in die Zuständigkeit der Frankfurter Anstalts-Deputation wechselte. Die Anstalts-Deputation war im September 1894 zur Verwaltung der städtischen Kranken- und Armenanstalten (Krankenhaus Sachsenhausen, Armenhaus, Entbindungsanstalt und Kinderherberge) eingerichtet worden und setzte sich aus zwei Magistratsmitgliedern, drei von den Stadtverordneten nominierten Bürgern, einem Pfleger des vormaligen Rochushospitals und dem Frankfurter Stadtarzt Alexander Spieß zusammen. Der 1883 eingestellte Stadtarzt Spieß unterstand als „Gemeinde-Beamter" direkt dem Magistrat und diente „als technischer Beirath in allen in der städtischen Verwaltung vorkommenden auf die Gesundheitspflege bezüglichen Angelegenheiten und Fragen."[12] So wie dem Stadtarzt kamen auch dem 1883 ins Leben gerufenen städtischen Gesundheitsrat und der 1899 gebildeten Gesundheitskommission lediglich beratende Funktionen zu. Der Polizeipräsident und der Kreisarzt blieben für die kommunalen und die nichtstädtischen Krankenhäuser die maßgeblichen Instanzen.

Der Vorsitzende des Bockenheimer Diakonissenvereins, Metropolitan Jakob Strobel, traute seinen Augen nicht, als er die „Volksstimme" vom 30. November 1895 aufschlug. Hastig überflog der Pfarrer mit zunehmender Empörung einen in der Wochenendausgabe des sozialdemokratischen Parteiorgans in voller Länge abgedruckten offenen Brief an den Kreisarzt Wilhelm Grandhomme, in dem der Genosse Andreas Peterhans seine negativen Erfahrungen als Patient im Diakonissenheim ausbreitete. Eine Rippenfellentzündung hatte den Briefschreiber für fünf Wochen ans Krankenlager gefesselt. Nach seiner Genesung ließ der geheilte Peterhans am Diakonissenheim kein gutes Haar. Zu den schlimmsten Erlebnissen während des Krankenhausaufenthalts rechnete Peterhans jene fünf Tage, in denen sein an Lungentuberkulose erkrankter Bettnachbar mit dem Tode rang: „Er [der Tbc-Kranke] hustete besonders zur Essenszeit so eigenthümlich schauerlich, als wenn das ganze Innere abbröckelte und durch die Speiseröhre in den Spucknapf ausgeworfen würde. Mir ekelte, ich konnte nicht weiteressen und mußte das bereits Genossene erbrechen. Darauf stellte die Schwester eine sog. spanische Wand zwischen beide Betten. Der Kranke hatte die ganze Nacht keine Ruhe und ließ auch uns (Herrn Planz und mir) keine."[13] Erst als Peterhans damit drohte, die Anstalt zu verlassen, wurde der bedauernswerte „Schwindsüchtige" in ein Einzelbettzimmer verlegt, wo er am nächsten Tag verstarb.

Auf die beiden für die Krankenpflege zuständigen Diakonissen, speziell auf Schwester Christiane, war der Beschwerdeführer gar nicht gut zu sprechen. Peterhans konnte durchaus glaubhaft darlegen, dass er mitbekommen habe, wie die Diakonissen seinem Zimmergenossen Planz ein verfallenes Medikament verabreichten und des öfteren ärztliche Anweisungen missachteten. So sei die Knieverletzung eines Patienten namens Stieler nicht, wie von dem behandelnden Arzt Dr. med. Frensdorf angeordnet, mit wechselnden Umschlägen, sondern mit einem Salbe-Watte-Verband versorgt worden. Bitter beklagte sich Peterhans über den Kasernenhofton, den die Schwestern an den Tag legten: „Unangenehm ist es den Schwestern, wenn ein hilfloser Kranker klingelt. Oh, sie können dann böse werden. Gesprächsweise sagten wir einmal zu einer Schwester, daß es diese Nacht oft (zirka acht Mal) geklingelt habe. Antwort: ‚Denen wollen wir's schon austreiben.'

Gemeint waren kranke Frauen. Ein anderes Beispiel. Es klingelte. Ich stand gerade auf dem Vorplatz am Tableau. ‚Wo hat's geschellt?' fragte mich Schwester Christiane. Ich sagte: ‚Auf Nr. 10; der Stieler (so hieß der Kranke) wird einen Umschlag brauchen.' Darauf antwortete sie: ‚Mag er nur schellen; deswegen bekommt er ihn doch nicht eher."[14] Der sozialdemokratische Krankenhauskritiker gab der dünnen Personaldecke die Schuld für die Launenhaftigkeit der beiden Krankenschwestern, die mit der Versorgung von 17 Kranken und Pflegefällen schlichtweg überfordert waren. Indem Peterhans auch noch die unzulängliche Beheizung und Beleuchtung der Krankenzimmer sowie die teilweise ungenießbare Krankenhauskost („Schleim und Haschee") aufs Korn nahm, ließ er die Leitung des Diakonissenheims in einem sehr schlechten Licht erscheinen. Der offene Brief schloss mit dem Appell an den Kreisarzt, die Missstände im Bockenheimer Diakonissenheim abzustellen. Das konnten Strobel und seine Mitstreiter nicht auf sich sitzen lassen.

Um der Kritik den Wind aus den Segeln zu nehmen, bat der Vorstand des Diakonissenvereins seinerseits den Polizeipräsidenten um eine offizielle Untersuchung der von Peterhans erhobenen Vorwürfe. Die Vorstandsmitglieder kamen am 6. Dezember 1895 zusammen, um darüber zu beraten, wie der gute Ruf des Diakonissenheims wiederhergestellt werden könnte. Gleich zu Beginn der Sitzung am Nikolaustag machte der Vorsitzende Strobel seinem Ärger Luft und berichtete, „daß in den letzten Monaten hauptsächlich durch die Zuweisung von Kranken der Ortskrankenkasse mitunter recht fragliche Elemente im Hause Aufnahme und Unterkunft gefunden hätten, die in den Rahmen des Hauses nicht paßten. Das Lesen & Verbreiten socialistischer Zeitungen, Schriften & bildlicher Darstellungen hätten die Ordnung und den Ton, welche im Hause herrschen sollten, ernstlich bedroht und eine Abänderung bzw. Verschärfung der Hausordnung dringend nothwendig gemacht."[15] Mit einer strengeren Hausordnung und dem Beschluss, zum Nachweis einer einwandfreien Krankenkost ein Küchentagebuch zu führen, war es jedoch nicht getan. „Zur Beruhigung der öffentlichen Meinung" beauftragte der Vorstand den Hausarzt Jacobi damit, bei der Bockenheimer Ärzteschaft eine Stellungnahme zugunsten des Diakonissenheims einzuholen. Tags darauf unterzeichneten alle zehn in Bockenheim praktizierenden Mediziner eine allerdings eher wachsweiche Erklärung, in der sie bestätigten, dass in dem ins Gerede gekommenen Krankenhaus „alles geleistet wird, was unter den gegebenen Verhältnissen und bei den zur Verfügung stehenden Mitteln überhaupt geboten werden kann."[16]

Die polizeiliche Begehung der Falkstraße 35 fand ebenfalls am 7. Dezember 1895 statt, ohne dass es zu irgendwelchen Beanstandungen kam. Im Zuge der Imagekampagne veröffentlichte der Vorstand des Diakonissenvereins in der Lokalpresse eine Erklärung, dass die Untersuchung der im Großen und Ganzen haltlosen Anschuldigungen nunmehr abgeschlossen sei und die dabei zutage gebrachten Unzulänglichkeiten ausgeräumt wären. Die vom „Frankfurter General-Anzeiger" am 17. Dezember 1895 gemeldete Abberufung von Schwester Christiane aus dem Diakonissenheim wegen Patientenbeleidigung ist ein Indiz dafür, dass die von Peterhans erhobenen Vorwürfe wohl doch nicht aus der Luft gegriffen waren. Auch im Diakonissenheim war nicht alles Gold, was glänzte. Das belegt ein von Pfarrer Leydhecker in der Diakonissen-Affäre an seinen Amtsbruder Strobel gerichtetes Entschuldigungsschreiben vom 9. Dezember 1895: „Wir bedauern außerordentlich, daß die Verleumdungen u(nd) Vorwürfe der socialdemokratischen Kranken gegen das Diakonissenheim durch das Verhalten einer Schwester eine

Postkarte des Diakonissenheims mit der handschriftlichen Nachricht: „Die letzten Grüße sendet Dein Schorsch", um 1900.

gewisse Berechtigung erhalten hat, u(nd) hoffen, daß Gleiches nicht mehr vorkommt."[17]

Die Auswechslung einer Diakonisse war an und für sich nichts Ungewöhnliches. Allzu oft machte das Frankfurter Mutterhaus von dem Recht Gebrauch, seine Schwestern zu versetzen. Pfarrer Strobel vertraute die am Bockenheimer Diakonissenheim tätige Schwester Katharina im Oktober 1898 ihren Unmut darüber an, dass die Frankfurter Zentrale eine gerade eingearbeitete Diakonisse über alle Köpfe hinweg gleich wieder abberufen hatte. „Wie eine Null", so die leicht frustrierte Schwester, „wird man behandelt."[18] Trotz des häufig wechselnden Personals genoss das konfessionelle Krankenhaus in der Falkstraße zur Jahrhundertwende einen guten Ruf. Der neue Anstaltsarzt, Dr. med. Ludwig Hanau, konnte dem Vorstand im Januar 1899 von durchweg zufriedenen Patienten berichten. Die Turbulenzen des „Skandaljahres" 1895 waren überwunden. Innerhalb eines Jahrzehnts erhöhte sich zwischen 1895 und 1905 die Zahl der Bockenheimer von knapp 21.000 auf 33.238 Einwohner. Der Diakonissenverein reagierte auf das anhaltende Bevölkerungswachstum, indem er die vorhandenen sechs Pflegerinnen bis 1909 nach und nach um weitere drei Diakonissen verstärkte, so dass schließlich fünf Schwestern in der Falkstraße und vier Schwestern in der Gemeinde dienten. Vom Frankfurter Mutterhaus wurde der Jahresbeitrag für eine Diakonisse zu Beginn des 20. Jahrhunderts in zwei Schritten drastisch heraufgesetzt und lag ab 1912 bei 400 Mark. Der Bockenheimer Diakonissenverein akzeptierte die Gebührenerhöhungen ohne Murren. Auf der in Frankfurt am 21. Dezember 1911 abgeschickten Mitteilung, dass der Beitrag für eine Diakonisse ab dem kommenden Jahr nicht mehr 320, sondern stolze 400 Mark betragen werde, befindet sich am unteren Seitenrand der handschriftliche Vermerk: „Einverstanden. Erledigt 17/6/12 Kahl."[19]

An der Spitze des rund 1.600 Mitglieder starken Bockenheimer Diakonissenvereins hatte im Dezember 1908 ein Generationswechsel stattgefunden. Nach 32-jähriger Amtszeit war Jakob Strobel altersbedingt als Vorsitzender zurückgetreten. Zum Nachfolger wurde der Bockenheimer Pfarrer Heinrich Kahl ernannt, der das Ehrenamt bis 1935 bekleiden sollte. Mit dem Tod von Schuldirektor Wilhelm Flach verlor der Verein 1912 ein weiteres hochverdientes Gründungsmitglied. Die vakante Position des Kassenwarts blieb in der Hand eines Pädagogen und wurde am 13. August 1912 mit dem Lehrer J. W. Schwarz besetzt. Seit Juli 1909 hatte der leitende Arzt am Diakonissenheim qua Amt Sitz und Stimme im Vorstand des Diakonissenvereins. Die Erweiterung des Gremiums ging auf einen Erlass des Ministers der geistlichen, Unterrichts- und Medizinal-Angelegenheiten zurück, der auf eine Vereinheitlichung der ärztlichen Krankenhausdirektionen im Kaiserreich drängte. Der leitende Arzt sollte künftig an der Krankenhausverwaltung mitwirken, über die Aufnahme und Entlassung der Patienten entscheiden, das Pflegepersonal beaufsichtigen und die Einhaltung der Hygienevorschriften überwachen. In dem Runderlass wurden die Krankenanstalten nach ihrer Größe in Häuser mit über 150 Betten, mit 50 bis 150 Plätzen und mit weniger als 50 Betten eingeteilt. Die Falkstraße 35 gehörte folglich in die Kategorie der Zwergkrankenhäuser.[20]

Ohne die Verpflichtung eines Hausarztes hätte der Regierungspräsident dem Diakonissenverein die Konzession für den Betrieb eines Krankenhauses verweigert. Glücklicherweise erklärte sich der in Bockenheim niedergelassene Arzt Wilhelm Jacobi im Sommer 1891 dazu bereit, die Stelle des Hausarztes im Nebenamt zu bekleiden, so dass der behördlichen Genehmigung nichts mehr im Weg stand. Da im Diakonissenheim von Anfang an das Prinzip der freien Arztwahl galt, besaß der Hausarzt kein Behandlungsmonopol. Eduard von Meyer – später Chefarzt am Frankfurter Diakonissenhaus (1899–1922) – gestattete der Bockenheimer Diakonissenverein im September 1893 in der Falkstraße 35 eine Poliklinik für Chirurgie und Frauenkrankheiten zu eröffnen. Als Jacobi 1898 den Arztberuf wegen eines Augenleidens aufgeben musste, trat Ludwig Hanau in dessen Fußstapfen und übernahm gegen eine Vergütung von 300 Mark im Jahr die Position des Hausarztes am Diakonissenheim.[21]

Bockenheim war nicht eben ein Gesundbrunnen. Die Sterblichkeitsrate lag 1899 in dem ehemaligen Vorort mit 15,6 Prozent deutlich über der Mortalität im noblen Westend (6,9 Prozent). Insgesamt waren 1899 im 253.900 Einwohner zählenden Frankfurt 4.205 Todesfälle zu beklagen, 389 davon in Bockenheim. Gestorben wurde damals noch überwiegend in den eigenen vier Wänden (2.787 Personen). Das restliche Drittel schied in einem Kranken- oder Siechenhaus aus dem Leben. Jeder fünfte Todesfall war 1899 auf eine Erkrankung der Verdauungsorgane zurückzuführen (821 Fälle). „Bei keiner anderen Krankheitsclasse", attestierte Stadtarzt Alexander Spieß, „ist die Zahl der Todesfälle in den einzelnen Stadttheilen eine so verschiedene, und zwar in Folge der verschiedenen Wohlhabenheit und der dadurch bedingten Lebens- und Wohnungsweise; und dies in einem alle Jahre ziemlich gleichbleibenden Verhältniss. Je ärmer die Bevölkerung eines Stadttheils, oder je grösser der Kinderreichthum, um so grösser die Sterblichkeit an Magen-Darmcatarrh, Brechruhr und Atrophie [= Auszehrung]."[22] An den vorerwähnten Krankheiten verstarben 1899 in Bockenheim 58 Einwohner. Nur in der Altstadt, in Bornheim und im inneren Sachsenhausen wurden von den drei Magen-Darm-Krankheiten im Durchschnitt noch mehr Menschen dahingerafft. Auffällig hoch war 1899 in Bockenheim die Anzahl der Todesfälle in Bezug auf Pneumonie (Lungenentzündung, 23 Tote) und Phthisis pulmonum (Lungentuberkulose, 63 Tote).

Die Tuberkulose (Tbc) galt lange Zeit als „Barometer der Volksgesundheit".[23] Da Überarbeitung, Mangelernährung oder ungesunde Luft- und Lichtverhältnisse der Wohnung die Ausbreitung der Lungenschwindsucht begünstigten, erschien Tbc als typische „Proletarierkrankheit". Zu den Attributen der Krankheit zählten ein auffälliger Gewichtsverlust, das „Dahinschwinden", Fieber und ein mit Husten verbundener blutiger Auswurf. Zuerst nur für bedingt ansteckend eingestuft,

Tuberkulose-Todesfälle auf 10.000 Einwohner in Frankfurt am Main von 1868 bis 1929. Diagramm von Richard Oxenius aus dem Jahr 1930.

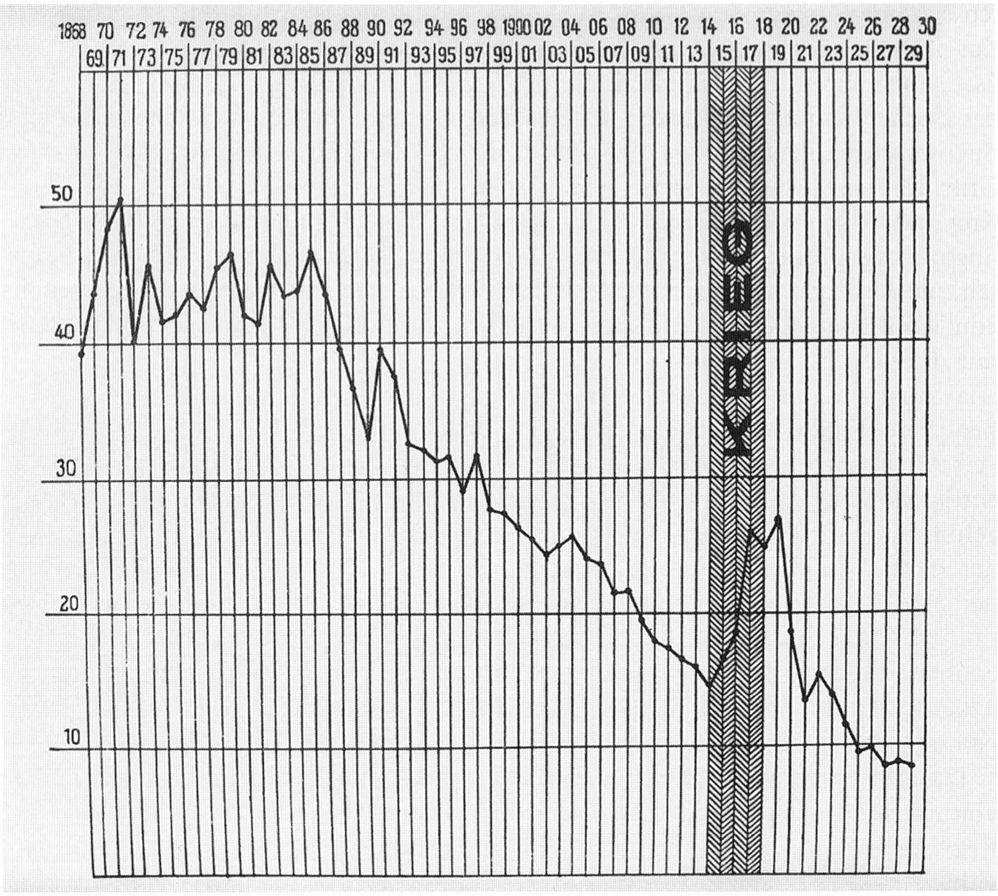

gelang 1882 Robert Koch mit der Entdeckung des Tuberkelbazillus der Nachweis der außerordentlichen Infektiosität der Lungenschwindsucht; bald darauf wurde die Übertragung der Tbc über die Tröpfcheninfektion durch Husten oder Niesen erkannt. Der Frankfurter Polizeipräsident und der Magistrat verabschiedeten am 22. August 1892 durch den Stadtarzt Spieß und den städtischen Gesundheitsrat ausgearbeitete „Maßregeln gegen die Verbreitung der Schwindsucht".[24] Um den Auswurf der an Tuberkulose Leidenden zu eliminieren, wurde die Aufstellung von mit Chlorkalk oder Salzwasser gefüllten Spucknäpfen in allen öffentlichen Gebäuden angeordnet. Schwindsüchtige hatten „Hustendisziplin" zu üben. Die Tuberkulose-Bekämpfung richtete die Aufmerksamkeit auf den Bazillenträger, dessen Isolierung zur Strategie erhoben wurde. Desto unverständlicher erscheint im Nachhinein die 1895 von dem Briefschreiber Peterhans aufgedeckte Unterbringung eines Schwindsüchtigen in einem Dreibettzimmer des Diakonissenheims. Für 24 Patienten des Bockenheimer Diakonissenheims gab es 1899 keine Heilungsmöglichkeit, von ihnen verstarben elf an Lungentuberkulose. Im Verlauf eines Jahres wurden 1899 in der Falkstraße 248 Kranke aufgenommen und weitere 278 Patienten in der chirurgisch-gynäkologischen Poliklinik behandelt. Um 1905 operierten im Diakonissenheim neben dem Hausarzt Ludwig Hanau die Chirurgen Eduard von Meyer und Otto Rothschild, die Hals-Nasen-Ohrenärzte Carl König, Julius Neuberger, Ludwig Wolff und Franz Alexander, der Magenspezialist Ludo Metzger und der Frauenarzt Otto Victor Müller.[25]

Seit 1892 bekamen alle Krankenhäuser im Regierungsbezirk Wiesbaden einmal im Jahr unangemeldeten Besuch vom Kreisarzt. Bei den vom Regierungspräsidenten angeordneten Kontrollbesuchen nahm der Kreisarzt den vorschriftsmäßigen Zustand der Krankenhäuser anhand einer vierzig Positionen umfassenden Checkliste genau unter die Lupe. In den ersten zwei Jahrzehnten seines Bestehens erhielt das Bockenheimer Diakonissenheim nach den Visitationen gute Noten. Nur die Bevorratung der Arzneimittel bekam die Krankenhausleitung partout nicht in den Griff. Die Schwierigkeiten mit den Behörden begannen im Sommer 1898, als der Kreisarzt Wilhelm Grandhomme entdeckte, dass die Schwestern eine ungenehmigte Hausapotheke unterhielten. Da sich der Diakonissenverein außer Stande sah, die Auflagen für den Betrieb einer Krankenhausapotheke zu erfüllen, wurde von Wiesbaden lediglich erlaubt, „Arzneimittel auf Vorrath zu beziehen“ und somit die Herstellung von Medikamenten verboten.[26] Das im Sprechzimmer des Diakonissenheims aufgestellte Arzneischränkchen gab immer wieder Anlass zu Beanstandungen. Monierte Grandhomme im November 1903 das Fehlen eines verschließbaren Fachs für „starkwirkende Mittel“ wie zum Beispiel Morphium, so entdeckte der Kreisassistenzarzt Emil Fromm Anfang 1905 mit Karbol und Öl gefüllte Bier- und Weinflaschen. Der Tiefpunkt war im Sommer 1909 erreicht, als der inzwischen zum Kreisarzt aufgestiegene Fromm bei der Überprüfung des Arzneimittelvorrats auf abgelaufene Medikamente und mit Säuren oder Salmiak gefüllte Getränkeflaschen stieß. Dass im Schloss des Giftschranks auch noch der Schlüssel steckte, schlug dem Fass den Boden aus.[27] Da war es nur ein schwacher Trost, dass der Schlendrian im Umgang mit den Arzneimitteln auch für andere Krankenhäuser ein Problem darstellte.

Das 1891 eröffnete Bockenheimer Diakonissenheim hinterließ beim Besuch von Kreisarzt Fromm im Winter 1913/14 einen schlechten Gesamteindruck. Dem Regierungspräsidenten berichtete der königliche Kreisarzt nach der Besichtigungstour durch die Frankfurter Krankenanstalten am 28. Februar 1914, „dass die Befunde fast ausnahmslos gut waren, da die meisten Krankenhäuser neu sind und in Bau und Einrichtung den gesundheitlichen Anforderungen entsprechen. Die Anstalt des Vereins zum Roten Kreuz, die zwar keine erheblichen Mängel zeigt, aber doch nicht mehr recht modern ist soll demnächst einen Neubau erhalten, wünschenswert wäre dies auch für das Diakonissen-Heim in Bockenheim, das nicht mehr recht den Anforderungen genügt und am meisten Anlass zu Beanstandungen gibt.“[28]

In die Modernisierung des Diakonissenheims war zuletzt 1899 im großen Stil investiert worden. Binnen Jahresfrist wurde das Krankenhaus damals an die Kanalisation und das Telefonnetz angeschlossen, ein Sterilisationsapparat erworben und im Operationszimmer elektrisches Licht installiert. Wie zuvor die Investitionen in die Gebäudetechnik diente die 1903 erfolgte Renovierung der Außenwände nicht nur der Bausubstanz, sondern auch der Patientenwerbung. Der zunehmende Konkurrenzdruck unter den Krankenhäusern kam dem Kreisarzt ganz gelegen, da die Anstaltsleiter von sich aus alles Erdenkliche taten, um das Renommee ihrer Häuser zu verbessern. Die Frankfurter Krankenhauslandschaft erfuhr 1907 und 1908 mit den Neubauten des Bürgerhospitals, des St. Marienkrankenhauses und des Bethanien-Krankenhauses sowie der Erweiterung des Städtischen Krankenhauses Sachsenhausen um eine Frauen- und eine Kinderklinik einen enormen Innovationsschub.[29]

Einige Vorstandsmitglieder des Bockenheimer Diakonissenvereins trugen sich seit der Jahrhundertwende mit dem Gedanken, für das Diakonissenheim einen geräumigen Neubau in Stadtrandlage zu errichten. Als im Herbst 1900 ein Kaufinteressent für das Anwesen Falkstraße 35 an den Vereinsvorstand herantrat, bekam der ehemalige Anstaltsarzt Jacobi den Auftrag, mit der Stadt Frankfurt über einen Umzug in das alte Bockenheimer Stadtkrankenhaus an der Ginnheimer Straße zu verhandeln. Doch die Stadt winkte ab, so dass der Handel ins Wasser fiel. Auf Betreiben des Vereinskassierers Wilhelm Flach wurden in den Jahren 1903 und 1904 mit Stadtrat Zimmer wiederholt Gespräche über einen Neubau des Diakonissenheims im Gebiet der als Bauerwartungsland ausgewiesenen Ginnheimer Höhe geführt. Obwohl das benachbarte Unternehmen Voigt & Haeffner das alte Diakonissenheim für 100.000 Mark erwerben wollte, scheiterte die Flach-Initiative im Dezember 1904. Vereinsintern sperrte sich eine starke, von Schriftführer Matthäus Müller vertretene Opposition gegen die aufwendigen Neubaupläne und plädierte für den Ausbau des Krankenhauses in der Falkstraße. Darüber hinaus befürchtete Müller, dass mit der Konzentration auf den Neubau und die Krankenhauspflege der andere Vereinszweck, die Gemeindepflege, noch mehr als dies sowieso schon der Fall war, in den Hintergrund geraten könnte. In der Sache uneins, blockierte der Vorstand jahrelang die Fortentwicklung des evangelischen Krankenhauses.[30]

Ein am 27. April 1910 von sechs im Diakonissenheim operierenden Ärzten unterzeichneter Appell brachte den Stein wieder ins Rollen. Die Herren Doktoren Aschheim, König, Loewe, Metzger, Müller und Rothschild forderten den Vorstand des Bockenheimer Diakonissenvereins auf, schon allein aus betriebswirtschaftlichen Gründen alsbald den Um- und Neubau des Diakonissenheims zu beschließen. Die Anstalt müsse für zahlungskräftige Privatpatienten attraktiv bleiben, um auch in Zukunft rentabel zu wirtschaften. „Im Hinblick darauf nun", so das Ärzte-Sextett, „daß in den letzten Jahren fast sämmtliche Frankfurter Krankenhäuser dem Zug der Zeit folgend Neubauten errichtet haben, die modernen Ansprüchen Rechnung tragen, erachten die Unterzeichneten es als im Interesse des Hauses für unbedingt erforderlich, daß auch das Diakonissenheim, um sein wohlbegründetes Renommée zu erhalten, sich notwendigen Neuerungen nicht entzieht, um so weniger als durch die beginnende Aufschliessung der Ginnheimer Höhe zur Villencolonie die Nachfrage nach besseren Privatzimmern in der Nähe mit Sicherheit wachsen wird, wodurch wiederum eine bessere Rentabilität in Aussicht steht. Naturgemäss wird eine dadurch erzielte günstigere Gestaltung der Finanzen auch den Patienten dritter Klasse zu Gute kommen, deren Wohl dem Diakonissenverein als einem wohltätigen Verein in erster Linie am Herzen liegt."[31]

Mit vereinten Kräften und angesichts einer mit über 120.000 Mark prall gefüllten Vereinskasse unternahmen Wilhelm Flach, der neue Vereinsvorsitzende Heinrich Kahl und der umtriebige Dr. med. Otto Loewe im Frühjahr 1910 in der Baufrage einen neuen Anlauf. Nach monatelangem Tauziehen zwischen den Befürwortern und Gegnern des Neubauvorhabens kam es in der Vorstandssitzung vom 7. November 1911 zu einer Kampfabstimmung, in der mit sieben Ja- und vier Neinstimmen bei einer Enthaltung die Summe von 68.000 Mark für den Kauf eines hinter der St. Jakobs-Kirche gelegenen Bauplatzes in der Grempstraße bewilligt wurde. Doch die Anhänger des Bauprojekts hatten sich zu früh gefreut, denn nur zwei Wochen später wurde der Kaufbeschluss in einer außerordentlichen Generalversammlung zerredet und anschließend gekippt. Während der auf die achtzig zugehende Wilhelm Flach resignierte, kämpfte der 33-jährige Otto Loewe weiter für den Bau eines neuen Diakonissenheims.[32]

Otto Loewe war ein waschechter Bockenheimer. Für den am 31. Oktober 1878 als Sohn des Chirurgen Paul Loewe geborenen Otto war die berufliche Laufbahn vorgezeichnet. Loewe studierte in Marburg, München, Berlin und Würzburg wie sein Vater Medizin und promovierte 1903 in Unterfranken an der Julius-Maximilian-Universität mit einer Arbeit „Über den Erreger der Antiperistaltik durch Nährklistiere." Wertvolle Erfahrungen für den weiteren Werdegang als Mediziner sammelte Loewe in einem Praktikum an der von dem bekannten Frankfurter Chirurgen Jacob Herrmann Bockenheimer in der Gutzkowstraße 53 geleiteten Privatklinik. Dr. med. Bockenheimer war eine Koryphäe auf dem Gebiet der Chirurgie und hatte in den sechziger Jahren als erster Arzt in Frankfurt Laparotomien (operative Öffnungen der Bauchhöhle) mit Erfolg vorgenommen. Nachdem Loewe in Dresden-Heidenau, Alzey und am Diakonissenkrankenhaus Helmstedt als Assistenzarzt gearbeitet hatte, fuhr er 1905 im Fernen Osten als Schiffsarzt zur See. Im darauf folgenden Jahr kehrte Otto Loewe aus der weiten Welt nach Bockenheim zurück, wo er eine Allgemeinpraxis eröffnete und sich nebenbei in der Poliklinik der Hirsch-Apotheke betätigte.

Ab 1907 ging Loewe in der Falkstraße 35 aus und ein. Der Facharzt für Chirurgie war kein „Fachidiot". Nein, Otto Loewe gehörte zu jenen Medizinern, die auf vielen Gebieten der ärztlichen Kunst (Frauenheilkunde, innere Medizin, Dermatologie) bewandert und gegenüber allem Neuen aufgeschlossen waren. Das erste, Anfang 1910 im Diakonissenheim aufgestellte Röntgengerät hatte Loewe aus eigener Tasche bezahlt. Als Eduard von Meyer im Dezember 1913 seine Poliklinik in der Falkstraße aufgab, war der rührige Loewe zur Stelle und übernahm im Auftrag der Krankenhausleitung die Aufgaben eines konsultierenden Chirurgen. Dafür, dass er die stationären chirurgischen Fälle behandelte, bekam Loewe die Erlaubnis, im Diakonissenheim eine chirurgische Poliklinik zu betreiben. Der Arzt besaß einen goldenen Humor und war mitnichten jemand, der bei den geringsten Schwierigkeiten gleich klein beigab.[33]

Im Dezember 1911 ging Otto Loewe auf die Barrikaden. Aus Ärger über den geplatzten Grunderwerb in der Grempstraße verfasste der Chirurg einen längeren Beitrag für den „Bockenheimer Anzeiger", in dem er die eklatanten Missstände im Diakonissenheim anprangerte und die Notwendigkeit eines Neubaus bekräftigte. Das ursprünglich als Wohnhaus für Diakonissen konzipierte Gebäude sei als Krankenhaus im Grunde völlig ungeeignet. Die Behandlungserfolge einiger Spezialärzte hätten sich zwar mittlerweile in ganz Frankfurt herumgesprochen und die Falkstraße 35 gerade unter Privatpatienten zu einem echten Geheimtipp gemacht, zugleich habe der große Zuspruch aber auch den chronischen Platzmangel in dem kleinen nur über 25 Betten verfügenden Diakonissenheim in unerträglicher Weise verschärft. In den Krankenzimmern stand Bett an Bett, vier Patienten lagen in einer stickigen Mansarde. Es gab keine separaten Räume für Infektions- und Schwerstkranke, oft mussten die anderen Patienten mit ansehen, wie ein Bettnachbar mit dem Tode rang. Ein medizinisches Labor, das zur Grundausstattung eines jeden modernen Krankenhauses zählte, war ebenso wenig vorhanden wie nach Geschlechtern getrennte Toiletten. „Das Krankenhaus", so Loewes vernichtendes Urteil, „ist das am schlechtesten angelegte, veraltetste und unhygienischste in Frankfurt."[34]

Schlimm stand es auch um das nur 17 Quadratmeter große Operationszimmer im Diakonissenheim. Mangels eines zweiten aseptischen OPs wurden in dem Operationszimmer häufig direkt hintereinander eitrige und extrem infektionsanfällige Eingriffe vorgenommen. Alle Beteiligten – Patienten, Ärzte und Schwestern – litten unter der Enge und der von Wasserdämpfen, Chloroform und Chemikalien geschwängerten OP-Luft. Den Emissionen zweier Fabriken und dem Lärm einer Bauschlosserei in unmittelbarer Nachbarschaft ausgesetzt, erwies sich

Im Stadtteil Bockenheim besteht seit 1886 ein Verein,

der „Bockenheimer Diakonissenverein",

der den Zweck verfolgt, eine Station von Diakonissen zu unterhalten, welche die Krankenpflege sowohl in der Gemeinde, als auch in dem dem Verein gehörigen Krankenhause mit 25 Betten, dem sog. **Diakonissenheim** in der Falkstraße, ausüben. Die **Gemeindepflege** wird unentgeltlich geleistet und zwar bei allen Einwohnern ohne Unterschied der Konfession.

Aus kleinen Anfängen hat sich der Verein gebildet. Seine ersten Ansätze reichen bis in das Jahr 1876 zurück, als eine Frankfurter Familie in opferwilliger Weise die nötigen Räume und Mittel für eine Diakonissenstation zur Verfügung stellte. Anstatt der 2 Schwestern, die im Anfang tätig waren, stehen jetzt 10 Schwestern in der Arbeit, und zwar 5 im Diakonissenheim und 5 in der Gemeindepflege. Die fünfte Gemeindeschwester ist am 28. August 1912 von uns berufen worden. Der Stadtteil Bockenheim zählt heute über 40000 Einwohner!

Mit der wachsenden Arbeit des Vereins hat jedoch die Zahl der Mitglieder bezw. die Einnahme nicht gleichen Schritt gehalten. Die Einnahme ist heute nicht größer als vor 25 Jahren. Gewiß sind wir bisher vor Not bewahrt geblieben — aber angesichts der neuen Aufgaben der neuen Zeit bedürfen wir unbedingt größerer Hilfe und einer größeren Zahl von Mitgliedern.

Die Verhältnisse brachten es mit sich, daß die Gemeindeschwestern seit einigen Jahren auch einen gesonderten Haushalt führen. Zu der den Gemeindeschwestern eingeräumten Mietwohnung haben wir jetzt weitere Räume mieten müssen. Der an das Mutterhaus abzuführende Betrag ist wesentlich höher als früher. — Das im Jahre 1891 eingeweihte Diakonissenheim genügt den Zwecken eines Krankenhauses, in dem viele Operationen vorgenommen werden, nicht mehr. Die Zimmer sind klein, die Korridore dunkel und manche Mißstände haben sich gezeigt, sodaß der Herr Regierungspräsident auf einen Neubau dringt. Ein Umbau oder eine Vergrößerung des Krankenhauses ist bei der Größe und Lage des Grundstücks in der Falkstrasse nicht möglich. Die von der Generalversammlung gewählte Kommission hält deshalb nach reiflicher, ernster Beratung den Bau eines neuen Diakonissenheims für nötig, das als ein den modernen hygienischen Anforderungen entsprechendes Krankenhaus und als Schwesternstation für Gemeindepflege gebaut werden soll.

Eine Arbeit, die seit so vielen Jahren in großem Segen geschehen ist, dürfen wir nicht zurückgehen und noch viel weniger eingehen lassen. Erneute Verhandlungen wegen Ankaufs eines geeigneten Grundstücks sind eingeleitet. Wir haben große Mittel nötig. Hier und da sind uns schon besondere Stiftungen in Höhe von 1000, 500, 300, 200 und 100 Mark zugefallen. Wo mit Glücksgütern Gesegnete uns besondere Zuwendungen machen wollen, werden wir sie dankbar begrüßen. Um aber die Zukunft unseres Vereins und seines Zwecks finanziell zu sichern, bitten wir Sie vor allem, unserem Verein als Mitglied mit einem bestimmten monatlich, vierteljährlich, halbjährlich oder auch jährlich zu zahlenden Beitrag beitreten zu wollen.

Die von uns beauftragte und mit einer Legitimation versehene Sammlerin wird demnächst wieder vorsprechen, um Ihren gütigen Bescheid einzuholen, falls dieser nicht sofort erteilt wird.

Der Vorstand des Bockenheimer Diakonissenvereins:

Pfarrer KAHL, Vorsitzender. Prokurist MATTH. MÜLLER, Schriftführer. Lehrer J. W. SCHWARZ, Kassierer. Dr. HANAU, Hausarzt. Ingenieur BRAEMER. Ingenieur HELWIG. Tapezierer HUTH. Gerichtssekretär KÜHN. Professor VELDE.

Frau A. BRENKER. Frau G. EICHMANN. Frau Rektor KLARMANN. Frau CHR. NAGEL. Frau Pfarrer SIEBERT. Frau Pfarrer WEIDEMANN.

die Lage des Diakonissenheims inmitten eines gemischten Wohn- und Gewerbegebiets als zusätzliches Handikap. Dessen ungeachtet konnte sich das konfessionelle Krankenhaus vor Patienten kaum retten. Zu den starken Seiten des Diakonissenheims rechnete Loewe den „familiären Charakter, das individuelle Eingehen auf den einzelnen bei Pflege und Diät, die vorzügliche Küche und vor allem die Gewährung der freien Arztwahl, die es auch den Patienten dritter Klasse ermöglicht, von erfahrenen, ihrer Verantwortung bewußten Aerzten und nicht von jungen und in ihrer Ausbildung begriffenen Assistenten behandelt zu werden."[35] Trotzdem sah Loewe für die Zukunft des Diakonissenheims schwarz.

Ohne Neubau drohe dem von den Behörden ins Visier genommenen Krankenhaus über kurz oder lang die Schließung. Bei einem Vereinsvermögen von etwa 120.000 Mark und geschätzten Gesamtkosten von 275.000 Mark lag für den Visionär der Bau eines neuen Hauses durchaus im Bereich des Möglichen, wobei Loewe aufgrund fehlender Krankenhausbetten in Frankfurt auch auf eine Finanzspritze der Stadt hoffte. Mit dem Versuch, die evangelische Bevölkerungsmehrheit aus der Reserve zu locken, beendete Loewe den am 9. Dezember 1911 im „Bockenheimer Anzeiger" veröffentlichten Artikel: „Mögen also die evangelischen Bürger Bockenheims hinter der an Zahl und Wohlhabenheit ungleich schwächeren katholischen Bevölkerung, die ein großes Krankenhaus unterhält, nicht zurückstehen, sondern an die Erfüllung ihrer Ehrenpflicht bald und zuversichtlich herantreten."[36]

Der Gang in die Öffentlichkeit hatte nicht den gewünschten Erfolg. Die Neubau-Gegner beantworteten Loewes Vorstoß mit einer am 15. Dezember 1911 im „Bockenheimer Anzeiger" publizierten „Erwiderung". Ohne näher auf die Missstände im Diakonissenheim einzugehen, erklärten die 46 Unterzeichner der Entgegnung, darunter die bereits im November 1911 aus dem Vorstand des Bockenheimer Diakonissenvereins zurückgetretenen Matthäus Müller (ab Juni 1912 wieder im Amt des Schriftführers) und Fritz Rauch, die Probleme mit der Zweckentfremdung des als Schwesternwohnheim konzipierten Gebäudes. Anscheinend hatte die Neubaufrage die Atmosphäre im Vereinsvorstand so sehr vergiftet, dass sich um die Jahreswende 1911/12 auch noch die Damen Knodt und Schmidt-Zimmer aus dem 15-köpfigen Gremium zurückzogen.

Derweil nagte an der Falkstraße 35 weiter der Zahn der Zeit. Selbst unter Neubau-Gegnern wuchs die Einsicht, dass etwas geschehen musste. Eine im Juni 1912 ins Leben gerufene und mit den Herren Ambron, Lauch, Loewe, Rauch und Tittmann besetzte „Zukunfts-Kommission" sollte sich mit der Gewichtung von Krankenhaus- und Gemeindepflege, den Vereinsfinanzen und der Neubaufrage befassen. Nach zwei vertanen Jahren war der Diakonissenverein im Mai 1914 an einem Wendepunkt angelangt: „Die Verhältnisse [im Diakonissenheim] hätten sich zugespitzt", warnte Hausarzt Ludwig Hanau am 14. Mai 1914 die anderen Vorstandsmitglieder, „daß es sich um Sein oder Nichtsein für den Verein handele, so könne es nicht weiter gehen. Der Neubau müsse in absehbarer Zeit kommen, sonst wäre die Schließung des Krankenhausbetriebes unausbleiblich."[37] Die eilends mit der Stadt Frankfurt wieder aufgenommenen Beratungen über einen geeigneten Bauplatz für das Diakonissenheim standen im Sommer 1914 kurz vor dem Abschluss. Der Ankauf eines Grundstücks entlang des Marbachs (heute: Wilhelm-Epstein-Straße) vis-à-vis dem Bockenheimer Friedhof sollte am 4. August 1914 ausgehandelt werden, als der Erste Weltkrieg die Neubaupläne des Diakonissenvereins jäh durchkreuzte.

„Bürger Frankfurts! Helft uns sorgen für unsere Krieger, die für das Vaterland bluten und leiden, für die Familien, die in Not zurückbleiben. Wir brauchen 1. große Barmittel zur Linderung der Not der armen Angehörigen unserer Krieger und zur Ergänzung der Depots des Roten Kreuzes, 2. Krankenheime, Vereine und Private sollen Krankenbetten in eigenen Räumen zur Verfügung stellen. Zahlreiche nicht benützte Räume unserer wohlhabenden Mitbürger können so dem edelsten Zweck geweiht werden."[38] Den Anfang August 1914 in der Lokalpresse publik gemachten und an den Litfaßsäulen angeschlagenen Aufruf hatten unterzeichnet: Oberbürgermeister Georg Voigt, Polizeipräsident Carl Rieß von Scheurnschloß, Stadtverordnetenvorsteher Fritz Friedleben sowie der Verein vom

Verwundete und erkrankte Soldaten werden nach der Ankunft am Güterbahnhof Sachsenhausen von der Freiwilligen Sanitätskolonne in Straßenbahnwagen umgebettet, September 1914.

Roten Kreuz und der Vaterländische Frauenverein. Der sozial-medizinischen war am 1. August 1914 die militärische Mobilmachung vorausgegangen. Das deutsch-französische Wettrüsten, die Flottenrivalität mit England, die russische Balkanpolitik und die Verknüpfung des Deutschen Reichs mit dem Vielvölkerstaat Österreich-Ungarn mündeten nach dem Attentat auf Erzherzog Franz Ferdinand am 28. Juni 1914 in Sarajevo in eine Kette von Mobilmachungen und Kriegserklärungen. Anfang August 1914 herrschte zwischen den Bündnissystemen der Mittelmächte Deutschland und Österreich-Ungarn sowie den Ententemächten Frankreich, Großbritannien und Rußland der Kriegszustand.[39]

Der Krieg dauerte gerade einen Monat, da belegten am 3. September 1914 schon 2.500 verwundete und erkrankte Soldaten die Frankfurter Lazarette. Kleinere Verwundetentransporte waren seit dem 9. August in Frankfurt eingetroffen, der erste Lazarettzug hatte den Güterbahnhof in Sachsenhausen am 15. August 1914 erreicht. Dort wurden im Verlauf des Ersten Weltkriegs die meisten Verwundetentransporte in einer von der Eisenbahndirektion zur Verfügung gestellten Halle von den Krankenträgern der „Freiwilligen Sanitäts-Hauptkolonne vom Roten Kreuz“ entladen und nach einem von der Militärbehörde angeordneten Verteilerschlüssel in die Frankfurter Reserve- und Vereinslazarette überführt. Wie in den Mobilmachungsverträgen der Stadt festgelegt nahmen sofort nach Kriegsbeginn vier Reservelazarette den Betrieb auf. Die Lazarette lagen in den Stadtteilen Bockenheim (Garnisonslazarett), Bornheim („Weiße Lilie“), Nordend (Affensteiner Feld) und Sachsenhausen (Turnhalle und Siechenhaus); sie vereinigten auch die umliegenden Vereinslazarette und Privatpflegen unter ihrer Leitung. Die Opfer der blutigen Marneschlacht und des beginnenden Stellungskriegs machten in den ersten Kriegsmonaten in Frankfurt die Eröffnung von sieben zusätzlichen Militärkrankenhäusern erforderlich, so dass Reservelazarettdirektor Oberstabsarzt Spamer im Januar 1915 rund 8.300 Betten zur Disposition standen. Als Vereinslazarett 15 dem Garnisonslazarett angegliedert, waren im Bockenheimer Diakonissenheim ab dem 25. August 1914 von den vorhandenen 25 Betten zumeist zehn Plätze mit verwundeten und erkrankten Soldaten belegt. Für die Versorgung eines Mannschaftsdienstgrades erstattete die „Geschäftsstelle für freiwillige Krankenpflege im Kriege“ einen Pflegesatz von drei Mark zwanzig, für die Wiederherstellung eines Offiziers gab es sechs Mark am Tag.[40]

Der Krieg lähmte das Vereinsleben. Beinahe jedes vierte Mitglied kehrte dem Bockenheimer Diakonissenverein zwischen 1915 und 1917 den Rücken (1.617/1.288 Mitglieder). Im letzten Kriegsjahr konnte der Mitgliederschwund gestoppt und die Gunst des Publikums teilweise zurückgewonnen werden (1.468 Mitglieder). Das Vereinsvermögen überstand Krieg und Not völlig unbeschadet und betrug 1919 rund 140.000 Mark. Unter den im Diakonissenheim tätigen Ärzten, die zu den Fahnen gerufen wurden, waren auch Otto Rothschild (Reservelazarettdienst) und Otto Loewe, der in einem Lazarettzug diente. Da Nahrungsmittel und Brennstoffe nach Ausbruch des Krieges im Preis stiegen und bald zu Mangelwaren wurden, befanden sich die in der Gemeinde- und Armenpflege tätigen Diakonissen permanent im Einsatz. In besonders schlimmer Erinnerung blieb in Frankfurt am Main der eisige Winter 1916/17, der aufgrund der katastrophalen Ernährungslage als „Kohlrübenwinter“ in die Geschichte einging. Der menschenverachtende Stellungskrieg an den Fronten und die ungenügende Versorgungslage weckten in der Bevölkerung eine weitverbreitete Friedenssehnsucht. Frankfurt trauerte am Ende des Ersten Weltkriegs um 10.753 Kriegstote. Kurz vor Weihnachten 1918 konnten die letzten Militärangehörigen das Krankenhaus in der Falkstraße verlassen. Aus dem Vereinslazarett 15 wurde wieder das Bockenheimer Diakonissenheim.[41]

Vom Diakonissenheim zum St. Markus-Krankenhaus 1918–1933

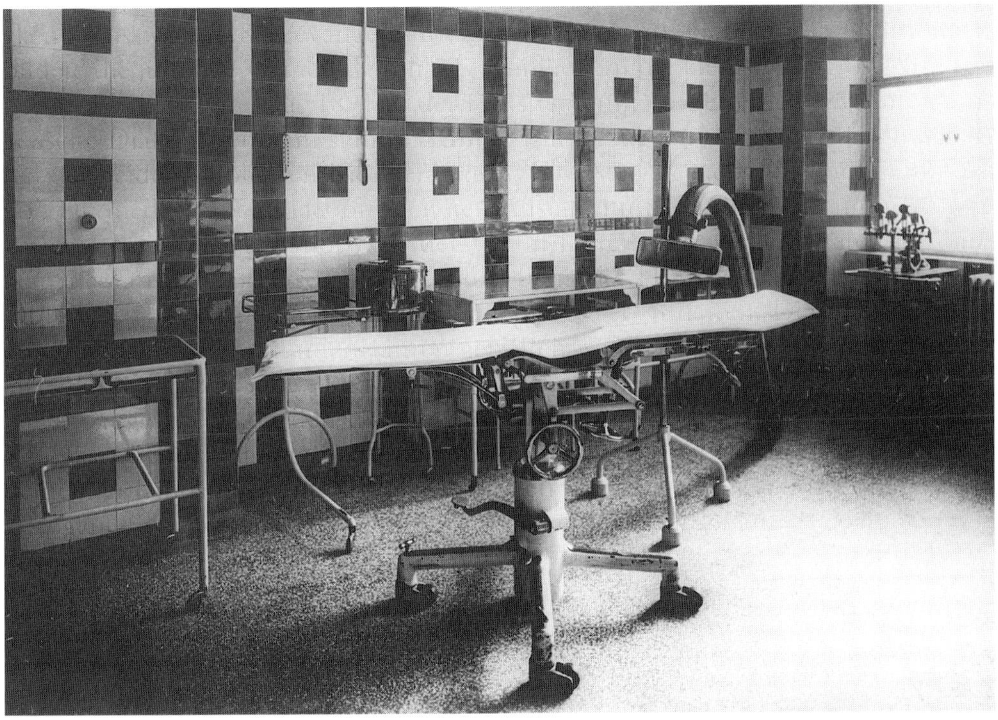

3. Kapitel

Die Waffen schwiegen seit drei Monaten, als der Vorstand des Bockenheimer Diakonissenvereins am Abend des 13. Februar 1919 zu seiner ersten Nachkriegssitzung zusammenkam. Am selben Tag hatte in Weimar eine nach der Abdankung Kaiser Wilhelms II. aus freien Wahlen hervorgegangene Regierungskoalition von SPD, Zentrum und DDP unter Ministerpräsident Philipp Scheidemann ihre Amtsgeschäfte aufgenommen. Die schwierigen Zeitumstände machten ein nahtloses Anknüpfen an Projekte der Vorkriegszeit unmöglich. Schweren Herzens musste Otto Loewe am 13. Februar gegenüber dem Vorstand des Bockenheimer Diakonissenvereins einräumen: „Unser Neubau ist durch die Zeitverhältnisse in weiteste Ferne gerückt."[1]

Für den Macher war das vorläufige Scheitern des Bauvorhabens kein Grund, die Hände in den Schoß zu legen, ganz im Gegenteil. Loewe setzte sich nunmehr mit aller Macht für die Erweiterung des Diakonissenheims in der Falkstraße 35 ein und erwarb gemeinsam mit seiner Ehefrau Ida und in Absprache mit dem Diakonissenverein im März 1919 von dem Schuhmachermeister Friedrich Knackmuss für 58.500 Mark das Nachbarhaus Falkstraße 37. Die in der Zeppelinallee 1 wohnenden Loewes übertrugen dem Verein das Vorkaufsrecht für ihr Anwesen in der Falkstraße und stellten dem Diakonissenheim das Erdgeschoss und die erste Etage mietfrei zur Verfügung. Nach Auszug der alten Mieter beabsichtigte der Diakonissenverein zwecks Einrichtung von Krankenzimmern und Diakonissenwohnungen auch noch den zweiten und dritten Stock des Nachbarhauses anzumieten. Weil aber das Frankfurter Wohnungsamt in der Nachkriegszeit der Kündigung von Mietverträgen ohne vorherige Beschaffung adäquater Ersatzwohnungen die Zustimmung verweigerte, konnte das Diakonissenheim zunächst nur fünf große Räume im Parterre der Falkstraße 37 mitbenutzen. Die beiden Nachbarhäuser wurden durch einen Durchbruch der Mauern im Erdgeschoss miteinander verbunden. Dank der hinzugewonnenen Räumlichkeiten konnten acht zusätzliche Krankenbetten aufgestellt und ein zweites Operationszimmer eingerichtet werden, was die dringend notwendige Trennung von septischen und aseptischen Eingriffen ermöglichte. Im Gegenzug gestattete der Verein Otto Loewe, in den neuen Krankenhausräumen Sprechstunden abzuhalten und eine Röntgenlaborantin einzustellen.[2]

In Pflegesatzfragen zogen die freigemeinnützigen Krankenhausträger seit der Vorkriegszeit an einem Strang. Nachdem die Stadt aus einem im Jahr 1908 mit der Allgemeinen Ortskrankenkasse für alle Frankfurter Krankenanstalten vereinbarten Pflegesatzvertrag ausgeschert war, um mit der Kasse für die kommunalen Einrichtungen höhere Entgelte auszuhandeln, hatten die privaten Krankenhäuser im August 1913 den Schulterschluss vollzogen. Die „Kommission der vereinigten Privatkrankenhäuser", der auch das Bockenheimer Diakonissenheim angehörte, erreichte im Frühjahr 1914 eine Angleichung der Pflegesätze. Die eher lose, 1917 in „Vereinigung der nicht städtischen Krankenanstalten zu Frankfurt a. M." umbenannte Interessengemeinschaft der freigemeinnützigen Krankenhausträger verabschiedete erst im April 1919 eine verbindliche Satzung. In der nachrevolutionären Übergangsphase, während der die rote Fahne vom Römer wehte und ein Arbeiter- und Soldatenrat in Frankfurt die Macht beanspruchte, sahen sich die Krankenhausleitungen mit den Forderungen des Gewerkschaftskartells nach einem Achtstundentag oder der gleichen Verpflegung für Ärzte und Arbeiter konfrontiert. Auf einer am 21. März 1919 abgehaltenen Krisensitzung berichtete der Direktor des Friedrichheims, Professor Dr. med. Karl Ludloff, vom agitatorischen Vorgehen der „Krankenhausgewerkschaft". Ein Mitarbeiter Ludloffs riet „drin-

Operation im Diakonissenheim unter der Leitung von Dr. med. Otto Loewe (2.v.l.). Radierung von Emil Betzler aus dem Jahr 1926.

gend zu einem festen Zusammenschluss sämtlicher privaten Krankenanstalten zu einem statuarisch festzulegenden Arbeitgeberverband, um den uferlosen Forderungen des Arbeiter-Kartells eine geschlossene Phalanx gegenüberstellen zu können."[3] Drei Tage später gründeten am 24. März 1919 23 Krankenhausträger, darunter auch der Bockenheimer Diakonissenverein, den „Verband Frankfurter Krankenanstalten". Der Verband sollte die Interessen der Mitglieder gegenüber den Arbeitnehmerorganisationen und den Behörden vertreten. Besondere Bedeutung erlangte der von dem verantwortlichen Arzt des Bethanien-Krankenhauses,

Sanitätsrat Dr. med. Ludwig Emil Mehler, geleitete „Verband Frankfurter Krankenanstalten" durch die zentralen Pflegesatzverhandlungen mit den Krankenkassen.

Der Krankenhausbetrieb beschränkte sich im Sommer 1921 in der Falkstraße 37 noch immer auf das Parterre. Da zwei Mietparteien die beiden ersten Obergeschosse und damit den geplanten Ausbau des Diakonissenheims blockierten, wurde die Sanierung der Falkstraße 35 vorgezogen. Zehn Jahre nachdem Otto Loewe die Missstände in dem evangelischen Krankenhaus öffentlich beim Namen genannt hatte, begannen unter der Leitung des Architekten Faust die Umbauarbeiten. Für die stolze Summe von 240.000 Mark wurde das Operationszimmer in einen größeren Raum verlegt, Krankenzimmer wurden durch das Herausbrechen von Zwischenwänden erweitert, die Sanitäranlagen modernisiert und der Innenanstrich erneuert. Die Bettenkapazität der auf Vordermann gebrachten Krankenanstalt lag bei 35 Plätzen. Gerade noch rechtzeitig und als ob er geahnt hatte, was in den nächsten zwei Jahren geschehen würde, investierte der Vorstand 1921 das Vereinsvermögen, bevor es durch die Inflation entwertet werden konnte, in den Umbau des Diakonissenheims.[4] Seit Oktober 1921 als gemeinnützig anerkannt und somit von der Körperschafts-, Vermögens- und Gewerbesteuer befreit, verhandelte der Diakonissenverein mit dem Ehepaar Loewe über den Ankauf der Falkstraße 37. Nicht der Kaufpreis von 74.000 Mark, sondern Otto Loewes Ambitionen, in Verbindung mit dem Immobiliengeschäft seine klinische Praxis im Diakonissenheim auf die Hälfte der vorhandenen Betten auszudehnen, führten zum Scheitern der Gespräche. Der Hausarzt Ludwig Hanau war nicht der Einzige, der in diesem Zusammenhang das Prinzip der freien Arztwahl bedroht sah. Aus Verärgerung, möglicherweise aber auch aus Vorsicht in Anbetracht der immer rascher voranschreitenden Geldentwertung, brach Loewe im Sommer 1922 die Verkaufsverhandlungen ab.[5]

Die meisten freigemeinnützigen Krankenanstalten hingen nach Kriegsende, bildlich gesprochen, in der Luft. Im Vergleich zu den seit 1914 um das Zehnfache gestiegenen Betriebs- und Unterhaltungskosten hatten sich bis 1920 die Pflegesätze durchschnittlich nur um das Fünffache erhöht. Selbst der Kassenwart des solventen Bockenheimer Diakonissenvereins verzichtete in den ersten Nachkriegsjahren aufgrund der „anormalen wirtschaftlichen Lage" (1919) oder wegen des „wechselnden Werthstand(es) der Mark" (1922) darauf, die üblichen Haushaltspläne aufzustellen.[6] Mit dem am 12. August 1920 in der „Kleinen Presse" abgedruckten Gastbeitrag „Die Notlage der nichtstädtischen Krankenanstalten" sprach der Verwaltungsdirektor des Bürgerhospitals, Gustav Ebeling, den anderen freigemeinnützigen Krankenhausträgern aus der Seele. Unlängst sei bekannt geworden, dass durch den enormen Preisanstieg, die Einführung des Achtstundentages und der Schichtdienste sowie der ständig wachsenden Personalkosten die Ausgaben pro Patient und Tag im Städtischen Krankenhaus Sachsenhausen von sechs Mark in der Vorkriegszeit auf 43 Mark im Rechnungsjahr 1919/20 hinaufgeschnellt waren. Die Löcher im Krankenhausetat hatte der Stadtkämmerer mit öffentlichen Mitteln, sprich Steuergeldern, gestopft. „Dieser Rückhalt", so Direktor Ebeling, „fehlt den privatgemeinnützigen Anstalten. Sie sind lediglich auf ihre eigene Kraft angewiesen. Wenn sie im allgemeinen erheblich billiger arbeiten als die städtischen Anstalten, so sind doch auch ihre Lebensbedingungen heute so schwer geworden, daß ihr Fortbestehen nur noch eine Frage der Zeit ist. Auch in den privaten Anstalten betrugen die Kosten für das Bett im verflossenen Jahre 23 Mark am Tag. [...] Jetzt sind sie bereits auf 32 Mark gestiegen. Daß die Privatanstalten billiger arbeiten können als die städtischen Anstalten, liegt daran, daß kleinere Anstalten von 200 bis 300 Betten immer billiger arbeiten als große Anstalten von 500 Betten und mehr, diese ferner unter Ausschaltung von jedem Schematismus nach kaufmännischen Grundsätzen geleitet werden und, [...] daß die nichtstädtischen den achtstündigen Arbeitstag für das Personal nicht zur Einführung gebracht haben."[7] Ohne die rund 1.500 Betten der 19 freigemeinnützigen Anstalten wäre das Frankfurter Krankenhauswesen zusammengebrochen. Ebeling forderte daher die Kommune auf, den privaten Institutionen mit einem Erlass oder zumindest einer Ermäßigung der städtischen Gebühren und Steuern unter die Arme zu greifen. Anstelle der Abgabensenkung gewährte der Magistrat den im Verband Frankfurter Krankenanstalten organisierten freigemeinnützigen Einrichtungen eine Erhöhung der Pflegesätze für die vom Wohlfahrtsamt betreuten Patienten auf dreißig Mark. Bei unter den Selbstkosten liegenden Pflegesätzen (die Allgemeine Ortskrankenkasse erstattete sogar nur 25 Mark pro Tag) fiel den nichtkonfessionellen privaten Krankenhäusern das Überleben besonders schwer. Freies Pflegepersonal war wesentlich kostenintensiver als Diakonissen oder Ordensschwestern.

Der Bockenheimer Diakonissenverein musste für seine acht Kranken- und vier Gemeindeschwestern immer tiefer in die Tasche greifen. Das Frankfurter Mutterhaus schraubte den Jahresbeitrag für eine Diakonisse zwischen 1919 und 1921 analog zur Währungskrise von 500 auf 4.000 Mark hinauf. Zugleich plagten die Diakonissen-Anstalt in der Eschersheimer Landstraße, der über 250 Schwestern angehörten, ernste Nachwuchssorgen. „Die ungünstigen Zeitverhältnisse", so Anstaltsleiter Otto Dettmering im Jahresbericht für 1922, „sind gewiß mit daran schuld, aber auch der Geist unsrer Zeit trägt ein gutes Teil Schuld daran. Der starke Diesseitigkeitssinn des Geschlechts unserer Tage, die Jagd nach schnellem und großem Verdienst, die Unlust zur Arbeit, die Sucht zu herrschen und zu kommandieren, ist der Diakonie abträglich."[8] Der Mangel an Nachwuchskräften hatte zur Folge, dass der Frankfurter Diakonissen-Verein 1922 die Stationen in Bad Orb und Sonneborn aufgeben und die Krankenschwestern aus dem Bockenheimer Diakonissenheim zurückrufen musste. Die Nachricht, dass die acht Krankenpflegerinnen vom Mutterhaus im Laufe des Sommers abgezogen werden sollten, traf den Vorstand des Bockenheimer Diakonissenvereins im Februar 1922 aus heiterem Himmel. Auf der Suche nach Ersatz wandte sich der Vereinsvorsitzende Heinrich Kahl an den Bethanien-Verein, den Vaterländischen Frauenverein und an das Diakonissenhaus Hebron in Marburg-Wehrda. Da die beiden favorisierten Frankfurter Vereine selbst unter Schwesternmangel litten, übernahmen schließlich gegen einen Jahresbeitrag von jeweils 7.800 Mark acht Marburger Diakonissen die Krankenpflege. Die Gemeindepflege blieb unverändert in den Händen von vier Frankfurter Diakonissen.[9]

Seit dem Jahreswechsel 1922/23 nahm die als Spätfolge des weitgehend über Anleihen finanzierten Ersten Weltkrieges eingetretene Geldentwertung immer bedrohlichere Formen an. Im April 1923 lag der Monatsbeitrag für eine Diakonisse bei 49.000 Mark, das heißt nur für die ab Juni 1923 von zehn Schwestern ausgeführte Krankenpflege hatte der Diakonissenverein monatlich etwa eine halbe Million Mark an das Marburger Mutterhaus zu überweisen. Als die Hyperinflation im Oktober 1923 ihren Höhepunkt erreichte, waren in Frankfurt über 60.000 Kurzarbeiter registriert, bis zum Jahresende stieg die Zahl der Arbeitslosen auf 22.670. Der Preis für ein Brot (1 kg) kletterte von gut vier Mark im Januar 1922 bis Oktober 1923 auf exorbitante 3.611.111 Mark.

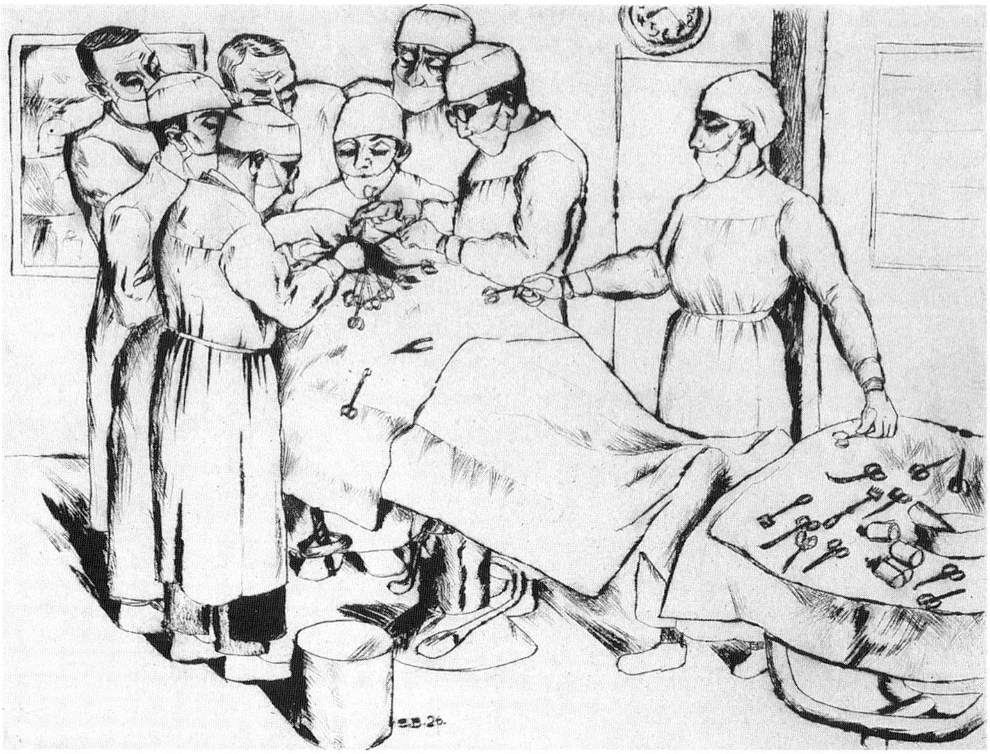

OP im Diakonissenheim. Radierung aus einer Serie von Emil Betzler, 1926.

Die allgemeine Nervosität führte zu Überreaktionen. Nicht zum ersten Mal gerieten im September 1923 der Kassenwart des Bockenheimer Diakonissenvereins, J. W. Schwarz, und der Arzt Otto Loewe aneinander. Auslöser des Streits war offenbar die von Loewe am Kassierer vorbei eingefädelte Verwendung einer an den Verein adressierten 30-Dollar-Spende der Beit-Speier-Stiftung zum Ankauf von Kohlen, worin Schwarz einen groben Verstoß gegen die Geschäftsordnung sah. Das Verhältnis zwischen den beiden engagierten Vereinsmitgliedern war seit November 1922 gestört. Damals hatte Schwarz eine 25-Dollar-Spende, die Loewe von einer erfolgreich behandelten, in Mexiko lebenden Patientin namens Julie Herr zugunsten des Vereins übergeben worden war, nicht in harter US-Währung angelegt, sondern in rund 71.000 Mark umgetauscht und auf ein Konto bei der Bockenheimer Volksbank eingezahlt. Den aufgrund der Währungskrise innerhalb kürzester Zeit eingetretenen Verlust von 40.000 Mark machten einige Vereinsmitglieder dem Kassenwart zum Vorwurf. Der Vorstand hatte das Vorgehen des Kassierers zwar nachträglich gebilligt, doch als dieselbe Wohltäterin dem Diakonissenverein eine zweite Spende zukommen ließ, wurde diesmal bei der Volksbank ein Dollarkonto eröffnet. Schwarz fühlte sich dadurch desavouiert und trat in der Vorstandssitzung vom 9. November 1922 zunächst zurück, blieb aber auf Bitten von Heinrich Kahl und anderen dann doch im Amt. Nach dem erneuten Hickhack um die Verwendung einer Dollarspende lieferte Schwarz im September 1923 einen letzten, die astronomische Summe von weit über 1,6 Milliarden Mark bilanzierenden Kassenbericht ab und legte anschließend das Ehrenamt nieder. Im Chaos der Hyperinflation übernahm Heinrich Pietrowicz am 1. Oktober 1923 im Vorstand des Diakonissenvereins das undankbare Amt des Kassierers. Die Konsolidierung des Geldmarktes gelang nach einer im November 1923 verabschiedeten Währungsreform nur langsam. Als neues Zahlungsmittel wurde vorübergehend die Renten- und ab dem 30. August 1924 die Reichsmark im Verhältnis eins zu einer Billion Papiermark ausgegeben.[10]

Kaum hatte der Bockenheimer Diakonissenverein wieder festeren Boden unter den Füßen, da begann man im Vorstand Pläne für den Um- und Ausbau des Diakonissenheims in der Falkstraße zu schmieden. Das Krankenhaus war die meiste Zeit des Jahres voll belegt und platzte aus allen Nähten. Das Marburger Mutterhaus drohte mit dem Abzug der Diakonissen, falls die räumliche Situation für die Schwestern nicht verbessert werde. Außerdem wies Pfarrer Kahl die Vorstandsmitglieder des Diakonissenvereins am 20. Juni 1924 „auf die erdrückende Konkurrenz des katholischen Elisabethen-Krankenhauses, das jetzt auch eine Entbindungsanstalt angegliedert habe, und die Gefahr, die der evangelischen Kirche durch zweifellos stattfindende Beeinflussung droht, hin. Es müsse der Versuch wieder aufgenommen werden, das Löwe'sche Nachbarhaus entweder ganz oder mindestens einen Stock zu erhalten, in diesem könnte dann die Entbindungsstation eingerichtet werden. Es wird beschlossen, diesen letzten Weg zu beschreiten und insbesondere Stadtrat Dr. Schlosser zu besuchen."[11]

Der besoldete Stadtrat Dr. med. Karl Schlosser war für den Bockenheimer Diakonissenverein insofern ein wichtiger Gesprächspartner, als er die 1921 errichtete Deputation für das städtische Gesundheitswesen (Stadtgesundheitsamt) leitete. Nachdem das Gesundheitsamt im Jahr 1922 die Aufgaben der Anstalts-Deputation zugeteilt bekommen hatte, war der Arzt und Sozialdemokrat Schlosser auch für die Einrichtung und Verwaltung der städtischen Kranken-, Heil- und Pflegeanstalten sowie das Rettungs- und Krankentransportwesen zuständig. Zu den Deputierten für das Gesundheitswesen zählten, den von Oberbürgermeister Voigt ernannten Vorsitzenden mitgerechnet, vier Magistratsangehörige, der Oberstadtarzt, der Direktor des Hygienischen Instituts und 13 von den Stadtverordneten berufene Mitglieder. Die Angehörigen der Deputation, darunter mindestens vier und höchstens sechs Mediziner, bildeten zugleich die städtische Gesundheitskommission. Das Gesundheitsamt gliederte sich in drei von Stadtmedizinalräten geleitete Abteilungen und das von Schlosser persönlich geführte Referat für Anstaltswesen mit dem zum Großklinikum ausgebauten Städtischen Krankenhaus Sachsenhausen als „Flaggschiff". Das Krankenhaus umfasste 1924 zwölf Kliniken mit 101 Stationen und 2.388 Betten. Gleichwohl gab es Mitte der zwanziger Jahre in der 475.000-Einwohner-Stadt Frankfurt zu wenige Krankenhausbetten (circa 4.750), so dass der Bockenheimer Diakonissenverein mit dem geplanten Ausbau des Diakonissenheims bei Stadtrat Schlosser offene Türen einrannte.[12] Als Otto Loewe die Bereitschaft zu verkaufen signalisierte und der im zweiten Stockwerk wohnende Mieter sich gegen Zahlung einer Abfindung zum Auszug bereit erklärte, beschloss der Vorstand des Diakonissenvereins am 31. Oktober 1924, das Nachbarhaus zu erwerben. Für 12.000 Goldmark[13] wechselte die Falkstraße 37 am 6. November 1924 den Besitzer.[14]

In den Köpfen einiger Vorstandsmitglieder spukte immer noch der Neubau eines Krankenhauses an der Ginnheimer Landstraße umher. Erst nachdem die Berechnung der Baukosten den Betrag von eineinhalb Millionen Reichsmark ergeben und sich das Ganze somit als Luftschloss entpuppt hatte, begannen die Verantwortlichen im Bockenheimer Diakonissenverein den Tatsachen ins Auge zu sehen. Ab Herbst 1925 konzentrierte sich der Vorstand auf den Um- und Ausbau der beiden benachbarten Häuser in der Falkstraße, wofür Otto Loewe ein erstes Rahmenkonzept vorlegte. Die Entwürfe des Mediziners wurden im Oktober 1925 in der Baufirma von Georg Harth junior, dem Sohn und Nachfolger des Erbauers des alten Diakonissenheims, durchgearbeitet und die Kosten für eine Vereinigung der beiden Gebäude zu einem modern ausgestatteten Krankenhaus mit 140 Betten samt Inneneinrichtung auf 600.000 Reichsmark veranschlagt. Um rentabel wirtschaften zu können, benötigte der Diakonissenverein ein zinsgünstiges Darlehen über eine halbe Million Reichsmark und richtete nach Fühlungnahme mit dem Stadtgesundheitsamt ein dahin gehendes Gesuch an den Frankfurter Magistrat.[15]

Der Antrag des gemeinnützigen Krankenhausträgers ging mit einem vom Magistrat im Juli 1925 gefassten Grundsatzbeschluss konform, zur Behebung des Bettenmangels den Ausbau privater Krankenanstalten mit Darlehen und Zuschüssen zu fördern. Da der Stadt Frankfurt die Mittel fehlten, um den Engpass im Krankenhauswesen aus eigener Kraft zu beseitigen, setzte sie auf die Unterstützung der freigemeinnützigen Institutionen als kostengünstige Alternative. Stadtrat Schlosser verhandelte ab November 1925 mit den Vertretern des Diakonissenvereins Kahl, Walter und Loewe die Einzelheiten des Darlehnsvertrages. Am Ende gewährte die Kommune dem Verein „zum Zwecke der Erweiterung und des Ausbaues des Diakonissenheims" ein mit sieben Prozent verzinstes hypothekarisches Darlehen in Höhe von 500.000 Goldmark. Der Diakonissenverein räumte dafür einem Vertreter der Stadt Sitz und Stimme im Vorstand ein und musste jederzeit die Bücher der Anstalt offenlegen. Die Berufung des „dirigierenden Arztes" am vertraglich auf das Prinzip der freien Arztwahl verpflichteten Diakonissenheim konnte nur mit Zustimmung des kommunalen Vertreters erfolgen. Auf Vorschlag des Gesundheitsamtes delegierte der Magistrat den ärztlichen Verwaltungsdirektor des Städtischen Krankenhauses Sachsenhausen, Joseph Wirth, in den Vorstand des Diakonissenvereins.

Das gesundheitspolitische Interesse der Stadtregierung ist in Paragraf sechs des Vertragswerks verankert: „Der Verein ist verpflichtet, von den insgesamt auf 140 Betten zu bringenden Bestand sechs Siebentel als Betten dritter Klasse zu führen und von diesen wiederum 65 Betten als Betten dritter Klasse für innere Kranke. Hinsichtlich der Belegung dieser Betten dritter Klasse, insbesondere derjenigen für innere Kranke, wird der Stadt ein Vorrecht dahingehend eingeräumt, dass Patienten aus den Stadtteilen Bockenheim, Rödelheim und benachbarten Bezirken durch den Zentral-Bettennachweis und im Falle aussergewöhnlicher Bettennot, bei der der Verein auch zur vorübergehenden Einschiebung von Notbetten sich bereit erklärt, auch direkt aus städtischen Krankenhäusern zugewiesen werden können."[16] Mit der Erweiterung des Bockenheimer Diakonissenheims umging die Stadt Frankfurt den Bau eines Bezirkskrankenhauses für die nordwestlichen Stadtteile. Nachdem der Vorstand des Diakonissenvereins dem Vertragswerk am 2. März 1926 zugestimmt hatte, wurde das Dokument am 31. März von der Stadtverordnetenversammlung genehmigt und am 28. Juni 1926 von den beiden Vertragsparteien unterzeichnet. In der zweiten Augusthälfte bekam der Architekt Georg Harth den Auftrag, das Diakonissenheim zum Pauschalpreis von 393.000 Reichsmark umzubauen, woraufhin die Bauarbeiten bei laufendem Krankenhausbetrieb unverzüglich eingeleitet wurden. Zur effizienten Projektbetreuung bildete der Diakonissenverein einen mit Kreispfarrer Heinrich Kahl, dem am 2. März 1926 in den Vorstand gewählten Otto Loewe, dem bald darauf (Oktober 1926) zum ersten Verwaltungsinspektor des Diakonissenheims berufenen Heinrich Pietrowicz und den beiden Vorstandsmitgliedern Max Mohs und Wilhelm Taufkirch besetzten Bauausschuss. Die 50-Jahr-Feier des Bockenheimer Diakonissenvereins stand am 22. September 1926 ganz im Zeichen des aktuellen Bauvorhabens.[17]

Der Vorstand des Bockenheimer Diakonissenvereins im Jahr 1928. Stehend v.l.n.r.: Pietrowicz, Schöndube, Wirth, Harth, Mohs, Taufkirch, Walther. Sitzend v.l.n.r.: Knapp, Gronde, Klarmann, Müller, Eichmann, Loewe.

Der Name „Diakonissenheim" war seit langem überholt. 1891 als Wohnhaus für Diakonissen mit angegliedertem Hospital eröffnet, hatte sich in dem Schwesternheim der Schwerpunkt der Tätigkeit schon bald auf die stationäre Krankenpflege verlagert. Auf Vorschlag des Vereinsvorsitzenden Kahl wurde das Diakonissenheim im Juni 1927 in St. Markus-Krankenhaus umbenannt. Bei der Namengebung hatte sich der Kreispfarrer von der 1912 an der Ecke von Markgrafen- und Falkstraße eingeweihten evangelischen Markuskirche inspirieren lassen. An dem Namen des im Januar 1927 als milde Stiftung anerkannten Bockenheimer Diakonissenvereins änderte sich dagegen nichts. Der Heilige Markus wird bei Schmerzen und plötzlichem Tod um Gnade angerufen. Als Schutzpatron dient St. Markus sowohl Schreibern und Notaren als auch Glasern und Bauarbeitern.[18]

Das Hauptproblem bestand für den Architekten bei der Erweiterung des St. Markus-Krankenhauses darin, die beiden alten Nachbarhäuser sowie zwei an den Seiten angefügte schmale Neubauten in eine homogene Form zu bringen. Die Verbindung der Altbauten wurde dadurch erleichtert, dass sich die Hausfronten auf gleicher Höhe befanden und die zur Straßenseite gelegenen Zimmer ähnlich dimensioniert waren. Mit dem Durchbrechen der Brandmauern entstanden fast von alleine lange Krankenhausflure. Den zwischen der Falkstraße 35 und 37 vorhandenen Höhenunterschied glich die Baufirma, damit die Patienten in ihren fahrbaren Krankenbetten und über einen Fahrstuhl direkt zu den Therapie- oder Operationszimmern geschoben werden konnten, durch das Anlegen schiefer Korridorebenen aus. Lediglich im dritten Obergeschoss war die Differenz so groß, dass eine Treppe eingebaut werden musste. Das Diakonissenheim wuchs 1926/27 im Bestreben die Bettenkapazität zu steigern nicht nur in die Breite, sondern auch in die Tiefe und in die Höhe. „Nur die Grundwasserlinie", so Loewe, „konnte uns nach unten, die Baupolizei nach oben Einhalt gebieten."[19] Das ehemalige zum Souterrain umfunktionierte Kellergeschoss beherbergte fortan die Küche, die mit neuen Maschinen ausgestattete Wäscherei, das Labor, einige Behandlungszimmer und den Leichenraum. Unter dem Souterrain wurde ein zusätzlicher Tiefkeller ausgeschachtet.

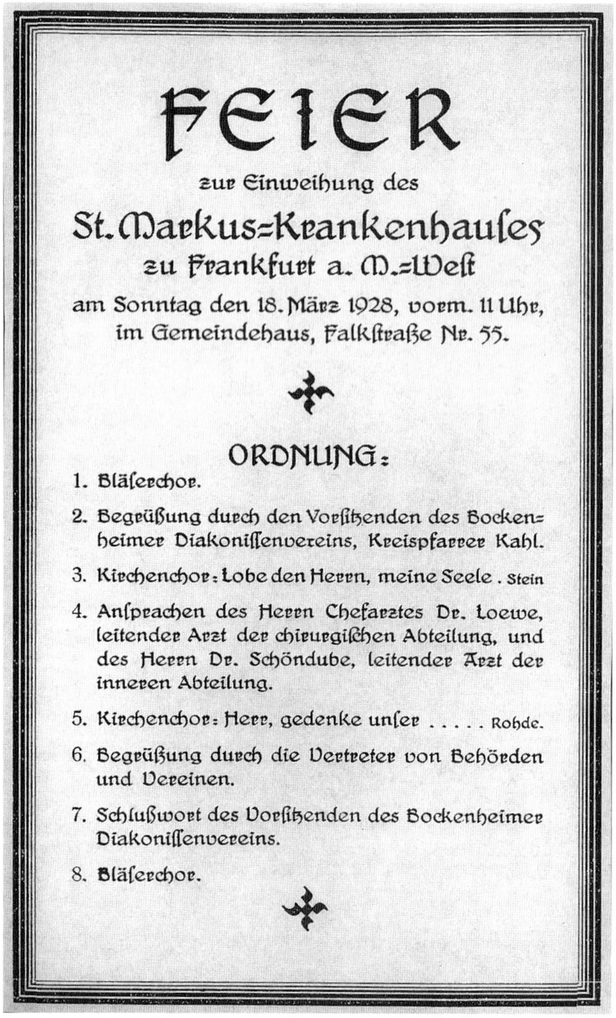

FEIER

zur Einweihung des

St. Markus-Krankenhauses

zu Frankfurt a. M.-West

am Sonntag den 18. März 1928, vorm. 11 Uhr,
im Gemeindehaus, Falkstraße Nr. 55.

ORDNUNG:

1. Bläserchor.
2. Begrüßung durch den Vorsitzenden des Bockenheimer Diakonissenvereins, Kreispfarrer Kahl.
3. Kirchenchor: Lobe den Herrn, meine Seele . Stein
4. Ansprachen des Herrn Chefarztes Dr. Loewe, leitender Arzt der chirurgischen Abteilung, und des Herrn Dr. Schöndube, leitender Arzt der inneren Abteilung.
5. Kirchenchor: Herr, gedenke unser ..... Rohde.
6. Begrüßung durch die Vertreter von Behörden und Vereinen.
7. Schlußwort des Vorsitzenden des Bockenheimer Diakonissenvereins.
8. Bläserchor.

Der Besucher, der das evangelische Krankenhaus durch den Haupteingang betrat, stieß als erstes auf das Wandgemälde „Krankenheilung“ von Wilhelm Lefèbre. Auf dem Mittelstück des Gemäldes segnet Jesus Christus zwei von ihren Leiden geheilte Personen. Otto Loewe hatte das Bild zur Erbauung und Ermutigung der ein und aus gehenden Patienten und Besucher gestiftet. Außer den Zimmern für die Patientenaufnahme, die Verwaltung, den Chefarzt und die Oberschwester waren im Parterre auch noch der Röntgenraum und die beiden nach den neuesten Erkenntnissen eingerichteten Operationssäle untergebracht. Besonders stolz war die Krankenhausleitung auf eine Perthesche Exhaustoranlage zum Absaugen der Narkosedämpfe, die das OP-Team und den Patienten vor unkontrolliert entweichendem Chloroform schützte. Über dem Erdgeschoss türmten sich drei beziehungsweise vier Stockwerke mit den Krankenzimmern und Diakonissenunterkünften. Da der laut Krankenhausvorschrift ohnedies zu kleine Garten nicht noch mehr beschnitten werden durfte, folgte der Bauherr dem Vorschlag des Architekten, das alte Diakonissenheim nach der Straße um eine und nach der Rückseite um zwei Etagen aufzustocken. Harth machte aus der Not eine Tugend und verwandelte das neue Flachdach in einen 400 Quadratmeter großen und auf drei Ebenen verteilten Dachgarten. Über den Dächern von Bockenheim konnten Patienten und Diakonissen Frischluft tanken und den Rundblick über Frankfurt genießen. Von der Lokalpresse wurde die Anstalt nach Abschluss der Umbauaktion im März 1928 als erstes „Krankenhochhaus“ in Frankfurt gefeiert.[20]

In seiner Eröffnungsrede äußerte sich der zum Chefarzt ernannte Otto Loewe am 18. März 1928 vor rund 500 geladenen Gästen im Gemeindesaal der Markuskirche zur modernen Krankenhausarchitektur: „In dem neuen St. Markuskrankenhaus liegen nicht weniger als sechs, der Krankenversorgung dienende Geschosse übereinander, während bisher der Typus des ein- oder zweistöckigen Krankenhauses vorherrschend war. Was der Zwang der Verhältnisse herbeigeführt hat, ist sicher ein besonderer Vorzug unseres Krankenhauses geworden. Ich weiß nicht, ob das Industriehochhaus bei uns eine Zukunft hat, das Krankenhochhaus hat sicher eine große vor sich. Man braucht sich nur die Abbildungen und Pläne der großen amerikanischen Krankenhochhäuser, das Bronxhospital in New York, das Monte Fiore-Hospital in Pittsburg und das Receivinghospital in Detroit, anzusehen, dann versteht man, daß alle Nachteile und Schwächen unserer großen in Gartenanlagen verteilten, aus Einzelbauten bestehenden Spitäler auf einen Schlag beseitigt sind. Man denke nur an die Zentralküche mit der schnellen Speisenverteilung durch Paternoster-Aufzüge und laufendem Band. Vereinfachung der Verlegung der Kranken von Station zu Station, an die wirklich leicht erreichbaren Zentrallaboratorien und Röntgeninstitute. Dazu kommt die gute Luft, die Aussicht und die Stille in großer Höhe. Das Wichtigste ist aber, daß es möglich ist, Krankenhäuser im Zentrum der Städte anzulegen, statt in schwer erreichbaren Außenbezirken.“[21]

Das neue St. Markus-Krankenhaus war mit 174 Betten die sechstgrößte Krankenanstalt Frankfurts. Unter den 24 Einrichtungen mit zusammengerechnet 5.043

Das St. Markus-Krankenhaus, um 1930.

Die Rückseite des Krankenhauses.

Betten rangierte das Markus-Krankenhaus hinter dem Städtischen Krankenhaus Sachsenhausen (2.364 Betten), dem Hospital zum Heiligen Geist (350), dem St. Marienkrankenhaus (310), dem Bürgerhospital (204) und der Städtischen Heilanstalt für Nervenkranke (190), aber noch vor dem Friedrichsheim (160) oder dem St. Elisabethen-Krankenhaus (150). Im Konzert der Frankfurter Krankenhausträger hatte jetzt auch der Bockenheimer Diakonissenverein ein Wörtchen mitzureden. Der Verein verwaltete 125 Betten dritter, 14 Plätze zweiter und eine Lagerstatt erster Klasse zuzüglich 34 Kinderbetten. Die Krankenzimmer waren „hell und luftig", hatten alle fließendes Wasser und wurden vom „Bockenheimer Anzeiger" gelobt, weil die größten Räume nur (!) bis zu 15 Patienten aufnehmen konnten. Anstelle des üblichen Krankenhausweiß hatte der Architekt beim Innenanstrich gelbe, grüne, orange und blaue Farbtöne verwendet. Die „Frankfurter Nachrichten" registrierten in dem evangelischen Hospital die typische ruhige und gedämpfte Krankenhausatmosphäre, „aber sie wirkt nicht mehr drückend und beängstigend, sondern freundlich, oft sogar mit einem leisen Klang nach dem Fröhlichen hin, was ebenso schön wie neu und anheimelnd ist."[22]

Am St. Markus-Krankenhaus herrschte nach wie vor freie Arztwahl, weshalb sich das ärztliche Personal auf den seit Februar 1928 amtierenden Chefarzt Otto Loewe, den Internisten Wilhelm Schöndube, einen Assistenz- und zwei Volontärärzte beschränkte. Das Übergewicht der Chirurgie im Diakonissenheim war zuletzt auch von Loewe als Manko empfunden worden, so dass der dominante Chirurg selbst tatkräftig an der Einrichtung einer Abteilung für innere Medizin am St. Markus-Krankenhaus mitwirkte. Einstimmig berief der Vorstand des Bockenheimer Diakonissenvereins den Oberarzt an der Medizinischen Universitätsklinik in Frankfurt, Dr. med. Wilhelm Schöndube, zum Leiter der inneren Abteilung und den dazugehörigen Einrichtungen (Laboratorium, Röntgeninstitut und physikalische Therapie).

Der neue, lichtdurchflutete Operationssaal des Markus-Krankenhauses, 1928.

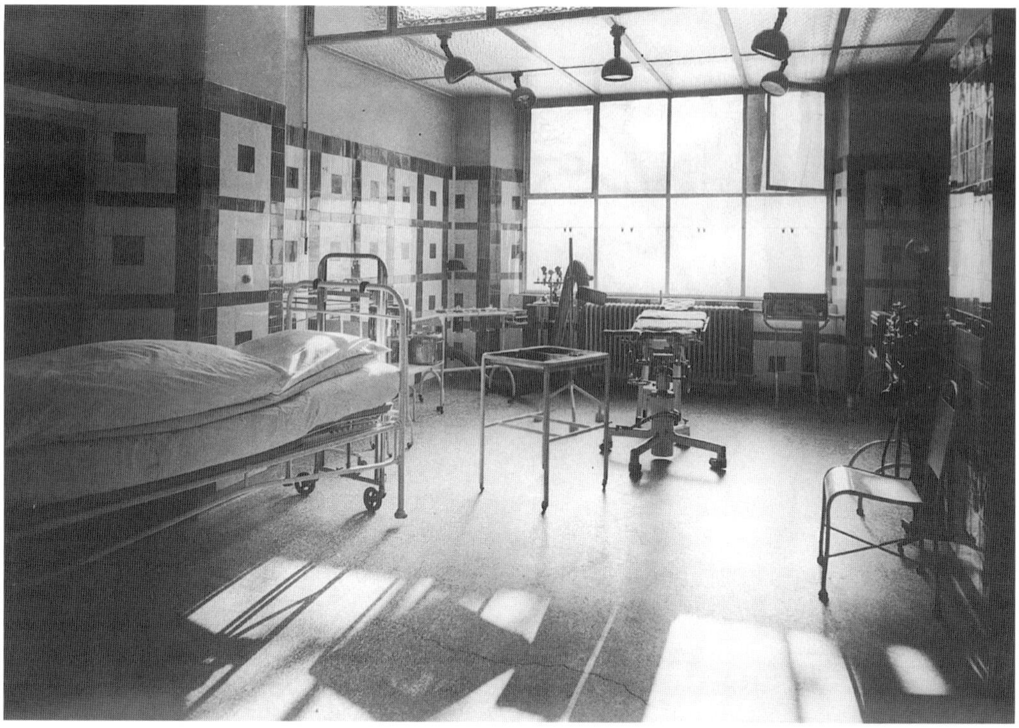

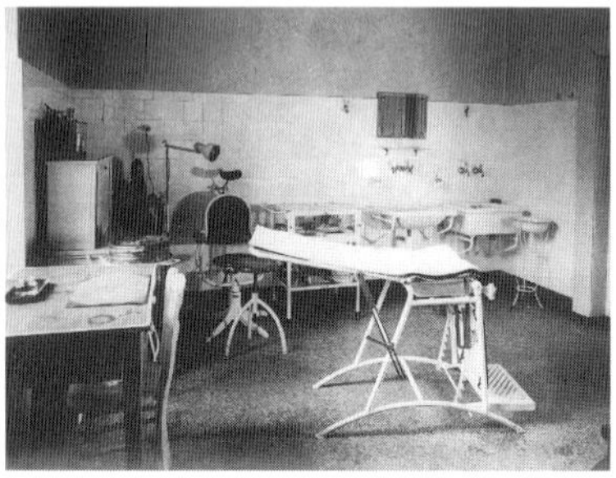

Untersuchungszimmer, 1928.

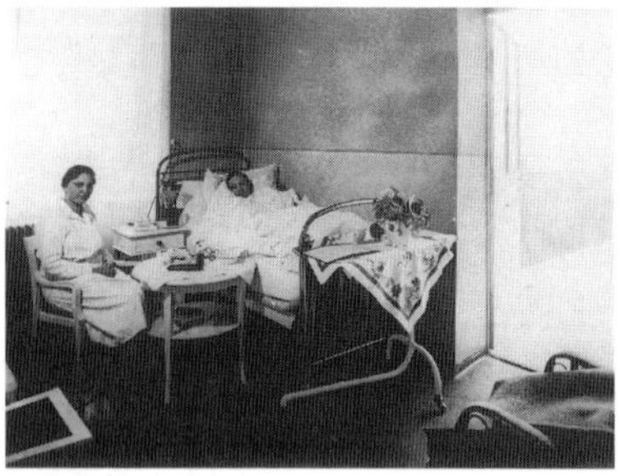

Erster-Klasse-Zimmer für Privat- und Bettensaal für Pflichtversicherte, 1928.

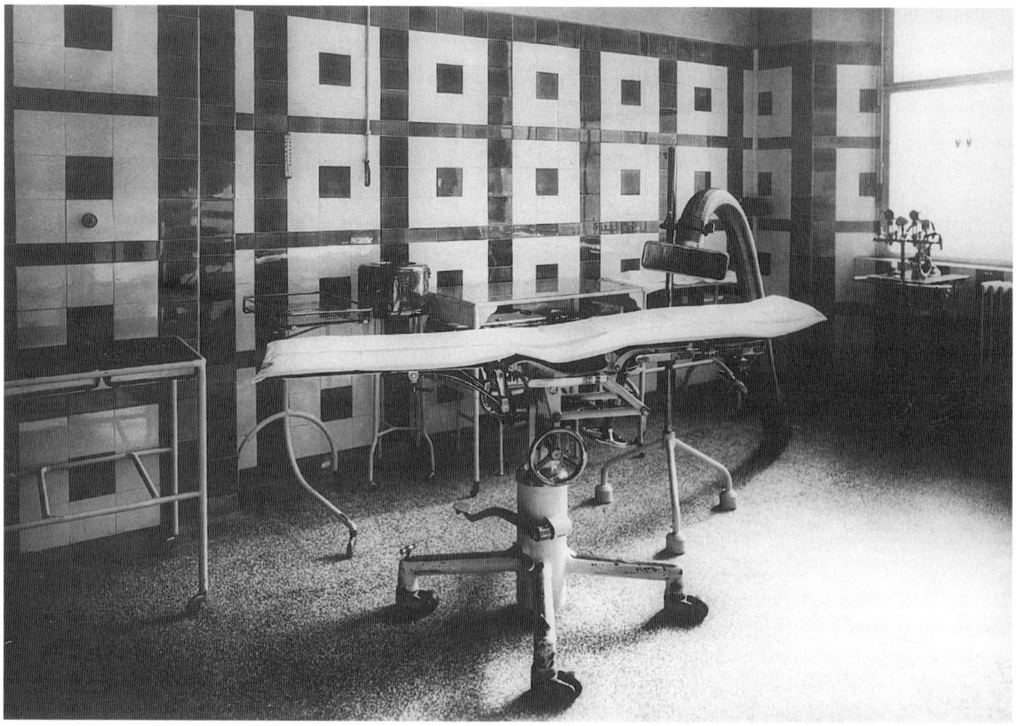

OP-Tisch mit Exhaustoranlage, 1928.

Frische Luft tanken auf der Dachterrasse des St. Markus-Krankenhauses, 1928.

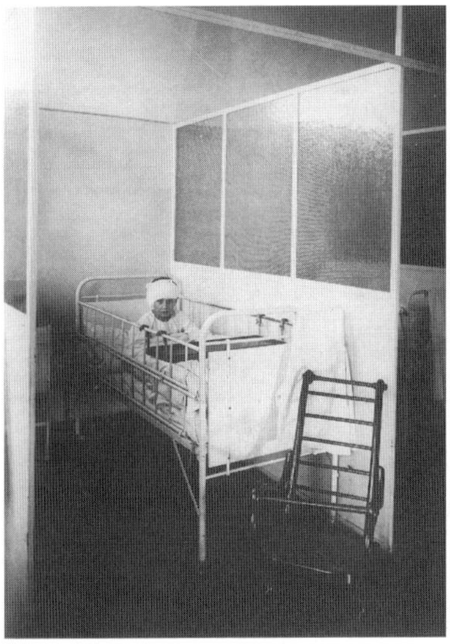

„Bettenboxen" der Kinderstation, 1928.

Der am 5. Januar 1892 in Frankfurt am Main geborene Schöndube musste 1914 ein weitgediehenes Biologie- und Geologiestudium unverrichteter Dinge abbrechen und als Marineartillerist in den Krieg ziehen. Nach Kriegsende begann der mit dem Eisernen Kreuz erster Klasse dekorierte Heimkehrer noch einmal ganz von vorne und absolvierte in nur zweieinhalb Jahren ein Medizinstudium mit Promotion. Anschließend begann der zielstrebige Schöndube an der von Gustav von Bergmann geleiteten Medizinischen Klinik der Frankfurter Universität eine Ausbildung zum Internisten, wobei er für die Erkrankungen der Gallenwege ein besonderes Interesse entwickelte. Genauso gekonnt wie er das Skalpell führte vermochte Schöndube mit Degen und Säbel umzugehen. Als Aktiver gewann er zweimal die Deutsche Meisterschaft im Fechten und als Sportfunktionär stand der Arzt von 1920 bis 1926 an der Spitze der Frankfurter Turn- und Sportgemeinde Eintracht. Ab 1927 arbeiteten die bald auch freundschaftlich miteinander verbundenen Ärzte aus Passion, Otto Loewe und Wilhelm Schöndube, zum Wohle des St. Markus-Krankenhauses Hand in Hand. Neben diesem Duo und inzwischen vier Assistenzärzten praktizierten um 1930 am Markus-Krankenhaus unter anderem die Frauenärzte Christof Wilhelm Bader und Otto Wolmershäuser, der Hals-Nasen-Ohrenarzt Malwin Feiler, die Chirurgen Max Flesch-Thebesius und Otto Rothschild, der Kinderarzt Hans Behrendt und der Anästhesist Willy Schmidt. Insgesamt haben im Vereinsjahr vom 1. Juni 1928 bis zum 31. Mai 1929 im Markus-Krankenhaus 41 Ärzte 2.713 Patienten behandelt. Die Krankenhausstatistik verzeichnete 54.428 Verpflegungstage, so dass der durchschnittliche Krankenhausaufenthalt damals fast drei Wochen dauerte.[23]

Die häufigen Schwesternwechsel waren der Krankenhausleitung ein Dorn im Auge. Um eine optimale, auf die Bedürfnisse des St. Markus-Krankenhauses zugeschnittene Krankenpflege heranzubilden, eröffnete der Bockenheimer Diakonissenverein am 1. Oktober 1928 in der Falkstraße 35/37 eine staatlich anerkannte Krankenpflegeschule. Der Lehrkörper bestand aus den Medizinern Loewe und Schöndube. Jede dritte vom Marburger Diakonissenmutterhaus „Hebron" nach Frankfurt abgeordnete Schwester konnte von nun an eine Krankenpflegeschülerin sein. Für Schülerinnen berechnete das Mutterhaus einen auf 65 Reichsmark ermäßigten Monatsbeitrag. Der normale Beitragsatz für eine ausgebildete Diakonisse betrug 94 Reichsmark. Darüber hinaus hatten die im Markus-Krankenhaus tätigen Marburger Schwestern Anspruch auf Kost und Logis, einen freien Nachmittag in

Das Wandgemälde „Krankenheilung“ im Eingangsbereich, 1928.

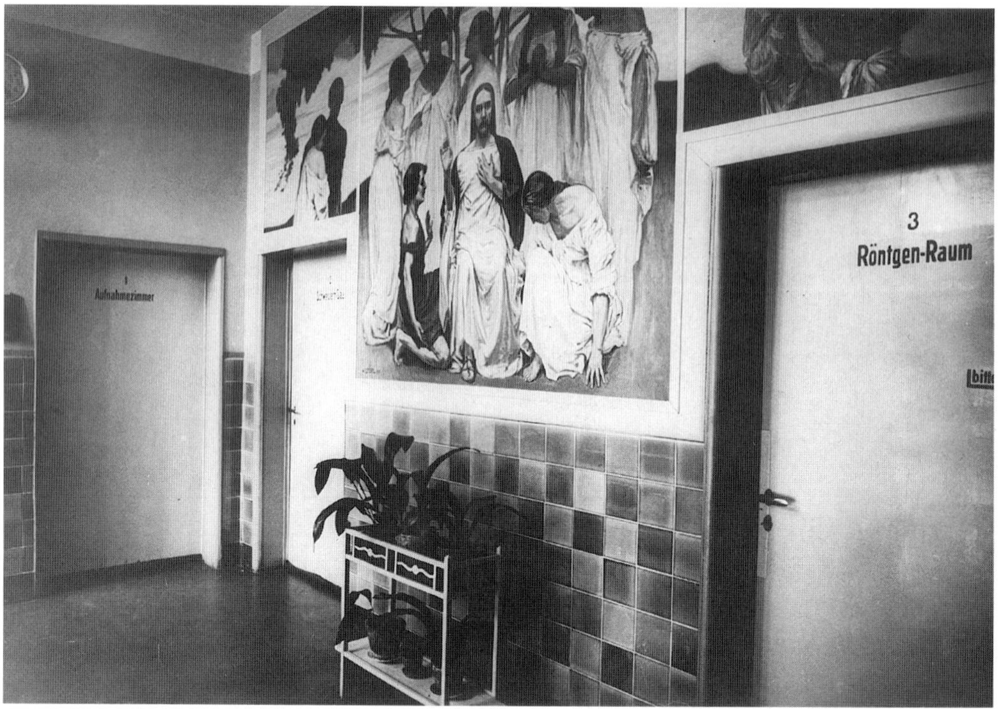

der Woche und einen Jahresurlaub von einem Monat. Die Schwestern waren ihrerseits verpflichtet, „sich allen Dienstleistungen zu unterziehen, welche zu den Obliegenheiten des Krankenpflegeberufes gehören“[24] und die Anweisungen der Ärzte zu befolgen, wobei die Vorgesetzten im Umgang mit den Pflegerinnen auf das „weibliche Zartgefühl“ Rücksicht nehmen sollten. Als im Januar 1929 mit dem Mutterhaus „Hebron“ ein neuer Gestellungsvertrag ausgehandelt wurde, setzte der Bockenheimer Diakonissenverein durch, dass die Krankenpflegeschülerinnen nach dem Examen noch zwei Jahre dem Markus-Krankenhaus erhalten blieben. Seit Oktober 1928 arbeiteten in der Falkstraße 23 ausgebildete Diakonissen und zwölf Krankenpflegeschülerinnen.

Während sich alles um das neue Markus-Krankenhaus zu drehen schien, standen unverändert fünf Gemeindeschwestern des Frankfurter Mutterhauses in Diensten des Bockenheimer Diakonissenvereins, die 1928/29 mit 13.574 Besuchen 367 bedürftige Familien betreut hatten. Außerdem ermöglichten die Gemeindepflegerinnen dreißig Kindern einen Erholungsaufenthalt und 140 Familien die Ausrichtung einer bescheidenen Weihnachtsfeier. Die Unterbringung von vierzig Schwestern, zwei Diakonen, vier Assistenzärzten und weiterem Hauspersonal bereitete dem Diakonissenverein große Schwierigkeiten. Bei aller Euphorie hatte Otto Loewe schon in seiner Eröffnungsrede am 18. März 1928 Bedenken geäußert: „Wir haben nur einen, allerdings sehr beträchtlichen Fehler an dem neuen Haus entdeckt: es ist schon wieder zu klein.“[25] Der Vorstand griff im März 1929 sofort zu, als ihm das Anwesen Wildunger Straße 23 für 36.000 Reichsmark zum Kauf angeboten wurde. In dem nur einen Steinwurf weit vom Markus-Krankenhaus entfernten Wohnhaus konnte ein Teil der Diakonissen untergebracht und dadurch die Bettenkapazität im Hospital auf 200 erhöht werden.[26]

Der New Yorker Börsenkrach vom 25. Oktober 1929, der „Schwarze Freitag“, und der daraufhin schlagartig einsetzende Abruf amerikanischer Kredite führte in Europa und ganz besonders in Deutschland zu Firmenzusammenbrüchen, Massenentlassungen und Arbeitslosigkeit. In der 550.000-Einwohner Stadt Frankfurt

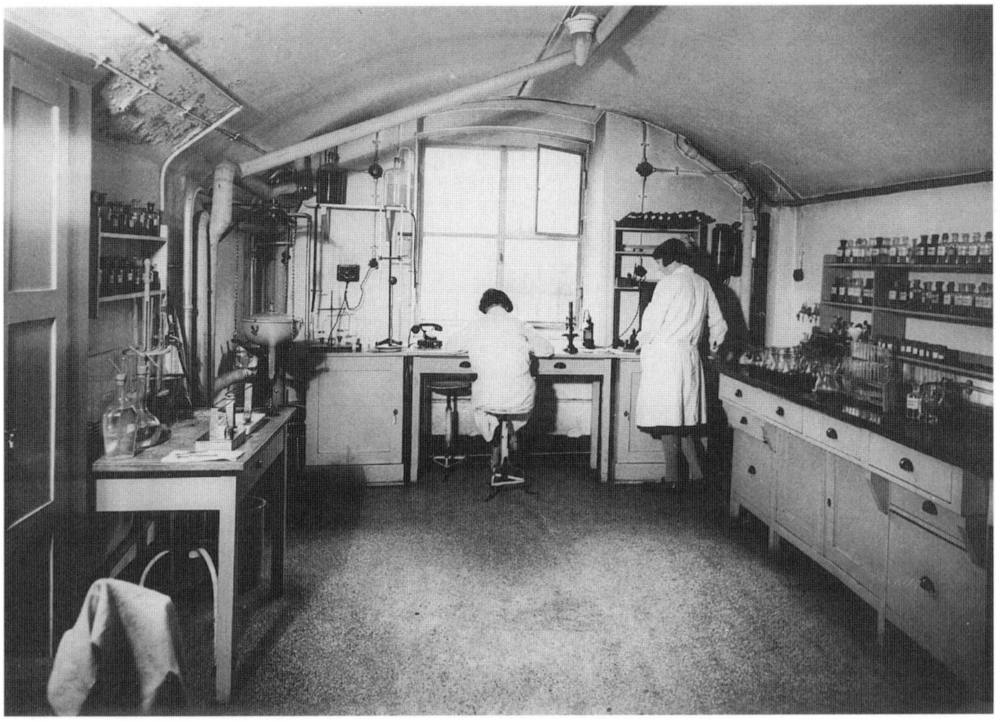

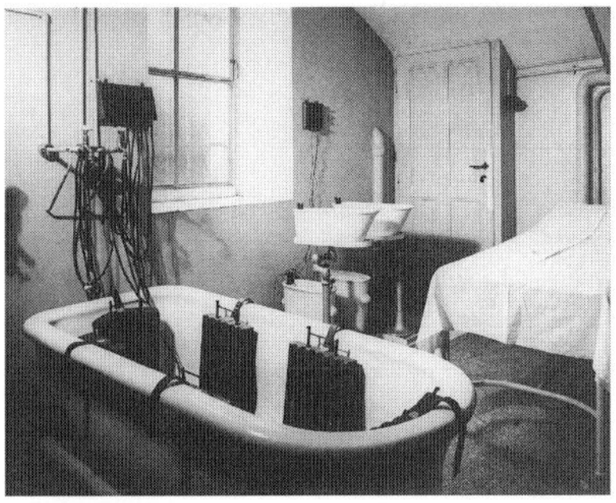

Labor, Sterilisation, Röntgenabteilung, Physikalische Therapie, Bad und Küche des St. Markus-Krankenhauses, 1928.

Dr. med. Wilhelm Schöndube in seinem Arbeitszimmer, 1928.

Vom Marburger Diakonissenmutterhaus Hebron nach Bockenheim abgeordnete Schwesternschaft, 1928.

gab es im Dezember 1932 fast 71.000 registrierte Arbeitslose. Auch der Bockenheimer Diakonissenverein musste den Gürtel enger schnallen und kürzte 1930/31 dem Leiter der inneren Abteilung Schöndube sowie den Assistenzärzten die Gehälter. Für ein wirkungsvolles Krisenmanagement war der mit 15 Personen besetzte Vereinsvorstand jedoch viel zu schwerfällig. Eine außerordentliche Mitgliederversammlung beschloss daher am 25. Februar 1931, die Satzungen zu ändern und den zur Führung der laufenden Geschäfte des Markus-Krankenhauses schon 1928 eingesetzten, fünfköpfigen „Engeren Vorstand" als offizielles Vereinsorgan zu bestätigen. An den Besprechungen des mit Kahl, Pietrowicz, Wirth, Loewe und Harth besetzten engeren Vorstands nahmen sinnvollerweise auch noch Wilhelm Schöndube und Oberschwester Anna Koch teil.[27] Während der Diakonissenverein die Situation relativ bald in den Griff bekam, brachten anhaltende Arbeitslosigkeit und ausbleibende Beitragszahlungen die Frankfurter Allgemeine Ortskrankenkasse an den Rand des Ruins. Ende 1932 stand die Ortskrankenkasse beim St. Markus-Krankenhaus mit etwa 63.000 Reichsmark in der Kreide, wovon der Diakonissenverein der Kasse aufgrund einer allgemeinen Verfügung zwanzig Prozent erlassen musste. Trotz dieses Einnahmeausfalls und ungeachtet sinkender Pflegesätze und zurückgehender Mitgliedsbeiträge überstand der Verein die Wirtschaftskrise dank weiterer Lohn- und Gehaltskürzungen und einer sparsamen Haushaltsführung gänzlich unbeschadet. Das Markus-Krankenhaus konnte sogar expandieren und im Sommer 1931 mit Hilfe von Otto Loewe das Erdgeschoss der Falkstraße 33c zur Einrichtung von Wohn- und Aufenthaltswohnungen für Assistenzärzte und Diakone anmieten. „Jene sechs Jahre", urteilte Schöndube im Rahmen der 75-Jahr-Feier des Bockenheimer Diakonissenvereins über den Zeitraum von 1927 bis 1933, „waren vielleicht die erfolgreichsten und glücklichsten in der langen Zeit der Vereinsarbeit."[28]

An der Frankfurter Berufsschule für Graphik und gestaltende Gewerbe entworfenes Vereins-Signet, 1930.

Dr. med. Otto Loewe (l.) im OP des St. Markus-Krankenhauses. Willy Schmidt und Otto Rothschild (r.) assistieren.
Gemälde zu Loewes 25-jährigem Dienstjubiläum von Friedrich Mook, 1932.

Zwischen klinischem Alltag und menschlicher Tragödie 1933–1945

Von Roland Hoede

4. Kapitel

Die Geschicke des Markus-Krankenhauses sowie des Bockenheimer Diakonissenvereins während der zwölf Jahre nationalsozialistischer Herrschaft verliefen in mehrfacher Hinsicht widersprüchlich. Einerseits lassen sich an der Entwicklung der Patientenzahlen, an der Summe der stationären wie auch ambulanten Eingriffe oder auch an dem Verlauf der Sterberate zwischen 1933 und 1944 keine signifikanten Veränderungen im Verhältnis zu jenem Zeitraum nach der Eröffnung des Markus-Krankenhauses 1928 nachweisen. Auch die nackten Zahlen der jährlichen Kassenberichte legen den Schluss einer nahezu kontinuierlich fortgeführten wirtschaftlichen Gesundung des damals nicht unerheblich verschuldeten Vereins nahe. Andererseits gerieten das Krankenhaus wie auch der Verein schon wenige Wochen nach der nationalsozialistischen Machtergreifung in den Mittelpunkt behördlicher Aufmerksamkeit und erlebten bald die ganze Härte und Unmenschlichkeit des neuen politischen Systems. Das Schicksal des Markus-Krankenhauses stand in den ersten Jahren des Dritten Reiches auf des Messers Schneide, der Verein sollte sich in dieser Zeit personell, inhaltlich wie auch rechtlich bis hin zur Unkenntlichkeit verändern. Zählten die Jahre vor 1933 also zu den „erfolgreichsten und glücklichsten in der langen Zeit der Vereinsarbeit“[1], so muss die Periode zwischen 1933 und 1945 gewiss als das traurigste und dramatischste Kapitel der Krankenhaus- und Vereinsgeschichte angesehen werden. Zum Glück war Wilhelm Schöndube 1951 bei Abfassung eines Beitrags zur Geschichte des Markus-Krankenhauses nicht der Versuchung erlegen, diese beklemmende Zeit auszusparen.[2] Vielmehr legte er, der ja Betroffener und Handelnder zugleich war, aus persönlicher Erinnerung heraus Rechenschaft ab über die Geschehnisse jener Jahre, die in der Rückschau auf die Nachgeborenen ebenso verwirrend wie abscheulich wirken, die ohne nähere Kenntnis der Interna auf alle Fälle unverständlich blieben.

Sensible Zeitgenossen nahmen schon in den ersten Tagen des eben angebrochenen „Dritten Reiches“ die Zeichen einer „entscheidungsreichen Zeit“ wahr.[3] Als prophetisch kann man jene Worte bezeichnen, in denen sich Karl Christian Hofmann, der Pfarrer des Frankfurter Diakonissenhauses, Mitte Juli 1933 gegenüber der dortigen Schwesternschaft äußerte: „Jünger Jesu gehen in der Nachfolge ihres Herrn den gleichen Weg; also ist auch unser Weg herb und hart und rauh, verlangt täglich Opfer, vielleicht auch einmal das Todesopfer.“[4] Doch was veranlasste einen Pfarrer, derart pessimistisch in die Zukunft zu blicken? Es war das Gerede von der „nationalen Revolution“, das ihn schreckte. Im Volk brodele und gäre es; gerade in Frankfurt, der „Judenstadt“, gingen nach Hofmanns Beobachtungen die Wogen der nationalen Revolution besonders hoch.[5] Sein eindringlicher Appell an die Frankfurter Diakonissen-Schwesternschaft lautete, sich angesichts der Zeichen einer gänzlich neuen Zeit in Schweigsamkeit zu üben, sich jeglicher Parteinahme zu enthalten und stets nur das Wohlergehen der seinem Haus anvertrauten Menschen zu verfolgen. 14 Tage zuvor hatte mit Elly Schwedkte auch die Vorsteherin des Diakonissenhauses in der Holzhausenstraße erkannt, „um wieviel erregter und schwieriger sich die Zeitverhältnisse gestaltet haben.“ Ihre Warnung vor Unbesonnenheit im internen Verkehr im Mutterhaus, vor allem aber in der Gemeindearbeit gipfelte in der furchtsamen Voraussage, dass es vielleicht sogar dem Mutterhaus unmöglich werden könnte, die einzelnen Schwestern zu schützen.[6]

Tatsächlich hatte sich auch in Frankfurt die politische Lage nach der Ernennung Adolf Hitlers zum Reichskanzler am 30. Januar 1933 eher verschärft denn beruhigt. Die der „nationalen Erhebung“ folgenden Wochen brachten eine ziel-

Zeichen einer neuen Zeit: Aufmarsch von Anhängern der NSDAP auf dem Römerberg im März 1933.

strebige Aushebelung der demokratischen Kommunalverfassung. Von Berlin aus ordnete der kommissarische Innenminister für Preußen, Hermann Göring, zunächst die Auflösung der kommunalen Körperschaften an. Bevor die darauf erforderlichen Neuwahlen stattfinden konnten, wurden in den preußischen Provinzen auf Weisung Berlins missliebige Beamte ihrer Positionen enthoben. In Frankfurt traf dies unter anderen den Polizeipräsidenten Ludwig Steinberg, der durch einen Nationalsozialisten ersetzt wurde. Unter solchen Vorzeichen war während der nächsten Wochen der Frankfurter Alltag von politischen Wahlkampfschlachten bestimmt, die alles bis dahin Gewesene in den Schatten stellten. Am 5. März standen Reichstags-, eine Woche später Kommunalwahlen auf dem Programm. Die

SA- und SS-Trupps agierten in jenen Wochen mit obrigkeitlicher Billigung als parapolizeiliche Ordnungskräfte, das Gewaltmonopol der städtischen und staatlichen Behörden war außer Kraft gesetzt.[7] Der Frankfurter Oberbürgermeister Ludwig Landmann, schon seit seinem Amtsantritt 1924 von deutschvölkischen Kreisen als „Jude“ beschimpft und Zielscheibe rechter Hetzpropaganda[8], trotzte ein letztes Mal vor seinem Rücktritt der braunen Pest. Am Tag vor der Kommunalwahl unterband er die Vereinnahmung des „Römers“ durch die NSDAP, die das Frankfurter Rathaus für eine Parteiveranstaltung missbrauchen und dazu die Hakenkreuzfahne aufziehen wollte. Doch schon am Tag nach der Wahl vom 12. März 1933, aus der die Nationalsozialisten mit 47,9 Prozent der Stimmen als Sieger hervorgegangen waren, stellten die neuen Machthaber auch auf kommunaler Ebene die Weichen für ihre Willkürherrschaft. Missliebige Magistratsmitglieder wurden von ihren Ämtern suspendiert, einige, so Bürgermeister Schlosser von der SPD in Schutzhaft genommen. Landmann konnte sich nur mit Mühe der Verhaftung entziehen. An seiner Stelle wurde Friedrich Krebs durch den Regierungspräsidenten zum kommissarischen Stadtoberhaupt ernannt.

Von alldem, so könnte man meinen, sollte der Betrieb eines Krankenhauses, noch dazu in gemeinnütziger sowie kirchlicher Trägerschaft, relativ unbetroffen sein. Unabhängig von politischen und gesellschaftlichen Verwerfungen, wie sie 1933 folgende eintraten, wäre zu erwarten, dass unverändert Menschen krank würden, dass sie Unfälle hätten, dass Kinder geboren würden oder ältere Mitbürger intensiverer Pflege bedürften. Ein Krankenhaus hatte hierzu Ärzte und Pflegepersonal sowie Betten, Operationsräume, Laboratorien und technisches Gerät bereitzuhalten, um den Gebrechen der Patienten bestmögliche Abhilfe zu schaffen. Dies sahen führende Ärztefunktionäre aus den Reihen der NSDAP jedoch ganz anders. In einem Aufruf an die Deutsche Ärzteschaft verlangte der Vorsitzende des Nationalsozialistischen Deutschen Ärztebundes, Gerhard Wagner, schon im März 1933 auch im Medizinalwesen eine grundlegende Neuorientierung. „Wir Deutschen erleben in diesen Wochen mit Erschütterung und Dankbarkeit die Besinnung unseres Volkes auf sich selbst und die Werte seines Blutes. In allen Ländern und Stämmen, in allen Ständen und Berufen sehen wir das völkische Erwachen und die Abkehr von artfremden, liberalistischen Irrwegen. Bis jetzt aber steht unser Stand noch immer abseits.“ Den Schuldigen an diesem Versäumnis der Medizin hatte Wagner schnell ausgemacht: Kein Berufsstand sei „so verjudet und so hoffnungslos in volksfremdes Denken hineingezogen worden“ wie der der Ärzte. „Jüdische Dozenten beherrschen die Lehrstühle der Medizin, entseelen die Heilkunst und haben Generation um Generation der jungen Ärzte mit mechanistischem Geist durchtränkt. Jüdische ‚Kollegen‘ wurden in der Standespolitik maßgebend; ihnen verdanken wir, daß händlerischer Geist und unwürdige geschäftliche Einstellung sich immer mehr in unseren Reihen breit machen.“[9]

Die Gleichschaltungsmaßnahmen, mit deren Hilfe die Nationalsozialisten sofort nach ihrer Machtübernahme auf Reichsebene jede Form der Abweichung von den durch sie vorgegebenen Normen unterbanden, fanden auch auf kommunaler Ebene ihre Entsprechung. Keine vier Wochen nach seinem Amtsantritt im Römer ordnete der neue Oberbürgermeister Krebs die Entfernung jüdischer Mitarbeiter aus der Stadtverwaltung an: Beamte wurden beurlaubt, Angestellte entlassen. Rechtliche Sanktionierung erhielten diese Willkürakte wenige Tage später, als die Reichsregierung am 7. April 1933 das „Gesetz zur Wiederherstellung des Berufsbeamtentums“ erließ. So schnell konnte man gar nicht die Zeitungen lesen, wie sich das gesamte öffentliche Leben im Frühjahr 1933 wandelte. Und manch ein Zeitgenosse verlor dabei vorübergehend die Orientierung. Als am 10. Mai unter Leitung des Nationalsozialistischen Deutschen Studenten-Bundes Studenten und Dozenten zur „Säuberung der Frankfurter Bibliotheken“ antraten, da schloss sich auch der evangelische Hochschulpfarrer Otto Fricke dieser Aktion an. Nachdem die Teilnehmer inkriminierte Werke, die vom „zersetzende[n] Geist des Liberalismus und Marxismus“ geprägt waren, auf einem Ochsenkarren von der Universität zum Römerberg transportiert hatten, sprach Fricke dort Worte, die er bald bereuen sollte. Er rief zu einem „Bekenntnis zum deutschen Wesen [...] im Sinne der von Hitler geführten Revolution“ auf. „Wer sich Deutschlands furchtbarer Lage vor Hitlers Machtübernahme erinnere, werde verstehen, daß die Jugend sich gegen alles wende, was undeutsch sei oder sie hindere, deutsch zu sein.“ Und in Anspielung auf die danach folgende Verbrennung der angekarrten Bücher fuhr Fricke fort, dass „das Feuer dieses Abends [...] ein Wahrzeichen des Willens [sei], sich von zersetzenden und undeutschen Schriften für immer zu befreien.“[10] Bevor sich Fricke schließlich im Streit der protestantischen Kirche um die Frage nationalsozialistischer Gefolgschaft der „Deutschen Christen“ oder aber des offenen Widerstandes der „Bekennenden Kirche“ eindeutig im Sinne Letzterer entschied und zu einem engen Gefolgsmann Martin Niemöllers wurde[11], war er für manchen nationalsozialistischen Studenten ein leuchtendes Vorbild. So schilderte ein Teilnehmer sein Erlebnis auf dem Geländesportlehrgang im „Haus am Walde“ in Oberursel während des Wintersemesters 1933/34: „Eine stille Weihestunde wurde es, als der SA-Kamerad, Universitätspfarrer Fricke, aus dem Tagebuch eines weißrussischen Offiziers vorlas.“[12]

Die Zeichen der Zeit wurden auch im Markus-Krankenhaus zur Kenntnis genommen und innerhalb des Vorstandes des Diakonissenvereins diskutiert. Nicht zuletzt als ein Krankenhaus mit freier Arztwahl hatte man durch die lebhafte Fluktuation der Mediziner immer auch einen Überblick über die Lage der in Frankfurt selbständig praktizierenden Ärzte. Deren Berichte mussten alarmieren. Am Tag des sogenannten „Judenboykotts“, zu dem reichsweit für den 1. April 1933 aufgerufen wurde, kursierte auch eine Liste jüdischer Ärzte, deren Praxen boykottiert werden sollten. Einer der Betroffenen, die sich unversehens im Visier nationalsozialistischer Hetze wiederfanden, war der früher am Markus-Krankenhaus belegende Arzt Max Flesch-Thebesius.[13] Dessen Großeltern väterlicherseits waren getaufte Juden. Damit fiel er in der Sicht der Nazis aus der arischen Volksgemeinschaft heraus, er galt als „Nichtarier“. Andererseits ließ ihn die Tatsache, dass er Soldat im ersten Weltkrieg gewesen und mit dem Eisernen Kreuz 1. Klasse dekoriert worden war, zunächst noch besonders schutzwürdig erscheinen. Um sich am Tag des Judenboykotts auch tatsächlich als Kriegsteilnehmer ausweisen zu können, nahm Flesch-Thebesius sein „Eisernes Kreuz“ mit zum Dienst in die Sachsenhäuser Privatklinik, in der er als Chefarzt fungierte. Dies bewahrte ihn zwar für den Augenblick vor der drohenden Verhaftung, doch wurde sein Stand am dortigen Krankenhaus zunehmend schwieriger. Zwar erhielt er im Oktober 1933 nach einer Intervention beim Reichsärzteführer Gerhard Wagner ein positives Zeugnis. Danach wurde der Beauftragte der Kassenärztlichen Vereinigung von Hessen Nassau, Wilhelm Strebel, aufgefordert, „den Boykott durch die Ärzteschaft einstellen zu wollen.“[14] Doch hielten sich die Verwaltung des Sachsenhäuser Krankenhauses und die dortigen Kollegen von Flesch-Thebesius nicht an diese Weisung. Am 15. November 1933 wurde er vom Chefarzt zum 2. Chirurgen degradiert, zum 1. Juni des darauffolgenden Jahres erfolgte seine Entlassung.

Im Markus-Krankenhaus sah sich die Belegschaft wie der Vorstand des Diakonissenvereins vor einem ähnlichen Dilemma. Mit Otto Loewe wurde die Klinik von einem „Nichtarier, aber evangelischer Konfession“[15] geleitet. Auch Loewe hatte als Arzt während des 1. Weltkrieges im Feld gedient und mit diesem „Frontkämpferstatus“ zunächst noch besondere Schutzwürdigkeit genossen. In Anbetracht der gegebenen Verhältnisse jedoch – am 22. April war den jüdischen Ärzten die Kassenzulassung entzogen worden – trat er im September 1933 von seinem Posten als Chefarzt zurück. Zunächst kommissarisch, am 14. Dezember schließlich offiziell ernannt, übernahm Wilhelm Schöndube in gegenseitigem Einvernehmen mit Loewe die Leitung des Krankenhauses. Auf die ärztliche und verwaltungstechnische Statistik der Klinik sollten diese das weitere Schicksal der Beteiligten auf tragische Weise beeinflussenden Ereignisse keine Auswirkungen haben. Die 200 Betten wurden ausweislich des Jahresberichtes für 1933 von 2.438 Patienten mit einer durchschnittlichen Verweildauer von 23 Tagen belegt. Die behandelnden Ärzte führten 1.193 klinische und 267 ambulante Operationen durch. Die technische Ausstattung des Röntgeninstituts, deren Erwerb Otto Loewe 1928 aus privaten Mitteln vorgenommen hatte, ging verabredungsgemäß für knapp 20.000 Reichsmark in den Besitz des Vereins über. Längst hatte sich diese Einrichtung als für den laufenden Betrieb der Klinik unersetzbar erwiesen. 2.977 Röntgenuntersuchungen und 159 Bestrahlungen standen am Ende des Jahres 1933 in den Büchern. 157 Säuglinge erblickten im Markus-Krankenhaus das Licht der Welt, während in 119 Fällen und damit 4,9 Prozent der behandelten Patienten ärztliche Hilfe nicht mehr griff. Auch wirtschaftlich endete das Jahr 1933 in ruhigerem Fahrwasser, als dies nach den politischen Umwälzungen anzunehmen gewesen wäre. Zwar bedingte die wirtschaftliche Schieflage der AOK im zweiten Quartal des Jahres einen neuerlichen Nachlass von 10 Prozent auf den allgemeinen Pflegesatz, woran sich auch die anderen Krankenkassen orientierten, doch konnten gleichzeitig alle übrigen Forderungen realisiert werden. Die schon Mitte 1932 vereinbarte Senkung der Pflegesätze um 50 Pfennig sowie die Reduzierung der Pauschale für die Nutzung des Operationssaales um 40 Prozent konnten durch die im Jahr zuvor eingeleiteten Gehaltskürzungen beim Personal sowie durch besonders sparsame Wirtschaftsführung mehr als ausgeglichen werden. Trotz der beträchtlichen Zins- und Tilgungszahlungen schloss die Jahresrechnung des Vereins mit einem Guthaben in der Kasse, was angesichts der allgemein schwierigen Wirtschaftslage in Deutschland als ein großer Erfolg zu werten ist. Auch die Gemeindepflege konnte in gewohnter Weise fortgesetzt werden. Die fünf Gemeindeschwestern, die in der St. Jakobsgemeinde sowie in der sich über drei Bezirke erstreckenden Markusgemeinde wirkten, legten am Ende des Jahres 1933 eine stolze Leistungsbilanz vor. 888 Kranke hatten sie in diesem Jahr gepflegt, dabei 12.641 Besuche getätigt und 43 Nachtwachen gehalten. Lediglich die Zahl der Hilfsbedürftigen, die zu Weihnachten bedacht wurden, hatte sich etwa halbiert. Dafür machte der Berichterstatter „das großartige, durch den Führer des Volkes ins Leben gerufene Winterhilfswerk“ verantwortlich.[16]

Was sich also oberflächlich wie ein ganz normaler Jahresbericht des Krankenhauses und des Diakonissenvereins liest, verbirgt in Wahrheit das sofort nach dem Regierungswechsel in Berlin wie auch im Frankfurter Römer einsetzende Ringen um ein Weiterleben in menschlicher Würde und gegenseitiger Achtung. Die Beteiligten am Kampf um die Zukunft des Markus-Krankenhauses – also die dort praktizierenden Ärzte, die Krankenschwestern wie auch die verwaltenden Vorstandsmitglieder des Diakonissenvereins – bewegten sich in den nächsten Monaten stets an der Grenze des gerade noch Machbaren, ohne gleichzeitig den Fortbestand des Krankenhauses zu riskieren. „Herr Dr. Loewe legte sein Amt als Chefarzt und Mitglied des Vorstandes nieder“, so der lapidare Hinweis im 58. Jahresbericht des Bockenheimer Diakonissenvereins für das Jahr 1933. Anders aber als im oben geschilderten Fall von Dr. Flesch-Thebesius, dessen Bedeutung als Mitbegründer des Sachsenhäuser Privatkrankenhauses der Stellung Otto Loewes für das Markus-Krankenhaus durchaus vergleichbar ist, waren es in diesem Fall nicht menschliche Niedertracht, die Loewe die Position als Chefarzt kostete, sondern sein eigenes Vorsehen. Er wollte nicht, dass dem Krankenhaus durch seine Person Nachteile entstünden. Während sich also in Sachsenhausen der Assistent des dortigen Chefarztes, Sanitätssturmführer der SA Dr. Hans Richter, kategorisch weigerte, unter Flesch-Thebesius weiter zu praktizieren, kehrte Loewes früherer Schüler und langjähriger Assistent Hinstorff, der nur wenige Wochen zuvor eine eigene Praxis eröffnet hatte, als Chirurg an seine frühere Wirkungsstätte zurück. Gerufen hatte ihn Wilhelm Schöndube als designierter Chefarzt des Markus-Krankenhauses. In einer persönlichen Unterredung mit dem hessischen Beauftragten des Reichsärzteführers, Wilhelm Strebel, hatte sich Schöndube am 28. August 1933 um eine einvernehmliche Regelung der personellen Situation am Markus-Krankenhaus bemüht. Der Kompromiss, den Schöndube dem nationalsozialistischen Hardliner Strebel abringen konnte, sah vor, dass Otto Loewe zwar von der Position des Chefarztes zurücktreten sollte, er aber gleichzeitig als weiterhin zugelassener Kassenarzt und als freigewählter Arzt am Markus-Krankenhaus praktizieren konnte. Möglichen Anfeindungen ob der Tätigkeit eines „Nichtariers“ als Chirurg wollte man begegnen, indem mit Dr. Hinstorff jedem Patienten auch in der Chirurgie ein fest angestellter „arischer“ Arzt zur Verfügung stand. Gerade die menschliche Wärme und Geborgenheit, die Otto Loewe trotz aller politischen Widrigkeiten jenes Jahres im Kreis der Belegschaft des Krankenhauses erfuhr, mochte es ihm erleichtern, weiterhin auch ohne erkennbare Bitternis seinen ärztlichen Aufgaben nachzugehen.

Vielleicht waren es gerade die Herausforderungen des klinischen Alltags, durch die Loewe Kraft fand, seine ansonsten kaum mehr als menschenwürdig zu bezeichnenden Lebensumstände zu meistern. Aus der Erinnerung berichtete die frühere Oberschwester des Markus-Krankenhauses, Anna Koch, 1947 über ihren grundsätzlich lebensfrohen Chef: „Nur bei des Jüngsten Konfirmation war Herr Doktor sehr traurig, wie er vor dem Gottesdienst zu mir kam und sagte: ‚Ich soll mich nicht wundern, wenn er nicht in der Kirche ist, er kann es nicht.‘ Aber den ganzen Tag war er recht tapfer und versuchte vergnügt zu sein. Er war wie immer ein Held.“ Der betroffene Sohn Richard Loewe ergänzte die Erinnerungen der Oberschwester mit dem handschriftlichen Nachtrag, dass er wohl deshalb gezögert habe, zur Konfirmation zu gehen, „weil man Papa verboten hatte die Kirche zu betreten (1934).“[17] Wie anders muss da die Atmosphäre am Sachsenhäuser Privatkrankenhaus auf den früheren Kollegen von Loewe, Max Flesch-Thebesius gewirkt haben, der in seinen Tagebuchaufzeichnungen für das Jahr 1934 von anhaltenden Schikanen berichtete. Seine Operationen rückten kommentarlos an das Ende des täglichen OP-Planes, seine Patienten wurden willkürlich in andere Zimmer umquartiert und Privatpatienten erhielt er überhaupt keine mehr, da sein Name auf den entsprechenden Ärztelisten nicht mehr geführt wurde.[18] Im Markus-Krankenhaus hingegen fanden vorläufig weitere „nichtarische freigewählte Ärzte“ ein zwar eingeschränktes, aber an den sonstigen gesellschaftlichen Verhältnissen gemessen noch immer tragbares Auskommen. Der Kinderarzt Hans Behrendt legte zwar die Leitung der Kinderstation nieder, konnte aber weiterhin Patienten seiner eigenen Praxis in der Klinik behandeln. Desgleichen wurde im Fall des Hals-, Nasen- und Ohrenarztes Malwin Feiler verfahren. Mit dem Chirurgen Otto Rothschild galt es dann noch, Loewes langjährigen Operationsassistenten im Ärzteteam zu halten. Annähernd 30 Jahre hatten die beiden gemeinsam gearbeitet, so dass hier von einer auch persönlich engen Bindung ausgegangen werden muss. Die fortwährende Tätigkeit der Ärzte Behrendt und Feiler wurde gegenüber den Behörden damit begründet, dass Behrendt „Kriegsteilnehmer, zuletzt auch Baltikumkämpfer" war und Feiler „den ganzen Krieg draußen gestanden" hatte[19] und damit sinngemäß die Ausnahmeregelung des „Gesetzes zur Wiederherstellung des Berufsbeamtentums" für alte Frontkämpfer Anwendung finden müsse. Bei Rothschild hingegen schlug man eine andere Taktik ein. Die Argumentation in diesem Falle lautete, dass Loewe „nach den bestehenden Bestimmungen nur nichtarische Herren zu seinen Operationen und Concilien heranziehen" dürfe.[20] Da aber amtlicherseits Loewe die Genehmigung zur weiteren Tätigkeit als Chirurg eingeräumt wurde, musste man demzufolge auch weitere Nichtarier zulassen, die diesem bei Operationen zur Seite standen. Zähneknirschend wohl, aber offensichtlich noch ohne weitere Eingriffsmöglichkeit billigte Ärzteführer Strebel diese Vorgehensweise und Argumentation. Dass dies nur einen vorübergehenden Waffenstillstand, keine endgültige Lösung bedeuten würde, war den Vorstandsmitgliedern des Bockenheimer Diakonissenvereins sicherlich bewusst, hatte doch Strebel im März 1934 in einer programmatischen Rede im Frankfurter Haus für Volksgesundheit verkündet: „Wir dürfen nicht eher ruhen, als bis alle christlichen Krankenhäuser von jüdischen Kollegen gesäubert sind."[21]

Vor dem Hintergrund dieser gewiss nervenaufreibenden psychischen Belastungen der Mitarbeiter des Markus-Krankenhauses liest sich die ärztliche Statistik für das Jahr 1934 wie eine Erfolgsgeschichte. Bei gleichbleibender Bettenzahl wurden 3.118 Patienten an insgesamt 62.190 Verpflegungstagen versorgt. Die daraus zu errechnende Verweildauer des einzelnen Patienten verringerte sich im Verhältnis zum Vorjahr von 23 auf nunmehr 21 Tage. Im Operationssaal wurden 1.345 klinische und 309 ambulante Operationen vorgenommen, 251 Säuglinge wurden geboren. Dass trotz dieser ganz erheblichen Leistungssteigerung des Markus-Krankenhauses die Qualität nicht gelitten hatte, belegt die Tatsache von 137 Todesfällen unter den Patienten, womit die Sterberate von 4,9 Prozent im Vorjahr auf jetzt 4,4 Prozent gesunken war. Wenn im Gegensatz zu den Steigerungsraten bei Patienten und Eingriffen die Leistungen der Röntgenabteilung nahezu stagnierten – nach 2.977 Röntgenuntersuchungen im Vorjahr waren es nun 3.138, während die Zahl der Röntgenbestrahlungen sogar zurückging – so lag dies daran, dass die Röntgenabteilung mit neuem technischen Gerät ausgestattet worden war und zugleich unter erheblichem Platzmangel litt. „Das Röntgeninstitut und das Therapeutikum müssen vergrößert werden", so die Folgerung des Vereinsvorstandes. Auch sonst hatte das Krankenhaus mit der 1934 erzielten Auslastung räumlich seine Kapazitätsgrenzen erreicht. Von der Waschküche bis zur Plätterei, von den Unterkünften der Schwestern bis zu den Essräumen der Hausangestellten – an allen Ecken und Enden erwiesen sich die vorhandenen Gegebenheiten als zu beengt. Dieser Raummangel veranlasste den Diakonissenverein, den Grundbesitz des Krankenhauses zu vergrößern: „So haben wir denn, als sich die Gelegenheit bot, zwei an unser Krankenhaus angrenzende Liegenschaften käuflich erworben, das Haus Falkstraße 33c [...] und das Anwesen Am Weingarten 20."[22] Anders als in der Vergangenheit ging es jetzt nicht mehr darum, die Bettenzahl des Kran-

Aus glücklichen Zeiten – Familie Loewe im Urlaub an der Nordsee: Hans, Ida, Otto und Paul Loewe, August 1930.

kenhauses zu vergrößern, vielmehr galt es nunmehr, den täglichen Dienstablauf und die Serviceeinrichtungen zu optimieren sowie den sich verändernden hygienischen Anforderungen Rechnung zu tragen. Binnen weniger Jahre hatten sich seit der Inbetriebnahme der neuen Wäscherei 1928 die Anforderungen an diese Einrichtung wesentlich verändert. „Anfänglich nur an 1–2 Wochentagen benutzt" waren die Maschinen der Wäscherei und der Plätterei jetzt täglich in Betrieb, „was für die Kranken [...] oft auch eine Nervenprobe bedeutet."[23] Das weitergehende Vorhaben, mit dem Kauf des Gebäudes Am Weingarten 20 den fünf Gemeindeschwestern ein neues Zuhause zu schaffen, war Ausdruck besonderer Dankbarkeit für deren vorbildliche Diakonie. Die Betreuung von annähernd 1.000 Kranken mit knapp 13.000 Besuchen vor Ort grenzte an Selbstausbeutung. In der Begründung für den Antrag des Vereinsvorstandes an das Regierungspräsidium in Wiesbaden wurden von Kirchenrat Kahl die untragbaren Wohnverhältnisse der Gemeindeschwestern angeführt: „Endlich bedürfen unsere 5 Gemeindeschwestern für die Markusgemeinde und die St. Jakobsgemeinde[...] einer größeren Wohnung. In der jetzigen Mietwohnung mit 4 Zimmern wohnten früher 3 Schwestern, jetzt sind es 5."[24] An personalen Neuigkeiten hatte der Bericht des Bockenheimer Diakonissenvereins für 1934 im weiteren lediglich zu berichten, dass sechs Schwestern erfolgreich das Krankenpflegerinnenexamen abgeschlossen hatten und außerdem eine dritte Medizinalpraktikantenstelle vom preußischen Innenministerium bewilligt worden war. Alle anderen Verschiebungen im ärztlichen Apparat sparte der Jahresbericht wohlweislich aus. Oberste Devise der maßgeblich Handelnden Otto Loewe, Wilhelm Schöndube und Kirchenrat Kahl muss wohl gewesen sein, weder in der Öffentlichkeit noch bei den Behörden aufzufallen.

Mit dieser Strategie rettete der Vorstand des Diakonissenvereins sich und damit die Ärzteschaft bis weit in das Jahr 1935. Im Juli jedoch wurde seitens der Behörden die Gangart auch im Verhältnis zum Markus-Krankenhaus erheblich verschärft. Während urlaubsbedingter Abwesenheit von Chefarzt Schöndube informierte der Chirurg Hinstorff den Vereinsvorsitzenden Kirchenrat Kahl darüber, dass innerhalb der Kassenärztlichen Vereinigung (KVD) Unmut über die fortge-

Weihnachtsfeier für Kinder aus bedürftigen Familien im St. Markus-Krankenhaus, Dezember 1934.

setzte Tätigkeit nichtarischer Ärzte am Markus-Krankenhaus bestünde. Ausdrücklich sei jedoch die Tätigkeit Dr. Loewes von solcher Kritik nicht betroffen. Durch diese Nachricht alarmiert nahm Schöndube zum nächstmöglichen Zeitpunkt Kontakt mit der KVD auf. Über das Gespräch, zu dem er „bestellt worden sei", berichtete er am 6. September in einer internen Sitzung des engeren Vereinsvorstandes. Danach hätten die Herren Strebel, Worthmann und Rühle eine ganz andere Stellung eingenommen, als dies Hinstorff bezüglich der Situation Loewes dargestellt hatte. Sie „verlangen die Verabschiedung Dr. Loewes, wir könnten ihm ja eine ‚Pension' geben."[25] Diese Krisensitzung erfolgte vor dem Hintergrund eines zuvor stattgehabten brieflichen Schlagabtauschs zwischen Strebel als Provinzleiter Hessen Nassau für die KVD und Schöndube in seiner Funktion als Chefarzt des Markus-Krankenhauses. Strebel bezichtigte in einem Brief vom 13. August unter Verweis auf das persönliche Gespräch mit Schöndube diesen der Lüge: „In der mündlichen Unterredung haben Sie uns versichert, dass Herr Dr. Behrendt nicht mehr an der Klinik tätig sei, und dass Ihnen mit Ausnahme der Tätigkeit des Herrn Dr. Loewe von der Tätigkeit anderer jüdischer Ärzte an diesem Krankenhaus nichts bekannt sei bezw. Sie haben eine solche Betätigung von jüdischen Ärzten an Ihrem Krankenhaus in Abrede gestellt." Unter Hinweis auf eigene Recherchen konfrontierte Strebel seinen Kontrahenten dann mit einer Auflistung von „jüdischen Aerzten", die „an Ihrem Krankenhaus noch im letzten Quartal [...] tätig waren und dort auch fortlaufend Fälle behandeln." Neben den drei oben schon genannten Ärzten Behrendt, Feiler und Rothschild benannte Strebel folgend auch noch die Ärzte Cahen-Brach, Laufer, Höxter, Lindheimer, Rosenmeyer, Salomon, Tréfousse und Weikersheimer. Der als „Beauftragter des Reichsführers für ärztl. Angelegenheiten" zeichnende Strebel schloss seinen Brief mit der unverhohlenen Drohung, sich „weitere Maßnahmen gegenüber dem Krankenhaus bezügl. seiner Stellung innerhalb der Aerzteschaft Frankfurts" vorzubehalten.[26] Über seine eigene Antwort auf diesen Angriff berichtete Schöndube in der Sitzung des engeren Vorstandes, dass die Anwürfe „von ihm leicht zurückgewiesen werden“ konnten. Wieder diente die schon im Vorjahr angeführte Begründung des Kooperationsverbotes arischer Ärzte mit Nichtariern als Rechtfertigung: „Da ja Dr. Loewe nur nichtarische Ärzte zur Assistenz bei Operationen heranziehen kann, [müssen] die dann auch das Recht haben, ihre Rechnungen beim Aerzteverband einzureichen.“[27] Besondere Brisanz erhielt die Antwort Schöndubes, die ja allein durch den Widerspruch gegenüber einem NS-Funktionsträger und die Verteidigung „jüdischer“ Anliegen aus dem Rahmen gängiger Urteile über die Ärzte als „willige Vollstrecker“[28] des nationalsozialistischen Unrechtsregimes hinausfällt, durch die offenen Worte zum Schluss des Schreibens: „Sie befinden sich im Irrtum, wenn Sie behaupten, dass eine Menge von jüdischen Ärzten in unserem Hause Visite macht oder fortlaufend Fälle behandelt und ich weise die Unterstellung, als hätte ich in meiner Unterredung mit Ihnen die Unwahrheit gesagt, entschieden zurück.“[29] Abgesehen von der kämpferischen und damit auch persönliche Risiken bewusst in Kauf nehmenden Haltung Schöndubes war natürlich allen Beteiligten spätestens zu diesem Zeitpunkt klar, dass die Position des Markus-Krankenhauses in der Frage der Zusammenarbeit mit nichtarischen Ärzten nicht länger zu halten war. Als politischen Hintergrund, der einen zweitrangigen Funktionär wie Strebel überhaupt erst in die Versuchung brachte, seine niederen Instinkte gegen hochverdiente Mitbürger einzusetzen, muss man den Nürnberger Parteitag der NSDAP im September 1935 vor Augen haben. Der nach Franken berufene Reichstag verabschiedete dort am 15. September das sogenannte „Reichsbürgergesetz“ und das „Gesetz zum Schutz des deutschen Blutes und der deutschen Ehre“, beide zusammen allgemein als „Nürnberger Gesetze“ benannt.[30] Auf deren Grundlage sowie durch später erlassene Ausführungsbestimmungen verloren die deutschen Juden jegliche Rechte, sie waren zu „Bürgern ‚zweiter Klasse‘ geworden. [...] Der zur Staatsdoktrin erhobene Antisemitismus wurde zur bürokratischen Routine.“[31]

Für den Bockenheimer Diakonissenverein galt es angesichts solcher Zuspitzung, Schadensbegrenzung vorzunehmen und dies bedeutete an erster Stelle, die Position von Otto Loewe zu sichern. Alle anderen Überlegungen waren diesem Ziel unterzuordnen. Die bürokratische Protokollformulierung, nach der „Herr Schöndube [...] den Herren Dr. Behrendt und Feiler Mitteilung machen [werde], dass ihre Arbeit am 1. Oktober zu Ende ist“[32], verbirgt die Gewissensqualen, die jene Teilnehmer der Vorstandssitzung des Diakonissenvereins am 6. September bei der entsprechenden Beschlussfassung erlitten. In der 1951 verfassten Denkschrift „Erbe und Auftrag“ vermittelt Schöndube einen Eindruck seiner damaligen Empfindungen: „Mit welchen Gefühlen der Vorstand diesem Verlangen nachgekommen ist, kann man sich vorstellen. Es ist dem Berichterstatter aber eine Genugtuung, feststellen zu können, dass beide später in die USA emigrierten Herren sich eine ärztliche Praxis geschaffen haben. Der eine hat in New York, der andere in Chicago eine zweite Heimat gefunden.“[33] Auch Otto Loewe befasste sich mit der Idee zu emigrieren. Eine frühere Patientin hatte Hilfe für den Fall einer Existenzgründung in Mexiko angeboten. Doch wie es dem Naturell Loewes entsprach, galt es eine Entscheidung von solch einschneidender Tragweite genauestens zu überlegen und zu planen. Wie weit diese Pläne schon gediehen waren, belegt die Tatsache, dass er seinen ältesten Sohn Paul 1934 im Alter von 22 Jahren zum Studium der Medizin – quasi als Kundschafter – nach Mexiko vorausgeschickt hatte. Mit dem Rest der Familie wollte Otto Loewe in Frankfurt solange es eben ging ausharren. Wesentliche Teile seines privaten Röntgeninstrumentariums hingegen sandte er im Laufe der Jahre 1935/36 schon nach Mexiko.[34] Noch aber waren die Kollegen Loewes entschlossen, um seinen Verbleib in der Klinik, deren Existenz in der modernen Gestalt des Jahres 1928 maßgeblich ihm und seinem Einsatz zu verdanken war, zu kämpfen. Am 1. Oktober 1935, also unter unmittelbarem Eindruck der zu diesem Tag ausgesprochenen Kündigung der Ärzte Feiler und Behrendt, traf sich unter Leitung von Kirchenrat Kahl der große Vorstand des Bockenheimer Diakonissenvereins im Markus-Krankenhaus. Das Protokoll dieser denkwürdigen Sitzung sah als ersten Punkt „Internes" vor. Hierzu verlas Kahl eine von ihm verfasste Stellungnahme an den Ärzteverband, mittels der die Haltung des Vorstandes zur Frage der nichtarischen Ärzte dargelegt werden sollte. Das Votum der Vorstandmitglieder in der darauffolgenden Abstimmung war eindeutig: „Der Vorstand erklärte sich einstimmig mit Inhalt und Fassung des Schreibens einverstanden."[35] So klar die Mehrheitsverhältnisse im Diakonissenverein waren, so entsetzt war der Funktionär Strebel als Adressat. Was er unter dem Datum des 2. Oktober zu lesen bekam grenzte an Hochverrat: „In der Angelegenheit des Herrn Dr. Loewe kann er [der Vorstand des Diakonissenvereins, d. V.] sich jedoch nicht entschließen und es herrscht darüber Einmütigkeit, dem Wunsche des Ärzteverbandes nachzukommen. Herr Dr. Loewe hat sich in 30 jähriger von allen Seiten anerkannter Wirksamkeit derart uneigennützig um den Verein bemüht und soviel an materiellen und ideellen Werten für das Krankenhaus hingegeben, dass es für den Vorstand des Bockenheimer Diakonissen-Vereines, dessen Mitglieder sämtlich der evangelischen Kirche angehören, eine unmenschliche Härte und krasse Undankbarkeit bedeuten würde, wollte er Herrn Dr. Loewe den Stuhl vor die Tür setzen. Das St. Markus-Krankenhaus ist Dr. Loewes Werk, seine Tätigkeit hat niemals zu irgendwelchen Beanstandungen Anlass gegeben und er würde als nichtarischer Christ und bei seinem Alter nirgendwo eine Möglichkeit des Arbeitens finden. Der Vorstand des Bockenheimer Diakonissenvereins kann nicht glauben, dass die Führung der Ärzteschaft an diesen Gesichtspunkten vorbeigehen will, sondern auch im national-sozialistischen Staat die Gesetze der Menschlichkeit beachten muss. Seine Mitglieder, deren staatsbejahende Gesinnung nicht in Frage gezogen werden kann, glauben nicht gegen die national-sozialistischen Grundsätze des Staates zu handeln, wenn sie zu den hier geäußerten Gesichtspunkten stehen und einem Manne, dessen ganzes Leben ein uneigennütziges Helfen war, den Rest ehemaliger aufopfernder Tätigkeit in seinem eigenen Werke ermöglichen."[36] Etwaigen Gegenargumenten trat man entgegen, indem das Procedere der Behandlung von Patienten durch Loewe skizziert wurde. Danach verbürgte sich der Vorstand, „durch strenge Bestimmungen auch weiterhin dafür [zu sorgen], dass auf niemanden auch nur der leiseste Zwang ausgeübt wird, sich von Dr. Loewe behandeln zu lassen. Vielmehr ist es strikte durchgeführt worden, dass jeder chirurgisch zu behandelnde Patient gefragt wird, von wem er behandelt zu werden wünscht und dass in Fällen, wo dies nicht möglich ist von vornherein Herr Dr. Loewe als behandelnder Chirurg nicht in Frage kommt."[37] Die Hoffnung, mit diesem Vorstandsbeschluss zunächst einmal wieder Ruhe in das Haus zu bekommen, trog.

Zwei Tage später holte der Ärzteführer Strebel zum letztlich entscheidenden Schlag gegen das Krankenhaus aus. „Ich habe auf diesen Brief hin und auf die Vorkommnisse an dem Krankenhaus hin das Krankenhaus als Krankenhaus für freie Arztwahl sofort gesperrt, d.h. die dort operierenden und arbeitenden Ärzte darauf aufmerksam gemacht, dass die von ihnen ausgeführte Tätigkeit an diesem Krankenhaus von uns aus nicht mehr bezahlt wird"[38], so wenige Tage später seine

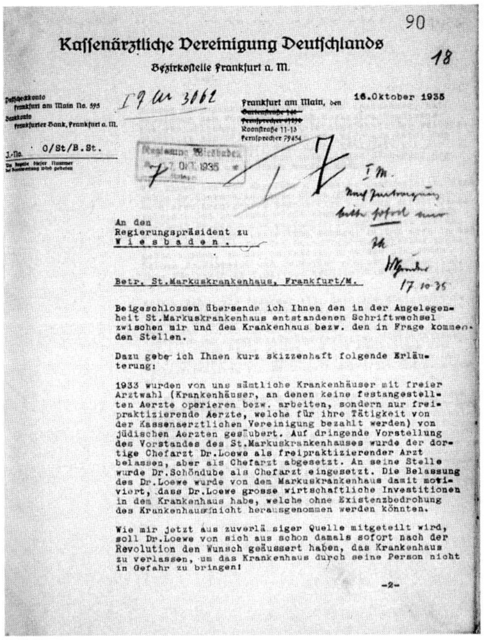
90

Kassenärztliche Vereinigung Deutschlands

Bezirksstelle Frankfurt a. M.

Postscheckkonto Frankfurt am Main No. 595
Bankkonto Frankfurter Bank, Frankfurt a. M.

J.-No. 0/St/B.St.

Frankfurt am Main, den 16.Oktober 1935
Roonstraße 11-13
Fernsprecher 79454

An den
Regierungspräsident zu
W i e s b a d e n .

Betr. St.Markuskrankenhaus, Frankfurt/M.

Beigeschlossen übersende ich Ihnen den in der Angelegenheit St.Markuskrankenhaus entstandenen Schriftwechsel zwischen mir und dem Krankenhaus bezw. den in Frage kommenden Stellen.

Dazu gebe ich Ihnen kurz skizzenhaft folgende Erläuterung:

1933 wurden von uns sämtliche Krankenhäuser mit freier Arztwahl (Krankenhäuser, an denen keine festangestellten Aerzte operieren bezw. arbeiten, sondern nur freipraktizierende Aerzte, welche für ihre Tätigkeit von der Kassenaerztlichen Vereinigung bezahlt werden) von jüdischen Aerzten gesäubert. Auf dringende Vorstellung des Vorstandes des St.Markuskrankenhauses wurde der dortige Chefarzt Dr.Loewe als freipraktizierender Arzt belassen, aber als Chefarzt abgesetzt. An seine Stelle wurde Dr.Schöndube als Chefarzt eingesetzt. Die Belassung des Dr.Loewe wurde von dem Markuskrankenhaus damit motiviert, dass Dr.Loewe grosse wirtschaftliche Investitionen in dem Krankenhaus habe, welche ohne Existenzbedrohung des Krankenhaus nicht herausgenommen werden könnten.

Wie mir jetzt aus zuverlässiger Quelle mitgeteilt wird, soll Dr.Loewe von sich aus schon damals sofort nach der Revolution den Wunsch geäussert haben, das Krankenhaus zu verlassen, um das Krankenhaus durch seine Person nicht in Gefahr zu bringen!

-2-

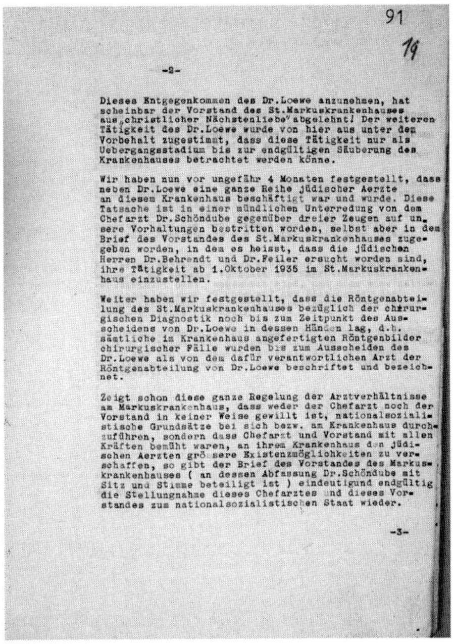
91

-2-

Dieses Entgegenkommen des Dr.Loewe anzunehmen, hat scheinbar der Vorstand des St.Markuskrankenhauses aus „christlicher Nächstenliebe" abgelehnt! Der weiteren Tätigkeit des Dr.Loewe wurde von hier aus unter dem Vorbehalt zugestimmt, dass diese Tätigkeit nur als Uebergangsstadium bis zur endgültigen Säuberung des Krankenhauses betrachtet werden könne.

Wir haben nun vor ungefähr 4 Monaten festgestellt, dass neben Dr.Loewe eine ganze Reihe jüdischer Aerzte an diesem Krankenhaus beschäftigt war und wurde. Diese Tatsache ist in einer mündlichen Unterredung von dem Chefarzt Dr.Schöndube gegenüber dreier Zeugen auf unsere Vorhaltungen bestritten worden, selbst aber in dem Brief des Vorstandes des St.Markuskrankenhauses zugegeben worden, in dem es heisst, dass die jüdischen Herren Dr.Behrendt und Dr.Feiler ersucht worden sind, ihre Tätigkeit ab 1.Oktober 1935 im St.Markuskrankenhaus einzustellen.

Weiter haben wir festgestellt, dass die Röntgenabteilung des St.Markuskrankenhauses bezüglich der chirurgischen Diagnostik noch bis zum Zeitpunkt des Ausscheidens von Dr.Loewe in dessen Händen lag, d.h. sämtliche im Krankenhaus angefertigten Röntgenbilder chirurgischer Fälle wurden bis zum Ausscheiden des Dr.Loewe als von dem dafür verantwortlichen Arzt der Röntgenabteilung von Dr.Loewe beschriftet und bezeichnet.

Zeigt schon diese ganze Regelung der Arztverhältnisse am Markuskrankenhaus, dass weder der Chefarzt noch der Vorstand in keiner Weise gewillt ist, nationalsozialistische Grundsätze bei sich bezw. am Krankenhaus durchzuführen, sondern dass Chefarzt und Vorstand mit allen Kräften bemüht waren, an ihrem Krankenhaus den jüdischen Aerzten grössere Existenzmöglichkeiten zu verschaffen, so gibt der Brief des Vorstandes des Markuskrankenhauses (an dessen Abfassung Dr.Schöndube mit Sitz und Stimme beteiligt ist) eindeutig und endgültig die Stellungnahme dieses Chefarztes und dieses Vorstandes zum nationalsozialistischen Staat wieder.

-3-

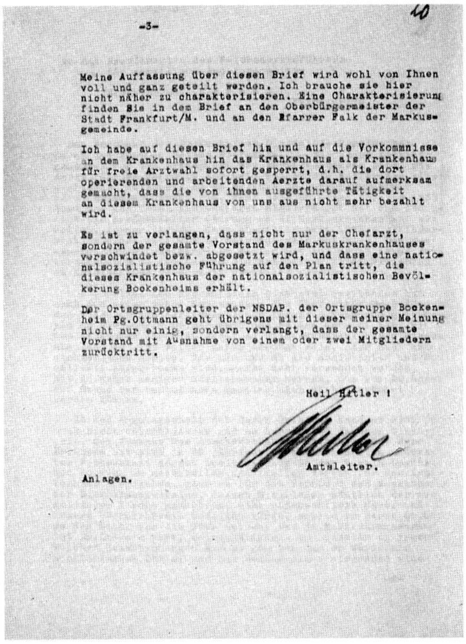
-3-

Meine Auffassung über diesen Brief wird wohl von Ihnen voll und ganz geteilt werden. Ich brauche sie hier nicht näher zu charakterisieren. Eine Charakterisierung finden Sie in dem Brief an den Oberbürgermeister der Stadt Frankfurt/M. und an den Pfarrer Falk der Markusgemeinde.

Ich habe auf diesen Brief hin und auf die Vorkommnisse an dem Krankenhaus hin das Krankenhaus als Krankenhaus für freie Arztwahl sofort gesperrt, d.h. die dort operierenden und arbeitenden Aerzte darauf aufmerksam gemacht, dass die von ihnen ausgeführte Tätigkeit an diesem Krankenhaus von uns aus nicht mehr bezahlt wird.

Es ist zu verlangen, dass nicht nur der Chefarzt, sondern der gesamte Vorstand des Markuskrankenhauses verschwindet bezw. abgesetzt wird, und dass eine nationalsozialistische Führung auf den Plan tritt, die dieses Krankenhaus der nationalsozialistischen Bevölkerung Bockenheims erhält.

Der Ortsgruppenleiter der NSDAP. der Ortsgruppe Bockenheim Pg.Ottmann geht übrigens mit dieser meiner Meinung nicht nur einig, sondern verlangt, dass der gesamte Vorstand mit Ausnahme von einem oder zwei Mitgliedern zurücktritt.

Heil Hitler !

Amtsleiter.

Anlagen.

Darstellung gegenüber dem Regierungspräsidium in Wiesbaden. Mittels Sendschreiben an alle Frankfurter Ärzte verkündete er diese Botschaft. Nachdem auch Otto Loewe einen solchen Brandbrief in den Händen hielt, bewies er wiederum menschliche Größe. Noch am 5. Oktober legte er alle seine Arbeiten am Markus-Krankenhaus nieder und übergab seine Patienten an den Chirurgen Hinstorff. Auf diese Weise ersparte er es den Vorstandsmitgliedern, allen voran seinem Freund und Kollegen Schöndube, ihm im Interesse des Hauses die weitere Tätigkeit zu versagen. Als wäre dieser Schlag noch nicht genug, sah sich Kirchenrat Kahl schon zwei Tage später genötigt, erneut den engeren Vorstand des Bockenheimer Diakonissenvereins einzuberufen. Das Protokoll einer kurzfristig für den Abend des 7. Oktober anberaumten Sitzung des engeren Vorstandes vermerkte folgendes Ereignis: „Am Vormittag hat Dr. Hinstorff im Beisein des Herrn Pietrowicz, und der Oberschwester Anna und teilweise auch des Chefarztes Dr. Schöndube und teilweise des zufällig dazukommenden Vorsitzenden K. R. Kahl eine Mitteilung voller Vorwürfe und Ausfälle des Amtsleiters Strebel gemacht, denen er sich selbst anschloss, und die in dem ungeheuerlichen Vorwurf gipfelten, der Vorstand habe in seinem Brief der vorigen Woche bewiesen, dass er die 2 1/2 Jahre des 3. Reiches noch nicht verstanden und vom national-sozialistischen Geist überhaupt noch nichts verspürt habe mit seinen ‚Lobhudeleien gegenüber einem Juden'."[39] In dreifacher Hinsicht war dies für Kirchenrat Kahl, für Chefarzt Schöndube und auch Oberschwester Anna Koch ein harter Schlag. Ihre Hoffnung, mit Strebel einen Modus Vivendi zugunsten von Otto Loewe zu finden, hatte sich nicht erfüllt. Mit Dr. Hinstorff, der sich inhaltlich offenbar den Ausfällen des Ärzteführers angeschlossen hatte, war nun auch in der Belegschaft des Markus-Krankenhauses ein von Skrupeln ungeplagter Antisemit vertreten. Trotz des Ausscheidens von Otto Loewe aus der Klinik war diese wegen der Weigerung des Vorstandes und des Chefarztes, „nationalsozialistische Grundsätze bei sich bezw. am Krankenhaus durchzuführen", wegen der fortdauernden Sperre unverändert in ihrer wirtschaftlichen Fortexistenz bedroht. Untergangsstimmung griff um sich. Der Vorsitzende Kahl wiederholte seine schon Wochen zuvor ge-

Das Wohnhaus der Familie Loewe: Arndtstraße 29.

machte Ankündigung, vom Amt zurückzutreten, „wenn Dr. Loewe gezwungen werde zu gehen.“[40]

Nachdem der Kampf für Loewes Verbleib im Markus-Krankenhaus verloren war, konnte die bisherige Zurückhaltung nach Außen aufgegeben werden. Kahl und Schöndube erklärten sich bereit, beim Wiesbadener Regierungspräsidium gegen die fortgesetzte Sperrung des Krankenhauses als solches mit freier Arztwahl zu intervenieren. In zwei Gesprächen – zunächst mit dem Obermedizinalrat Schrader, dann mit dem stellvertretenden Regierungspräsidenten – legten sie den Sachverhalt dar und ersuchten um Schutz. Nachdem auch ein Telefonat Schraders mit dem Frankfurter Arzt und Vorsitzenden des NS-Ärztebundes, Carl Behrens, keine Aufweichung der durch Strebel vertretenen Position der Kassenärztlichen Vereinigung bewirken konnte, berichtete Kirchenrat Kahl am 15. Oktober in einem sechs Seiten umfassenden Schreiben an den Regierungspräsidenten über den Werdegang des Konfliktes und folgerte: „Die hier tätigen freigewählten Ärzte müssen ihre Fälle andernorts aufnehmen und operieren lassen. Schwerkranke, die bei uns Aufnahme auf der chirurgischen oder gynäkologischen Station verlangen müssen wir zurückweisen, weil keine Möglichkeit besteht, sie sachgemäß zu behandeln. Das Haus erleidet schwere finanzielle Einbusse und wird sich außerstande sehen, seinen Verpflichtungen nachzukommen, wenn nicht baldmöglichst eine Überleitung in normale Zustände erreicht wird.“[41] Zwei Tage später ergänzte Kahl seine Darstellung um die Mitteilung, dass die Kassenärztliche Vereinigung rückwirkend zum 2. Oktober auch Rechnungen des Röntgeninstitutes am Markus-Krankenhaus nicht mehr honorieren würde.[42] In Wiesbaden wurden die Sorgen und Nöte des Frankfurter Krankenhauses nicht nur zur Kenntnis, sondern auch ausgesprochen ernst genommen. Dies belegt die bald zwischen dem Frankfurter Rathaus und dem Präsidium einsetzende Korrespondenz.

Strebel selbst gab sich jetzt nicht mehr mit der in seinen Augen erfolgreichen „Ausräumungsaktion der jüdischen Ärzte aus dem St. Markus-Krankenhaus“ zufrieden. Zwar wusste er dem Frankfurter Oberbürgermeister Friedrich Krebs am 8. Oktober zu berichten, dass es ihm „auf verstärkten Druck hin [...] gelungen [sei], sämtliche Juden aus dem Krankenhaus hier zu entfernen“, doch zeige die Reaktion des Diakonissenvereins „deutlich, dass der Vorstand dieses Krankenhauses in keiner Weise gewillt ist, nationalsozialistische Grundsätze bei sich durchzuführen.“ Und er führte fort: „Selbst wenn Dr. Loewe jetzt endgültig nach diesen wirtschaftlichen Zwangsmaßnahmen das Haus verlassen sollte – wie ich soeben erfahre, ist das schon geschehen –, ist es unmöglich, diesem Krankenhaus unter der bisherigen Führung (bei dieser Kritik ist angeschlossen der Chefarzt des Krankenhauses Dr. Schöndube) weiterhin kranke Volksgenossen anzuvertrauen. Weiterhin ist es unmöglich, dass dieser Führung und Leitung des Krankenhauses eine Schwesternschaft anvertraut wird, welche nach meinen Erkundigungen [...] politisch selbst absolut in Ordnung und zuverlässig ist.“ In einem Anfall von Größenwahn versuchte Strebel im weiteren, den Frankfurter Oberbürgermeister zu seinem Handlanger zu degradieren. „Meine Bitte geht deshalb an Sie, dafür Sorge zu tragen, dass der Vorstand des Bockenheimer Diakonissenvereins zurücktritt und ein neuer Vorstand, welcher von einem tüchtigen Nationalsozialisten geführt wird, das Krankenhaus betreut. Für eine anderweitige Besetzung des Chefarztpostens würde ich dann von hier aus besorgt sein."[43] Damit war die Stoßrichtung klar. Sowohl der Vorstand des Diakonissenvereins wie auch der Chefarzt des Markus-Krankenhauses standen auf der Abschussliste dieses fanatischen Nazi-Funktionärs. Selbst den Pfarrer der Markusgemeinde Falk versuchte Strebel für sein Ansinnen einzuspannen: „Ich bitte Sie, von Ihrer Seite aus den Kirchenvorstand zur Stellungnahme zu veranlassen." Für ihn „als Ärzteführer in Hessen-Nassau" sei es jedenfalls unmöglich, „diesem Krankenhaus weiterhin deutsche Ärzte zur Verfügung zu stellen bezw. [...] die Verantwortung zu tragen, daß die Aermsten unserer Armen und zwar unsere kranken Volksgenossen einem solchen Krankenhaus anvertraut werden."[44] Sinngemäß appellierte Strebel auch an das Regierungspräsidium dahingehend, daß „nicht nur der Chefarzt, sondern der gesamte Vorstand des Markus-Krankenhauses verschwindet bezw. abgesetzt wird, und dass eine nationalsozialistische Führung auf den Plan tritt, die dieses Krankenhaus der nationalsozialistischen Bevölkerung Bockenheims erhält."[45]

Am 24. Oktober übersandte die Kanzlei des Regierungspräsidiums ein Schreiben an den Leiter des Frankfurter Stadtgesundheitsamtes, Fischer-Defoy, mit insgesamt 30 Blatt Anlagen. Diese dokumentierten die Entwicklung des Konflikts zwischen der KVD und dem Vorstand des Bockenheimer Diakonissenvereins bis zur verhängten Sperre über das Markus-Krankenhaus. Letztlich zeitigte die Einschaltung des Regierungspräsidiums tatsächlich einen Erfolg. Im Begleitschreiben zu dem gesamten Vorgang fasste der Berichterstatter zusammen, daß „der Herr Leiter des städtischen Gesundheitsamtes [...] nach der Besprechung, die am 19. X. 35 bei Ihnen stattfand und zu der ich den Medizinaldezernenten entsandte, letzterem am gleichen Tage vormittags mitgeteilt [habe], daß Dr. Strebel die Sperre aufheben würde. Dies ist am 19.X.35 mittags 13 Uhr geschehen."[46]

Es war jedoch nur ein Pyrrhussieg. Der weiterhin drohenden neuerlichen Sperre des Krankenhauses begegnete Schöndube durch seinen Austritt aus dem Vorstand des Bockenheimer Diakonissenvereins. Mit der Verpflichtung des Chirurgen Hans Richter auf der Basis der freien Arztwahl hielt ein linientreuer Nazi Einzug in die Belegschaft.[47] Die bisher von Schöndube betreute Röntgenabteilung erhielt mit Dr. Schmidt einen ausgewiesenen Röntgenfacharzt als Leiter. Die notwendige Klärung, ob Strebels weitergehende Forderung nach grundsätzlicher Umbildung des Vereinsvorstandes berechtigt und angemessen sei, hatte das Regierungspräsidium in die Zuständigkeit der Stadt Frankfurt verwiesen. Hierzu wurde eine Frist bis Mitte Dezember eingeräumt. Diese nutzte das Stadtgesundheitsamt sowie die städtische Rechtsstelle dann auch leidlich aus, bis eine Entscheidung hinsichtlich des Strebelschen Ansinnens zur zwangsweisen Umbildung des Vorstandes getroffen war. Hätten dabei die Vorstandsmitglieder Einblick auch in vertrauliche städtische Unterlagen gehabt, sie hätten triumphiert. In einem ausführlichen Gutachten legte die städtische Rechtsstelle Anfang November dar, wie der Tatbestand, dass „der Amtsleiter der Bezirksstelle der KVD, Herr Dr. Strebel auch nach Vornahme dieser Aenderungen [gemeint war der Rücktritt Schöndubes und erste Umbildungen des Vereinsvorstandes, d. V.] noch den Rücktritt des gesamten Vorstandes verlangt, widrigenfalls er erneut den Frankfurter Mitgliedern der KVD die Belegung und Benutzung des Markus-Krankenhauses verbieten würde", rechtlich zu bewerten sei. Das Urteil fiel vernichtend aus. Als eine Zwangsmaßnahme, deren Androhung „objektiv rechtswidrig" sei und deren „Durchführung ausserdem strafrechtlich erfassbar wäre", so die Beurteilung durch den Amtsjuristen, der daraus folgerte: „Zusammenfassend muß daher gesagt werden, dass die zwangsweise erfolgende Umgestaltung des Vereinsvorstands allein in die Zuständigkeit der staatlichen Aufsichtsbehörde fallen könnte, dass das Verlangen des Herrn Dr. Strebel aber auf die Durchführung eben dieser Zwangsmassnahme durch eine dafür nicht zuständige Stelle hinausläuft. Dieser Tatbestand muß rechtlich als Amtsanmassung bezeichnet werden." Auch die Überheblichkeit, mit der Strebel wohl der Kritik des Regierungspräsidiums an seiner bisherigen Vorgehensweise begegnet war, erfuhr Kritik: „Wenn Herr Dr. Strebel die Ansicht ausgesprochen haben sollte, dass ihm in die von ihm angedrohte Massnahme keine andere Stelle hineinzureden habe, so kann diese Ansicht nur als absurd bezeichnet werden." Von entscheidender Bedeutung für den Fortbestand des Markus-Krankenhauses sollte die abschließende Würdigung durch den Juristen sein. „Wenn der Herr Regierungspräsident zu der Ansicht kommen sollte, dass aus gesundheitlichen Gründen auf die Aufrechterhaltung des Betriebs des Markus-Krankenhauses nicht verzichtet werden kann [...] (wir möchten diese Voraussetzung unter allen Umständen bejahen), so kann er mit allen polizeilichen Mitteln dafür sorgen, dass das Markus-Krankenhaus tatsächlich für die Benutzung durch die Bevölkerung weiterhin zur Verfügung steht und ihr durch keine Massnahmen der Bezirksstelle entzogen wird." Für den Fall weiterer Renitenz der KVD empfahl der Jurist die Anwendung von polizeilichen Zwangsmitteln zur „Abstellung von Massnahmen [...], die eine Bedrohung der öffentlichen Ordnung und Sicherheit in Richtung der Volksgesundheit durch rechtswidrige Sperrung eines Krankenhauses darstellt."[48] Wenige Monate früher wäre dieses vernichtende Urteil über das Vorgehen des Ärzteführers Strebel wahrscheinlich eine entscheidende Hilfe bei dem Versuch gewesen, die weitere Mitarbeit von Otto Loewe am Markus-Krankenhaus zu sichern. Jetzt stellte es vielleicht noch eine Sicherheit für die Fortexistenz der Klinik dar. Am 20. Dezember erstattete Stadtrat Fischer-Defoy in seiner Funktion als Leiter des Frankfurter Stadtgesundheitsamtes Bericht an das Regierungspräsidium. Danach war Kirchenrat Kahl als Vereinsvorsitzender zurückgetreten und durch den im Ruhestand befindlichen früheren Fabrikdirektor Emil Riegner ersetzt worden. Dessen Stellvertretung nahm der praktische Arzt Wilhelm Schaad wahr, der zugleich als Repräsentant des N.S.-Ärztebundes sowie als Vertrauensmann der Kassenärztlichen Vereinigung auftrat. Als Vertreter der Stadt amtierte künftig an Stelle des Krankenhausdirektors Dr. Wirth Fischer-Defoy selbst. Für den früheren Chefarzt hingegen hatte dessen energisches Eintreten für seinen Freund und Kollegen Loewe sowie die anderen nichtarischen Ärzte weitergehende Folgen. „Die Angelegenheit Dr. Schöndube ist noch nicht erledigt, gegen Schöndube schwebt ein Verfahren, das von der S.A. gegen ihn anhängig gemacht worden ist; der Ausgang dieses Verfahrens wird zur Klärung der Stellung des Dr. Schöndube beitragen", so Fischer-Defoy in seinem Rapport.[49]

Anders als anzunehmen hatten die das Schicksalsjahr 1935 prägenden Verwicklungen kaum Auswirkungen auf die ärztliche und gemeindepflegerische Statistik. Während der Jahresbericht Nr. 59 für das abgelaufene Jahr die personellen Veränderungen im Vereinsvorstand wie auch im Ärztekollegium zunächst wertfrei benannte – „Herr Dr. Loewe legte im Oktober 1935 sein Amt nieder" – bilanzierte der Berichterstatter abschließend, dass damit „alle Hinderungen, die einem gedeihlichen Weiterarbeiten im Wege standen", beseitigt seien. Die Sperre des Krankenhauses über einen Zeitraum von 17 Tagen lässt sich in der ärztlichen Statistik lediglich an der Anzahl der Verpflegungstage sowie der Röntgenuntersuchungen ablesen. Die Verpflegungstage verringerten sich im Verhältnis zum

Vorjahr um circa 4.500 auf 57.469, die Röntgenuntersuchungen um knapp 450 auf 2.691 Nutzungen. Während die sonstigen Zahlen sich im Vorjahresrahmen bewegten, deutete die Sterberate mit einer Verringerung von 4,4 Prozent im Vorjahr auf nunmehr 3,6 Prozent sogar eine positive Veränderung an. Die fünf in der Gemeindepflege tätigen Diakonissen absolvierten wiederum ein kaum für möglich gehaltenes Arbeitspensum. 1.000 von ihnen betreute Kranke freuten sich über 15.402 Besuche, was bei einer unterstellten Siebentagewoche ohne Urlaubseinrechnung für jede Schwester durchschnittlich acht Krankenbesuche am Tag bedeutete. Zusätzlich 57 Nachtwachen sowie einige Tagespflegen deuten an, dass die beteiligten Schwestern ihren diakonischen Auftrag ausgesprochen ernst nahmen. Auch die Jahresrechnung für 1935 bewegte sich im vorgegebenen Rahmen, Zins und Tilgung für das städtische Darlehen konnten pünktlich bezahlt werden, die um etwa 20.000 Reichsmark verringerten Einnahmen aus dem Verpflegungssatz wurden an anderer Stelle kompensiert. So waren geplante „Bauarbeiten [...] infolge der mancherlei Veränderungen, die über unser Haus kamen, zurückgestellt" worden.[50]

Der neue Vorstand des Bockenheimer Diakonissenvereins hatte mit dem Vorgängergremium nur noch wenige Gemeinsamkeiten. Von den 15 Mitgliedern des Vorjahres sahen sich bei der ersten Vorstandssitzung 1936 lediglich fünf wieder. Der Geruch von Vetternwirtschaft kam auf, als Riegners Tochter Cläre einen Sitz in der Vereinsführung einnahm. Von den einstigen Funktionsträgern aus dem engeren Vorstand waren lediglich der erst im Vorjahr in das Gremium gewählte Schriftführer Mohs und der langjährige Kassierer Pietrowicz im Amt verblieben. Erstes Ansinnen des neuen Vereinsvorsitzenden Riegner war die Einführung des „Führerprinzips". Hierzu bereitete er eine neue Satzung vor, die am 26. August einer außerordentlichen Generalversammlung zur Abstimmung vorgelegt wurde. Nach Riegners eigenen Worten erfolgte „die Aenderung der Satzungen in der Hauptsache um deswillen [...], um sie den Erfordernissen der neuen Zeit anzupassen."[51] Die wesentlichen Änderungsvorschläge betrafen mit dem Paragrafen sechs die Zusammensetzung und Rolle des Vorstandes sowie die Befugnisse des Vereinsvorsitzenden: Danach war vorgesehen, den Vereinsvorstand auf fünf Personen zu reduzieren, nämlich den Vorsitzenden, dessen Stellvertreter, den Schriftführer und Kassierer sowie den Vertreter der Stadt. Einzig der Vorsitzende sollte von der Generalversammlung des Vereins mit einfacher Stimmenmehrheit gewählt werden. Der Vertreter der Stadt wurde entsandt, die drei übrigen Vorstandsmitglieder sollten vom Vorsitzenden berufen oder auch ersetzt werden. Abgesehen vom Vertreter der Stadt mussten die Vorstandsmitglieder „volljährig, Mitglieder des Vereins und einer evangelischen Religionsgemeinschaft sein, und sich zu den Grundsätzen der nationalsozialistischen Weltanschauung bekennen. Der Vorsitzende soll tunlichst Mitglied des Kirchenvorstandes der St. Markuskirchengemeinde sein." Als wäre dies nicht schon genug Machtfülle, wurde im weiteren explizit festgelegt: „Der Vorsitzende ist Führer des Vereins. Er vertritt diesen gerichtlich und aussergerichtlich; er leitet das Krankenhaus, schließt Verträge, spricht Kündigungen und Entlassungen aus. [...] Die Wahl des Vorsitzenden erfolgt auf 5 Jahre, er kann wiedergewählt werden." Um vor unliebsamen Überraschungen bei der gemäß Paragraf 13 jährlich abzuhaltenden Generalversammlung gefeit zu sein, wurde die Ausübung des Stimmrechts an die Bedingung gekoppelt, dass hierzu spätestens fünf Tage vor der Generalversammlung ein Ausweis beim Vorsitzenden zu beantragen war. Gleichzeitig wurde in Paragraf 15 die zur Beschlussfähigkeit der Generalversammlung erforderliche Zahl der anwesenden

Stimmberechtigten von 50 auf 30 reduziert.[52] Wie weit das Führerprinzip innerhalb des Diakonissenvereins schon vor Inkrafttreten dieser neuen Satzung gediehen war, lässt sich daran erkennen, dass die am 26. August 1936 bei der außerordentlichen Generalversammlung anwesenden 25 stimmberechtigten Vereinsmitglieder zur Kenntnisnahme und Verabschiedung des 19 Paragrafen umfassenden Regelwerkes lediglich 25 Minuten benötigten. Die neue Satzung wurde abgenickt und nicht einmal der Umstand, dass die für eine Satzungsänderung erforderliche Anwesenheit von mindestens 2/3 der stimmberechtigten Mitglieder bei weitem nicht gegeben war, sorgte für Diskussionsstoff. Die Beschlussfassung erfolgte einstimmig. Am 3. September genehmigte der Regierungspräsident die neuen Statuten und damit war Emil Riegner bis zur ordentlichen Generalversammlung des Jahres 1942 Vorsitzender des Bockenheimer Diakonissenvereins[53] und zugleich Leiter des Markus-Krankenhauses.

Unter neuer Führung wandelte sich auch der Charakter der Klinik in der Falkstraße. Wilhelm Schöndube beschrieb diese Veränderungen dahingehend, dass sich „das Markus-Krankenhaus [...] zu einem Geschäftsunternehmen mit allen Vorteilen, aber auch mit allen Nachteilen einer solchen Einrichtung" entwickelt habe. Und er bedauerte, dass „damit aber das alte familiäre Vertrauensverhältnis beseitigt war." Bei aller Kritik jedoch, die Schöndube als Zeitzeuge und zugleich Betroffener an der Leitung von Verein und Krankenhaus durch den Nationalsozialisten Riegner übte, würdigte er dennoch die grundsätzliche Motivation dieses Mannes: „Wir müssen dafür dankbar sein, daß Herr Riegner mit zweifellosem Erfolg bestrebt war, dem Krankenhaus seine Bedeutung zu erhalten und es zu verbessern." Anhand der ärztlichen Statistik lässt sich dieser Erfolg auch zahlenmäßig bis weit in die Kriegszeit belegen.

Ärztliche Statistik 1932–1945[54]

	1932	1933	1934	1935	1936	1937	1938	1939	1940	1941	1942	1943	1944	1945
Patienten	2640	2438	3118	3126	3315	3574	3623	3835	3887	3621	3439	3442	1242	534
Verpflegungstage	57570	55994	62190	57469	57476	61712	60537	59044	58747	63942	64826	65382	32093	16234
Durchschnittliche Aufenthaltsdauer	21,8	23	21	18	17,3	17,3	16,7	15,4	15,1	17,6	18,8	18,9	25,8	30,9
Klinische Operationen	1372	1193	1345	1361	1408	1647	1663	1603	1649	1815	1771	1662	150	64
Ambulante Operationen	Oben	267	309	458	641	843	941	1051	1405	1066	1064	1073	122	78
Röntgenuntersuchungen	3122	2977	3138	2691	2271	3190	3871	4585	5285	5624	7042	7106	2812	2356
Röntgenbestrahlungen	Oben	159	137	132	105	134	206	269	262	245	260	340	203	132
Geburten	150	157	251	309	357	358	346	482	585	427	383	437	38	–
Todesfälle		119	137	114	155	146	173	174	188	158	131	78	67	30
Tote in %	4,5 %	4,9 %	4,4 %	3,6 %	4,7 %	4,1%	4,8 %	4,5 %	4,8 %	4,3 %	3,8 %	2,3 %	5,4 %	5,6 %

In der gemeindlichen Krankenpflege hingegen zeichnen die entsprechenden Angaben aus den Jahresberichten und Sitzungsprotokollen ein anderes Bild. Bis 1937 lag die Gemeindekrankenpflege in den Händen von fünf Schwestern des

Frankfurter Diakonissenhauses in der Eschersheimer Landstraße. Wenn es auch immer mal wieder zu Irritationen über allzu häufige Wechsel in der personalen Zusammensetzung dieses Teams kam, so hatte sich die Zusammenarbeit zwischen dem Frankfurter Mutterhaus und dem Bockenheimer Diakonissenverein dennoch bewährt. Zum Jahreswechsel 1937/38 wurde durch Abschluss eines Stationsvertrages mit dem Marburger Diakonissen-Mutterhaus Hebron diese Kooperation beendet. Ab dem Januar 1938 waren die Marburger Diakonissen somit auch für die Gemeindekrankenpflege in Bockenheim zuständig, nachdem ja schon seit 1922 das Personal der Krankenhauspflege durch das Marburger Mutterhaus gestellt wurde. Der Stationsvertrag sah eine Reduzierung der Schwesternzahl in der Gemeindepflege von bisher fünf auf nunmehr vier Diakonissen vor.[55] Damit konnte die bis dahin konstante Summe von jährlich annähernd 1.000 behandelten Kranken nicht mehr gehalten werden. Die weiterhin stattliche Zahl an Krankenbesuchen lässt darauf schließen, dass sich die Diakonissen bei der Versorgung ihrer Patienten jetzt intensiver um die einzelnen Fälle kümmern konnten. Für jede Krankenschwester hatte der Verein neben dem Aufwand für Kost, Logis und Versicherungen jährlich 732 Reichsmark nach Marburg zu überweisen.

Gemeindepflege-Statistik 1933–1945

	1933	1934	1935	1936	1937	1938	1939	1940	1941	1942	1943	1944	1945
Kranke	888	912	1001	1024	969	627	279	282	272	272	229	290	401
Besuche	12641	12960	15402	15716	15690	14248	12564	13451	14498	14511	13182	8345	12414
Nacht-wachen	43	39	57	40	48	19	13	5	2	4	4	2	5
Fürsorge-fälle	566	662			650		342	141	549	691	622	600	615
Schwestern	5	5	5	5	5	4	4	4	4	4	4	4	4

Maßnahmen wie die Vergabe der gemeindlichen Krankenpflege an auswärtiges Personal oder auch die Anstellung einer Marburger Hebamme 1936 trugen zu dem Verlust des alten familiären Vertrauensverhältnisses im Verein und Krankenhaus bei, den Schöndube in seinem Rückblick für die Zeit nach 1935 beklagte. Am augenfälligsten drückt sich die zunehmende Anonymisierung in der Mitgliederbewegung des Bockenheimer Diakonissenvereins sowie in der mangelnden Teilnahme der Mitglieder am Vereinsleben aus. Welch ein Kontrast zu früheren Jahren, da ein „Lichtbildervortrag des Herrn Dr. Schöndube ‚über Rheumatische Erkrankungen' [...] mit großem Beifall aufgenommen wurde."[56] Jetzt geriet es zur traurigen Übung, dass zu den Hauptversammlungen zweimal eingeladen werden musste, da die satzungsmäßig erforderliche Mindestteilnehmerzahl für die Beschlussfähigkeit der Generalversammlungen im ersten Anlauf nicht mehr erreicht wurde. Auch anhand der Einnahmen des Diakonissenvereins aus Mitgliedsbeiträgen lässt sich für den allein aussagekräftigen Zeitraum vor 1939 ein stetiger Rückgang der Mitgliederzahlen seit 1933 nachweisen.

Für die Jahre nach 1936 mahnte Schöndube in seinen zu Papier gebrachten Erinnerungen außerdem zur Vorsicht bei der Lektüre der gedruckten Jahresberichte dieser Zeit. Vor allem hätten sie die Verdienste und persönlichen Schicksale früherer Träger und Mitarbeiter von Verein und Krankenhaus verschwiegen.[57] Hatte schon Kirchenrat Kahl nach 25-jähriger Pflichterfüllung in seinem Abschiedsbrief dargelegt, daß „so angesehen [...] mein Rücktritt noch vor dem mir selbst gesetzten Termin kein ganz freiwilliger mehr [ist]“ [58], so war auch das Ausscheiden des langjährigen Vorstandsmitgliedes Georg Harth, der als Architekt in aufopfernder Tätigkeit die Umbauten in der Falkstraße geplant und leitend ausgeführt hatte, Folge seiner Verbannung aus dem engeren Vorstand. Pfarrerin Siebert hatte ihr Mandat niedergelegt, nachdem der NSDAP-Ortsgruppenleiter Ottmann aus politischen Gründen in das Gremium gehievt worden war. Auch der über viele Jahre als stellvertretender Vorsitzender fungierende Fabrikant Wilhelm Taufkirch hatte in einem Abschiedsbrief ausdrücklich darauf hingewiesen, dass sein Ausscheiden aus dem Vorstand nicht freiwillig geschehe. Schließlich wurde der verdiente Kassierer Heinrich Pietrowicz, der sich geweigert hatte, der NSDAP beizutreten, seines Amtes enthoben. All diese Verluste an fachlicher und persönlicher Kompetenz fanden in den Jahresberichten keinen Widerhall. Lediglich des Todes zweier herausragender Vorstandsmitglieder wurde im Bericht für das Jahr 1937 gedacht. Dem Verdienst des langjährigen Vorsitzenden Heinrich Kahl sowie des seit 1925 in den Vorstand delegierten Vertreters der Stadt Frankfurt, Joseph Wirth, wurde mit wenigen Worten „ein dankbares und bleibendes Andenken“ versichert. Mag diese demonstrative Ignoranz des neuen Vorstandes bei vielen Bockenheimern vielleicht nur für Verwunderung gesorgt haben, so sollte Anfang 1939 der Tätigkeitsbericht des Diakonissenvereins für das Jahr 1938 für Unverständnis, ja für Entsetzen sorgen. Neben den üblichen Details zur Entwicklung des Vereins, der Gemeindepflege und dann natürlich des Markus-Krankenhauses war unbedingt auch ein Nachruf auf das verdienteste Mitglied der vergangenen Jahrzehnte erwartet worden. Am 12. November 1938 war Dr. Otto Loewe verstorben. Doch mit keinem Wort wurde dieser großen Persönlichkeit und seines Wirkens gedacht. Und das, obwohl um den als tragisch empfundenen Tod Loewes sehr bald einander widersprechende Gerüchte laut geworden waren. Einem Herzschlag erlegen, so die offizielle Lesart des polizeilichen Obduktionsbefundes; Selbstmord aus Verzweiflung, so eine Mutmaßung. Mit dem zeitlichen Abstand von mehr als 60 Jahren lassen sich heute natürlich keine neuen Beweise, keine neuen Dokumente für die eine oder andere These finden. Was die Nachwelt dem Gedenken dieses unbeugsamen Humanisten und nicht ermüdenden Förderers des gemeindlichen Gesundheitswesens aber zwingend schuldig war und ist, das sollte ehrliches Bemühen um die Rekonstruktion sein. Dazu gehört es auch, sich die Lebensumstände Otto Loewes nach seinem „Ausscheiden“ aus dem Markus-Krankenhaus zu vergegenwärtigen. Ein bewegendes Zeugnis seines Gefühlslebens wie auch seines ungebrochenen Zukunftswillens legte er wenige Tage nach dem Abschied von Patienten, Schwestern und Kollegen in der Falkstraße ab. Am 12. Oktober 1935 berichtete er in einem ausführlichen Brief seinem ältesten Sohn Paul in Mexiko über die Ereignisse in Frankfurt. „So, jetzt bin ich im neuen Fahrwasser, das aber leider äußerst flach ist, so daß das Schiffchen oft aufläuft und im Sand stecken zu bleiben droht. Sprechstunde halte ich beim Metzger Krämer, Ecke Falkstraße+Weingarten. [...] Die Sprechstunden gehen einstweilen noch leidlich gut, trotz Strebels nebenstehender Notiz im roten Blättchen.“ [59] In besagter dem Brief eingeklebter Notiz hatte Ärzteführer Strebel bekannt gegeben, dass „nach den von uns festgestellten Erhebungen“ die Zahl jüdischer Arztpraxen abnehme und deshalb „die Vorauszahlungen für die jüdischen Aerzte vorsorglich in ihrem eigenen Interesse vorläufig auf zunächst 50 Prozent der bisherigen Festzahlungen reduziert“ würden. Loewe fühlte sich unverändert dem Markus-Krankenhaus verbunden, in dessen unmittelbarer Nachbarschaft er sich eine Praxis einge-

Der Autor Otto Loewe.

richtet hatte: „Von meiner neuen Praxiswohnung habe ich die schönste Aussicht auf den heiligen Markus, mit dem mich recht freundschaftliche Beziehungen immer noch verbinden; die Schwestern besuchen mich fast täglich, bringen Blumen + erzählen die neuesten Nachrichten vom Kriegsschauplatz. Mein Ausscheiden hat nämlich nicht den von mir erwarteten Frieden gebracht, sondern die Sperre soll erst nach dem Ausscheiden von Schöndube und des alten Vorstands aufgehoben werden.“ Gegenüber seinem Nachfolger in der Chefarztposition empfand Loewe weiterhin Dank und Anerkennung, wenn er unter Bezug auf Schöndubes eigene Probleme schreibt, dass ihm dessen Absetzung „sehr peinlich“ wäre, da dieser sich in der ganzen Angelegenheit, wenn auch nicht immer sehr taktvoll, aber doch höchst anständig mir gegenüber benommen hat.“ Neben seiner Privatpraxis belegte Loewe fortan Betten im Viktoria-Institut, einem von Schwestern betriebenen Sanatorium mit freier Arztwahl in der Westendstraße, an dem ausschließlich „nichtarische“ Ärzte praktizierten: „Im Victoria-Institut (gegenüber der Wöhler-Schule) habe ich bis jetzt 4 Kranke liegen.“ Im Folgenden weihte Loewe dann den ältesten Sohn in seine Pläne zur Auswanderung ein: „Erstens habe ich mich viel mit meinen Auslandsplänen beschäftigt, die, wenn Neujahr, wie man annimmt, die Praxis ganz aufhört, zwingend werden. Das hat seine Schwierigkeiten, denn Mama lässt nur über Mexiko mit sich reden, und nach dem, was Du schreibst, scheint Mexiko das verschlossene Aerzteparadies zu sein.“ Sein von Zeitgenossen immer wieder bewunderter Humor hatte Loewe auch in diesen Tagen seiner bis dahin wohl größten Lebenskrise nicht verlassen, wenn er seinen Sohn um einen Gefallen bat. „Immerhin könntest Du für Deinen greisen Vater doch das tun, daß Du einmal zu der Einwanderungsbehörde gingest + den Brüdern recht malerisch

Der Vorsitzende des Bockenheimer Diakonissenvereins von 1908 bis 1935: Heinrich Kahl.

darstelltest, welch erstklassige Autorität mit noch erstklassigerer Ausrüstung sie sich verscherzen, wenn sie in ihrer Engherzigkeit verharren. Nun ich meine, in den vielen Provinzstädten müssten sie doch froh sein, wenn sie einen kriegen, der etwas zuverlässiger ist, als der besoffene japanische Doctor in St. Miguel. Also probier es einmal." Außerdem beschäftigte sich Loewe in den Tagen und Wochen nach seinem Ausscheiden aus dem Markus-Krankenhaus damit, die werdende Praxis des in Mexiko Medizin studierenden Sohnes einzurichten. Oder war es vielleicht seine eigene berufliche Zukunft, die da in Form einer „sehr reichhaltige[n] geburtshilfliche[n] Ausrüstung", eines Kurzwellenapparates und eines „kleinen, transportablen Röhrenapparat[s] der Firma Sanitas, letzterer [...] rührend schön+praktisch, direkt ein Hochgenuß", Deutschland in Richtung Mexiko verließ? Auf alle Fälle ließ Loewe den Kopf nicht hängen, sondern ging unverdrossen seinem Beruf nach. Dass dies in der Folgezeit ein Kampf um die wirtschaftliche Existenz war und sich damit zugleich Abgründe menschlichen Versagens auftaten, erlebte er am Viktoria-Institut. Der gleichfalls dort belegende Max Flesch-Thebesius, dem er im Jahr zuvor noch mit ärztlichem Rat zur Seite gestanden hatte, betrachtete ihn nun als Konkurrenten. „Mit Loewe hatte ich am 12.4.1937 eine scharfe Rencontre [...] Er kann es eben begreiflicherweise nicht vertragen, daß ich von den 30 Betten allein 18 belegt hatte."[60] Ein Jahr später dann machte Loewe seinen früheren Kollegen vom Markus-Krankenhaus für den Niedergang des Viktoria-Institutes verantwortlich. Flesch-Thebesius war in eine schmutzige Intrige der Nazi-Gesundheitsfunktionäre verstrickt, die darauf abzielte, den jüdischen und „nicht-arischen" Ärzten die weitere Tätigkeit am Viktoria-Institut zu verwehren. Loewe durchschaute den Plan und stellte Flesch-Thebesius Mitte des Jahres 1938 zur Rede, der nach seinen Tagebuchaufzeichnungen daraufhin „einen Ekel vor mir selbst" empfand.[61] Die persönliche Situation im Hause Loewe in der Arndtstraße 29 zwischen 1936 und 1938 war demnach nicht sorgenfrei, aber auch nicht von solch existentieller Bedrohung, dass die angedachten Pläne zur Auswanderung hätten realisiert werden müssen. Sogar kleine Erfolgserlebnisse konnten verzeichnet werden. Die ärztliche Wochenschrift „Die Medizinische Welt" veröffentlichte im Frühsommer 1937 einen Aufsatz Otto Loewes, in dem er sich mit der „Theorie und Praxis in der Tetanus-Prophylaxe" auseinandersetzte.[62] Erholung vom ärztlichen Alltag unter den erschwerten Bedingungen fand die Familie in ihrem Feriendomizil, einem Wochenendhaus im Taunus. Doch die Zuversicht in eine segensreichere Zukunft, die Otto Loewe zum Ausharren in Frankfurt bewog, sie trog. Die Vereinnahmung aller Gesellschaftsglieder zur Volksgemeinschaft duldete keine Individualität, sie grenzte alles Nonkonforme aus. Das Beispiel der evangelischen Kirche von Frankfurt gibt beredtes Zeugnis darüber, wie unerbittlich das NS-Regime auch auf kommunaler Ebene gegen Andersdenkende vorging. Nachdem die Kirchengremien offensichtlich nicht in der Lage gewesen waren, die beiden Pfarrer Otto Fricke und Karl Veidt[63] ihrer Ämter und Kirchengemeinden zu entheben, gerieten diese in den Mittelpunkt polizeilicher Aufmerksamkeit und damit Verfolgung. Mittels wiederholter Vorladungen, schließlich durch Verhaftung und mehrwöchige Schutzhaft sollten diese Ausnahmepersönlichkeiten innerhalb einer weitgehend gleichgeschalteten Kirche mundtot gemacht werden.[64]

Im November des Jahres 1938 erkannten die Nationalsozialisten auf Reichsebene den Augenblick für gekommen, die Duldsamkeit der Gesellschaft auf besonders perfide Weise auf die Probe zu stellen. Die Ausgrenzung jüdischer Bürger aus allen Bereichen der öffentlichen Verwaltung, aus den Standesorganisationen, aus

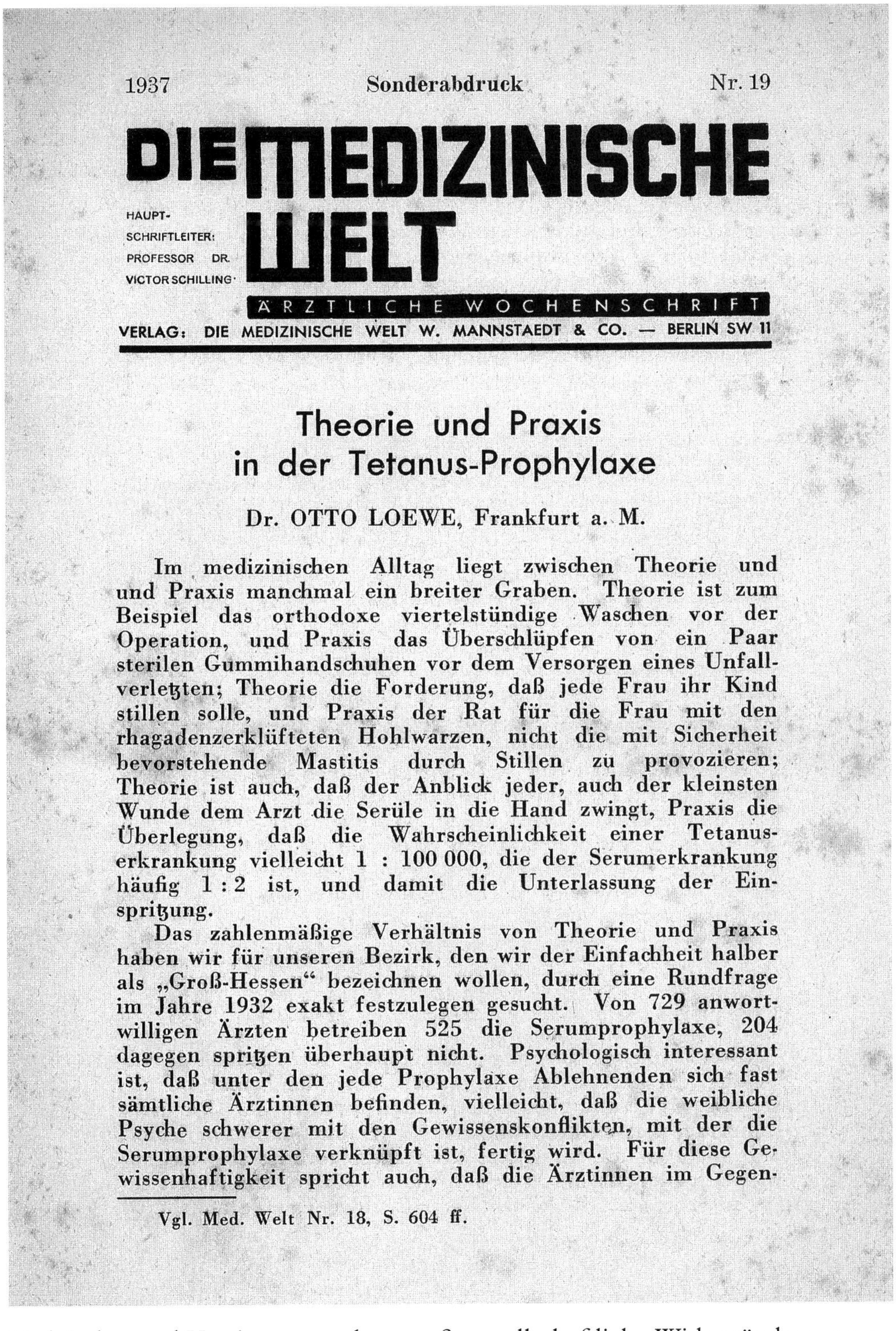

1937 Sonderabdruck Nr. 19

DIE MEDIZINISCHE WELT

HAUPT-SCHRIFTLEITER: PROFESSOR DR. VICTOR SCHILLING

ÄRZTLICHE WOCHENSCHRIFT

VERLAG: DIE MEDIZINISCHE WELT W. MANNSTAEDT & CO. — BERLIN SW 11

Theorie und Praxis in der Tetanus-Prophylaxe

Dr. OTTO LOEWE, Frankfurt a. M.

Im medizinischen Alltag liegt zwischen Theorie und und Praxis manchmal ein breiter Graben. Theorie ist zum Beispiel das orthodoxe viertelstündige Waschen vor der Operation, und Praxis das Überschlüpfen von ein Paar sterilen Gummihandschuhen vor dem Versorgen eines Unfallverletzten; Theorie die Forderung, daß jede Frau ihr Kind stillen solle, und Praxis der Rat für die Frau mit den rhagadenzerklüfteten Hohlwarzen, nicht die mit Sicherheit bevorstehende Mastitis durch Stillen zu provozieren; Theorie ist auch, daß der Anblick jeder, auch der kleinsten Wunde dem Arzt die Serüle in die Hand zwingt, Praxis die Überlegung, daß die Wahrscheinlichkeit einer Tetanuserkrankung vielleicht 1 : 100 000, die der Serumerkrankung häufig 1 : 2 ist, und damit die Unterlassung der Einspritzung.

Das zahlenmäßige Verhältnis von Theorie und Praxis haben wir für unseren Bezirk, den wir der Einfachheit halber als „Groß-Hessen“ bezeichnen wollen, durch eine Rundfrage im Jahre 1932 exakt festzulegen gesucht. Von 729 anwortwilligen Ärzten betreiben 525 die Serumprophylaxe, 204 dagegen spritzen überhaupt nicht. Psychologisch interessant ist, daß unter den jede Prophylaxe Ablehnenden sich fast sämtliche Ärztinnen befinden, vielleicht, daß die weibliche Psyche schwerer mit den Gewissenskonflikten, mit der die Serumprophylaxe verknüpft ist, fertig wird. Für diese Gewissenhaftigkeit spricht auch, daß die Ärztinnen im Gegen-

Vgl. Med. Welt Nr. 18, S. 604 ff.

Verbänden und Vereinen war ohne große gesellschaftliche Widerstände vonstatten gegangen. Nun sollte der Plan verwirklicht werden, die Juden aus der Gesellschaft insgesamt zu verbannen. Bis in die letzte Ortsgruppe hinein war vorbereitet und durchorganisiert, was schließlich propagandistisch als spontane Reaktion der Bevölkerung gegen die jüdischen Mitbürger ausgegeben wurde: Der Pogrom gegen Juden sowie deren Güter und Glaubensstätten, seine Tarnung entlarvend spöttisch als „Reichskristallnacht“ tituliert, tobte ab der Nacht des 9. auf den 10.

November in ganz Deutschland. In Frankfurt, wo die Ausschreitungen „eine auch im Vergleich zu anderen deutschen Städten besonders radikale und brutale Färbung aufwies"[65], gingen um fünf Uhr morgens die Synagogen in Flammen auf. Jüdische Geschäfte wurden zerstört und geplündert.[66] Gleichzeitig waren Rollkommandos der Gestapo unterwegs, die anhand vorgefertigter Namenslisten alle männlichen Juden im Alter zwischen 16 und 60 Jahren verhafteten und in die Festhalle transportierten. Unter ihnen auch der evangelisch getaufte Jude Otto Loewe, der zehn Tage zuvor seinen 60. Geburtstag gefeiert hatte. Die Schilderungen über das dortige Geschehen während der nächsten Tage sind erschütternd.[67] Für 2.621 Frankfurter Männer begann eine Zeit des Martyriums, das viele von ihnen schließlich in das Konzentrationslager Buchenwald nahe Weimar führen sollte. Nur wenige der in die Festhalle Deportierten konnten diese freien Fußes wieder verlassen.

Angeblich war dies auch Otto Loewe vergönnt, doch zu Hause angekommen ist er nicht. Auf dem Weg von der Festhalle in die Arndtstraße sei er, so die offizielle Lesart der Polizei, eines natürlichen Todes gestorben. „Die Obduktion der Leiche des Herrn Dr. Otto Loewe, geboren 31.10.1878 gestorben: 12.11.1938 ergab folgendes: Allgemeine Arterienverkalkung mit hochgradiger Verkalkung der Herzkranzschlagader und Herzmuskelschädigung. Bronchialkatarrh. Nabelbruch, Leberverfettung. Blutungen in der Milz. Gehirnhyperämie", so der Sektionsbefund.[68] Das war das Gesundheitszeugnis eines todkranken Mannes, aber gewiss nicht das von Otto Loewe. Niemand, der Loewe auch nur entfernt kannte, glaubte diese Version. Schon gar nicht seine Angehörigen: „Wenn Du den Sektionsbefund hier liest wirst Du Dich auch fragen, wie hat nur der Mann trotz allem noch soviel leisten können?", so Hans Loewe wenige Tage nach der Beerdigung des Vaters an seinen Bruder Paul.[69] So ist es nur allzu verständlich, dass sehr bald Gerüchte aufkamen, nach denen Otto Loewe den Freitod gewählt hätte. Er habe sich „unter dem Eindruck der erniedrigenden Behandlung, die er in der Festhalle erlitten hatte, auf dem Beethovenplatz vergiftet."[70]

Wenn auch die Frage nach den wirklichen Todesumständen Otto Loewes an der hier vorgenommenen Würdigung seiner Persönlichkeit und Lebensleistung für das Markus-Krankenhaus nichts ändert, so ist es doch ein Anspruch des historiographischen Selbstverständnisses, die vorliegenden Quellen einer Prüfung und damit auch Bewertung zu unterwerfen. Das offizielle Obduktionsergebnis, beauftragt von den Peinigern der in der Festhalle internierten Männer, deckt sich in keinem der zahlreichen Befunde mit den sonst vorliegenden Zeugnissen über Loewes Gesundheitszustand. Auf seine Mitmenschen machte er den Eindruck eines kerngesunden Mannes. Photographien aus der Zeit nach 1935 belegen dies. In seinen Briefen an nahe Verwandte äußerte er sich niemals im Sinne gesundheitlicher Beschwerden. Auch nach seinem erzwungenen Abgang vom Markus-Krankenhaus ging er seinem Beruf als Arzt mit unveränderter Energie nach. Dies alles schließt zwar einen plötzlichen Tod durch Herzversagen nicht aus, doch spricht die Tatsache, daß ein zweifellos fingierter Sektionsbefund diese Todesursache belegen sollte, eher für einen ganz anderen Verdacht. Auch der Fundort der Leiche an der Christuskirche am Beethovenplatz, wo er auf seinem Rückweg von der Festhalle nach Hause an Herzversagen gestorben sein soll, lässt stutzig werden. Nach den Erlebnissen in der Festhalle und in dem Wissen seiner besorgten Familie zu Hause soll Loewe vom direkten Weg, der ihn binnen weniger Minuten in die Arndtstraße geführt hätte, abgewichen sein? Nicht zuletzt wegen der berechtigten Zweifel an der „amtlichen" Lesart zu Loewes Tod kamen sehr schnell Ge-

Für mehr als 2.600 Inhaftierte begann in der Frankfurter Festhalle im November 1938 das Martyrium, für Otto Loewe endete hier der Lebensweg.

rüchte über den vermeintlichen Selbstmord auf. Doch auch dies will nicht recht einleuchten. Weder gibt es im Vorfeld der Ereignisse des 10. November schriftliche Hinweise von ihm, die auf eine als ausweglos erachtete Lageeinschätzung schließen ließen. Otto Loewe fühlte sich als Ehepartner und Vater in erster Linie seiner Familie verantwortlich. Es passt nicht zu seinem Pflichtbewusstsein und seiner Persönlichkeitsstruktur, dass er dieser Verantwortung freiwillig aus dem Weg gegangen wäre. Außerdem waren da ja noch immer die gut vorbereiteten Pläne für die Auswanderung nach Mexiko, deren Realisierung für noch schwerere Zeiten aufgeschoben war. Otto Loewe war nach allem, was Zeitzeugen im Nachhinein berichteten und was aus seinen eigenen schriftlichen Verlautbarungen jener Zeit hervorgeht, weder verzweifelt noch am Ende seiner Kräfte. Ganz im Gegenteil. Die langjährige Oberschwester des Markus-Krankenhauses, Anna Koch, wusste 1947 von einer Begegnung mit ihrem früheren Chef wenige Tage vor dessen Ableben zu berichten: „10 Tage vor seinem Tode hatten wir noch einen schönen Abend zusammen. Herr Doktor erzählte in der Hauptsache von seinen Kindern und interessierte sich noch über unser Ergehen und Erleben im Krankenhaus. Wir hörten keine Klage oder irgendwelchen Unwillen aus seinem Munde. Wir gingen getröstet und beschämt nach Hause – wir hatten einen Helden besucht.“[71] Schließlich noch die Frage nach der Art und Weise des vermuteten Selbstmordes. Er habe sich vergiftet, so die Fama. Doch woher bekommt ein eben der Internierung in der Festhalle Entronnener auf dem Weg von dort zu seinem nahe gelegenen Wohnhaus geeignete Mittel, sich selbst zu vergiften? Warum sollte der amtliche Obduktionsbefund ein ganzes Bündel von Krankheitsbildern erfinden, wenn sich als Todesursache auch nur der Anschein eines Selbstmordes durch Gift angeboten hätte? Beide Thesen über den plötzlichen Tod Otto Loewes in unmittelbarem Zusammenhang mit den Ereignissen des 10. November in

Frankfurt am Main sind nicht nachvollziehbar. Der Verdacht drängt sich vielmehr auf, dass Loewe Opfer eines Gewaltverbrechens wurde. Mit seinem unbeugsamen Gerechtigkeitssinn, seinem Selbstbewusstsein und ungebrochenen Stolz war er sicherlich den Schindern, die in der Festhalle an den wehrlosen Opfern ihre sadistischen Triebe auslebten, ein Dorn im Auge. Wahrscheinlich kannte er sogar den einen oder anderen der Täter als Patienten aus dem Markus-Krankenhaus. Er war zudem ein Zeuge der dortigen Geschehnisse, von dem man wusste, dass er unverändert in der Bevölkerung beliebt war und seine Berichte somit auch auf offene Ohren gestoßen wären. Diesen Zeugen galt es mundtot zu machen. Und so liegt die Annahme nahe, dass Loewe – anders als die mehr als 2.000 übrigen Internierten – in der Nacht vom 11. auf den 12. November deshalb auf freien Fuß gesetzt wurde, um ihn im Schutze der Dunkelheit und außerhalb des Festhallengeländes zu ermorden. Der Fundort der Leiche an der Christuskirche war dabei Teil des kriminellen Planes. Nahe bei seinem Wohnhaus bot der Beethovenplatz zugleich mit seiner parkähnlichen Ausdehnung und dichtem Gebüsch genügend Deckung, um den Leichnam ohne weiteres Aufsehen nächtens auf einer Parkbank abzulegen. Dort wurde er im Morgengrauen ausgerechnet von Polizisten gefunden und sofort zum Friedhof gebracht, wo die Sektion erfolgte. Weder die Familienangehörigen noch Passanten hatten den Leichnam vor der Obduktion zu Gesicht bekommen.

Am 17. November wurde in einer Trauerfeier auf dem Hauptfriedhof des Toten gedacht. Trotz angedrohter Repressalien lies es sich der einstige Sympathisant, mittlerweile aber in offener Opposition zum Nationalsozialismus stehende Pfarrer Otto Fricke nicht nehmen, den Trauergottesdienst zu halten. „Gebe Gott unserem Volke immer solche Ärzte", so die Quintessenz seiner Worte über den Verstorbenen, der durch die vermeintlichen Repräsentanten des besagten Volkes quasi Berufsverbot erteilt bekommen hatte. In bewegenden Worten schilderte Hans Loewe an seinen Bruder Paul in Mexiko die Anteilnahme, die der Familie des Verstorbenen zuteil wurde. Danach sei „die unerhörte Liebe, die sich Papa bei der Bevölkerung erworben hat", bei der Einäscherungsfeier rührend zum Ausdruck gekommen. Ein früherer Patient seines Vaters meinte gar, dass „ganz Bockenheim trauert."[72] Wie tief hingegen die moralischen Wertmaßstäbe des politischen Systems und seiner Anhänger auch auf Ortsgruppenbasis gesunken waren, belegt der Umstand, dass selbst Besuche bei der trauernden Familie beobachtet und registriert wurden. Die langjährige Oberschwester des Markus-Krankenhauses, Anna Koch, büßte für ihren Kondolenzbesuch bei Frau Loewe mit dem Verlust ihrer Stelle. Sie musste an das Diakonissenmutterhaus in Marburg zurückkehren.

Von alldem lasen die Bockenheimer im Bericht des Diakonissenvereins für das Jahr 1938 nichts. Stattdessen vernahmen sie in den nächsten Jahren Erfolgsmeldungen über den Abschluss eines umfangreichen Umbau- und Erneuerungsprogramms. Hiervon betroffen war zunächst das Haus Falkstraße 33 c, das zu einem reinen Verwaltungsgebäude umfunktioniert wurde. Gründliche Renovierungen erfuhren der Operationssaal, der Sterilisierungsraum sowie die Röntgenabteilung, die vom Berichterstatter gar „auf lange Zeit hinaus als erstklassig" erkannt wurde.[73] In den Liegenschaften Weingarten 18 als Neuerwerb und Weingarten 20 wurden, nachdem alle Mieter ausgezogen waren, moderne Schwesternunterkünfte eingerichtet. Dafür konnte das Haus Wildunger Straße 23, in dem bisher Personalwohnungen lagen, an die Stadt Frankfurt verkauft werden. Die Durchführung weiterer Baumaßnahmen, die der Vereinsvorstand in seinem 1939 veröffentlichten Bericht für das Jahr 1938 auflistete, erscheint in der Rückschau als beinahe prophetisch. Ein Luftschutzkeller für bis zu 240 Personen konnte in Benutzung genommen werden und „sämtliche Fenster des Hauses erhielten Verdunkelungsvorhänge, sodaß wir heute in der Lage sind, innerhalb ganz kurzer Zeit das Krankenhaus abzudunkeln.“[74] Es dauerte nicht mehr lange bis diese Investitionen auf ihre Tauglichkeit im Ernstfall überprüft werden sollten. Am Morgen des 1. September 1939 vernahmen die Deutschen aus dem Mund „ihres“ Führers die Nachricht: „Seit 5.45 Uhr wird jetzt zurückgeschossen!“ Den neuen Bedingungen mussten auch im Markus-Krankenhaus alle weitergehenden Pläne unterworfen werden, wie der Jahresbericht für 1939 vermerkte. „Leider mussten wir infolge des inzwischen ausgebrochenen Krieges den schon lange geplanten Erweiterungsneubau abermals auf unbestimmte Zeit zurückstellen.“ Doch nicht nur bauliche Maßnahmen waren von den neuen Zeitumständen betroffen. Auch liebgewonnene Traditionen fielen den veränderten Prioritäten zum Opfer, so „die alljährlich durchgeführte Weihnachtsbescherung der uns von der NSV zugesandten Kinder“, die „unter Berücksichtigung der Zeitlage“ ausfallen musste.[75] Stattdessen also Luftschutzkeller und Verdunkelungsvorhänge. In der ärztlichen Statistik machte sich der Kriegsausbruch zunächst kaum bemerkbar. Zwar wurde Wilhelm Schöndube sofort nach Kriegsbeginn zur Wehrmacht einberufen. Auch sollten ihm in den nächsten Jahren weitere leitende Ärzte folgen. Dennoch konnten bei annähernd gleichbleibender Belegung der Bettenkapazität die Zahlen klinischer und ambulanter Operationen konstant gehalten werden. Als richtige Entscheidung erwies sich nun die Investition in eine hochmoderne Röntgenabteilung. Deren Auslastung nahm weiterhin stark zu und verzeichnete nach 3.871 Abrechnungen in 1938 nunmehr 4.585 Röntgenuntersuchungen. Bis 1943 sollte diese Sparte der medizinischen Versorgung im Markus-Krankenhaus bei unveränderter Patientenzahl auf über 7.000 Behandlungen steigen.[76] Eine andere Auffälligkeit in der ärztlichen Statistik der Jahre 1938 bis 1943 ergibt sich mit Blick auf die Entwicklung der Entbindungsabteilung. Seit 1936 hatten die Geburtenzahlen im Markus-Krankenhaus bei etwa 350 Fällen gelegen. Dieser im Vergleich zu den Vorjahren – 1933: 157 Entbindungen; 1934: 251 Geburten – hohen Auslastung wurde 1939 Rechnung getragen. „Infolge stärkerer Inanspruchnahme unserer Entbindungsabteilung wurde das Säuglingszimmer vergrößert und neu hergerichtet.“ Und mit Verweis auf zwei neuverpflichtete Säuglingsschwestern folgerte der Berichterstatter, dass „die geburtshilfliche Station als mustergültig ausgestattet zu betrachten ist.“[77] Der Erfolg dieser Maßnahmen ließ nicht auf sich warten. 1939 schnellte die Geburtenzahl auf 482 hoch und 1940 erreichte sie ihren Höchststand von 585 Entbindungen. Die Entwicklung im Markus-Krankenhaus unterschied sich mit diesen Beleg- und Operationszahlen ganz entscheidend vom allgemeinen Trend. Ein wahres Horrorbild bezüglich der Krankenhausversorgung der Zivilbevölkerung zeichnete im November 1941 das Wiesbadener Regierungspräsidium. Danach würde die Lage „von Woche zu Woche schwieriger [. . .] Infolge der starken und ständig noch steigenden großen Anforderungen der Wehrmacht nimmt die Zahl der für die Zivilbevölkerung zur Verfügung stehenden Betten von Woche zu Woche ab.“ Die katastrophalen Folgen dieser Entwicklung schilderte der Bericht unter Verweis auf Selbstmorde ziviler Patienten aus Verzweiflung darüber, dass sie nicht zur stationären Behandlung aufgenommen werden konnten. Der Referent wusste von Fälschungen zu berichten, mittels derer zum Beispiel „ein über 60 Jahre alter Mann, der an Vorsteherdrüsenvergrößerung litt, unter der Diagnose ‚Blinddarmentzündung eines 30jährigen‘ ins Krankenhaus eingewiesen wurde.“[78] Der

Otto Loewe, um 1937.

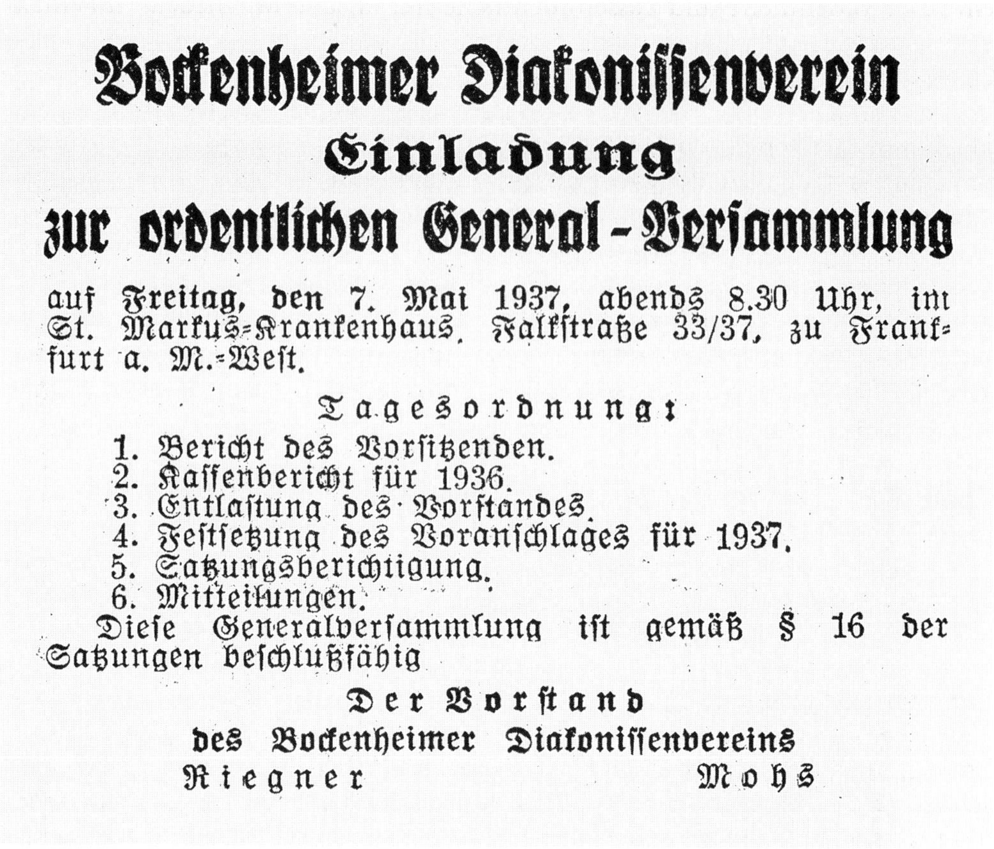

Bockenheimer Diakonissenverein

Einladung

zur ordentlichen General-Versammlung

auf Freitag, den 7. Mai 1937, abends 8.30 Uhr, im St. Markus-Krankenhaus, Falkstraße 33/37, zu Frankfurt a. M.-West.

Tagesordnung:

1. Bericht des Vorsitzenden.
2. Kassenbericht für 1936.
3. Entlastung des Vorstandes.
4. Festsetzung des Voranschlages für 1937.
5. Satzungsberichtigung.
6. Mitteilungen.

Diese Generalversammlung ist gemäß § 16 der Satzungen beschlußfähig

Der Vorstand
des Bockenheimer Diakonissenvereins
Riegner Mohs

dringende Appell, „in vorhandenen Zivilkrankenhäusern die Bettenzahlen zu erhöhen“, wurde vom Bockenheimer Diakonissenverein nicht beherzigt. Ganz im Gegenteil. Der ausdrückliche Verzicht auf Neubaumaßnahmen bei gleichzeitig starker Auslastung der technischen Abteilungen des Markus-Krankenhauses trug in den Kriegsjahren zur weiteren wirtschaftlichen Gesundung des Vereins bei. Im Dezember 1942 berichtete der Vorsitzende Riegner seinen Vorstandskollegen, dass im zu Ende gehenden Geschäftsjahr „neben der laufenden Schuldentilgung eine Sondertilgung von M 75.000,-- durchgeführt“ werden konnte. Alle aktuellen Bauarbeiten und Neuanschaffungen hätten aus den Einnahmen gedeckt werden können. Perspektivisch erwartete Riegner, dass, „wenn nicht unvorhergesehene Umstände eintreten“, damit zu rechnen sei, „dass im Laufe von 2 Jahren der Rest unserer Schuld getilgt sein kann.“[79]

Bei aller Routine des ärztlichen Betriebs und des Vereinsgeschehens ging jedoch die nationalsozialistische Durchdringung der deutschen Gesellschaft und damit auch des Bockenheimer Diakonissenvereins weiter. Ausgehend von den einschneidenden Veränderungen der Satzung aus dem Jahr 1936, die den Verein und das Markus-Krankenhaus gemäß dem Führerprinzip ausrichteten, lässt sich an der Weiterentwicklung dieser Satzung ein fortgesetzter Gleichschaltungsprozess verfolgen. Zunächst war es im Mai 1937 eine marginale Veränderung, die in den Paragrafen 11 und 13 die Kompetenz der Rechnungslegung vom Kassierer auf den Vorsitzenden übertrug und damit das „Führerprinzip“ vervollständigte.[80] Einschneidender waren Änderungen, die eine Hauptmitgliederversammlung des Vereins am 15. März 1939 genehmigte. Sowohl die Bestimmungen über die Mitgliedschaft wie auch die Vorstandschaft wurden revidiert. Fortan zählte „der Verein [...] ordentliche und ausserordentliche nur arische Mitglieder." Innerhalb des Vorstandes wurde die Position des Kassierers gestrichen und an dessen Stelle ein „ständiger Beisitzer" aufgenommen. Die 1936 noch bestehende Klausel, nach der der Vereinsvorsitzende „tunlichst Mitglied des Kirchenvorstandes der St. Markus-Kirchengemeinde sein" sollte, entfiel ersatzlos. Unter Paragraf 15, der bisher die Beschlussfähigkeit der Generalversammlung von der Anwesenheit von 30 stimmberechtigten Mitgliedern abhängig machte, sah die neue Satzung nun vor, dass die Mitgliederversammlung „ohne Rücksicht auf die Zahl der anwesenden stimmberechtigten Mitglieder mit einfacher Stimmenmehrheit" entscheide, sofern „3 Vorstandsmitglieder anwesend" seien. Durch die Umstellung eines Wortes nur war fortan auch die Änderung der Satzung nicht mehr an die „Anwesenheit von mindestens 2/3 der stimmberechtigten Mitglieder" gebunden, sondern es genügten „2/3 der anwesenden stimmberechtigten Mitglieder", um Änderungen der Satzung oder gar die Auflösung des Vereins zu beschließen. Im Paragraf 19, der die Verwendung des Vermögens im Falle der Vereinsauflösung regelte, war nunmehr vorgesehen, dass diese Mittel an die NSDAP fallen sollten.[81] Durch Beschluss der Hauptmitgliederversammlung vom 17. April 1941 entfiel die seit 1925 im Darlehensvertrag mit der Stadt vorgesehene Vertretung der Kommune im Vorstand des Bockenheimer Diakonissenvereins. Bezeichnend schließlich für den Ungeist der Entscheidungsträger um den Vereinsvorsitzenden Riegner war die Ende 1942 vorgenommene letzte Anpassung der Satzung an deren Ideologie. Seit 1936 war die Wahl oder Berufung der einzelnen Vorstandsmitglieder daran gebunden, dass diese sich „zu den Grundsätzen der nationalsozialistischen Weltanschauung" bekannten. Bis 1941 sahen die verschiedenen Satzungsvarianten außerdem vor, dass die Vorstandsmitglieder zugleich „einer evangelischen Religionsgemeinschaft angehören" sollten. Auch diese Erinnerung an das ursprüngliche Herkommen des Diakonissenvereins sollte getilgt werden. Auf Beschluss der Hauptversammlung des Vereins vom 11. Dezember 1942 wurde diese Bedingung aus der Satzung gestrichen.[82]

Der Bericht des Vereinsvorstandes für das Jahr 1942 würdigte in äußerst knappen Ausführungen das Geschehen um den Verein, die Gemeinde und das Krankenhaus. Danach konnte der Klinikbetrieb trotz weiterer Einberufungen von Ärzten im bisherigen Rahmen aufrechterhalten werden. 64.826 Verpflegungstage bedeuteten einen Rekord, ebenso die 7.042 Röntgenuntersuchungen. Auch der Operationssaal war auf hohem Niveau ausgelastet. Der ausdrückliche Hinweis, dass im Berichtszeitraum kein Wechsel im Vorstand des Vereins stattgefunden habe, lässt darauf schließen, dass 1942 dem bisherigen Vorsitzenden Riegner erneut das Vertrauen zur Vereinsführung ausgesprochen worden war, endete doch gemäß Protokoll der außerordentlichen Generalversammlung vom 26. August 1936 dessen Amtsdauer „erstmalig mit der ordentlichen Generalversammlung des Jahres 1942."[83] Die Tatsache, dass weder hierüber ein Protokoll erhalten ist, noch für die nächsten Jahre Einladungen oder Niederschriften von Vorstands- oder Generalversammlungen vorliegen und dass außerdem für die Jahre 1943 und 1944 erst nach dem Ende des Krieges wieder ein zusammenfassender Jahresbericht erschienen ist, lässt darauf schließen, dass die Kriegswirren auch den Bockenheimer Diakonissenverein und dessen Leitungsgremium erheblich in der täglichen Arbeit behinderten. Noch bevor Mitte März 1944 die Frankfurter Altstadt zu 80 Prozent unter dem Hagel amerikanischer Fliegerbomben in Schutt und Asche versank, war das Stadtgebiet seit Juni 1940 wiederholt Ziel kleinerer Bomberangriffe gewesen. Am 8. Februar 1944 schlugen Brand- und Sprengbomben in Bockenheim ein. Auch die Liegenschaften entlang der Falkstraße waren hiervon betroffen, besonders das Markus-Krankenhaus. Wenngleich die einzelnen Gebäudetrakte unterschiedlich stark in Mitleidenschaft gezogen wurden, so machte dennoch die völlige Zerstörung des Hauses Nr. 33c sowie die unter den gegebenen Bedingungen irreparable Schädigung des Traktes Falkstraße 35/37 die Fortführung des Krankenhausbetriebes an Ort und Stelle unmöglich. Lediglich die Röntgenabteilung im dortigen Untergeschoss blieb funktionsfähig. Dass trotz der erheblichen Bombenwirkung unter den Patienten und Pflegekräften des Markus-Krankenhauses keine Verletzten oder gar Todesfälle zu beklagen waren, grenzt eher an ein Wunder als dass es vorausschauendem Katastrophenschutz zuzuschreiben wäre. Für die städtische Krankenfürsorge bedeutete die Schließung des Hauses einen weiteren herben Verlust. Wurde auch in anderen Krankenanstalten „an der Beseitigung der Fliegerschäden nachhaltigst gearbeitet", so schritten die Arbeiten dennoch „ausserordentlich langsam fort". Diese Einschätzung des Stadtgesundheitsamtes in einem Lagebericht zur ärztlichen Versorgung für das zweite Quartal 1944 verdeutlicht[84], dass an eine kurzfristige Schadensbehebung nicht zu denken war. Konsequenterweise wurde den meisten Ärzten gekündigt und die Diakonissen in ihrer Mehrheit an das Mutterhaus in Marburg-Wehrda zurückgeschickt. Fast wäre damit die Geschichte des Diakonissenvereins und des Markuskrankenhauses auf unbestimmte Zeit unterbrochen gewesen. Doch in letzter Minute, bevor sich die gesamte Mannschaft des Krankenhausbetriebs auflöste, hatte der vertretungsweise am Markus-Krankenhaus praktizierenden Chirurg Sandrock eine zündende Idee. Er erinnerte sich an überwiegend leer stehende Gebäude der Kuranlagen im nahe bei Bad Schwalbach gelegenen Ort Schlangenbad. Angesichts der Wirren jener Wochen kann in Ermangelung amtlicher Dokumente über das weitere Vorgehen in dieser Angelegenheit nur gemutmaßt werden. Der Diakonissenverein hatte sich offenbar mit dem Vorschlag zur Bildung eines „Ausweichkrankenhauses" an das Frankfurter Stadtgesundheitsamt gewandt. Dort war man

Katasterkarte des Bauamts mit Angaben zum Grad der Zerstörung, Oktober 1945 (Ausschnitt). Zeichenerklärung:

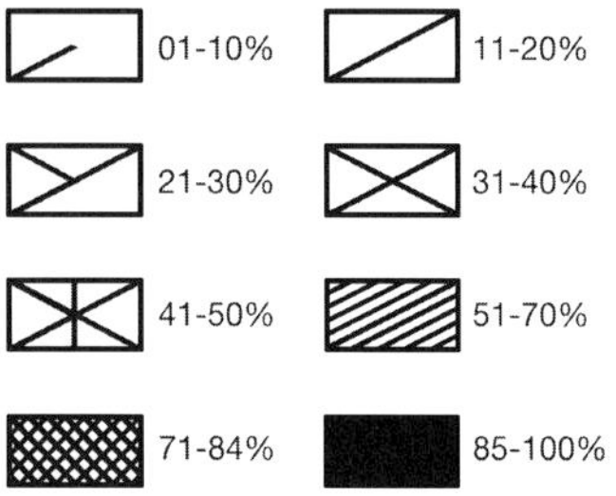

Kurhaus und Hotel „Römerbad" in Schlangenbad, um 1940.

von diesem Plan angesichts des prekären Mangels an Krankenhausbetten, der sich nach den verheerenden Bombenangriffen auf Frankfurt Mitte März noch verschärfen sollte, angetan. Die Umsetzung durch den Frankfurter Oberbürgermeister wurde sofort begonnen. Schon am 2. Juni konnte Friedrich Krebs an das Regierungspräsidium in Wiesbaden berichten: „Das vorbezeichnete Ausweichkrankenhaus ist bekanntlich von mir dem in Frankfurt a. M. ausgebombten Markus-Krankenhaus zur Betriebsführung und Bewirtschaftung auf eigene Rechnung zugewiesen worden."[85] Als Quartier hatte man das „Hotel Römerbad" auserkoren, in dessen weiträumiger Anlage zur Zeit der Übernahme lediglich der bisherige Direktor des Hotels mit Familie wohnte. Von den ursprünglich geplanten 200 Krankenbetten konnten bis Mitte 1944 lediglich 170 in Schlangenbad realisiert werden. Davon entfielen 100 auf die chirurgische Abteilung von Dr. Sandrock, die 50 Betten der Inneren Abteilung wurden von Dr. Neu betreut und 20 unterstanden dem Gynäkologen Dr. Labes, der in Bad Schwalbach eine eigene Praxis betrieb. Die weitergehende Belegung mit Krankenbetten scheiterte vorerst daran, dass neben den Ärzten und dem Pflegepersonal auch einige Verwaltungs- und Laborkräfte aus dem zerbombten Frankfurt mit in den Taunus gezogen waren. Sogar der Vorsitzende des Bockenheimer Diakonissenvereins, Emil Riegner, beanspruchte als Verwaltungsleiter des Krankenhauses zwei Räume zur privaten Nutzung. Solcherart Zweckentfremdung der für Patienten dringend notwendigen Zimmer erregte den Missmut des Frankfurter Oberbürgermeisters. Wenn sich auch grundsätzlich nichts dagegen einwenden ließe, dass das Personal im Krankenhaus wohne, so sei dennoch „zu erwägen, den Verwaltungsleiter aufzufordern, sich mit einem Zimmer zu bescheiden." Eine grundlegende Erhöhung der Auslastung des Ausweichkrankenhauses durch zusätzliche Betten sah Krebs jedoch nur dann als möglich an, wenn Wohnräume für Ärzte und sonstiges Personal in der Umgebung zur Verfügung gestellt würden. Was dies bedeutete, war allen Beteiligten klar: „Da unter den heutigen Verhältnissen mit freiwilligen Mietvereinbarungen nicht zu rechnen ist, müsste eine geeignete Liegenschaft in der Nähe des Ausweichkrankenhauses für Personalwohnzwecke gefunden und beschlagnahmt werden."[86] Die Verlagerung der technischen Ausrüstung aus Bockenheim nach

Schlangenbad verlief angesichts des allgemeinen Mangels und der Bewirtschaftung von Kraftfahrzeugen und Brennstoff ausgesprochen schleppend. Noch Anfang Juni war selbst der Operationssaal nicht einmal behelfsmäßig fertiggestellt, ganz abgesehen von den sonstigen für den Betrieb eines Krankenhauses mit 170 Betten erforderlichen Einrichtungen. Es sollen vor allem die „Verletzten, insbesondere solche mit Verbrennungen" aus dem von Fliegerangriffen heimgesuchten Frankfurt gewesen sein, die in den Monaten bis zum Kriegsende in Schlangenbad betreut wurden. Die unzureichenden Behandlungsmöglichkeiten in dem Ausweichquartier spiegeln sich auch in der langen Verweildauer der Patienten während der Jahre 1944 und 1945. Von knapp 19 Tagen erhöhte sich diese Zahl über 26 Tage in 1944 auf schließlich annähernd 31 Tage in den letzten Kriegsmonaten.[87] Immerhin bot das Markus-Krankenhaus in seinem Ausweichquartier für die 1.242 Patienten des Jahres 1944 und die 534 bis zum Mai 1945 Behandelten wenigstens ein vorübergehendes Entrinnen vor den Härten des Kriegsalltags in der weitgehend zerstörten Heimatstadt.

Das neue St. Markus-Krankenhaus 1945–1958

5. Kapitel

Frankfurt am Main oder das, was im Frühjahr 1945 von der Stadt noch übrig war.

Hals über Kopf musste der Bockenheimer Diakonissenverein auf Befehl der amerikanischen Militärregierung innerhalb von 72 Stunden das Behelfskrankenhaus in Schlangenbad zum 14. Mai 1945 räumen. Die kleine Taunusgemeinde war den GIs zwar schon am 22. März 1945 in die Hände gefallen, doch mit der Beschlagnahmung des Kurhauses Römerbad hatte die Besatzungsmacht zunächst offenbar keine Eile. Verwaltungsinspektorin Luise Mitterle verteilte wohl oder übel die Patienten auf Ausweichkrankenhäuser in der näheren Umgebung und bewerkstelligte unter schwierigsten Bedingungen den Rücktransport des Krankenhausinventars nach Frankfurt. Es war die Rückkehr in eine kriegszerstörte Stadt, in der allenthalben bittere Not herrschte.

Die Hälfte der circa 269.000 in der ehemaligen Gauhauptstadt ausharrenden Einwohner war 1945 im Grunde obdachlos. Standen vor Kriegsbeginn 553.000 Einwohnern in Frankfurt 177.570 Wohnungen zur Verfügung, musste sich die bedingt durch Evakuierungen und Kriegseinwirkungen um über die Hälfte geschrumpfte Bevölkerung 1945 in den vorhandenen 44.000 unversehrten und 53.000 zum Teil stark beschädigten Wohnungen einrichten.[1] Die alliierten Bombenteppiche hatten im Zweiten Weltkrieg weder Wohn- noch Krankenhäuser verschont. Als die Frankfurter Innenstadt Anfang 1944 durch schwere Luftangriffe in Trümmer gelegt wurde, versanken auch mehrere Hospitäler in Schutt und Asche. Nachdem Spreng- und Brandbomben am 29. Januar 1944 das Mühlberg-Krankenhaus in Sachsenhausen dem Erdboden gleichgemacht hatten, wurden als nächstes das St. Elisabethen- und das St. Markus-Krankenhaus bei einem Großangriff auf Bockenheim am 8. Februar 1944 so stark beschädigt, dass sie den Betrieb einstellten. Das Hospital zum Heiligen Geist fiel am 18. März nach mehreren Volltreffern aus. Andere Einrichtungen, so zum Beispiel das Städtische Krankenhaus Sachsenhausen, das St. Marienkrankenhaus, das Diakonissenhaus in der Eschersheimer Landstraße und das Bethanien-Krankenhaus, wurden bei den Luftangriffen ebenfalls beschädigt, konnten aber mehr schlecht als recht weiterarbeiten. Als einziges Frankfurter Hospital überstand das Städtische Krankenhaus Höchst die Bombardements ohne einen Kratzer abzubekommen.[2] Mitte September 1945 waren die Krankenanstalten in Frankfurt heillos überfüllt. Da mangels Treibstoff auch keine Patienten mehr in umliegende Krankenhaüser verlegt werden konnten, appellierten die Gesundheitsbehörden an die behandelnden Hausärzte, nur noch echte Notfälle einzuweisen.[3]

Die alliierten Streitkräfte hatten am 29. März 1945 der Nazi-Diktatur in Frankfurt ein Ende gemacht und unverzüglich für eine Übergangslösung an der Spitze der Stadtverwaltung gesorgt, indem Ortskommandant Oberst Howard D. Criswell den Journalisten Wilhelm Hollbach kurzerhand zum kommissarischen Bürgermeister ernannte. Den Beamten und Bediensteten der Stadtverwaltung befahl Criswell, an ihre Arbeitsplätze zurückzukehren. Vor einer endgültigen Weiterbeschäftigung wurden die städtischen Mitarbeiter auf braune Flecken in ihrer Vergangenheit durchleuchtet. Niemandem, auch nicht den Vertretern der Besatzungsmacht, konnte jedoch am endgültigen Zusammenbruch des Gesundheitswesens gelegen sein, weshalb der medizinische Bereich wohl auch nur eine Entnazifizierung mit „Augenmaß“ erfuhr. An alle im Stadtkreis Frankfurt tätigen Ärzte erging im Mai 1945 der Aufruf, spätestens bis zum 5. Juni 1945 den politischen Fragebogen der Militärregierung ausgefüllt bei der Ärztekammer abzugeben. „Von der Ausfüllung dieses Fragebogens“, so die am 31. Mai in der „Frankfurter Presse“ abgedruckte Bekanntmachung, „hängt die weitere Zulassung zur Arztpraxis und die Genehmigung zur Autobenutzung in Zukunft ab.“[4] Mediziner, die in der Partei gewesen waren, konnten im Herbst 1945 aufatmen. Die Deutsche Allgemeine Nachrichtenagentur meldete am 2. Oktober 1945, dass ehemalige NSDAP-Ärzte wieder in den öffentlichen Gesundheitsdienst eingestellt werden dürften. Vorerst wurde das Gehalt rehabilitierter Ärzte auf ein Sperrkonto eingezahlt, von dem nur Beträge abgehoben werden konnten, die dem Durchschnittseinkommen eines Arbeiters entsprachen. Die „Frankfurter Rundschau“ veröffentlichte im November 1945 einen Zwischenbericht über die Entnazifizierung der Frankfurter Ärzteschaft. Demnach war 25 Ärzten die Zulassung entzogen und 112 Medizinern das Praktizieren nur unter Vorbehalt genehmigt worden. 92 Ärzte konnten ihren Beruf uneingeschränkt ausüben, in 32 Fällen war die Überprüfung noch nicht abgeschlossen.[5]

Der Leiter des Frankfurter Gesundheitsamts von 1933 bis 1945, Stadtrat Werner Fischer-Defoy (ein der NSDAP schon 1929 beigetretener „Alter Kämpfer“), hatte 1945 ohnehin die Altersgrenze erreicht und wurde von dem reaktivierten sozialdemokratischen Stadtrat Karl Schlosser abgelöst. Das von Schlosser reorganisierte Stadtgesundheitsamt bestand im Sommer 1946 aus der von Medizinalrat Josef Strüder geleiteten Abteilung für Gesundheitspolizei, der Obermedizinalrat

Otto Schmith unterstellten Abteilung für Sozialhygiene und einer von dem pensionierten Verwaltungsdirektor des Hospitals zum Heiligen Geist, Karl Hofacker, ehrenamtlich betreuten Abteilung für das Anstaltswesen. Das „Military Government" maß dem Gesundheitsamt große Bedeutung bei und stellte im November 1945 alle Krankenhäuser im Stadtkreis Frankfurt unter die Aufsicht von Stadtrat Schlosser.[6] Über zerstörte Krankenhäuser und politisch belastete Ärzte hinaus bereitete die gesundheitsgefährdende Lebensmittelknappheit den Medizinalbeamten ernstliche Sorgen.

Lebensmittel und praktisch alle Artikel des täglichen Bedarfs waren in der Nachkriegszeit als Mangelwaren rationiert und nur gegen Bezugsscheine erhältlich. Die Verteilung der Lebensmittel verantwortete seit dem 9. April 1945 das städtische Ernährungsamt. Woche für Woche wurde die Höhe der alle sieben Tage ausgegebenen Rationen neu festgelegt. Anstelle der erforderlichen 2.300 bis 2.500 Kalorien pro Tag sanken die seit Kriegsbeginn ohnehin knapp bemessenen Rationen nach Kriegsende noch unter das Existenzminimum von täglich 1.600 Kalorien für den Normalverbraucher. Das war zum Leben zu wenig, zum Sterben zuviel. Mit Schwarzmarktgeschäften, Tauschhandel oder „Hamsterfahrten" versuchte die notleidende Bevölkerung über die Runden zu kommen.[7] Die jahrelange Unterernährung wirkte sich auf die Konstitution der Menschen verhängnisvoll aus. Vorsorglich veranlasste das Gesundheitsamt Reihenuntersuchungen, bei denen jeden Monat 6.000 Frankfurter durchgecheckt und gewogen wurden. Bis zum Herbst 1947 konstatierte die Behörde einen durchschnittlichen Gewichtsverlust von zehn bis 15 Kilogramm, der bei den Betroffenen zu einer Reduzierung der Leistungsfähigkeit und der Abwehrkräfte geführt hatte. Aufgrund von Hunger und Wohnungsnot traten vermehrt Fälle von Lungentuberkulose auf. Da viele Frauen keinen anderen Ausweg mehr sahen, als sich zu prostituieren, verfünfzehnfachte sich 1945/46 die Anzahl der Geschlechtskrankheiten. Hautkrankheiten, Mangeldurchfälle und zu niedriger Blutdruck waren weit verbreitet. Geschwächte Immunsysteme und fehlende Medikamente verzögerten die Genesungsprozesse. Im Verhältnis zur Vorkriegszeit verdoppelte sich nach 1945 die Säuglingssterblichkeit, unter den Erwachsenen stieg die Mortalität um fast fünfzig Prozent. Selbst der stellvertretende Militär-Gouverneur der US-Besatzungszone, General Lucius D. Clay, beurteilte die Versorgungslage im März 1946 als so bedrohlich, dass er die amerikanische Öffentlichkeit um Hilfslieferungen für die ehemaligen Kriegsgegner bat. Zugespitzt lautete der Tenor seines Aufrufs: Mit einem hungernden und dahinsiechenden Volk ist keine Demokratie aufzubauen. Doch trotz der Lebensmittellieferungen und der CARE-Pakete aus den USA bekamen die Behörden den Kalorienmangel erst nach der Währungsreform im Sommer 1948 in den Griff.[8]

Damit der Wiederaufbau Frankfurts nicht im Wildwuchs endete, mussten seit dem 17. August 1945 sämtliche Bauarbeiten zuvor von der städtischen Wiederaufbaustelle genehmigt werden. Die Baustoffhändler waren angewiesen, das begehrte Material nur gegen Vorlage der behördlichen Baugenehmigung abzugeben. Der neue, am 4. Juli 1945 von der Militärregierung eingesetzte Oberbürgermeister Kurt Blaum steuerte den Einsatz der verbliebenen Facharbeiter und die Verteilung der raren Baumaterialien anhand einer „Dringlichkeitsliste". „Die von der Stadt laufend festzulegende Dringlichkeitsfolge", so Oberbürgermeister Blaum, „berücksichtigt den Vorrang der Krankenanstalten, Versorgungs- und Verkehrsbetriebe, wichtige Behördengebäude, Schulen usw., sowie der großen Wohnhäuser mit vielen Wohnungseinheiten. Es können zunächst nur die leichten Schäden behoben werden, die geringen Kräfte- und Baustoffeinsatz erfordern. [. . .] Mit der Genehmigung durch die Wiederaufbaustelle beim städtischen Bauamt – Eintragung in die Dringlichkeitsliste – werden die Arbeiten an den betreffenden Gebäuden freigegeben und der Baustoffbezug bei der zentralen Verteilungsstelle im städt(ischen) Bauamt ermöglicht."[9] Auf der im August 1945 zusammengestellten 141 Positionen enthaltenden Prioritätenliste lag das St. Markus-Krankenhaus weit vorne auf Rang acht. Von allerhöchster Dringlichkeit war nach dem amtlichen Papier die Instandsetzung des Städtischen Krankenhauses Sachsenhausen, der frühneuzeitliche Freskenzyklus von Jerg Ratgeb im Kreuzgang des Karmeliterklosters bildete das Schlusslicht.[10]

Kraft seines Amtes und im Einvernehmen mit der Militärregierung setzte Oberbürgermeister Blaum im Frühsommer 1945 den „braunen" Vorstand des Bockenheimer Diakonissenvereins ab und ernannte Pfarrer Otto Fricke zum kommissarischen Vorsitzenden. Fricke hatte in Göttingen und Halle Theologie studiert und 1927 seine erste Pfarrstelle in der Bockenheimer Dreifaltigkeitsgemeinde übernommen. Als überzeugter Anhänger der evangelischen Bekennenden Kirche wurde Fricke 1938 von den Nationalsozialisten mit einem reichsweiten Redeverbot mundtot gemacht, vorübergehend inhaftiert und im Zweiten Weltkrieg zur Wehrmacht eingezogen. Nach der Befreiung durch die Alliierten kehrte Fricke an seine alte Wirkungsstätte in Bockenheim zurück und war darüber hinaus maßgeblich am Aufbau des Evangelischen Hilfswerks in Hessen und Nassau beteiligt.[11] Damit der Diakonissenverein beschlussfähig blieb und möglichst rasch den Wiederaufbau des St. Markus-Krankenhauses in Angriff nehmen konnte, beauftragte der Oberbürgermeister Pfarrer Fricke mit der Bildung eines provisorischen Vereinsvorstandes. Der Geistliche brachte es inmitten der Nachkriegswirren fertig, 14 Personen zur Mitarbeit im Vorstand des Diakonissenvereins zu bewegen, darunter Ida Loewe, die Witwe Otto Loewes, und Wilhelm Taufkirch, Max Mohs, Hein-

Andachtsaal im wiederhergestellten St. Markus-Krankenhaus, um 1948.

rich Pietrowicz und Emmi Knapp, die alle vier bis zur Gleichschaltung 1935/36 dem Gremium schon einmal angehört hatten.[12]

Eigentlich hatte das Markus-Krankenhaus den Betrieb in der Falkstraße nie ganz eingestellt. In der im Souterrain untergebrachten Röntgenabteilung und im Waschhaus war auch nach dem verhängnisvollen Luftangriff vom 8. Februar 1944 weitergearbeitet worden. Der neue Vereinsvorstand beschloss im Sommer 1945 nach einer Besichtigung der Krankenhausruine, die Instandsetzung mit dem Keller, dem Parterre und den ersten beiden Obergeschossen zu beginnen. Die Herrichtung der dritten und vierten Etage sowie der Wiederaufbau der völlig zerstörten Falkstraße 33c wurden auf einen späteren Zeitpunkt verschoben. Für die Ausführung der Bauarbeiten konnte die Firma Kaysser & Sohn gewonnen werden, von Seiten des Diakonissenvereins kümmerten sich die Vorstandsmitglieder Fricke und Pietrowicz sowie Dr. med. Rolf Thomae als leitender Arzt um die Belange des Wiederaufbaus. Um die Jahreswende 1945/46 war das Krankenhausgebäude betriebsbereit.

Otto Fricke hatte noch im Juli 1945 mit dem zwangsweise in die Villa Manskopf am Rande von Niederrad umgesiedelten Frankfurter Diakonissenmutterhaus wegen der Abordnung von Schwestern in das St. Markus-Krankenhaus Kontakt aufgenommen. Die Siegermächte USA, Sowjetunion, Großbritannien und Frankreich hatten Deutschland in vier Besatzungszonen geteilt. Zum Sitz des US-Hauptquartiers in Europa wurde das Frankfurter IG-Farben-Gebäude bestimmt und durch ein weiträumiges, mit Stacheldraht umzäuntes Sperrgebiet gesichert. Innerhalb des Kordons wurden von der Militärregierung alle Gebäude, darunter auch das Diakonissenhaus in der Eschersheimer Landstraße beschlagnahmt und geräumt. Ohne eigenen Krankenhausbetrieb hatte das Diakonissenmutterhaus genügend freie Kräfte, um die Pflege im Markus-Krankenhaus zu übernehmen. Ein von den Pfarrern Karl Christian Hofmann und Otto Fricke unterzeichneter Gestellungsvertrag über die Entsendung der erforderlichen Diakonissen nach Bockenheim trat am 1. November 1945 in Kraft. Zusätzlich vereinbarten die beiden Diakonissenvereine, solange das Mutterhaus nicht über seine Einrichtung im Nordend verfügen konnte, die Angliederung der Krankenpflegeschule des Diakonissenhauses an das St. Markus-Krankenhaus.[13]

Fast auf den Tag genau zwei Jahre nach dem verheerenden Luftangriff auf Bockenheim wurde das Markus-Krankenhaus am 24. Januar 1946 in der Falkstraße mit einer Feier, an der auch Oberbürgermeister Blaum teilnahm, in dem neuen Andachtsaal wieder eröffnet. In seiner Begrüßungsansprache erinnerte Pfarrer Fricke an den ehemaligen Chefarzt Otto Loewe, der im November 1938 der NS-Diktatur zum Opfer gefallen war. Als Vertreter der Militärregierung ergriff anschließend Leutnant Stangohr das Wort, um die Zerstörung von Krankenhäusern im Krieg zu bedauern: „Ich habe Krankenhäuser in London gesehen, die innerhalb einer Sekunde durch V-Waffen zerstört wurden, ich habe zertrümmerte Krankenhäuser in Deutschland gesehen, der Anblick war immer schrecklich."[14] Nachdem das Markus-Krankenhaus seine Pforten wieder geöffnet hatte, waren die vorhandenen 120 Betten im Nu belegt. Die von Rolf Thomae (Innere), August Henrichsen (Chirurgie) und Eugen Maier (Gynäkologie) geleiteten Hauptabteilungen verfügten jeweils über mehrere Jungmediziner, die sich in den Nachtdiensten abwechselten. Das Kollegium war von einstmals neun auf 14 Ärzte vergrößert worden, um Nachwuchsmedizinern die Gelegenheit zur Facharztausbildung zu geben. Dem aus englischer Kriegsgefangenschaft entlassenen früheren Chefarzt des St. Markus-Krankenhauses, Wilhelm Schöndube, gestattete der Diakonissen-

Das St. Markus-Krankenhaus, 1951.

Dachterrasse mit Blick auf die Markus-Kirche, 1951.

verein im Juli 1946 die Behandlung von Privatpatienten in der Falkstraße. Dr. med. Karl Ludwig Schmidt übernahm im November 1946 erneut die Röntgenabteilung. Unter der Leitung von Oberschwester Elisabeth Hoeck hatten 43 am Markus-Krankenhaus beschäftigte Krankenschwestern (15 Diakonissen, 18 freie Schwestern und 10 Krankenpflegeschülerinnen) alle Hände voll zu tun.

Jeder Arbeitstag begann für die Krankenhausmitarbeiter mit einem kurzen Gebetsgottesdienst im Andachtsaal. In dem evangelischen Krankenhaus kümmerten sich vor Operationen die Stationsschwestern um die Patienten und beteten mit ihnen, was diese dankbar aufnahmen. 1946 kam es im St. Markus-Krankenhaus zu 113 Todesfällen und 711 Geburten. Insgesamt wurden im ersten Geschäftsjahr nach Kriegsende 2.623 Patienten mit 47.500 Verpflegungstagen versorgt, so dass die durchschnittliche Verweildauer bei rund 18 Tagen lag. Bis Ende 1946 hatte sich die Bettenkapazität des Markus-Krankenhauses dank der Hinzunahme des dritten Stockwerks auf 160 Plätze erhöht.[15] Da auch in den anderen Hospitälern fieberhaft ausgebessert und wieder aufgebaut wurde, schien die direkt nach Kriegsende entstandene Bettennot im Frühjahr 1946 überwunden. „Ein Mangel an Betten“, berichtete Oberverwaltungsdirektor Hofacker am 5. März 1946 dem Beirat des Stadtgesundheitsamtes, „sei bis jetzt nicht aufgetreten und es sei zu erwarten, dass im Bedarfsfalle allen Ansprüchen genügt werden könne.“[16] Im April 1946 waren in Frankfurt mit 5.118 Krankenbetten überdurchschnittlich viele Plätze vorhanden.

Die erste ordentliche Mitgliederversammlung des Bockenheimer Diakonissenvereins nach dem Zweiten Weltkrieg fand am 19. Februar 1947 im Andachtsaal des Markus-Krankenhauses statt. Der Einladung des provisorischen Vorstands waren 66 Mitglieder gefolgt. Zunächst einmal hatten die Versammelten dem Vereinsrecht Genüge zu tun, indem sie einen neuen Vorstand wählten und über die vom „Führerprinzip“ bereinigten Satzungen abstimmten. Mit fünf Gegenstim-

Die Gartenseite mit den Fenstern des Andachtsaals im Erdgeschoss, 1951.

men wurde der 1945 von Otto Fricke berufene Vorstand im Amt bestätigt, die Annahme der neuen Satzung erfolgte einstimmig. Den Statuten zufolge bezweckte der Diakonissenverein die Förderung der öffentlichen Gesundheitspflege, den Betrieb des St. Markus-Krankenhauses, die Gemeindepflege und die Unterhaltung von Kindergärten und -horten. Die Ziele verfolgte der Verein, der dem Zentralausschuss der Inneren Mission der Evangelischen Kirche in Deutschland angehörte, „als Dienst christlicher Nächstenliebe auf der Grundlage des biblischen Evangeliums."[17]

Zur Regelung der Gemeindepflege in Bockenheim hatten das Frankfurter Diakonissenmutterhaus und der Diakonissenverein einen zweiten Gestellungsvertrag vereinbart. Gegen einen Monatsbeitrag von 76 Reichsmark für jede Schwester entsandte das Mutterhaus am 1. Januar 1946 zwei Diakonissen, „um den Kranken und Hilfsbedürftigen zu dienen."[18] Die beiden Diakonissen erledigten im ersten Jahr der Stationierung rund 8.000 Kranken- und Armenbesuche. Ein neuer, aber bald wieder aufgegebener Vereinszweck war die 1946 übernommene Unterhaltung der in der Kurfürsten- und Kuhwaldschule einquartierten Kindergärten der Markus-, St. Jakobs- und Dreifaltigkeitsgemeinde mit insgesamt 160 Kindern. Aus finanziellen Gründen musste der Bockenheimer Diakonissenverein das Engagement im Bereich der Kinderbetreuung am 30. September 1948 wieder einstellen.[19] Im Haushaltsplan des Diakonissenvereins für das Jahr 1947, der nebenbei bemerkt auf einem halben DIN-A4-Blatt Platz fand und die Gesamtsumme von 563.000 Reichsmark aufwies, schlugen die Kindergärten mit 11.000 Reichsmark zu Buche. Die Bücher des Diakonissenvereins kontrollierte seit 1947 der Wirtschaftsprüfer Hans Loewe, ein Sohn von Dr. med. Otto Loewe. Nachdem er den Verein unter die Lupe genommen hatte, bescheinigte Loewe in Bezug auf das Jahr 1947 eine deutliche Aufwärtsentwicklung, die sich zum Beispiel in der Aufbietung einer dritten Gemeindeschwester und in der Fertigstellung der vierten Etage samt Kinderabteilung im Markus-Krankenhaus widerspiegelte. Mit 193 Betten hatte das Krankenhaus 1947 nahezu die Kapazität der Vorkriegszeit zurückerlangt.[20]

Die Berufung Wilhelm Schöndubes zum Chefarzt des St. Markus-Krankenhauses war zuerst umstritten. Schöndubes Rückkehr auf den schon einmal innegehabten Chefarztposten wurde von den meisten Krankenhausmitarbeitern abgelehnt, da die Frankfurter Spruchkammer des Großhessischen Ministeriums für Wiederaufbau und politische Befreiung am 3. Februar 1947 gegen den ehemaligen Geschwaderarzt der Marine wegen seiner Angaben auf dem politischen Fragebogen der Militärregierung und des Verdachts, ein NS-Führungsoffizier gewesen zu sein, Anklage erhoben hatte. In der Verhandlung vor der Spruchkammer konnte Wilhelm Schöndube am 29. Mai 1947 dank der Zeugenaussagen von Pfarrer Fricke und Obermedizinalrat Schmith die augenscheinlich unzutreffenden Vorwürfe entkräften und vor allem sein untadeliges Verhalten gegenüber den jüdischen Ärzten während der NS-Diktatur glaubhaft nachweisen, so dass ihn die Kammer lediglich in die Gruppe der Mitläufer einreihte. „Die Kammer", begründete der Vorsitzende Erwin Schindler die Entscheidung, „hat von dem Betroffenen den Gesamteindruck erlangt, dass er nur nominell am Nationalsozialismus teilgenom-

Die leitenden Ärzte im Jahr 1951. Stehend v.l.n.r.: Johannes Keil, Alfred Stern, Wilhelm Schöndube, Karl Ludwig Schmidt. Sitzend: Eugen Meier (l.) und August Henrichsen.

men und ihn nur unwesentlich unterstützt hat."[21] Obwohl die Spruchkammer Schöndube weitestgehend entlastet hatte, dauerte es noch eine ganze Weile, bis sich am Markus-Krankenhaus die Wogen geglättet hatten. Entgegen einem von fast allen Ärzten und der Oberschwester am 24. November 1947 unterzeichneten Appell, keinen Chefarzt einzustellen, ernannte der Vorstand des Bockenheimer Diakonissenvereins Schöndube im Januar 1948 zum Leiter der Inneren Abteilung und am 1. März 1948 zum Chefarzt des Markus-Krankenhauses. Als ehrenamtlicher Chefarzt gehörte Schöndube mit beratender Stimme dem engeren Vereinsvorstand an und hatte in dem Gremium die ärztlichen Belange zu vertreten. Außerdem beaufsichtigte der Chefarzt die Krankenhaushygiene und nahm für den Diakonissenverein an den Sitzungen des Verbandes der nichtstädtischen Krankenanstalten teil. Schöndube war weder gegenüber den anderen leitenden Ärzten noch gegenüber der Oberschwester weisungsberechtigt.[22]

Seine letzten Kritiker überzeugte Wilhelm Schöndube wohl mit einer bemerkenswerten Rede zum Gedenken an den siebzigsten Geburtstag von Otto Loewe im Herbst 1948. Der Diakonissenverein verknüpfte die Einweihung der wieder aufgebauten Falkstraße 33c am 31. Oktober 1948 mit der Erinnerung an den früheren Chefarzt, der 1931 die Einbeziehung des Nachbarhauses in den Krankenhauskomplex initiiert hatte. Vorerst waren in dem Gebäude nur das Erdgeschoss mit mehreren Verwaltungsräumen und die erste Etage mit dem Büro für den Chefarzt sowie dem Vorstandszimmer bezugsfertig. An den Wänden des Vorstandszimmers hingen die Porträts der verdienten Vereinsmitglieder Jakob Strobel, Wilhelm Flach, Heinrich Kahl und Otto Loewe. Einführend schilderte Schöndube in seiner Ansprache das Lebenswerk und den Menschen Otto Loewe, mit dem ihn eine enge Freundschaft verbunden hatte. Loewes tragisches Ende nahm Schöndube zum Anlass, um am Beispiel des Apostels Petrus im Markusevangelium allgemein über die menschliche Schwäche und über das Versagen der Deutschen während des Nationalsozialismus im Besonderen zu reden. So wie Petrus aus Angst um sein eigenes Leben Jesus dreimal verleugnet habe, so sei es nach 1933 auch den meisten Deutschen ergangen. „Waren wir", gab Schöndube drei Jahre nach dem Zusammenbruch der NS-Diktatur zu bedenken, „nicht

Haupteingang, um 1951.

alle damals in der gleichen Lage und ist einer von uns frei von aller Schuld? Gewiss, mancher von uns hat sein Moeglichstes getan und mancher von uns hat es buessen muessen, aber bis zum letzten ist, menschlich und von des Simon Petrus Beispiel verstaendlich, keiner von uns gegangen, sonst weilte er wahrscheinlich nicht mehr unter uns, die wir den Toten beklagen und bewundern. Aber auch uns ging es wie Simon Petrus, der seine feige Schwaeche augenblicks bereute. Er ging hinaus und weinte bitterlich."[23] Wilhelm Schöndube trat als Chefarzt und ab April 1949 auch als ordentliches Vorstandsmitglied des Bockenheimer Diakonissenvereins in Otto Loewes Fußstapfen. Er sollte sich für das St. Markus-Krankenhaus als Glücksfall erweisen.

Am 20. und 21. Juni 1948 bildeten sich vor den Umtauschstellen in Frankfurt lange Warteschlangen. Für sechzig alte Reichsmark bekam im Zuge der Währungsreform jeder Bewohner der drei westlichen Besatzungszonen ein sogenanntes Kopfgeld von zunächst vierzig und im August 1948 weiteren zwanzig neuen Deutschen Mark. Die nationalsozialistische Kriegswirtschaft hatte eine riesige Geldmenge in Umlauf gebracht, der nach 1945 nur noch ein geringes Warenangebot gegenüberstand. Mit der Abwicklung der Währungsreform wurde die am 1. März 1948 durch das Militärregierungs-Gesetz Nr. 60 gegründete und in der Frankfurter Taunusanlage ansässige Bank deutscher Länder beauftragt. Der Währungsschnitt traf die Besitzer von Sparguthaben, die im Verhältnis 100 zu 6,5 abgewertet wurden, besonders hart. Eindeutige Gewinner der Neuordnung waren die Eigentümer von Sachwerten wie Immobilien oder Produktionsbetrieben.[24] Der Bockenheimer Diakonissenverein beklagte den fast vollständigen Verlust seiner Betriebs- und Baukapitalien und rechnete sich selbst zu den Verlierern der Währungsreform. „Wir standen", schilderte Otto Fricke im Jahresbericht 1948 die Situation, „nach der Währungsreform ohne Betriebskapital da. Die Pflegekosten waren nicht ausreichend und gingen insbesondere von den Kassen naturgemäß immer erst nach einigen Wochen ein."[25] Der Diakonissenverein verordnete dem St. Markus-Krankenhaus eiserne Sparsamkeit.

Über den Krankenhäusern braute sich ausgangs der vierziger Jahre neues Unheil zusammen. Der Vorsitzende des Frankfurter Hofacker-Verbandes und unbesoldete Stadtrat Dr. med. August de Bary äußerte sich dazu im Dezember 1951 in der Fachzeitschrift „Das Krankenhaus" : „Für das deutsche Krankenhaus war der Währungsschnitt eine Katastrophe. Die brutale Vernichtung der Vermögen und Rücklagen auch im sozialen Bereich, läßt von Menschlichkeit nichts spüren. Wie für alle sozialen Einrichtungen, so entstanden nun auch für das Krankenhaus ganz neue Verhältnisse, vor allem eine gänzlich veränderte Wirtschaftslage."[26] Im Klartext: Die Krankenhausträger machten Schulden. Der aus eigenen Mitteln bezahlte Wiederaufbau und die Währungsreform hatten die finanziellen Reserven der freigemeinnützigen Krankenanstalten aufgezehrt. Die seit 1936 eingefrorenen Pflegesätze der Kassen deckten noch nicht einmal die Selbstkosten der Krankenhäuser, geschweige denn die Investitionen in die Modernisierung. Eine im Juni 1948 verordnete Aufhebung des Preisstopps hatte nur circa ein halbes Jahr Bestand, bevor die Pflegesätze einer erneuten Preisbindung unterworfen wurden. Im-

Gemischter Schwesternchor des St. Markus-Krankenhauses, 1951.

merhin konnten die Krankenhausträger jetzt im Einzelfall die Erhöhung der Pflegesätze beantragen. Bis die Preisbindungsstelle des jeweiligen Bundeslandes nach Anhörung der Verbände von Krankenhausträgern und Krankenkassen sowie der zuständigen Landesbehörden über die Gesuche entschied, verstrich kostbare Zeit, in der sich die Liquiditätsprobleme der Antragsteller weiter zuspitzten. Zudem kristallisierte sich sehr bald heraus, dass die Preisbindungsstellen der Vermeidung von Beitragserhöhungen in der gesetzlichen Krankenversicherung Vorrang vor der Selbstkostendeckung der Krankenhäuser gaben. Zur Wahrung ihrer Interessen bildeten die Krankenhausträger auf Landes- und Bundesebene Dachverbände. In Frankfurt am Main wurde auf einer Tagung der regionalen und überregionalen Krankenhausverbände, an der auch die 1948 ins Leben gerufene Hessische Krankenhausgesellschaft teilnahm, am 20. April 1949 die Deutsche Krankenhausgesellschaft gegründet. Der seit 1919 bestehende „Verband Frankfurter Krankenanstalten" hatte sich im Januar 1949 zu Ehren des 1948 verstorbenen langjährigen Geschäftsführers und Vorsitzenden des Verbandes, Karl Hofacker, in „Hofacker-Verband" umbenannt und den in der Kommunalpolitik engagierten Arzt August de Bary zum neuen Vorsitzenden gewählt. Das Hauptanliegen des Hofacker-Verbandes waren höhere Pflegesätze.[27]

Nach äußerst zähen Verhandlungen einigten sich die in Wiesbaden ansässige Preisbindungsstelle und die Krankenkassen mit der Hessischen Krankenhausgesellschaft und der Stadt Frankfurt auf eine 15prozentige Erhöhung der Pflegesätze zum 15. Januar 1949. Diese seit 1932 erste Anhebung der Tagessätze für die Frankfurter Krankenanstalten auf 7,15 Mark für Erwachsene war wenig mehr als der berühmte Tropfen auf den heißen Stein. Selbst bei dem ab Juni 1951 gültigen Pflegesatz von sieben Mark neunzig mussten die Krankenhausträger noch draufzahlen. Die reinen Selbstkosten schwankten bei den freigemeinnützigen Anstalten je nachdem, ob zum Beispiel Diakonissen oder freie Schwestern mit Tariflohn die Kranken pflegten, zwischen 9,50 und 10,50 Mark. Im Herbst 1951 eskalierte

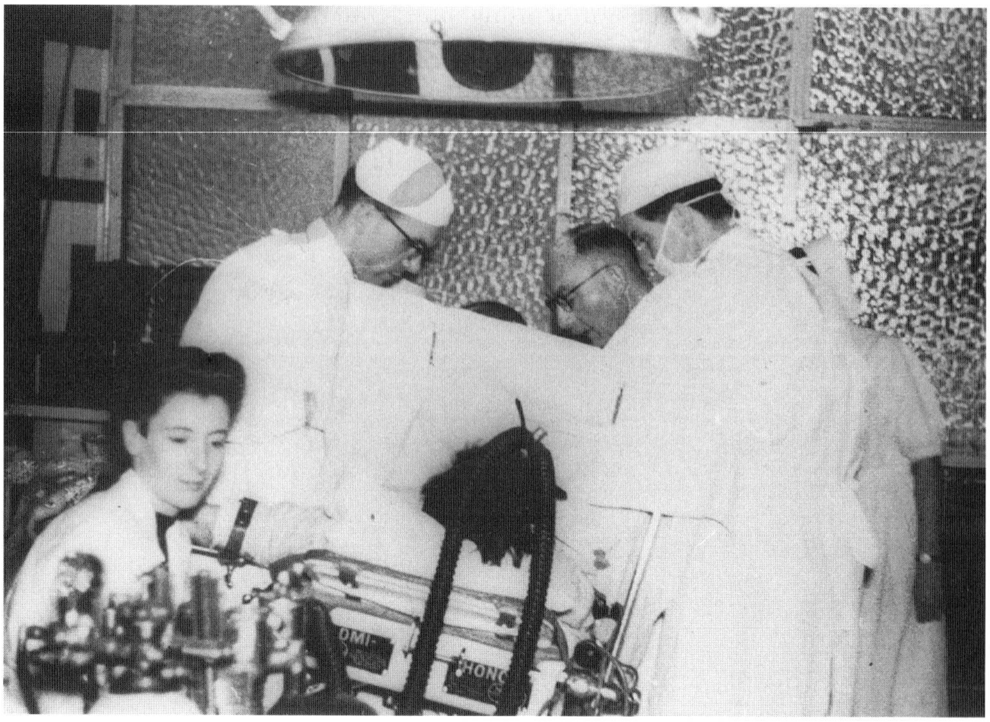

August Henrichsen (ohne Mundschutz), Gottfried Schwander (l.) und Renate Schwander bei einer Operation, 1951.

der Streit um die Höhe der Pflegesätze. Als „Akt der Selbsthilfe zur Rettung der Krankenhäuser"[28] kündigte der Hofacker-Verband den Krankenkassen zum 15. September 1951 das Pflegesatzabkommen. Danach sollten Pflichtversicherte bei ihrer Aufnahme einen Revers unterschreiben, mit dem sie sich verpflichteten, die Differenz von rund drei Mark pro Tag zwischen den Leistungen ihrer Kasse und den tatsächlichen Selbstkosten des Krankenhauses notfalls aus der eigenen Tasche zu bezahlen. Die Krankenkassen konterten, indem sie ihre Mitglieder nicht mehr in die freigemeinnützigen Anstalten einwiesen. Mittlerweile hatte sich auch die hessische Landesregierung in die Auseinandersetzung, die auf dem Rücken der Patienten ausgetragen wurde, vermittelnd eingeschaltet. Auf sanften Druck von Ministerpräsident Georg August Zinn einigten sich die Kontrahenten am 4. Januar 1952 auf die rückwirkende Erhöhung der Pflegesätze um 15 Prozent zum 1. September 1951, wobei der Höchstsatz auf neun Mark begrenzt wurde.[29]

Als Beihilfe zur Überbrückung des verbliebenen Deckungslochs von etwa einer Mark siebzig pro Pflegetag stellte die um den Bestand der freigemeinnützigen Krankenhäuser sehr besorgte Stadt Frankfurt auf Antrag des Gesundheitsamts den Gesamtbetrag von eineinhalb Millionen Mark für unverzinsliche Darlehen bereit. In der Begründung hatte der im September 1946 zum Stadtrat mit Amtsleiterfunktion für das Gesundheitsamt gewählte Rudolf Prestel[30] auf die alarmierende Ankündigung der Administration der Dr. Senckenbergischen Stiftung hingewiesen, das über 248 Betten verfügende Bürgerhospital Ende Juni 1952 wegen finanzieller Probleme zu schließen. „Andere freigemeinnützige Krankenhäuser", war sich der zugleich als Vorsitzender der Hessischen Krankenhausgesellschaft amtierende Prestel sicher, „werden diesem Vorgehen folgen. [...] Da sich etwa die Hälfte der Krankenhausbetten in Frankfurt a.M. (2782 von insgesamt 5651 Betten) in nichtstädtischen Krankenanstalten befindet, wäre in einem solchen Fall bei dem ohnehin in Frankfurt a. M. bestehenden Mangel an Krankenhausbetten die krankenhausmäßige Versorgung der Frankfurter Bevölkerung ernstlichst gefährdet. Da andererseits die Einrichtung und Unterhaltung der notwendigen Krankenanstalten in erster Linie zu den Aufgaben der Stadt- und Landkreise gehört, muß die Stadtverwaltung alles tun, um einem derartigen Notstand vorzubeugen."[31] Für das St. Markus-Krankenhaus hatte das Stadtgesundheitsamt einen Zuschussbedarf von circa 137.000 Mark einkalkuliert, wovon im Jahr 1952 aber nur 81.000 Mark in Anspruch genommen wurden. Die Stadtverordnetenversammlung stimmte der Rettungsaktion am 3. April 1952 zu, wollte aber die Kassen keineswegs aus ihrer Verantwortung entlassen. Der Magistrat bekam von den Stadtverordneten den Auftrag, sich mit der Hessischen Krankenhausgesellschaft ins Benehmen zu setzen und keine Ruhe zu geben, bis die Krankenkassen-Verbände die Pflegesätze anhoben.

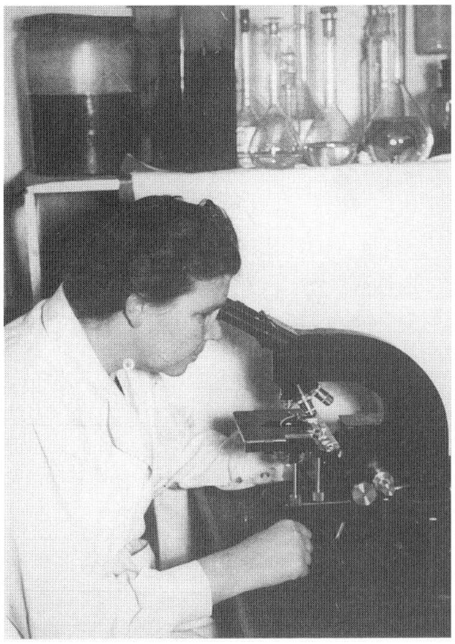

Laborantin Dorothea Cochlovius am Mikroskop, 1952.

Von Schließung sprach im St. Markus-Krankenhaus eigentlich niemand. Trotz Währungsreform und zu niedrigen Pflegesätzen trieb der Bockenheimer Diakonissenverein den Ausbau und die Modernisierung der Anstalt konsequent voran. Das Gebäude Falkstraße 33c wurde 1949 fertiggestellt und 1951 um eine vierte und fünfte Etage aufgestockt. Im vierten Obergeschoss eröffneten die Fachärzte Alfred Stern und Johannes Keil eine Hals-Nasen-Ohren- und eine Augen-Abteilung mit insgesamt zwölf Betten. Sämtliche Krankenzimmer wurden 1950 mit schalldichten Doppeltüren ausgestattet. 1952 erwarb der Diakonissenverein von der Firma Hartmann & Braun das Trümmergrundstück Falkstraße 33b und ließ darauf einen schmalen Anbau errichten, der den über 238 Betten und zwanzig Plätze für Säuglinge verfügenden Krankenhauskomplex nach der Ostseite abrundete. Das Markus-Krankenhaus umfasste nun die Anwesen Falkstraße 33b bis 37 und hatte sozusagen das Ende der Fahnenstange erreicht. Am Standort gab es keine weiteren Freiflächen für zusätzliche Anbauten.[32] Zur optimalen medizinischen Versorgung der Patienten scheute die Krankenhausleitung 1949/50 keine Kosten und erwarb unter anderem einen neuen Elektrokardiographen (EKG), ein Nahstrahlgerät zur Bestrahlung schwer zugänglicher Geschwüre und eine moderne Narkoseapparatur zur Lachgas-Sauerstoff-Narkose. Der Verein bestritt die Investitionen, indem er Rücklagen auflöste und Kredite aufnahm. Das St. Markus-Krankenhaus war bei den Patienten sehr beliebt und bis auf die Entbindungsstation „durchweg voll belegt".[33]

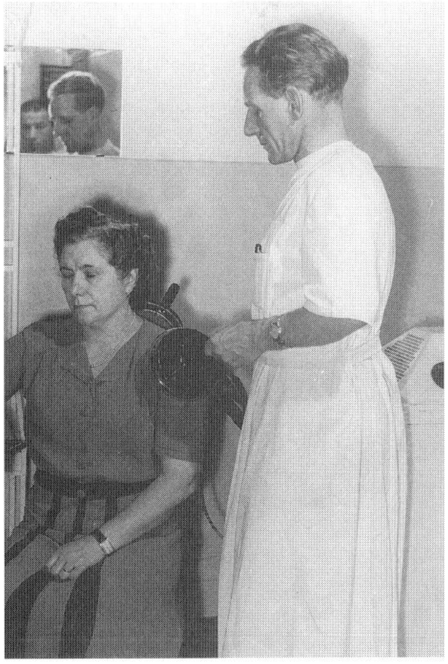

Physiotherapeut Küsters, 1951.

1953 fehlten in Frankfurt annähernd 1.500 Krankenhausbetten. Gesundheitsdezernent Prestel hatte den Magistrat bereits zwei Jahre zuvor auf die überwunden geglaubte neue Bettennot hingewiesen und die Ratskollegen über das in den Frankfurter Hospitälern herrschende „Pferchprinzip" informiert. Wegen des Bettenmangels mussten sich gelegentlich zwei Kinder ein Bett teilen und Unfallopfer von den Rettungsdiensten von einem Krankenhaus zum anderen gefahren werden, bis sich ein freies Bett fand.[34] Schuld war die sprunghaft gestiegene Einwohnerzahl. Das pulsierende Frankfurt übte insbesondere nach Aufhebung der Zuzugssperre im Frühjahr 1950 auf Heimatvertriebene und DDR-Flüchtlinge eine magnetische Anziehungskraft aus. Bürgermeister Walter Leiske nannte es den „Sog nach Frankfurt". Zehn Jahre nach Kriegsende stammte jeder vierte Frankfurter aus der Gruppe der Vertriebenen oder Zonen-Flüchtlinge. Für den Anstieg der Frankfurter Einwohnerzahl von 357.405 im Jahr 1945 über 532.037 (1950) auf 635.852 im Jahr 1955 spielte der geringe Geburtenüberschuss kaum eine Rolle. Das Bevölkerungswachstum der hessischen Metropole gründete nahezu ausschließlich auf Migration. Der Zuzug von im Jahresdurchschnitt 20.000 Menschen stellte enorme Anforderungen an die Stadt, die sich bis 1956 im Vergleich zum Jahr 1939 um weit über 100.000 Bürger vermehrt hatte. Die Main-Metropole musste in den zehn Jahren nach dem Zweiten Weltkrieg gewissermaßen um eine zusätzliche Stadt von der damaligen Größe Offenbachs erweitert und mit der notwendigen Infrastruktur ausgestattet werden. Eine gewaltige Aufgabe schon allein in Bezug auf die im Krieg stark in Mitleidenschaft gezogenen Krankenhäuser.[35]

Gemessen an der relativen Bettenzahl (Anzahl der Krankenhausbetten pro 1.000 Einwohner) standen in Frankfurt vor dem Beginn des Zweiten Weltkriegs 11,3 Plätze, bei Kriegsende 9,9 und im Jahr 1947 11,9 Betten zur Verfügung. Anschließend ging die relative Bettenzahl bis Juli 1951 auf 9,7 Plätze zurück und lag damit unter dem Niveau der unmittelbaren Nachkriegszeit. Das Stadtgesundheitsamt sah die Ursachen für die Engpässe im Krankenhauswesen nicht nur in der hinaufgeschnellten Einwohnerzahl, sondern auch in den beengten Wohnungen, die eine häusliche Pflege erschwerten, in der hohen Zahl von täglich 80.000 Pendlern und in der „zunehmenden Überalterung der Bevölkerung."[36] Während eine durchschnittliche Belegung von 75 Prozent den Normalfall darstellte, betrug die Auslastung der Frankfurter Krankenanstalten Anfang der fünfziger Jahre permanent über neunzig Prozent. Die Krankenhäuser waren selbst krank und litten an chronischer Überbelegung. Der Aus- und Neubau von Krankenhäusern war das Gebot der Stunde.

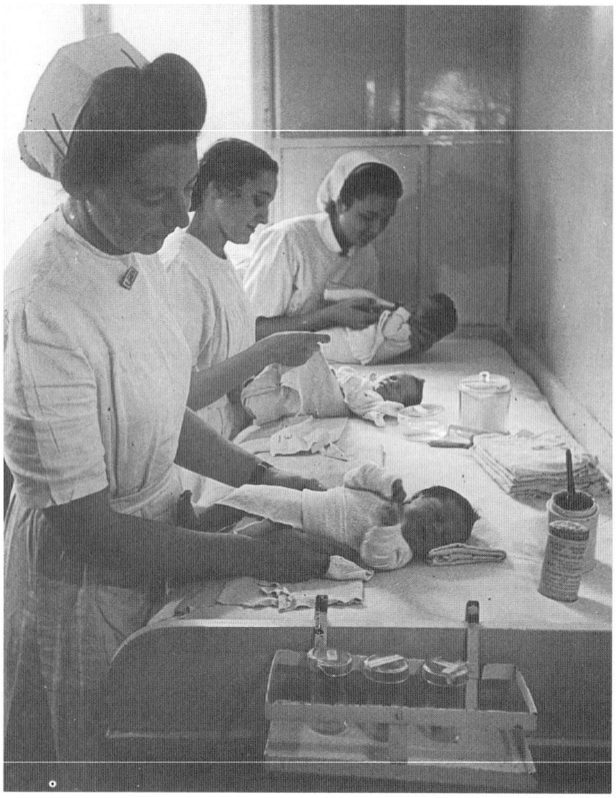
Säuglingszimmer im Markus-Krankenhaus, 1952.

Die fünfziger Jahre standen ganz im Zeichen des Wiederaufbaus. Frankfurts Oberbürgermeister von 1946 bis 1956, der Sozialdemokrat Walter Kolb, brachte den damaligen Zeitgeist mit der Bemerkung auf den Punkt: „Wir haben gebaut, gebaut und noch einmal gebaut."[37] Gebaut wurde auch von den Krankenhausträgern. Mitte der Fünfziger listete der neue Gesundheitsdezernent, Karl Altheim, die jüngsten Bauprojekte der freigemeinnützigen Einrichtungen auf: 1954 waren das Clementine Kinderhospital wieder eröffnet und das St. Elisabethen-Krankenhaus durch einen Anbau auf 320 Betten vergrößert worden. Als Stadtrat Altheim im Mai 1955 den Lagebericht vorstellte, waren Erweiterungsbauten des Friedrichsheims und des Hospitals zum Heiligen Geist im Entstehen. Demnächst sollte mit dem Ausbau des Bürgerhospitals, des Maingau- und des Rot-Kreuz-Krankenhauses sowie mit dem Neubau des St. Markus-Krankenhauses begonnen werden.[38]

Der Bockenheimer Diakonissenverein hatte sich seit März 1952 mit den Perspektiven des Markus-Krankenhauses beschäftigt und längere Zeit zwischen einer Erweiterung in der Falkstraße und einem Neubau an anderer Stelle geschwankt. Alles schien auf eine Verlegung der Anstalt auf das schon einmal kurz vor dem Ersten Weltkrieg in Erwägung gezogene städtische Grundstück an der Ginnheimer Landstraße direkt gegenüber vom Bockenheimer Friedhof hinzudeuten, als Otto Fricke am 8. März 1954 kurz vor einer entscheidenden Vorstandssitzung überraschend verstarb. In der vom Tod des Vereinsvorsitzenden überschatteten Zusammenkunft wurde am 19. März 1954 das Neubauvorhaben abgeblasen. Berechnungen hatten ergeben, dass sich ein neues Hospital erst ab einer Größenordnung von 450 bis 500 Betten rentieren würde. Aus eigener Kraft war der Diakonissenverein zur Finanzierung des mit zehn Millionen Mark veranschlagten Großprojekts nicht im stande. Stattdessen wurde der Darmstädter Architekturprofessor und Miturheber der Weimarer „Bauhaus-Idee", Otto Bartning, um einen

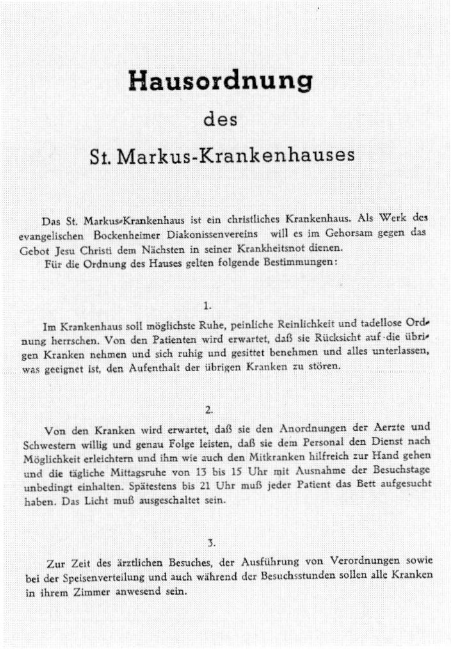

Hausordnung

des

St. Markus-Krankenhauses

Das St. Markus-Krankenhaus ist ein christliches Krankenhaus. Als Werk des evangelischen Bockenheimer Diakonissenvereins will es im Gehorsam gegen das Gebot Jesu Christi dem Nächsten in seiner Krankheitsnot dienen.

Für die Ordnung des Hauses gelten folgende Bestimmungen:

1.

Im Krankenhaus soll möglichste Ruhe, peinliche Reinlichkeit und tadellose Ordnung herrschen. Von den Patienten wird erwartet, daß sie Rücksicht auf die übrigen Kranken nehmen und sich ruhig und gesittet benehmen und alles unterlassen, was geeignet ist, den Aufenthalt der übrigen Kranken zu stören.

2.

Von den Kranken wird erwartet, daß sie den Anordnungen der Aerzte und Schwestern willig und genau Folge leisten, daß sie dem Personal den Dienst nach Möglichkeit erleichtern und ihm wie auch den Mitkranken hilfreich zur Hand gehen und die tägliche Mittagsruhe von 13 bis 15 Uhr mit Ausnahme der Besuchstage unbedingt einhalten. Spätestens bis 21 Uhr muß jeder Patient das Bett aufgesucht haben. Das Licht muß ausgeschaltet sein.

3.

Zur Zeit des ärztlichen Besuches, der Ausführung von Verordnungen sowie bei der Speisenverteilung und auch während der Besuchsstunden sollen alle Kranken in ihrem Zimmer anwesend sein.

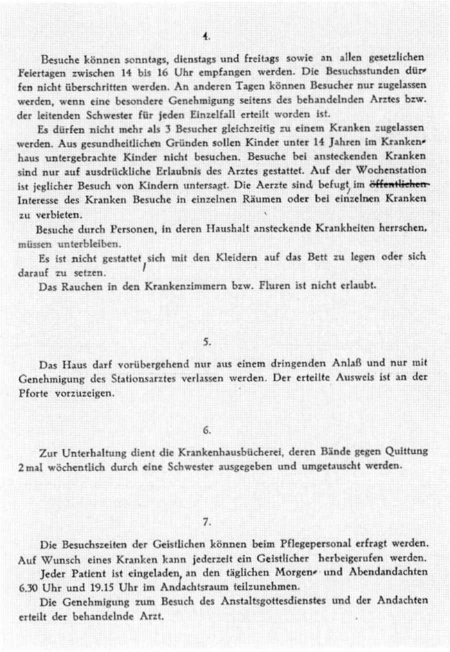

4.

Besuche können sonntags, dienstags und freitags sowie an allen gesetzlichen Feiertagen zwischen 14 bis 16 Uhr empfangen werden. Die Besuchsstunden dürfen nicht überschritten werden. An anderen Tagen können Besucher nur zugelassen werden, wenn eine besondere Genehmigung seitens des behandelnden Arztes bzw. der leitenden Schwester für jeden Einzelfall erteilt worden ist.

Es dürfen nicht mehr als 3 Besucher gleichzeitig zu einem Kranken zugelassen werden. Aus gesundheitlichen Gründen sollen Kinder unter 14 Jahren im Krankenhaus untergebrachte Kinder nicht besuchen. Besuche bei ansteckenden Kranken sind nur auf ausdrückliche Erlaubnis des Arztes gestattet. Auf der Wochenstation ist jeglicher Besuch von Kindern untersagt. Die Aerzte sind befugt, im ~~öffentlichen~~ Interesse des Kranken Besuche in einzelnen Räumen oder bei einzelnen Kranken zu verbieten.

Besuche durch Personen, in deren Haushalt ansteckende Krankheiten herrschen, müssen unterbleiben.

Es ist nicht gestattet, sich mit den Kleidern auf das Bett zu legen oder sich darauf zu setzen.

Das Rauchen in den Krankenzimmern bzw. Fluren ist nicht erlaubt.

5.

Das Haus darf vorübergehend nur aus einem dringenden Anlaß und nur mit Genehmigung des Stationsarztes verlassen werden. Der erteilte Ausweis ist an der Pforte vorzuzeigen.

6.

Zur Unterhaltung dient die Krankenhausbücherei, deren Bände gegen Quittung 2 mal wöchentlich durch eine Schwester ausgegeben und umgetauscht werden.

7.

Die Besuchszeiten der Geistlichen können beim Pflegepersonal erfragt werden. Auf Wunsch eines Kranken kann jederzeit ein Geistlicher herbeigerufen werden.

Jeder Patient ist eingeladen, an den täglichen Morgen- und Abendandachten 6.30 Uhr und 19.15 Uhr im Andachtsraum teilzunehmen.

Die Genehmigung zum Besuch des Anstaltsgottesdienstes und der Andachten erteilt der behandelnde Arzt.

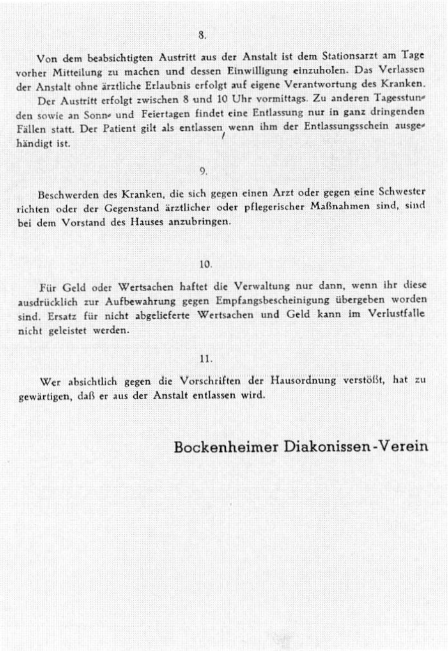

8.

Von dem beabsichtigten Austritt aus der Anstalt ist dem Stationsarzt am Tage vorher Mitteilung zu machen und dessen Einwilligung einzuholen. Das Verlassen der Anstalt ohne ärztliche Erlaubnis erfolgt auf eigene Verantwortung des Kranken.

Der Austritt erfolgt zwischen 8 und 10 Uhr vormittags. Zu anderen Tagesstunden sowie an Sonn- und Feiertagen findet eine Entlassung nur in ganz dringenden Fällen statt. Der Patient gilt als entlassen, wenn ihm der Entlassungsschein ausgehändigt ist.

9.

Beschwerden des Kranken, die sich gegen einen Arzt oder gegen eine Schwester richten oder der Gegenstand ärztlicher oder pflegerischer Maßnahmen sind, sind bei dem Vorstand des Hauses anzubringen.

10.

Für Geld oder Wertsachen haftet die Verwaltung nur dann, wenn ihr diese ausdrücklich zur Aufbewahrung gegen Empfangsbescheinigung übergeben worden sind. Ersatz für nicht abgelieferte Wertsachen und Geld kann im Verlustfalle nicht geleistet werden.

11.

Wer absichtlich gegen die Vorschriften der Hausordnung verstößt, hat zu gewärtigen, daß er aus der Anstalt entlassen wird.

Bockenheimer Diakonissen-Verein

Hausordnung der fünfziger Jahre.

Vorentwurf für einen Erweiterungsbau des St. Markus-Krankenhauses an der Ecke Falkstraße und Am Weingarten gebeten. Bartning und sein Mitarbeiter Otto Dörzbach präsentierten dem Vereinsvorstand am 14. Juni 1954 das Modell und die Skizzen für ein auf den Liegenschaften Falkstraße 39 (Vereinsbesitz) und Am Weingarten 22 (verkaufsbereite Erben) zu errichtendes siebenstöckiges Krankenhochhaus. Die Planer kalkulierten die reinen Baukosten für das 168-Betten-Haus auf gut eine Million Mark. Kaum hatte Bartning die Ausbaupläne vorgestellt, waren sie auch schon wieder Makulatur.[39]

Die Stadt Frankfurt vollzog im Juni 1954 in der Krankenhauspolitik eine Kurskorrektur mit weitreichenden Folgen für die Zukunft des St. Markus-Krankenhauses. Seit 1953 hatte sich eine Magistratskommission mit den Möglichkeiten für einen Neubau des Universitätsklinikums auf der Ginnheimer Höhe auseinandergesetzt. Durch den Wegfall der universitären Einrichtungen wäre im Städtischen Krankenhaus Sachsenhausen Platz für etwa 1.000 zusätzliche Krankenbetten entstanden, wodurch sich das Problem der ständig wachsenden Bettennot in Frankfurt mit einem Schlag halbiert hätte. Wenngleich die Pläne für eine neue „Krankenhausstadt" auf der Ginnheimer Höhe erst 1956 endgültig begraben wurden, so begann die Stadt schon im Juni 1954 von der auf weit über 100 Millionen Mark geschätzten Utopie abzurücken und bei der Bekämpfung des Bettenmangels verstärkt auf die Förderung freigemeinnütziger Krankenanstalten zu setzen.[40] Im Mai 1954 beantragte das Stadtgesundheitsamt beim Magistrat, die von den privaten Krankenhausträgern geplanten und mit einem Zugewinn von circa 1.400 Plätzen verbundenen Aus- und Neubauten durch selbstschuldnerische Bürgschaften und Zinsverbilligungszuschüsse zu fördern. Das vom Magistrat mit der Prüfung des Antrags beauftragte Revisions- und Organisationsamt bewertete die Vorlage des Gesundheitsamts euphorisch als die „natürlichste, günstigste und wirtschaftlichste Lösung" des Bettenproblems. „Hiermit", befanden die amtlichen Kontrolleure in ihrer Stellungnahme vom 27. Mai 1954, „wird bewährten Einrichtungen karitativer Verbände eine grössere Wirtschaftlichkeit ermöglicht, wobei die finanzielle Belastung der Stadt Frankfurt neben der Übernahme der erforderlichen

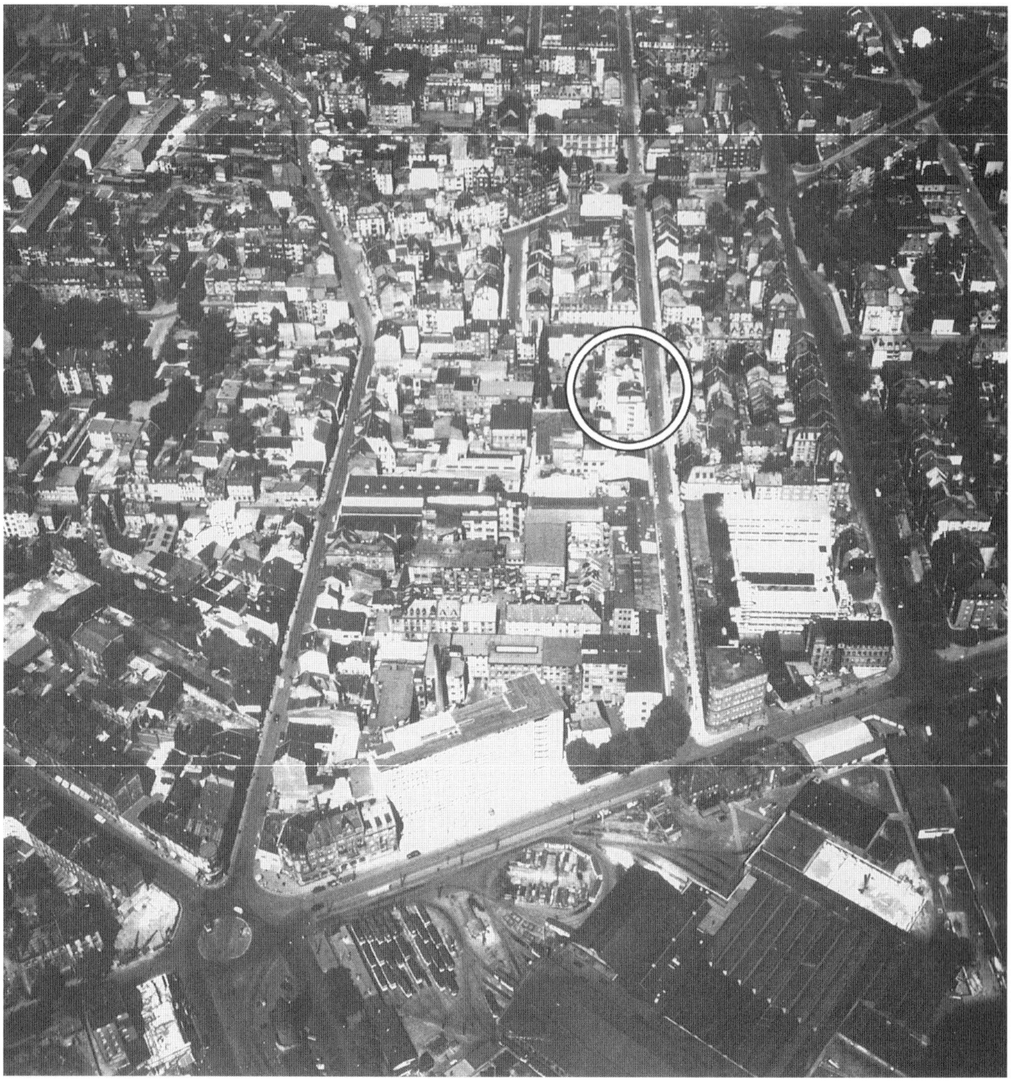

Bockenheim aus der Vogelperspektive, 1955. Der Kreis markiert den Standort des Markus-Krankenhauses.

Bürgschaften lediglich in einer vorübergehenden Zinssubvention besteht, eine Belastung die unvergleichlich geringer ist, als wenn die Stadt den für eine ausreichende Versorgung der Bevölkerung mit Krankenbetten notwendigen Bedarf durch Errichtung eigener Häuser decken würde."[41]

Zur gleichen Zeit, da Otto Bartning vor dem Vorstand des Bockenheimer Diakonissenvereins in der Falkstraße über die Erweiterung des St. Markus-Krankenhauses referierte, beschloss der Magistrat am 14. Juni 1954 im Römer, für die von den freigemeinnützigen Krankenhausträgern zur Finanzierung der geplanten Bauprojekte benötigten Darlehen von summa summarum 11,5 Millionen Mark die selbstschuldnerischen Bürgschaften zu übernehmen und bei Bedarf zur Aufrechterhaltung einer wirtschaftlichen Betriebsführung Zinsverbilligungszuschüsse zu gewähren. Hauptnutznießer des städtischen Förderprogramms sollte der Bockenheimer Diakonissenverein werden. Unmittelbar nach dem Magistratsbeschluss setzte das Gesundheitsamt den Diakonissenverein davon in Kenntnis, dass die Stadt den Neubau des St. Markus-Krankenhauses an der Ginnheimer Landstraße sehr begrüßen und dem Verein bei der Verwirklichung des Vorhabens in jeder Hinsicht unter die Arme greifen würde. Weil andererseits die Bauaufsicht das geplante Krankenhochhaus in der Falkstraße aus städtebaulichen Gründen nicht genehmigen wollte, wagte sich der inzwischen von dem Pfarrer der Bockenheimer Markus-Gemeinde, Johannes Müller, geleitete Diakonissenverein nun doch an das Zehn-Millionen-Projekt heran und beauftragte erneut den Architekturprofessor Bartning anhand des von Chefarzt Wilhelm Schöndube entwickelten Grobkonzepts ein Modell und die erforderlichen Skizzen anzufertigen. Der Vorentwurf sollte dann mit Finanzierungsplan und Rentabilitätsrechnung der Stadt vorgelegt werden. Für das Vorstandsmitglied Karl Kraft enthielt die überraschende Kehrtwendung einen tieferen Sinn: „Ich sehe es als eine göttliche Vorsehung an, dass wir den Neubau erstellen sollen."[42]

In den eineinhalb Jahren bis zum ersten Spatenstich am 2. Januar 1956 musste viel gerechnet und gezählt werden bevor ein tragfähiges Finanzierungskonzept für den Krankenhausneubau gefunden war. Die von Bartning für das Krankenhaus mit angegliedertem Schwesternwohnheim auf 9,5 Millionen Mark veranschlagten Gesamtkosten sollten vom Diakonissenverein, der Stadt Frankfurt und dem Evangelischen Gemeindeverband in einer Art konzertierten Aktion aufgebracht werden. Den Grundstock bildeten die vereinseigenen Immobilien. Für 1,2 Millionen Mark verkaufte der Diakonissenverein das alte St. Markus-Krankenhaus und die Liegenschaften Falkstraße 39 sowie Am Weingarten 18 und 20 an die Stadt, die in den Spitalräumen zur Entlastung der Frankfurter Krankenanstalten von Langzeitkranken die Eröffnung eines Pflegeheims plante. Während sich die Verhandlungen mit dem Evangelischen Gemeindeverband über eine Beteiligung in Höhe von 1,5 Millionen Mark hinzogen, bürgte die Stadt im Juni 1955 für von der Hessischen Landesbank und der Nassauischen Sparkasse Wiesbaden bewilligte Darlehen über drei und eine Million Mark. Als Startkapital reichten die vorhandenen 5,2 Millionen Mark aus, um den Rohbau in Angriff zu nehmen. Zur Betreuung des Bauvorhabens wurde ein mit Johannes Müller, Eberhard Fricke, Karl Kraft, Wilhelm Schöndube und Ernst Ludwig Schulz besetzter Bauausschuss ins Leben gerufen, der am 22. Juli 1955 unter dem Vorsitz des Chefarztes seine Arbeit aufnahm. Auf Wunsch des Rechneiamts beauftragte der Diakonissenverein die Frankfurter Aufbau AG mit der Bauleitung. Die Bauplanung verblieb beim Architekturbüro von Otto Bartning. Entgegen der bislang gehegten Absicht, das auf Bockenheimer Gebiet gelegene (die Gemarkungsgrenze zu Ginnheim verläuft entlang der Wilhelm-Epstein-Straße) städtische Grundstück für den Neubau des Markus-Krankenhauses nur in Erbpacht zu nutzen, fasste der Bauherr Ende August 1955 den Entschluss, das 15.500 Quadratmeter große Gelände zu erwerben, zumal die Stadt nur einen Quadratmeterpreis von sieben Mark verlangte. Die Rohbauarbeiten wurden am 15. Dezember 1955 zum Festpreis von knapp 2,5 Millionen Mark an die Bauunternehmen Hochtief AG, Philipp Holzmann AG und Robert Kögel vergeben, die am 2. Januar 1956 mit dem Ausheben der Baugrube begannen.[43]

Der Richtkranz bekrönte am 15. November 1956 den Rohbau. Pünktlich zum Richtfest hatten am Vortag der Evangelische Gemeindeverband und der Bockenheimer Diakonissenverein einen unerquicklichen, öffentlich ausgetragenen Streit beigelegt, indem die Vereinigung der Frankfurter Kirchengemeinden die im November 1954 abgegebene und im April 1956 wieder zurückgezogene Zusage erneuerte, den Bau des St. Markus-Krankenhauses mit 1,5 Millionen Mark zu unterstützen. Die Auseinandersetzungen hatten sich an der alleinigen Trägerschaft des Diakonissenvereins und der vom Gemeindeverband geforderten Beteiligung an der Krankenhausleitung entzündet. Als Kompromisslösung wurde ein mit Vertretern der Stadt Frankfurt (zwei Sitze), der Leitung der Evangelischen Kirche in

Bauschild, 1956.

Hessen und Nassau (ein Sitz), des Evangelischen Gemeindeverbandes (5) und des Bockenheimer Diakonissenvereins (7) besetztes Kuratorium gebildet, das einem Aufsichtsrat vergleichbare Aufgaben wahrnahm. Bei der Besetzung leitender Positionen, dem Abschluss von Tarifverträgen, der Festsetzung von Pflegesätzen oder der Entscheidung wichtiger Finanz-, Bau- und Organisationsfragen benötigte der Vorstand des Diakonissenvereins künftig die Zustimmung des Kuratoriums. Eine von 88 Personen besuchte außerordentliche Hauptversammlung des insgesamt 1.757 Mitglieder zählenden Diakonissenvereins stimmte am 18. Dezember 1956 der Bildung des Kuratoriums und der erforderlichen Satzungsänderung zu. Träger des St. Markus-Krankenhauses blieb der Bockenheimer Diakonissenverein. Unter dem Vorsitz von Propst Karl Goebels hielt das Kuratorium am 5. Juli 1957 die konstituierende Sitzung ab. Der Evangelische Gemeindeverband wurde in dem Gremium unter anderem von Pfarrer Hans Brehm und Bankier Johann Philipp Freiherr von Bethmann vertreten, der Magistrat delegierte die Stadträte Karl Rasor und Karl Altheim in das Kuratorium. Gesundheitsdezernent Altheim hatte als Vertreter der Stadt beim Richtfest des Markus-Krankenhauses im November 1956 dem Diakonissenverein noch einmal ausdrücklich für die Initiative zum Neubau gedankt. „Wir wollen noch mehr und noch weiter bauen", beendete der Stadtrat seine kurze Ansprache, „damit endlich die grosse Bettennot in Frankfurt beseitigt wird."[44]

Vor den Notaufnahmen überbelegter Krankenhäuser kam es immer wieder zu dramatischen Szenen, wenn Patienten abgewiesen werden mussten, weil kein Bett frei war. Am Beispiel des 63-jährigen Druckers Wilhelm B. berichtete die „Frankfurter Rundschau" in der Ausgabe vom 21. März 1956 über die Krankenhausmisere. Nach einem ganz gewöhnlichen Arbeitstag hatten den Drucker zuhause plötzlich starke Leibschmerzen befallen. Als die Beschwerden nicht nachließen, rief B.s Ehefrau bei einem Nachbar, der über ein Telefon verfügte, den Hausarzt an, der ihr versprach im Anschluss an seine Sprechstunde vorbeizukommen. Als der Arzt abends um halb zehn immer noch nicht da gewesen war, schickte Frau B. einen Bekannten in die Arztpraxis, um sich zu erkundigen, wo der Doktor blieb. Kurz nach zehn traf der Arzt endlich ein und wies B. mit dem Verdacht auf ein durchgebrochenes Magengeschwür umgehend ins Krankenhaus ein. Die Rettungswache schickte sofort einen Krankenwagen. Da in den Frankfurter Krankenanstalten jedoch kein Bett frei war, musste der Schwerkranke zu dem dreißig Kilometer entfernten Behelfskrankenhaus des Hospitals zum Heiligen Geist in Köppern gefahren werden. Eine Tortur für den „Eilfall". In Köppern angekommen, wurde B. sofort operiert. Dabei diagnostizierten die Ärzte neben dem Magengeschwür auch noch eine weit fortgeschrittene Leberzirrhose (Leberschrumpfung), an der Wilhelm B. bald darauf in Köppern verstarb.[45]

Für eine 51-jährige Frau, die mehrere Herzinfarkte erlitten hatte, endete im Dezember 1956 die Suche nach einem freien Krankenhausbett in Frankfurt tödlich. Die herzkranke H. ereilte der erste Herzanfall morgens im Büro. Telefonisch gab der Hausarzt den hilfsbereiten Kolleginnen einige Verhaltensanweisungen und empfahl ihnen, falls sich der Zustand von Frau H. verschlechtern sollte, nicht ihn, sondern gleich die Rettungswache zu alarmieren, da die Patientin dann eher einen Platz im Krankenhaus bekäme. Nachdem die Büroangestellte zwei weitere Herzattacken erlitten hatte, wurde um ein Uhr mittags endlich ein Krankenwagen gerufen, der aber erst nach zwanzig Minuten eintraf. Von der Aufnahme des zuerst angesteuerten Krankenhauses wurde die Patientin wegen Überfüllung abgewiesen. Als die Besatzung des Rettungswagens auch von der Pforte der zweiten Kranken-

Das neue St. Markus-Krankenhaus im Rohbau, 1956.

anstalt weggeschickt wurde, erschien auf Intervention des seine Mutter begleitenden Sohns nach zehn Minuten ein Arzt, der Frau H. im Krankenwagen untersuchte und den Verdacht auf Herzinfarkt bestätigte. Trotzdem erklärte sich der Mediziner, da die Anstalt keine innere Abteilung hatte, für nicht zuständig. Gegen 14 Uhr traf der Krankentransport nach einstündiger Odyssee beim dritten Frankfurter Hospital ein, wo es der Sohn wiederum nur mit viel Überredungskunst erreichte, dass seine Mutter von einem Stationsarzt untersucht wurde. Da Frau H. über Übelkeit klagte, verabreichte der Arzt eine Injektion und schickte nach dem Beatmungsgerät. Für Frau H. kam jede Hilfe zu spät, sie verstarb um halb drei an Herzinfarkt nach Herzkranzarterienverschluss.[46]

Ein Ende der Bettennot stellte Gesundheitsdezernent Karl Altheim den Frankfurtern für 1960 in Aussicht. Bis dahin konnte der auch nach einer 1955 erfolgten Umorganisation des Stadtgesundheitsamts für die Krankenhäuser zuständige Stadtrat nur den Mangel verwalten. Seit 1955 bestand die kommunale Gesundheitsbehörde aus vier Fachämtern: Gesundheitsamt, Gesundheitsverwaltungsamt, Gesundheitsordnungsamt und Amt für Krankenanstalten und Institute. Letzteres befasste sich mit den grundsätzlichen Belangen der städtischen Krankenhäuser und förderte die Kooperation mit den freigemeinnützigen Krankenhausträgern. Das Amt für Krankenanstalten wurde vom Gesundheitsdezernenten geleitet, die Sachbearbeitung erledigte das Gesundheitsverwaltungsamt. Kommunale und private Plätze zusammengerechnet, gab es am 1. Januar 1957 in Frankfurt für rund 650.000 Einwohner exakt 6.233 Krankenhausbetten. Von der idealen relativen Bettenzahl, die bei zwölf Plätzen pro 1.000 Einwohnern lag, war man in Frankfurt zwölf Jahre nach Kriegsende noch weit entfernt. Dass durchschnittlich dreißig Prozent der vorhandenen Krankenhausplätze von Nicht-Frankfurtern belegt wurden, führte zu einer zusätzlichen Verknappung der Kapazitäten.

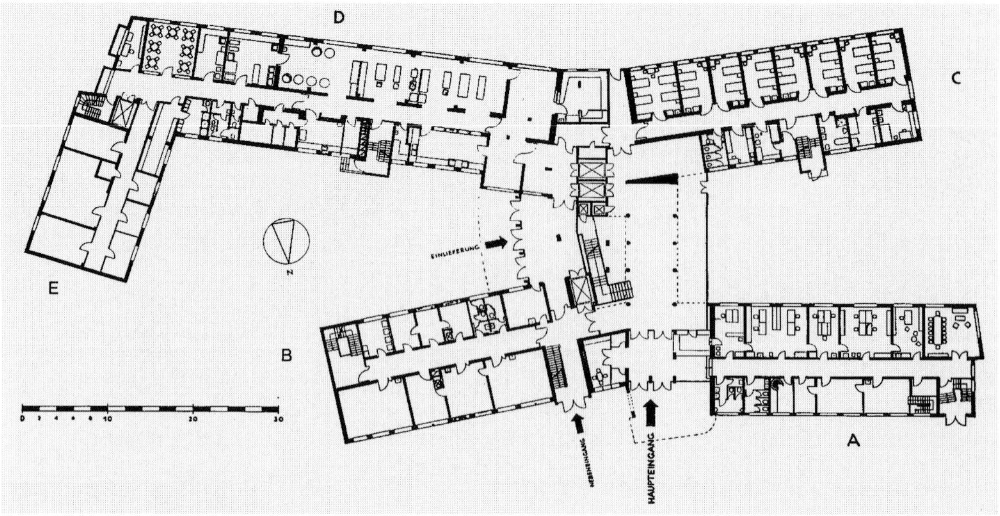

Grundriss Erdgeschoss: A = Verwaltung und Apotheke, B = Therapeutikum, C = Beobachtungsstation, D = Küche und Nebenräume, E = Lager und Wäscherei.

Im Frühjahr 1957 versprach die Stadt den Einwohnern Besserung. Bis 1960 sollten die Krankenbetten in Frankfurt auf 8.400 gesteigert werden, was bei einer erwarteten Bevölkerung von 700.000 Menschen der idealen relativen Bettenzahl entsprochen hätte. In einem ersten Schritt sollte die Anzahl der Krankenhausplätze bis Anfang 1958 auf 7.320 erhöht werden, wozu das neue St. Markus-Krankenhaus mit circa 500 Betten einen Löwenanteil beisteuern würde. Anschließend sollte bis 1960 in einer zweiten Phase mit den Neubauten des St. Katharinen-Krankenhauses und der Berufsgenossenschaftlichen Unfallklinik sowie der Erweiterung des Höchster Stadtkrankenhauses und des Rot-Kreuz-Krankenhauses das Planziel von 8.400 Betten erfüllt werden. Im April 1957 ruhten die Hoffnungen der Gesundheitspolitiker in erster Linie auf dem im Entstehen begriffenen Hospital des Bockenheimer Diakonissenvereins.[47]

Das St. Markus-Krankenhaus an der Ginnheimer Landstraße war der erste komplette Krankenhausneubau in Frankfurt nach dem Zweiten Weltkrieg. Bei allen anderen Projekten hatte es sich zuvor entweder um Wiederaufbauten oder Erweiterungen bestehender Einrichtungen gehandelt. Der Grundriss des neuen Markus-Krankenhauses erinnert entfernt an ein H. Das neungeschossige, in einem flachen Winkel nach Süden sich öffnende Bettenhochhaus wird von einem kurzen Zwischentrakt mit dem vier beziehungsweise fünf Stockwerke hohen nördlich gelegenen Funktionsgebäude verbunden. Das dominante, elegant geschwungene Bettenhaus misst neunzig Meter in der Höhe und 33 Meter in der Breite. Neben dem Haupteingang in der Mitte des Funktionsgebäudes erinnerte bis zur Umgestaltung im Jahr 2000 ein grobsteiniges Mosaik des Bildhauers Willi Sohl an den Auftrag des Hospitals: Hilfe leisten. An zwei Pförtnerlogen und einem Kiosk vorbei betraten Patienten und Besucher eine große, von Säulen getragene Eingangshalle mit frei nach oben schwingender Haupttreppe. Die Liegendaufnahme erfolgte über eine Auffahrt an der östlichen Stirnseite in der ersten Etage des „Komplementärtrakts“ oder über den Innenhof.

Im Keller des vorgelagerten Funktionsgebäudes befanden sich die Bäder der physikalischen Therapie und die Zentralsterilisation, in der unter Verwendung von Hochdruckdampf Spritzen, Instrumente und anderes Material keimfrei gemacht wurden. Das Parterre beherbergte rechts von der Eingangshalle die Verwaltung und die Apotheke, links vom Hauptportal lagen die Räume der trockenen

Luftaufnahme des neuen St. Markus-Krankenhauses und des entlang der Ginnheimer Landstraße errichteten Schwesternwohnheims, um 1960.

physikalischen Therapie. Darüber arbeiteten die chirurgische Ambulanz und auf derselben Etage im Westflügel die Röntgenabteilung. Das zweite und dritte Obergeschoss enthielt auf der Ostseite drei chirurgische Operationsräume und die beiden Kreißsäle mit den gegenüberliegenden Stationen für frisch Operierte oder Entbundene. Über den Kreißsälen kam nur noch das Zentrallaboratorium. Der die beiden Gebäudeteile verbindende Zwischentrakt barg die Haupttreppe und die Aufzugsbatterien mit drei Betten- und zwei schnell laufenden Personenaufzügen. Im sechsten und siebten nach Norden über das Funktionsgebäude verlängerten Obergeschoss des Zwischentrakts waren die Kantine für das Personal und darüber ein Andachts- und Vortragssaal für 250 Personen untergebracht.

Das neunstöckige Bettengebäude ist doppelt unterkellert. Im Tiefkeller verlaufen begehbare Rohrkanäle der Heizanlage und der sanitären Installationen. Das eigentliche Kellergeschoss diente als Standort für die mit Öl betriebenen Heizungskessel samt den dazugehörigen technischen Funktionsräumen, für das Dieselnotstromaggregat und zur Aufnahme einer zukünftigen pathologisch-anatomischen Abteilung mit großem Sektionsraum. Den kompletten Ostflügel des Parterres nahm die Großküche zur Verpflegung von 800 bis 850 Personen in Beschlag. Das Essen wurde auf vorgewärmten Speisewagen zu den Stationen transportiert und dort von den Krankenschwestern portionsweise ausgegeben. Das Geschirr musste auf den Stationen gespült und verwahrt werden. An die Ostseite des Bettenhochhauses grenzte ein separater Flachbau für die Wäscherei an. Der Westflügel beherbergte zu ebener Erde eine Beobachtungsstation für fiebrige und infektionsverdächtige Patienten. In den ersten sechs Obergeschossen des Bettengebäudes befanden sich die chirurgischen (erster und zweiter Stock), die frauenärztlichen (dritte Etage), die inneren (vierte und fünfte Ebene), die Kinder- und Hals-Nasen-Ohren-Abteilungen (sechstes Geschoss). Auf jedem Stockwerk gab es eine Station im Ost- und eine Station im Westflügel, die nahezu identisch eingerichtet waren und über jeweils dreißig Betten verfügten. Die Plätze verteilten

Die Fassade des Funktionsgebäudes mit Blick auf das Mosaik am Haupteingang, um 1960.

Eingangshalle, 1958.

sich auf fünf Fünfbett- und ein Zweibettzimmer zur Südseite sowie ein Zweibett- und ein Einzelzimmer nach Norden. Arzt- und Schwesternzimmer, Teeküche und Sanitärräume lagen ebenfalls auf der Schattenseite des Gebäudes. Die Raumaufteilung orientierte sich an kurzen Wegen für das Pflegepersonal.

Die Krankenzimmer hatten große, tief herabreichende Fenster, damit auch die Bettlägerigen den Ausblick genießen konnten. Jedes Zimmer besaß zwei Waschgelegenheiten und aus hellem Naturholz hergestellte Einbauschränke. Sämtliche Fußböden hatten zur „Trittschalldämmung" einen schwimmenden Estrich mit Kokosmattenunterlagen und einen PVC-Belag. Zwei Stationen teilten sich einen eher spartanisch eingerichteten Aufenthaltsraum in der Mitte des Stockwerks. Aus Sparsamkeit verzichtete der Bockenheimer Diakonissenverein auf teure Elemente wie Deckenheizungen oder Klimaanlagen. Die beiden obersten, mit durchlaufenden Balkonen und bunten Markisen ausgestatteten Etagen des Bettenhochhauses beherbergten die Privatstationen. Aus Mangel an Dienstwohnungen wurden im achten Obergeschoss in der Anfangszeit Ärzte, Schwestern und Pfleger untergebracht. Zu dem im Frühjahr 1958 fertig gestellten Krankenhauskomplex gehörte auch ein parallel zur Ginnheimer Landstraße erbautes dreistöckiges Schwesternwohnheim mit 87 Einzelzimmern für Vollschwestern und 41 Zweibettzimmern für Krankenpflegeschülerinnen und Hauspersonal, das 1976 nach dem um den Neubau des St. Markus-Krankenhauses hochverdienten Chefarzt „Dr. Wilhelm Schöndube-Haus" benannt wurde.[48]

Die ersten Patienten im neuen Markus-Krankenhaus waren Grippekranke. Als Frankfurt Ende Januar 1958 von einer Grippewelle heimgesucht wurde und die Stadt nach einem geeigneten Standort für ein Hilfskrankenhaus Ausschau hielt, erklärte sich der Bockenheimer Diakonissenverein bereit, die innere Abteilung des noch nicht ganz fertig gestellten Markus-Krankenhauses schon am 3. Februar 1958 zu eröffnen. Im Zuge der stufenweisen Inbetriebsetzung nahmen am 1. März 1958 die Frauen-, Kinder- und Hals-Nasen-Ohren-Abteilungen und am 15. März die Chirurgie die Arbeit auf. Die offizielle Einweihungsfeier fand am 26.

Ansichten des St. Markus-Krankenhauses in der Wilhelm-Epstein-Straße von Nordosten und Nordwesten, 1959.

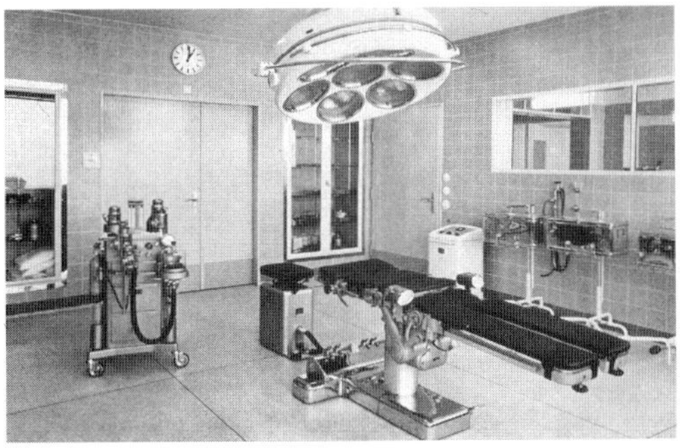

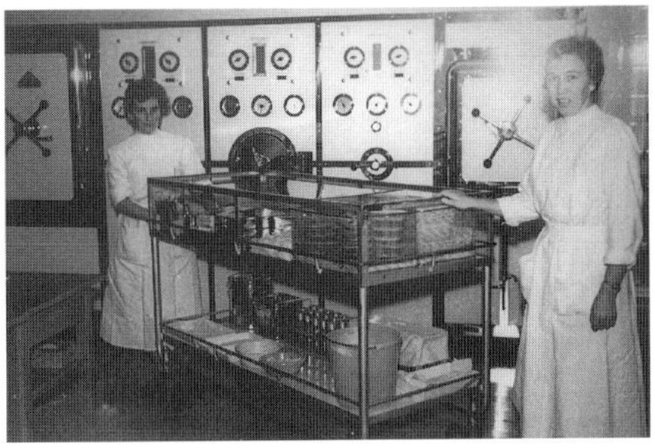

Operationssaal, Spritzenwagen und Labor, 1959.

Das Bettengebäude von Südosten, 1958.

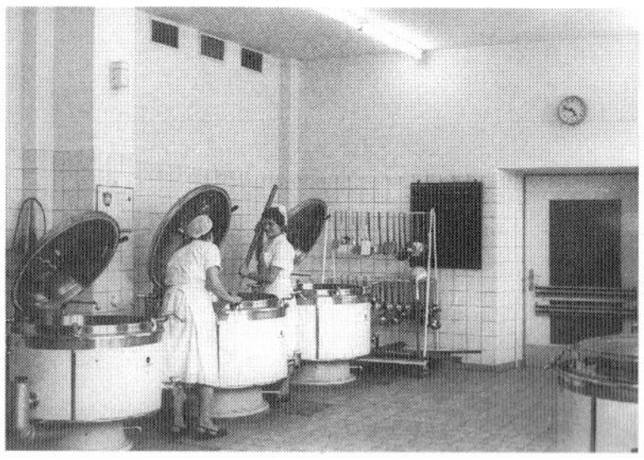

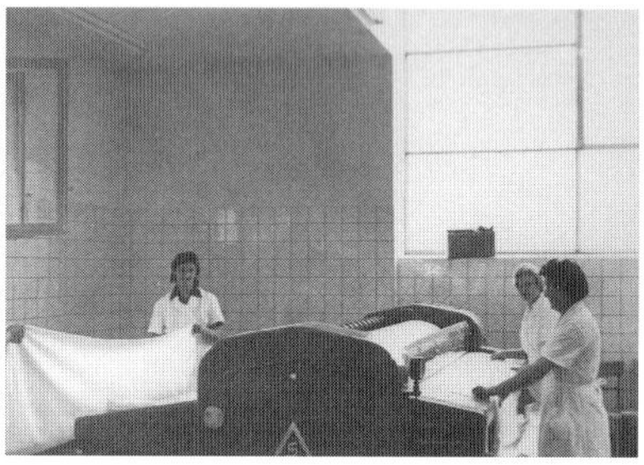

Küche und Wäscherei, 1958.

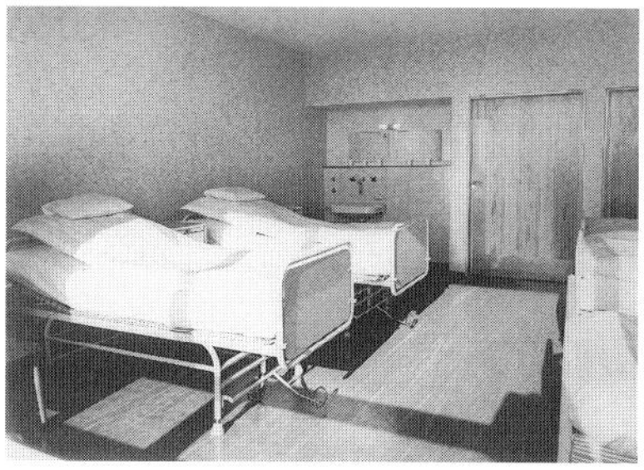

Stationsgang und Krankenzimmer im Bettengebäude, 1958.

April 1958 im Beisein von Oberbürgermeister Werner Bockelmann statt. Der Vorsitzende des Diakonissenvereins, Pfarrer Müller, konnte im Foyer des Hospitals zahlreiche Ehrengäste aus Politik, Kirche und Medizin begrüßen und kündigte in seiner Eröffnungsrede die Praktizierung einer ganzheitlichen Krankenpflege an: „Der kranke und leidende Mensch will Liebe erfahren. Wir werden sie ihm nicht schuldig bleiben, wenn das neue St. Markus-Krankenhaus eine Stätte der Diakonie ist; ein Haus der Barmherzigkeit, in dem sich alle, die in ihm arbeiten, immer wieder darum bemühen, daß durch ihren Dienst dem kranken und leidenden Mitmenschen Christus selber in seiner Liebe begegnen kann und darf."[49] In diesem Sinne hielt Krankenhauspfarrer Hans Brehm regelmäßig Gottesdienst im Andachtsraum, besuchte er die Patienten auf ihren Zimmern und kümmerte sich darum, dass an jedem Krankenbett eine Bibel lag. Im Anschluss an den Vereinsvorsitzenden erläuterte der von Oberbürgermeister Bockelmann mit der Goetheplakette der Stadt Frankfurt ausgezeichnete Otto Bartning den Gästen der Eröffnungsfeier die Architektur des Neubaus und überreichte Chefarzt Schöndube in einem symbolischen Akt die Hausschlüssel. Schöndube dankte in seiner Ansprache der Stadt Frankfurt, ohne deren Hilfe der letztlich rund 14,5 Millionen Mark teure Krankenhausneubau niemals zustande gekommen wäre. Der ursprüngliche Kostenvoranschlag war aufgrund der allgemeinen Preissteigerung, des Bauplatzerwerbs, der Vergrößerung des Schwesternwohnheims und der gestiegenen Aufwendungen für die Geldbeschaffung um satte fünf Millionen Mark überzogen worden. Stadtkämmerer Georg Klingler und Gesundheitsdezernent Karl Altheim hatten dem Bockenheimer Diakonissenverein die Aufnahme von über zehn Millionen Mark ermöglicht, indem die Kommune für den Zinsen- und Amortisationsdienst aufkam. Für den 66-jährigen Wilhelm Schöndube, der sich wie kein Zweiter in das Neubauprojekt hineingekniet hatte, bedeutete die Indienstnahme des St. Markus-Krankenhauses in der Wilhelm-Epstein-Straße die Krönung seiner beruflichen Laufbahn.[50]

Das Schwesternwohnheim an der Ginnheimer Landstraße, 1958.

Otto Bartning (2.v.r.) erläutert Oberbürgermeister Werner Bockelmann (r.) das neue Krankenhausgebäude am Modell. Wilhelm Schöndube (l.) und Johannes Müller ergänzen die Ausführungen des Architekten, 26. April 1958.

Die Krankenhausleitung setzte sich aus einer von dem Ärztlichen Direktor Schöndube, dem Verwaltungsdirektor Helmut Enke und der Oberin Dorothea Kroeber gebildeten Trias zusammen. Der Diakonissenverein hatte Enke im Herbst 1957 eigens zum Aufbau der Verwaltung im neuen Markus-Krankenhaus eingestellt. Als ehemaliger Sekretär des Kirchenpräsidenten der Evangelischen Landeskirche von Hessen und Nassau, Martin Niemöller, und Verwaltungsleiter

Oberin Dorothea Kroeber, April 1968.

Verwaltungsdirektor Helmut Enke, 1958.

Der Ärztliche Direktor Dr. med. Wilhelm Schöndube macht Visite, um 1960.

der Wiesbadener Augenklinik verfügte der begeisterte Tennisspieler Enke über beste Verbindungen. Enkes rechte Hand war ab November 1957 Albin Binder. Die Verteilung der Krankenhausleitung auf mehrere Schultern ging auf einen Vorschlag der Oberin zurück, die das Konzept der gleichberechtigten Dreierspitze während eines Aufenthalts in Schweden kennen gelernt hatte. Dorothea Kroeber begann ihre Tätigkeit als Oberin des neuen St. Markus-Krankenhauses und Leiterin der 1956 gegründeten „Evangelischen Schwesternschaft St. Markus" am 1. Januar 1958.[51]

Die von dem Frankfurter Diakonissen-Verein herbeigesehnte und im April 1955 freudig begrüßte teilweise Rückgabe des Diakonissenhauses im Nordend durch die Besatzungsmacht sollte für den Bockenheimer Diakonissenverein unerfreuliche Folgen haben. Für die umgehend angestrebte Wiedereröffnung des Krankenhauses in der Holzhausenstraße benötigte der Frankfurter Diakonissen-Verein alle verfügbaren Kräfte. Das Mutterhaus kündigte daher am 12. September 1955 den Gestellungsvertrag für die nach Bockenheim abgeordneten Diakonissen zum 15. März 1956. In Bockenheim, wo der dortige Diakonissenverein für den geplanten Neubau des St. Markus-Krankenhauses mit einem Bedarf von rund 120 zusätzlichen Pflegekräften rechnete, war man von der Abberufung natürlich nicht begeistert und intensivierte die Bemühungen um die erforderlichen Krankenschwestern. Da entsprechende Anfragen beim Diakonissenwerk Kaiserswerth oder dem Frankfurter Agnes-Karll-Verband nur Absagen einbrachten, gründete der Bockenheimer Diakonissenverein auf Anraten des Evangelischen Schwesternverbandes Köln-Riehl im Juli 1956 eine moderne evangelisch-freiberufliche Schwesternschaft. Die „Evangelische Schwesternschaft St. Markus" war laut Satzung „ein Zusammenschluß von in der Kranken-, Alten-, Kinderkranken- und Gemeindepflege tätigen Schwestern. [...] Die Schwesternschaft unterstützt ihre Mitglieder bei der Ausübung ihres Berufes, sorgt für die innere Vertiefung und fachliche Fortbildung in der Berufsarbeit und tritt für angemessene Besoldung und Altersversorgung der Schwestern ein."[52] Auf der Brosche der Schwesternschaft war als Symbol für die Mission ein auf der Weltkugel stehendes Kreuz mit der Siegerkrone und die Umschrift „Evangelische Schwesternschaft St. Markus" abgebildet. Unter dem Querbalken des Kreuzes standen in Anlehnung an die Offenbarung des Johannes „Fürchte dich nicht, ich bin der Erste und der Letzte und der Lebendige" der erste und der letzte Buchstabe des griechischen Alphabets: alpha und omega. Die Kleiderordnung der Schwesternschaft verpflichtete Vollschwestern blau-weiß karierte und Krankenpflegeschülerinnen blau-weiß gestreifte Dienstkleider und die Haube des Verbandes zu tragen. Der neu ins Leben gerufenen Schwesternschaft schlossen sich auf Vermittlung von Oberin Kroeber zahlreiche ehemalige Schülerinnen der Heidelberger Schwesternschule an, so dass im Frühjahr 1958 bei der Eröffnung des St. Markus-Krankenhauses 140 Krankenschwestern vorhanden waren.[53]

Das neue Markus-Krankenhaus wurde als Anstaltskrankenhaus mit fest angestellten Chefärzten für die wichtigsten Abteilungen geführt (im Gegensatz zu Hospitälern mit reinem Belegarzt-System). Außer dem schon seit 1948 als Chefarzt amtierenden Wilhelm Schöndube (Innere) bekamen im Januar 1959 auch noch August Henrichsen (Chirurgie), Eugen Maier (Gynäkologie) und Karl Ludwig Schmidt (Röntgen) den Chefarzt-Titel. Eine von der „Frankfurter Rundschau" nach den ersten zwölf Monaten unter der Überschrift „Markus-Krankenhaus bestand alle Proben" veröffentlichte Zwischenbilanz fiel für die Anstalt durchweg positiv aus. Bis Silvester 1958 waren im „Markus" knapp 6.000 Kranke versorgt und fast 400 Kinder geboren worden. Die Zahl der Betten war von 497

Brosche der „Evangelischen Schwesternschaft St. Markus".

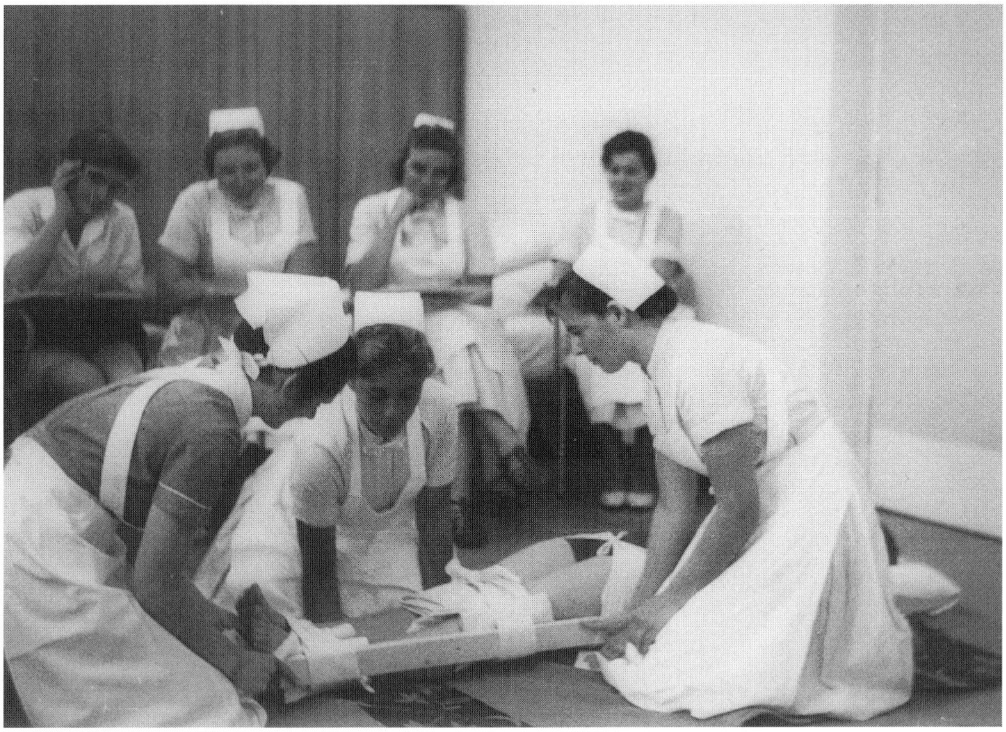

Erste-Hilfe-Kurs im Rahmen der Pflegeausbildung am Markus-Krankenhaus, 1959.

auf 514 gestiegen. Das neue St. Markus-Krankenhaus verzeichnete eine durchschnittliche Belegung von 76,8 Prozent. Im Rekordmonat Oktober hatte mit 96,4 Prozent nahezu Vollbelegung geherrscht. Doch wo viel Licht ist, da ist auch Schatten. Das Wohnheim an der Ginnheimer Landstraße war zu klein ausgefallen, so dass es an Unterkünften für Schwestern und Hauspersonal fehlte. Auf den mit Frauen und Männern belegten Privat- und Spezialstationen hatten die Planer die Installierung von nach Geschlechtern getrennten Sanitärräumen schlichtweg vergessen. Als Nadelöhr erwiesen sich an den beiden einzigen Besuchstagen in der Woche die Personenaufzüge, vor denen sich lange Warteschlangen bildeten. Die fehlenden Fahrstuhlkapazitäten sollten dazu beitragen, dass im Markus-Krankenhaus als erster Frankfurter Krankenanstalt Ende 1969 tägliche Besuchszeiten eingeführt wurden. Im Großen und Ganzen hatte sich der Krankenhauskomplex aber bestens bewährt. Vor allem, und das war schließlich das Wichtigste, fühlten sich die Patienten im St. Markus-Krankenhaus gut aufgehoben. Manch einer wollte, schenkt man den Ausführungen der „Fankfurter Rundschau" Glauben, gar nicht mehr nach Hause: „Und den Patienten, die das Haus ein wahres Sanatorium nennen, fällt die Trennung von den lichten, nach Süden gelagerten Krankenzimmern oft sogar schwer."[54]

Das doppelte Krankenhaus in der Falk- und Wilhelm-Epstein-Straße 1958–1972

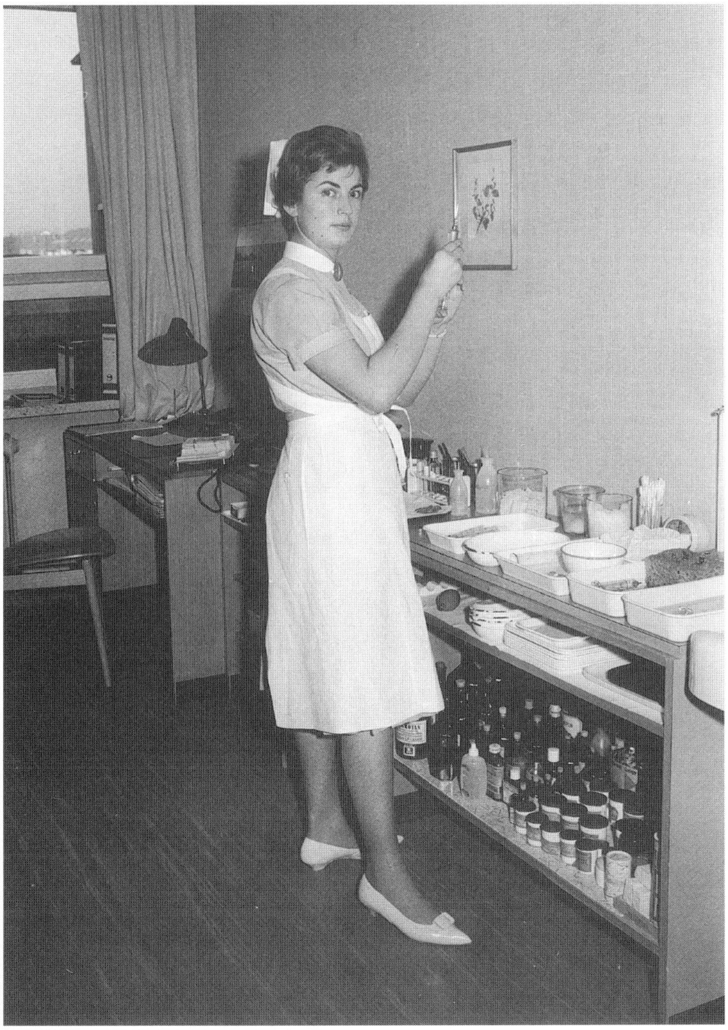

6. Kapitel

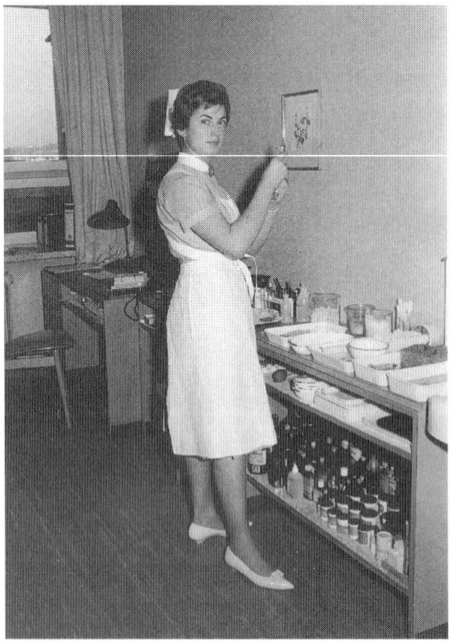

Auf Station 10 bereitet Schwester Käthe eine Injektion vor, Dezember 1962.

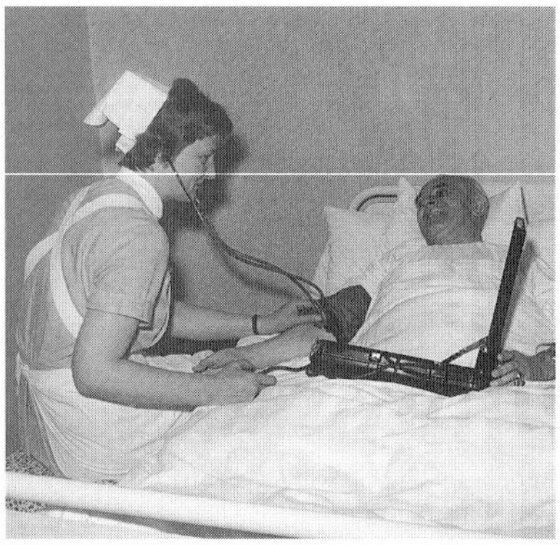

Schwester Annemarie misst auf Station 13 den Blutdruck eines Patienten, Dezember 1962.

Seit 1958 gab es in Frankfurt gleich zwei St. Markus-Krankenhäuser. Das alte, an die Stadt Frankfurt verkaufte und in deren Auftrag vom Diakonissenverein unter dem Namen „Krankenhaus Bockenheim“ weiter betriebene in der Falkstraße und das neue in der Wilhelm-Epstein-Straße. Der Vereinsvorstand übertrug Dr. med. Paul Collischonn und Dr. med. Gottfried Schwander im „Krankenhaus Bockenheim“ die von den Chefärzten des Haupthauses beaufsichtigte Leitung der inneren und der neu gegründeten urologischen Abteilung, die Röntgenabteilung wurde vom Röntgenologen des St. Markus-Krankenhauses, Karl Ludwig Schmidt, mitbetreut. Zum Belegarzt für Hals-Nasen-Ohren-Krankheiten berief der Vorstand den Facharzt Dr. med. Klaus Hartmann. Als die Verwaltungsleiterin des alten Markus-Krankenhauses, Luise Mitterle, nach 23-jähriger Betriebszugehörigkeit am 31. Dezember 1959 in den wohlverdienten Ruhestand ging, übernahm Direktor Enke auch noch die Verwaltung der Dependance in der Falkstraße. Da der Name „Krankenhaus Bockenheim“ immer wieder zu Irritationen geführt hatte, traf der Magistrat im Dezember 1960 eine neue Sprachregelung. Ab 1. Januar 1961 wurden die beiden St. Markus-Krankenhäuser in Abteilung I (Wilhelm-Epstein-Straße) und Abteilung II (Falkstraße) unterschieden. Nach einer mehrjährigen, von der Stadt finanzierten Sanierung der Abteilung II konnte die über 157 Betten verfügende Zweigstelle des Markus-Krankenhauses 1963 medizinisch verselbstständigt und der leitende Arzt Paul Collischonn zum Chefarzt ernannt werden. Verwaltet wurde das alte Markus-Krankenhaus von der Zentrale in der Wilhelm-Epstein-Straße.[1]

Im März 1963 hatte Frankfurt die vom Gesundheitsdezernenten sechs Jahre zuvor eigentlich schon für 1960 angekündigte Zahl von 8.400 Krankenhausplätzen beinahe erreicht. Die Stadt kam am 1. März 1963 dank neu erbauter Anstalten wie dem St. Katharinen-Krankenhaus (Mai 1960 mit 460 Betten eröffnet) oder der Berufsgenossenschaftlichen Unfallklinik (August 1962, 255 Plätze) auf 8.208 Krankenhausbetten. Mit 513 Betten war das St. Markus-Krankenhaus, Abteilung I, die größte freigemeinnützige Krankenanstalt Frankfurts; die 157 Betten der Abteilung II hinzugezählt, stand das „Markus“ hinter den Universitätskliniken der Stadt Frankfurt mit 1.798 Betten und knapp vor dem Städtischen Krankenhaus Frankfurt-Höchst, das 667 Plätze aufwies, insgesamt an zweiter Stelle. Nachdem 1963 auch noch das von der Stiftung Hospital zum Heiligen Geist errichtete Krankenhaus Nordwest (610 Plätze) fertig geworden war, gab es im Frühjahr 1965 in Frankfurt 8.791 Krankenbetten, was bei einer Bevölkerung von rund 694.000 Personen der relativen Bettenzahl von 13 Plätzen pro 1.000 Einwohnern ziemlich nahe kam. Rein rechnerisch war das Bettenproblem gelöst – die Wirklichkeit sah anders aus.[2]

Bei Notfällen griffen die Frankfurter zum Telefonhörer und wählten fünfmal die Vier (die einheitliche Notrufnummer 112 für Feuerwehr und Rettungsdienste existiert erst seit Mai 1966). Am anderen Ende der Leitung meldete sich die Krankentransport-Leitstelle der Berufsfeuerwehr in der Burgstraße und beorderte einen Rettungswagen zum Unglücksort. Zu Beginn der sechziger Jahre verfügte das städtische Rettungswesen über zwölf Krankenwagen, die an sechs strategisch über das Stadtgebiet verteilten Einsatzwachen stationiert waren. Sobald die Besatzung des Rettungswagens den Verletzten oder Kranken verladen hatte, begann nicht selten die Suche nach einem freien Krankenhausbett, denn trotz 8.791 Plätzen war auch 1965 noch kein Ende der Bettennot in Sicht. Eine am 20. Januar 1965 vorgenommene Stichprobe ergab, dass die „Bettennachweis-Liste“ der Leitstelle an diesem Tag für die knapp 700.000 Einwohner ganze drei freie Krankenhausplätze verzeichnete. Und auch in den Tagen zuvor hatten alle Frankfurter Krankenanstalten zusammen nie mehr als zehn freie Betten gemeldet. Die Mitarbeiter der Leitstelle starteten jeden Morgen einen Rundruf an die Krankenhäuser, um in Erfahrung zu bringen, ob es irgendwo noch freie Kapazitäten gab. Das Ergebnis der Telefonaktion war eine vom Tagesgeschehen schnell wieder überholte Momentaufnahme, die keine verlässliche Grundlage dafür bot, die Krankenwagenfahrer über Funk zu aufnahmefähigen Krankenhäusern zu dirigieren. Bestand akute Lebensgefahr konnte die Leitstelle beim Gesundheitsamt rund um die Uhr und innerhalb kürzester Zeit eine Noteinweisung beantragen. Die vom Amtsarzt ausgesprochene Noteinweisung war für kommunale und freigemeinnützige Krankenhäuser absolut bindend. Selbst wenn die betroffene Anstalt nominell voll belegt war, musste die Krankenhausleitung die Aufnahme durch das Aufstellen von Notbetten ermöglichen.

Die Hauptursache des Frankfurter Bettenmangels lag in dem extrem hohen Anteil auswärtiger Patienten von bis zu vierzig Prozent, weswegen auch die auf den ersten Blick günstige relative Bettenzahl täuschte. Weitere Gründe für die Überlastung der Krankenhäuser waren die nachlassende Bereitschaft zur häuslichen Pflege, die steigende Lebenserwartung und die lange Verweildauer der Patienten, die 1962 im St. Markus-Krankenhaus durchschnittlich fast 22 Tage betrug. Mit dem im April 1967 vom Gesundheitsdezernenten Ernst Gerhardt (CDU) und dem Hofacker-Verband gemeinsam entwickelten Maßnahmenkatalog, wonach frei werdende Betten noch am gleichen Tag wieder belegt, die Verweildauer durch ambulante Voruntersuchungen verkürzt und Betten weniger stark frequentierter Disziplinen umgewidmet werden sollten, war dem insbesondere auf dem Gebiet der inneren Medizin herrschenden Engpass nicht beizukommen. Die Bettennot blieb ein Dauerzustand, dessen Leidtragende die Patienten und das chronisch überlastete Krankenhauspersonal waren.[3]

Für die Krankenhausträger rückte im Laufe der sechziger Jahre ein neues Problem in den Vordergrund: der Schwesternmangel. Die „Säkularisierung des Pflegedienstes" – nur noch wenige Frauen entschieden sich für ein Leben als Diakonisse oder Nonne – und der ständige Aus- und Neubau von Krankenhäusern führte zu einem wachsenden Bedarf an examinierten freien Krankenschwestern, der nicht gedeckt werden konnte. Geringe Verdienstmöglichkeiten und schlechte Arbeitsbedingungen machten die Tätigkeit als Krankenschwester nicht eben zu einem Traumberuf. Um 1955 lag das Anfangsgehalt einer Schwester im Durchschnitt etwa zwanzig Prozent unter dem einer ungelernten Arbeiterin in der Elektro- oder Metallindustrie. Im St. Markus-Krankenhaus verdiente 1961 eine ausgelernte Schwester nach dreijähriger Krankenpflegeschule und erfolgreich abgelegten Examen im ersten Berufsjahr monatlich 500 Mark brutto. Während in der Metallindustrie bereits die 40-Stunden-Woche herrschte, betrug 1957 die tarifliche Wochenarbeitszeit für das Krankenpflegepersonal noch 54 Stunden. Schrittweise wurde die Arbeitszeit im Pflegebereich zwischen 1960 und 1970 von 48 auf 44 Stunden in der Woche reduziert, was für die Krankenhausträger jeweils mit zusätzlichem Personalbedarf und erheblichem Kostenaufwand verbunden war. Außer an fehlender Freizeit litt das Pflegepersonal im Allgemeinen unter zu großen Stationen, pflegefremden Tätigkeiten (Putzen) und mangelnder Rücksichtnahme der Ärzte. Entsprechend groß war die Zahl derjenigen, die dem Beruf nach einiger Zeit desillusioniert den Rücken kehrten. Oft führten aber auch andere Umstände zum Ausstieg aus dem Pflegeberuf. Jahr für Jahr verlor allein das Markus-Krankenhaus etwa vierzig Schwestern durch Heirat.[4]

Die beiden Wohnheime für Schwestern und Angestellte des Markus-Krankenhauses in der Wilhelm-Epstein-Straße, 1961.

Im Kampf gegen den Schwesternmangel setzten die Krankenhausträger auf den Bau von preiswerten Wohnungen und später auch auf die Bereitstellung von Kindergartenplätzen für die Sprösslinge der Mitarbeiter. Der Bockenheimer Diakonissenverein beauftragte 1960 die Hellerhof AG mit der Errichtung von zwei zusätzlichen Wohnheimen für Schwestern und Angestellte des Markus-Krankenhauses in der Wilhelm-Epstein-Straße. Kirchenpräsident Martin Niemöller hielt bei der Einweihung der beiden 1,35 Millionen Mark teuren, vierstöckigen Gebäude am 30. Juni 1961 die Festrede. Jeweils vier Schwestern teilten sich eine Wohnung, wobei jede Bewohnerin ein Einzelzimmer mit Balkon ihr Eigen nennen konnte. Acht separate Appartements waren für langjährige Stationsschwestern reserviert. Die Monatsmiete betrug für ein Einzelzimmer 46 Mark, für ein Appartement mussten die Mieter noch sechs Mark drauflegen. Im Souterrain des neuen Schwesternwohnheims lagen die Unterrichtsräume der Krankenpflegeschule St. Markus, die sich großen Zuspruchs erfreute. Obwohl von 170 Planstel-

Informationsblatt für Besucher, 1962.

Ankunft südkoreanischer Krankenschwestern auf dem Frankfurter Flughafen, Juni 1966.

len im Pflegebereich nur 140 regulär besetzt waren, zeigte sich Verwaltungsdirektor Enke im Juni 1961 mit der Pflegesituation am St. Markus-Krankenhaus zufrieden, da für die vakanten Stellen genügend Halbtagskräfte vorhanden waren.[5]

Zur Entlastung der Krankenschwestern wurde 1963 ein neuer Ausbildungsberuf kreiert: die Krankenpflegehelferin beziehungsweise der Krankenpflegehelfer. Bei vergleichsweise niedrigen Einstellungsvoraussetzungen und nach nur einjähriger Ausbildungszeit sollten die Pflegehelfer den Vollschwestern zur Hand gehen. Aus dem Krankenhausalltag schon bald nicht mehr wegzudenken waren die im April 1961 erstmals in Erscheinung getretenen, im Volksmund kurz „Zivis" genannten, Zivildienstleistenden. Seit Verkündung des „Gesetzes über den zivilen Notdienst" am 13. Januar 1960 konnten Wehrpflichtige den Dienst mit der Waffe aus Gewissensgründen verweigern und dafür einen zunächst auf zwölf Monate befristeten Ersatzdienst in einer dem Allgemeinwohl dienenden sozialen Einrichtung absolvieren. Die Mitglieder der Frankfurter „Friedensdienstgruppe" wurden 1961 in verschiedenen Hospitälern, zu denen auch das St. Markus-Krankenhaus gehörte, als Hilfspfleger, Handwerker oder Fahrer eingesetzt. Im Jahr 2000 arbeiteten noch drei Zivildienstleistende im Markus-Krankenhaus.

Nur vorübergehend war das auf Vermittlung des am Höchster Stadtkrankenhaus beschäftigten Kinderarztes Suk Kil Lee und des Vorsitzenden des Hofacker-Verbandes, Theodor Schultheis, zustande gekommene Engagement südkoreanischer Krankenschwestern. 128 koreanische Schwestern landeten am 31. Januar 1966 auf dem Rhein-Main-Flughafen, um für drei Jahre in Frankfurter Krankenhäusern und Heimen mitzuhelfen. Frankfurt setzte als erste deutsche Stadt Koreanerinnen in der Krankenpflege ein. Kwang Ok Shon war eine von 13 Schwestern, die am St. Markus-Krankenhaus zum Einsatz kamen und nach Überwindung der Sprachbarrieren bei den Patienten wegen ihres freundlichen Auftretens sehr beliebt waren. Auf die erste Gruppe folgten im Mai und Juni 1966 weitere Schwesternkontingente aus Südkorea, die auf Krankenhäuser in Frankfurt, Offenbach, Mainz und Hanau verteilt wurden. Als im Frühjahr 1969 die koreanischen Schwestern in ihre Heimat zurückkehrten, trat der sich anbahnende Pflegenot-

Olga von Lersner-Haus, April 1968.

stand noch deutlicher zu Tage. In den 22 Frankfurter Krankenhäusern und Kliniken waren im Februar 1969 von 3.850 Planstellen für Krankenschwestern nur 3.370 besetzt. Jede achte Krankenschwesternstelle war vakant.[6]

Die Zukunft der Krankenpflege stand und fiel mit der Nachwuchsförderung. Bis auf wenige Ausnahmen unterhielten alle Frankfurter Krankenanstalten eigene Krankenpflegeschulen als Reservoire für Nachwuchskräfte. Bei der über sechzig Ausbildungsplätze verfügenden Krankenpflegeschule St. Markus gingen anfangs der sechziger Jahre die Aufnahmegesuche in so großer Zahl ein, dass viele Interessenten abgewiesen werden mussten. Im Vorstand des Bockenheimer Diakonissenvereins wurde daher im Oktober 1962 erstmals über den Neubau einer Krankenpflegeschule laut nachgedacht. Die Dauer der Ausbildung zur Krankenschwester, die 1907 bei zwölf Monaten gelegen hatte und 1938 auf zwei Jahre verlängert worden war, betrug seit 1957 drei Jahre mit insgesamt 450 Stunden Unterricht. Die Intensität der nach wie vor dreijährigen Ausbildungszeit wurde 1965 noch einmal deutlich erhöht und die Zahl der theoretischen und praktischen Unterrichtsstunden auf 1.200 hinaufgeschraubt. Bewerberinnen um einen Ausbildungsplatz mussten mindestens 18 Jahre alt sein und entweder einen Realschulabschluss oder die mittlere Reife vorweisen können. Ambitionierten Schwestern boten eine sechsmonatige Fortbildung zur Stations- und Operationsschwester oder der zur Ausübung des Oberinnenamtes qualifizierende einjährige Besuch der Frankfurter Schwesternhochschule, des Wilhelm-Polligkeit-Instituts, die Möglichkeit, sich beruflich zu verbessern. Das Pflegepersonal wurde nach dem Bundesangestelltentarif bezahlt. Während eine Krankenschwester 1966 im ersten Berufsjahr ein Bruttogehalt von 664 Mark bezog, kam eine Oberin auf ungefähr 1.200 Mark

Olga von Lersner, 18. April 1968.

im Monat. Zum gewandelten Selbstverständnis im Pflegebereich zitierte die „Frankfurter Allgemeine Zeitung“ in der Ausgabe vom 30. November 1963 die Oberin des St. Markus-Krankenhauses, Dorothea Kroeber, mit den Worten: „Wir erwarten heute von keinem Mädchen, daß es aus Opferwille und Barmherzigkeit Krankenschwester wird. Der Schwesternberuf ist ein moderner Frauenberuf.“[7]

In zweijähriger Bauzeit entstand bis 1968 nach den Plänen des Heidelberger Architekten Otto Dörzbach neben dem südlichen Ende des 1962 um eine vierte Etage erhöhten „Dr. Wilhelm Schöndube-Hauses“ ein zehngeschossiger Zweckbau für die Krankenpflegeschule des Markus-Krankenhauses. Pro Etage teilten sich 14 in Ein- und Zweibettzimmern untergebrachte Schülerinnen eine gemeinsame Küche und die zentralen Sanitäranlagen. Das Flachdach war als Sonnenterrasse konzipiert, das dort oben geplante Schwimmbecken wurde nie verwirklicht. Im Erdgeschoss dienten eine Cafeteria, zwei Klubräume und ein Kaminzimmer der Freizeitgestaltung. Ebenfalls zu ebener Erde lagen der Speise- und ein Gymnastiksaal. Der an das Hochhaus angrenzende Flachbau beherbergte Unterrichts-, Arbeits- und Gemeinschaftsräume. An der Finanzierung des 5,17 Millionen Mark teuren Schul- und Wohngebäudes beteiligten sich das Land Hessen, die Stadt Frankfurt, die Bundesanstalt für Arbeitsvermittlung und Arbeitslosenversicherung in Nürnberg (seit 1969 Bundesanstalt für Arbeit) und die Evangelische Kirche von Hessen und Nassau, so dass der Bockenheimer Diakonissenverein lediglich 370.000 Mark aufbringen musste. Die auf Vorschlag von Schulleiterin Kroeber in „Olga von Lersner-Schule“ benannte Ausbildungsstätte des Markus-Krankenhauses wurde am 18. April 1968 in Gegenwart der in Frankfurt ihren Lebensabend verbringenden „Namenspatronin“ feierlich eröffnet. Den Festvortrag zum Thema „Das Berufsbild der Krankenschwester und ihre Ausbildung“ hielt mit Oberin Antje Grauhan die direkte Amtsnachfolgerin Olga von Lersners in der Leitung der Schwesternschule der Universität Heidelberg.[8]

Olga von Lersner ist als „Pionierin der neuzeitlichen Pflegeausbildung“[9] in die Geschichte eingegangen. Am 21. Juli 1897 in Karlsruhe geboren, absolvierte die Freiin nach dem Besuch der Höheren Töchterschule am von Diakonissen geführten Katharinenhospital in Stuttgart von 1919 bis 1922 eine Ausbildung zur Krankenschwester. Entgegen ihrer ursprünglichen Absicht, Diakonisse zu werden, brach Olga von Lersner anschließend zu einem fünfjährigen Auslandsaufenthalt in der Türkei und in Griechenland auf, wo sie zuletzt als Oberin an einer Athener Privatklinik arbeitete. Wieder in Deutschland bekleidete Lersner an Krankenhäusern in Königsberg, Dresden, Senftenberg und Offenbach am Main das Amt der Oberin. Während der Amtszeit am Offenbacher Stadtkrankenhaus (1935 bis 1940) trat Olga von Lersner der DRK-Schwesternschaft bei und leitete erstmals eine Krankenpflegeschule. Von Offenbach wechselte die Freiin im Zweiten Weltkrieg als Oberin an die Heidelberger Ludolf-Krehl-Klinik und übernahm zugleich die stellvertretende Leitung der dortigen DRK-Krankenpflegeschule.

Nach Kriegsende brachte die amerikanische Militärregierung den damaligen Rektor der Chirurgischen Universitätsklinik in Heidelberg, Professor Karl-Heinrich Bauer, mit Vertretern der Rockefeller-Foundation zusammen, die es sich zum Ziel gesetzt hatte, das fachlich anspruchsvollere Konzept der nordamerikanischen Krankenpflege in Europa zu etablieren. Der an einer Reform der Krankenpflege interessierte Medizinprofessor vereinbarte 1948 mit den Stiftungsmitgliedern die Gründung einer der Medizinischen Fakultät der Heidelberger Universität angegliederten Modellkrankenpflegeschule. Die Wahl der Schulleiterin fiel auf Olga von Lersner, der zur Vorbereitung von der Rockefeller-Foundation 1948/49 ein

Leitende Schwestern des Markus-Krankenhauses im Jahr 1968. V.l.n.r.: Stellvertretende Schulleiterin Dore Kroeker, Oberschwestern Marianne Petri und Heilgard Schrabback, Unterrichtsschwester Marlies Prehm, Oberin Dorothea Kroeber, Oberschwester Reinhilde Hock und Schulassistentin Heide Petri.

zweisemestriges Studium an der Universität von Toronto und der Besuch von Einrichtungen zur Krankenpflege in den Vereinigten Staaten ermöglicht wurde. Auf der Rückreise legte Lersner in Schweden einen Zwischenstopp ein, um sich von der Arbeitsweise in den Pflegeschulen von Göteborg und Stockholm ein Bild zu machen. Nach Heidelberg zurückgekehrt, entwickelte Olga von Lersner für die in Vorbereitung befindliche Schwesternschule der Universität einen an den fortschrittlichen Ausbildungsmethoden Nordamerikas und Skandinaviens orientierten Lehrplan, der sich durch ein klares pädagogisches Konzept, die umfassende Vermittlung theoretischer Fachkenntnisse und ein patientenorientiertes Pflegeverständnis auszeichnete.

Die Schülerinnen sollten von sorgfältig ausgewählten, pädagogisch versierten Unterrichtsschwestern ausgebildet und als Lernende nicht auf den Stellenplan des Krankenhauses angerechnet werden. Im Idealfall herrschte zwischen Auszubildenden und Lehrenden ein offenes, freiheitliches und auf Gemeinschaft angelegtes Schulklima. Wenngleich die geplante Verlängerung der Ausbildungszeit auf drei Jahre vorerst noch an dem Gesetz von 1938 scheiterte, so wurde der Umfang des zu behandelnden Unterrichtsstoffs doch wesentlich erhöht und um pädagogische, philosophische und psychologische Themen erweitert. Für eine enge Verzahnung von Theorie und Praxis sorgten klinische Unterrichtseinheiten auf den Stationen. Um einem späteren Praxisschock vorzubeugen, sollte die Ausbildung mit einem zweimonatigen Vorkurs beginnen. Im Mittelpunkt der Pflege stand der hilfsbedürftige Mensch. Die Lerninhalte sollten bei den angehenden Krankenschwestern eine freundliche, einfühlsame und verantwortungsbewusste Grundhaltung herbeiführen. Großen Wert legte Olga von Lersner auf die Beachtung von „Pflegefeinheiten“, worunter sie zum Beispiel den Umgangston in der Patienten-Aufnahme oder die Begleitung eines gehfähigen Kranken auf dem Weg durch die oft labyrinthartigen Krankenhausflure zu einer Spezialuntersuchung verstand. Im Zusammenhang mit den „Pflegefeinheiten“ verglich die Freiin den Patienten mit einem Hotelgast.[10] Gegen den Widerstand der Mutterhausverbände (Caritas, Innere Mission, DRK), die den reinen Schülerstatus der Auszubildenden ebenso ablehnten wie die hohe Zahl von Unterrichtsstunden, wurde am 29. Mai

1953 die Schwesternschule der Universität Heidelberg eingeweiht. Olga von Lersner, die kurz vor der Eröffnung von der DRK-Schwesternschaft in den Agnes-Karll-Verband übergetreten war, leitete die Schwesternschule bis zu ihrer Versetzung in den Ruhestand am 31. Dezember 1962.

Vor der Berufung an das St. Markus-Krankenhaus im Januar 1958 hatte Dorothea Kroeber als Unterrichtsschwester an der Heidelberger Schwesternschule gearbeitet. An der neuen Wirkungsstätte sorgte Oberin Kroeber für frischen Wind im Pflegebereich. Die evangelische Krankenpflegeschule St. Markus wurde nach dem Heidelberger Modell umorganisiert. Von der Qualität der Krankenpflege konnte sich der Ärztliche Direktor und Leiter des Röntgen- und Strahleninstituts am St. Markus-Krankenhaus, Dr. med. Hans Joachim Süsse, im Herbst 1969 am eigenen Leib überzeugen. In einem regelmäßig an alle Mitarbeiter des Krankenhauses verteilten Informationsblatt berichtete Professor Süsse in der Dezember-Ausgabe 1969 unter der Überschrift „Arzt als Patient" von seinen Erfahrungen: „Paradox ist, wenn ein Hausierer Schilder verkauft ‚Hausieren verboten'. Etwas paradox ist auch die Situation, wenn ein Arzt plötzlich Patient ist, wie es mir jüngst erging, als ich in unserem Haus operiert werden mußte. Im Aufwachzimmer sah ich erst verschwommen wie durch Nebel hindurch die Gesichter einiger mir bekannter Schwestern, die sich mit mir zu schaffen machten, ohne daß ich begriff, was sie im Einzelnen taten. Bald aber ärgerte mich ein Schlauch, der in meiner Nase steckte und mit seinem anderen Ende offenbar in meine Magenwand bohrte. Später fand ich mich auf der Station 19 wieder. Es begann für mich eine geradezu angenehm schöne und faule Zeit. Während Schwestern, Pfleger und Helfer um mich herum pausenlos tätig waren, hatte ich nichts anderes zu tun, als mich umsorgen zu lassen. Die veränderte Perspektive aus dem Bett heraus läßt erst erkennen, wie viele geschulte Hände in einem Krankenhaus planmäßig zusammenarbeiten müssen, um einen Patienten von seiner Aufnahme an über die Operation über die Pflegezeit hinweg bis zu seiner Entlassung zu versorgen. [...] In den ersten Tagen nach der Operation ist man sehr empfindlich. Geräusche werden als sehr störend empfunden. Ein Stakkato stahlharter Stöckelabsätze, die den ganzen Tag über auf dem Flur hin und her laufen und durch den Stahlbeton über die ganze Station fortgeleitet werden, ist zermürbend. Aber ein Hinweis genügte, und alles wurde wieder ‚lautarm'. Man sollte auf allen Stationen auf solche ‚Kleinigkeiten' achten. Ich möchte als Patient allen danken, die sich um den Kranken bemühen, den am Bett sichtbar werdenden Ärzten, Schwestern und Pflegern und denen, die für den Kranken unsichtbar in der Küche, der Wäscherei, der Werkstatt, der Pforte, der Verwaltung usw. für ihn sorgen. Für den Arzt im Patienten ist es ein gutes Gefühl zu wissen, daß die Kranken bei uns in guten Händen sind."[11]

Die sechziger Jahre verliefen für den Bockenheimer Diakonissenverein in den gewohnten Bahnen. An der Spitze des Vereins standen weiterhin Pfarrer Johannes Müller, dessen Stellvertreter Karl Kraft und als Schriftführer Wilhelm Schöndube. Unter den personellen Veränderungen, die sich in den Vereinsgremien ergaben, sollte der im Oktober 1970 vollzogene Wechsel Johann Philipp von Bethmanns vom Kuratorium in den Vorstand zu einem späteren Zeitpunkt der Vereinsgeschichte noch besondere Bedeutung erlangen. Während beim Krankenhausträger beinahe alles beim Alten blieb, kam es unter den Chefärzten des St. Markus-Krankenhauses, Abteilung I, zu einem Generationswechsel. Nach 15-jähriger Tätigkeit am Markus-Krankenhaus verstarb am 18. Februar 1960 der Leiter der Chirurgie, August Henrichsen, an den Folgen einer bösartigen Grippe. Aus einem Kreis von 46 Bewerbern wurde der Spezialist für Bauchchirurgie, Professor Dr. med. Ernst

Die Säulen des Markus-Krankenhauses im Jahr 1968. V.l.n.r.: Dr. D. Klebe, Dr. A. Stern, Dr. H. Kronschwitz, Dr. D. Keil, Dr. K. Hartmann, Dr. H. Höhler, Dr. G. Schwander, Dr. P. Collischonn, Prof. Dr. E. Krönke, Dr. W. Schöndube, Prof. Dr. A. W. Schwenzer, Oberapothekerin R. Kretschmann, Prof. Dr. H. J. Süsse, Dr. W. Zahn. Vorne: Verwaltungsdirektor H. Enke, Oberin D. Kroeber und Ärztlicher Direktor Prof. Dr. E. Koch.

Krönke, zum neuen Leiter der Chirurgischen Abteilung gewählt. Anhand der Einführung der intraoperativen Manometrie (Druckmessung im Gallengang) und Cholangiographie (Kontrastmitteldarstellung der Gallengänge) sowie durch die Endoskopie verbesserte Krönke am Markus-Krankenhaus die Behandlungsmöglichkeiten von Erkrankungen der Gallenwege. Der Leiter der Abteilung für Frauenheilkunde, Eugen Maier, ging 1962 nach 25-jähriger Betriebszugehörigkeit in den Ruhestand. Für Maier kam mit Professor Dr. med. Adolf W. Schwenzer ein gebürtiger Bockenheimer, der seine Ausbildung größtenteils an der von Professor Dr. med. Hans Naujoks geleiteten Frauenklinik der Frankfurter Universität genossen hatte.

Der geistige Vater des neuen St. Markus-Krankenhauses, Wilhelm Schöndube, beging am 5. Januar 1962 seinen siebzigsten Geburtstag und schied anschließend aus den Ämtern als Chefarzt und Ärztlicher Direktor aus. Für Verdienste um das Krankenhauswesen und im Bereich der Kultur – die Senckenbergische Naturforschende Gesellschaft ernannte Schöndube 1968 zum Ehrenpräsidenten – wurde der Jubilar mit dem Großen Bundesverdienstkreuz und der Ehrenplakette der Stadt Frankfurt ausgezeichnet. Wilhelm Schöndube fühlte sich keineswegs schon dem alten Eisen zugehörig und blieb dem Markus-Krankenhaus als Belegarzt und dem Bockenheimer Diakonissenverein als Schriftführer noch bis 1977 erhalten. Hochbetagt starb Schöndube am 26. Oktober 1985 im Alter von 93 Jahren. Professor Dr. med. Eberhard Koch hatte 1962 Schöndubes Nachfolge als Chefarzt der nun I. Medizinische Klinik genannten inneren Abteilung angetreten.[12]

Mit der Umbenennung der drei Hauptabteilungen in Kliniken kam der Vorstand des Diakonissenvereins im April 1962 den habilitierten Chefärzten entgegen und machte damit zugleich die gestiegene akademische Reputation des St. Markus-Krankenhauses auch nach außen hin deutlich. Die innere Abteilung der Dependance in der Falkstraße hieß von nun an II. Medizinische Klinik und die Röntgenabteilung des Haupthauses Röntgen- und Strahleninstitut. Der Röntgenologe Karl Ludwig Schmidt übernahm 1962 nach Wilhelm Schöndubes Teilrückzug als Dienstältester das auf drei Jahre befristete Amt des Ärztlichen Direktors. Schmidt verstarb noch vor dem Ablauf seiner Amtsperiode an einem Krebsleiden. Zum neuen Chefarzt des Röntgeninstituts berief der Diakonissenverein 1964 Professor Dr. med. Hans Joachim Süsse von der Marburger Universitätsstrahlenklinik. Die Krankenhausleitung trug 1967 der gewachsenen Bedeutung der Anästhesiologie Rechnung, indem sie eine selbstständige Anästhesieabteilung einrichtete und die Leitung dem Privatdozenten Dr. med. Herbert Kronschwitz überantwortete. Ein Hauptarbeitsgebiet des Anästhesisten bildete die 1968 eröffnete, von allen Abteilungen genutzte Intensivstation, auf der die wichtigsten Lebensfunktionen von Schwerkranken laufend aufgezeichnet und auf Monitoren überwacht werden konnten.[13]

Mit der am 29. Mai 1970 eröffneten Klinik für Plastische- und Wiederherstellungs-Chirurgie betrat der Bockenheimer Diakonissenverein Neuland; es war die erste Spezialklinik der Bundesrepublik in dieser Art. Die Anfänge der Spezialdisziplin reichten am St. Markus-Krankenhaus bis in das Jahr 1962 zurück. Der Chefarzt der Chirurgischen Klinik, Ernst Krönke, hatte seinerzeit dem niedergelassenen Facharzt für Plastische- und Wiederherstellungs-Chirurgie, Dr. med. Herbert Höhler, im siebten Stock des Bettengebäudes einige Belegbetten für Privatpatienten überlassen. Von Hause aus Chirurg hatte sich Höhler im New Yorker Cornell Medical-Center auf dem Gebiet der „Schönheitschirurgie" regelmäßig weitergebildet. Höhlers Tätigkeitsfeld umfasste die Behebung von Geburtsfehlern (Lippen-Kiefer-Gaumenspalten), plastische Rekonstruktionen der weiblichen Brust (Mammoplastiken) sowie die Behandlung von Gesichtsverletzungen und Verbrennungen. Genau genommen fiel beispielsweise die Ersatzplastik einer abgetrennten Nase unter den Begriff der Wiederherstellungs-Chirurgie, während das Zusammenfügen vorhandener, aber verlagerter Gewebe (z. B. Spalten) zur Plastischen Chirurgie zählte. Das erforderliche Know-how hatte Höhler sich in den USA aneignen müssen, da in der Bundesrepublik weder ein Lehrstuhl noch eine Ausbildungsstätte für Plastische- und Wiederherstellungs-Chirurgie vorhanden war. Mangels Spezialisten übernahmen Hals-Nasen-Ohrenärzte, Dermatologen oder Chirurgen die Behandlung der Patienten.

Aufgrund der großen Nachfrage und der vom Landesversorgungsamt beantragten Aufnahme von Kriegsbeschädigten beschäftigte sich der Bockenheimer Diakonissenverein seit 1963 mit dem Bau einer Spezialklinik. Nachdem das Land Hessen im Juni 1967 eine Million Mark aus dem Krankenhaus-Förderungsprogramm für die geplante Klinik für Plastische- und Wiederherstellungs-Chirurgie bewilligt hatte, konnte mit dem von Architekt Otto Dörzbach konzipierten fünfgeschossigen Anbau am westlichen Ende des Funktionsgebäudes begonnen werden. Die von Herbert Höhler ab Januar 1970 geleitete Klinik verfügte über zwei Operationssäle und 45 Betten, darunter acht Kinderbetten. Darüber hinaus beherbergte der Anbau eine dem Röntgen- und Strahleninstitut angegliederte Abteilung für Isotopen- und Nuklearmedizin mit modernsten Einrichtungen zur Krebsbehandlung und eine 13-Betten-Station für Leberkranke. An den Kosten des Klinikanbaus in Höhe von 3,3 Millionen Mark hatten sich neben dem Land Hessen die Stadt Frankfurt und die Berufsgenossenschaften beteiligt. Die „Frankfurter Rundschau" widmete der neuen Klinik Ende Mai 1970 einen ausführlichen Bericht. „Der Laie ahnt kaum", so die Rundschau-Redakteurin Margot Felsch in dem Artikel, „wie viele Menschen sich wegen ihrer Kriegsverletzungen, wegen ihres verstümmelten Aussehens noch heute nicht in der Öffentlichkeit sehen lassen. Für sie bildet das Messer des erfahrenen Chirurgen, dem sie sich anvertrauen, die letzte Hoffnung, wieder in die Gesellschaft zurückkehren zu kön-

Der Anästhesist wacht über Patient und Narkose.

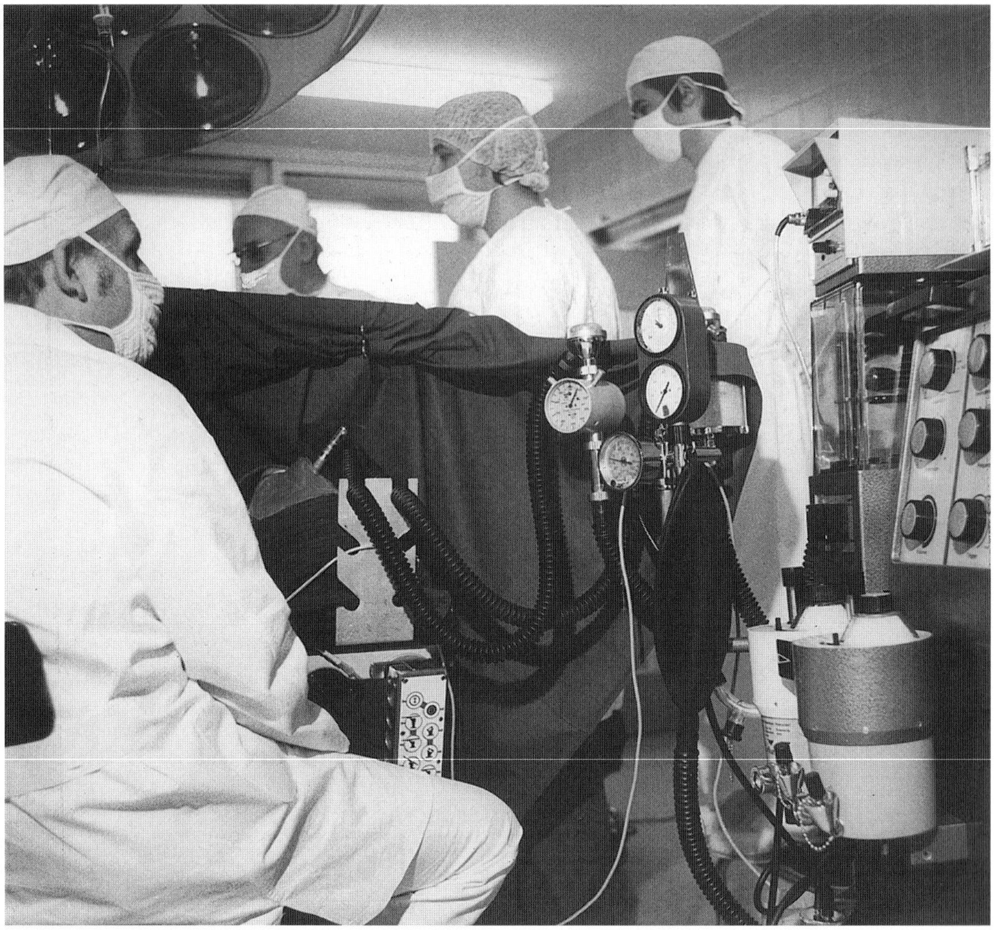

nen. Sie, die sehr oft einen ‚Seelenkollaps' überstanden haben, sind so scheu geworden, daß sie nicht einmal das Wartezimmer des Arztes betreten, vielmehr irgendwo auf dem Gang oder in einer Ecke unbeobachtet warten, bis sie zu ihm hereingerufen werden. Viele, viele Male, bis zu dreißigmal und mehr in schwersten Fällen, müssen sie unter Umständen operiert, muß ihr Äußeres korrigiert werden. Erst dann sind sie dem Leben wiedergegeben."[14] 1970 wurden in der Klinik für Plastische- und Wiederherstellungs-Chirurgie des St. Markus-Krankenhauses 1.152 Operationen durchgeführt. Rund zwei Drittel der Patienten waren weiblichen Geschlechts. Chefarzt Höhler und seine Mitarbeiter kamen kaum mit dem Operieren nach. Die Hilfe Suchenden mussten Wartezeiten von bis zu neun Monaten in Kauf nehmen.

Durch die Ernennung des Privatdozenten Dr. med. Dietrich Walther zum künftigen Leiter des noch zu gründenden Pathologischen Instituts erhöhte sich 1968 die Zahl der habilitierten Chefärzte am St. Markus-Krankenhaus auf ein halbes Dutzend. Zehn Jahre nach der Einweihung des Neubaus in der Wilhelm-Epstein-Straße sollten die im westlichen Kellergeschoss des Bettenhochhauses für die Prosektur bereit gehaltenen Räumlichkeiten endlich mit Leben erfüllt werden. Bis die auf städtische Zuschüsse angewiesene Finanzierung des Projekts geklärt war, verstrichen noch einmal drei Jahre, so dass der bis dato am Dr. Senckenbergischen Pathologischen Institut der Johann Wolfgang Goethe-Universität beschäftigte Institutsleiter in spe, Dietrich Walther, den Dienst im Markus-Krankenhaus erst im April 1971 antreten konnte. In den Aufgabenbereich der Patho-

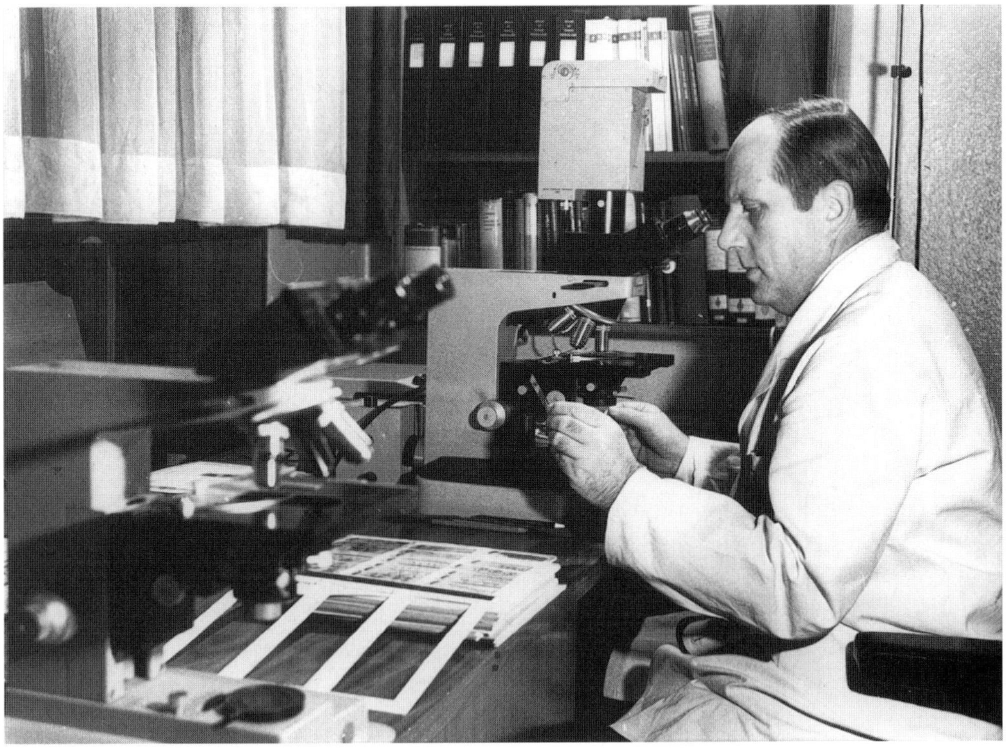

Der Chefarzt des Pathologischen Instituts, Professor Dr. med. Dietrich Walther, 1976.

logie fielen histologische Untersuchungen von Gewebeproben und operativ entfernter Organteile, zytologische Vorsorgeuntersuchungen, insbesondere im Rahmen der Früherkennung von Krebserkrankungen, sowie Obduktionen. Außer dem Markus-Krankenhaus und dem Universitätsklinikum leisteten sich nur noch das Höchster Stadtkrankenhaus und das Nordwest-Krankenhaus den „Luxus" eigenständiger Prosekturen. Der Ärztliche Direktor des Markus-Krankenhauses, Hans Joachim Süsse, betonte bei der offiziellen Einweihung des Pathologischen Instituts am 25. Mai 1971 daher die Notwendigkeit einer engen Zusammenarbeit zwischen klinischem Arzt und Pathologen: „Der Pathologe sagt uns, was wir richtig und was wir falsch gemacht haben. Wir wünschen uns, auf unsere Fehler hingewiesen zu werden, denn die Kritik und die Aufdeckung der Fehler ist die Grundlage des Fortschritts in der Medizin."[15]

Finanziell hingen die freigemeinnützigen Krankenhäuser am Tropf der Stadt. Die Mehrzahl der privaten Krankenanstalten konnte sich zwischen 1958 und 1972 nur über Wasser halten, weil die Stadt Frankfurt die jährlichen Betriebsverluste mit „verlorenen Zuschüssen" ausglich. Im Gegenzug mussten die Krankenhausträger der Kommune Rechenschaft über die Verwendung der öffentlichen Gelder geben und am Noteinweisungsverfahren der Krankentransport-Leitstelle teilnehmen. Der Frankfurter Stadtkämmerer hatte das Gesundheitswesen im Haushaltsplan für 1969 mit rund siebzig Millionen Mark berücksichtigt. Den Löwenanteil des Gesundheitsetats verschlangen mit 65 Millionen die Krankenanstalten. Mit circa dreißig Millionen Mark bezuschusste die Stadt das seit 1967 vom Land Hessen getragene Universitätsklinikum, 15 Millionen flossen an das Städtische Krankenhaus Höchst und die restlichen zwanzig Millionen Mark kamen den freigemeinnützigen Krankenanstalten zugute. Der städtische Zuschuss für das St. Markus-Krankenhaus belief sich 1969 auf knapp 3,6 Millionen Mark und verdoppelte sich innerhalb kürzester Zeit bis 1972 auf 7,1 Millionen Mark (Betriebszuschuss 5 Millionen, Kapital- und Zinsendienst 1,5 Millionen und Investitionen 0,6 Millionen Mark).[16]

Während die Bilanzsummen des Markus-Krankenhauses von 1958 bis 1974 nur um das Zweieinhalbfache gestiegen waren (15,4/37,2 Millionen Mark), hatten sich die Gesamtbetriebskosten um das Siebenfache erhöht (5,5/38,6 Millionen). Der Anteil der Personalausgaben an den Gesamtbetriebskosten kletterte in demselben Zeitraum von knapp fünfzig auf fast siebzig Prozent. Nachdem sich die betriebswirtschaftlichen Zahlen des Markus-Krankenhauses bis 1966 kontinuierlich entwickelt hatten, spitzte sich die Lage zwischen 1967 und 1974 zu, als es allein in dieser Phase zu einer Verdoppelung der Bilanzsumme und einer Verdreifachung der Gesamtbetriebskosten kam. Das Kardinalproblem der Krankenhausfinanzierung waren die zu keiner Zeit die Selbstkosten deckenden Pflegesätze der Krankenkassen. Für einen dritter Klasse liegenden Patienten zahlten die Kassen dem Markus-Krankenhaus 1967 einen Pflegesatz von 37,60 Mark am Tag. Da derselbe Patient den Krankenhausetat mit Selbstkosten von 51,48 Mark belastete, verblieb unter dem Strich ein Minus von 13,88 Mark. Unter diesen Voraussetzungen konnten die Krankenhausträger auf keinen grünen Zweig kommen.[17]

Im Herbst 1969 kriselte es im Bockenheimer Diakonissenverein. Seit Verwaltungsdirektor Enke den Vereinsvorstand am 20. November 1969 über einen im Geschäftsjahr 1968 eingetretenen Vermögensverlust von gut einer Million Mark informiert hatte, musste allen Beteiligten klar sein, „dass das Krankenhaus in der bisherigen Form nicht weitergeführt werden kann.“[18] Vereinsjustiziar und Vorstandsmitglied Martin Gloger ergriff die Initiative und legte am 15. Juni 1970 ein Grundsatzpapier zur Reform der Krankenhausverwaltung vor, wonach die Anstalt wie ein modernes Unternehmen geführt werden sollte. Um die Flexibilität der Verwaltung zu stärken, schlug Gloger vor, die Krankenhausleitung auf der Basis detaillierter Haushalts- und Stellenpläne mit größeren Entscheidungsfreiheiten auszustatten. Gleichzeitig sollte die Buchhaltung umorganisiert werden, damit Abweichungen von den Voranschlägen sofort sichtbar wurden. Zur Vereinfachung der Verwaltungsstrukturen hielt der Rechtsanwalt die Entflechtung der auf Vorstand und Kuratorium verteilten Kompetenzen für dringend erforderlich. Der Vorstand des Bockenheimer Diakonissenvereins sollte sich künftig auf die Leitung des St. Markus-Krankenhauses konzentrieren und das Kuratorium reine Aufsichtsfunktionen wahrnehmen. Nach einer Verkleinerung des Vorstands hielt Gloger den „Engeren Vorstand“ für verzichtbar. Die von Verwaltungsdirektor Enke vorgeschlagene Bildung einer GmbH zur strafferen Betriebsführung erachtete der Justiziar wegen möglicher Irritationen bei den Gläubigern, des Verzichts auf ehrenamtliche Mitstreiter und aus Gründen der Tradition für verfrüht, fügte aber in dem Grundsatzpapier hinzu: „Wenn z. B. der [Evangelische] Gemeindeverband bereit wäre, bei der Gründung einer GmbH sich als Gesellschafter zu beteiligen und der GmbH erhebliche Mittel zuzuführen, daran aber die Bedingung knüpfte, daß er Gesellschafter der GmbH wird, müßte man die Frage der GmbH-Gründung neu überdenken.“[19]

Die von Gloger zu Papier gebrachten Verbesserungsvorschläge fanden die Zustimmung der Vereinsgremien, machten aber eine Änderung der Satzungen erforderlich. Auf einer außerordentlichen Mitgliederversammlung des Bockenheimer Diakonissenvereins wurde die Neufassung der Statuten am 14. Dezember 1971 beschlossen. Nach der Genehmigung durch den Regierungspräsidenten in Darmstadt trat die neue Vereinssatzung am 12. Juni 1972 in Kraft. Der Vorstand war von 15 auf neun Mitglieder verkleinert und der „Engere Vorstand“ ganz aufgelöst worden. Paragraf 19 regelte die Aufstellung der Bilanzen nebst Gewinn- und Verlustrechnungen sowie die rechtzeitige Vorlage von Haushalts- und Stellenplänen. „Im Rahmen des genehmigten Voranschlags", so Paragraf 19, Absatz zwei, „entscheidet der Vorstand selbständig, ohne dass es einer Genehmigung des Kuratoriums bedarf."[20] Vereinsintern heftig umstritten war die mit der Satzungsänderung beabsichtigte Änderung des Vereinsnamens. Rund 100 Jahre nach der Gründung bildete der Name Bockenheimer Diakonissenverein einen Anachronismus, da sich sein Wirkungsbereich längst über die engen Grenzen Bockenheims hinaus erstreckte und er auch keine Diakonissen mehr beschäftigte. Das St. Markus-Krankenhaus hatte sich nach 1945 zu einem von drei Frankfurter Schwerpunktkrankenhäusern entwickelt. Dem gewandelten Erscheinungsbild trug der ab Juni 1972 gültige neue Vereinsname Rechnung: St. Markus-Krankenhaus, Verein für Krankenpflege und Diakonie in Frankfurt am Main (gegründet 1876 als Bockenheimer Diakonissenverein).[21]

Das Frankfurter Gesundheitswesen wurde 1969/70 auf Herz und Nieren geprüft. Die Stadtverordnetenversammlung hatte den Magistrat am 20. Februar 1969 beauftragt, einen Gesundheitsplan für Frankfurt zu entwerfen, der den Kommunalpolitikern im nächsten Jahrzehnt als Entscheidungshilfe bei gesundheitspolitischen Fragen dienen sollte. Erarbeitet wurde das Grundsatzpapier von dem seit 1967 wieder in einer Behörde zusammengefassten Stadtgesundheitsamt. Das Amt legte im Herbst 1970 den ersten, 63 Seiten starken Teil des Gesundheitsplans vor, der das Krankenhauswesen behandelte. Da weitere Teile des Plans nicht erschienen sind, ist das in der Bundesrepublik damals einzigartige Projekt ein Torso geblieben. Mit dem im Krankenhauswesen von der Arbeitsgruppe des Gesundheitsamts ermittelten Status quo konnten die Stadtväter eigentlich ganz zufrieden sein. Gemessen an der relativen Bettenzahl von 12,9 pro 1.000 Einwohner belegte Frankfurt unter den bundesrepublikanischen Großstädten zur Jahreswende 1967/68 die Spitzenposition. In der „Rangliste" der Frankfurter Großkliniken hatten das St. Markus-Krankenhaus und das Städtische Krankenhaus Höchst inzwischen die Plätze getauscht. Hinter dem Universitätsklinikum mit 2.106 Betten kam seit der Eröffnung des neuen Zentralbettengebäudes das Höchster Stadtkrankenhaus (1.066 Plätze) und danach das Markus-Krankenhaus (640 Betten), dicht gefolgt vom Nordwest-Krankenhaus (610 Betten). Die Gesamtzahl der Krankenhausbetten betrug im Juni 1969 in der Mainmetropole 8.777.[22] Die Krankenhausträger waren wichtige Arbeitgeber, die am Stichtag 31. Dezember 1968 allein auf dem medizinischen Sektor über 5.900 Personen beschäftigten, darunter befanden sich 840 Ärzte, 144 Medizinalassistenten, 3.300 Schwestern, Pflegehelfer oder Hebammen, 885 Krankenpflegeschüler sowie 753 Arbeitnehmer im medizinisch-technischen Bereich (Medizinisch-technische Assistentinnen, Krankengymnastinnen, Beschäftigungstherapeuten und Masseure). Am prekärsten stellte sich die Situation weiterhin im Pflege- und Funktionsdienst dar, wo 396 Planstellen unbesetzt waren.

Die Autoren des Gesundheitsplans prognostizierten für das nächste Jahrzehnt eine Zunahme an Patienten mit Alters- und Zivilisationskrankheiten wie Herz-Kreislauf-Erkrankungen, Krebs, Stoffwechselkrankheiten oder seelischen Störungen. Der zusätzliche Bedarf an Plätzen in der Psychiatrie wurde von der Arbeitsgruppe des Gesundheitsamts auf 540 beziffert. Außer der unumgänglichen Errichtung eines psychiatrischen Krankenhauses sollte in Zukunft bei Umbauvorhaben prinzipiell geprüft werden, ob das Projekt um eine psychiatrische Abteilung erweitert werden könnte. Der Engpass in der inneren Medizin war notorisch. Bei fast allen 8.760 Noteinweisungen, die im Jahr 1968 in Frankfurt angeordnet wurden, hatte es sich um internistische Fälle gehandelt.[23] Um den drohenden Kollaps abzuwenden, sollten in den nächsten Jahren circa 150 Betten weniger frequentierter Disziplinen, wie zum Beispiel der Gynäkologie, den inneren Abteilungen zugeteilt werden. Für den rationellen Einsatz kostspieliger Geräte empfahlen die Verfasser des Gesundheitsplans die Reduzierung und Konzentration von Spezialdisziplinen auf wenige ausgewählte Krankenanstalten.

Die erwartete verstärkte Inanspruchnahme der Krankenhäuser sollte auch über die Verkürzung der durchschnittlichen Verweildauer der Patienten von 20,6 auf 18,5 Tage und die Schaffung von Abteilungen für Chronisch- und Langzeitkranke bewältigt werden. „Für die Zukunft", so der Gesundheitsplan im Wortlaut, „ist eine weitere Verschiebung der allgemein zu erbringenden ärztlichen Leistungen von den freien Praxen in die Krankenhäuser schon jetzt abzusehen. Während im Jahre 1930 etwa ein Drittel aller ärztlichen Leistungen in Krankenhäusern erbracht wurden, waren es im Jahre 1956 bereits rd. 60 %; heute dürften es mehr als zwei Drittel sein. Die gesteigerte Lebenserwartung, die zunehmenden Zivilisationskrankheiten und die langfristigen Folgeerscheinungen der Luft- und Gewässerverschmutzung werden zweifellos den aufgezeigten Trend zu einer stationären oder intensiven Behandlung weiter bestätigen. In diesem Zusammenhang ist weiterhin zu erwähnen, daß im Jahre 1967 zum erstenmal mehr als 50 % aller Todesfälle im Bundesgebiet in den Krankenhäusern zu verzeichnen waren, und die Zahl der Krankenhausgeburten sich inzwischen auf fast 90% erhöht hat."[24] Große Hoffnungen setzten die kommunalen Gesundheitspolitiker auf die neue sozialliberale Bundesregierung und die geplante Änderung der Bundespflegesatzverordnung sowie die bevorstehende Verabschiedung des Krankenhausfinanzierungsgesetzes, von denen eine deutliche Entlastung der städtischen Haushalte erwartet wurde. Das übergeordnete Ziel des im Herbst 1971 verabschiedeten Frankfurter Gesundheitsplans war ohne staatliche Unterstützung nicht zu verwirklichen: „Ziel der Frankfurter Planung auf dem Gebiet des Krankenhauswesens ist es, in absehbarer Zeit jedem Patienten ohne Rücksicht auf die Pflegeklasse die bestmögliche ärztliche und pflegerische Versorgung zu gewähren."[25]

Der Ausbau zum modernen „Dienstleistungsbetrieb" 1972–1993

7. Kapitel

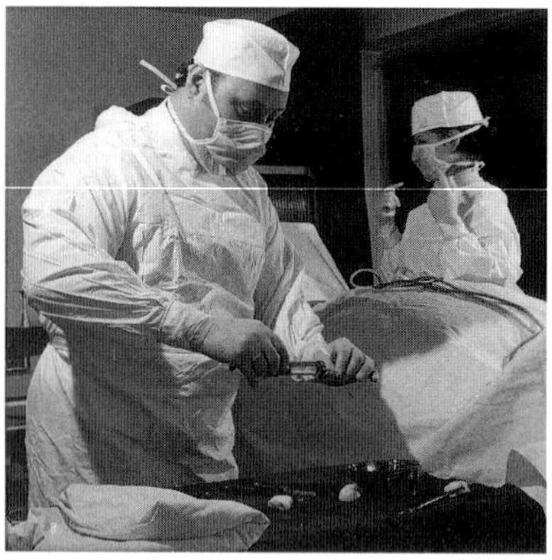
Vorbereitung einer Leberspiegelung im St. Markus-Krankenhaus, 1976.

Um 1970 veränderte sich das Antlitz der Bundesrepublik. Der Bundeskanzler der ersten sozialliberalen Koalition, Willy Brandt, hatte in seiner am 28. Oktober 1969 abgegebenen Regierungserklärung ein umfangreiches Reformprogramm unter dem Motto „mehr Demokratie wagen" angekündigt. Die „Politik der inneren Reformen" betraf neben dem Steuersystem, der betrieblichen Mitbestimmung oder dem Bildungswesen auch die Krankenhausfinanzierung. Die Weichen für eine Neuregelung der Krankenhausfinanzierung hatte bereits die 1966 von CDU/CSU und SPD gebildete Große Koalition gestellt, indem sie die Gestaltungskompetenz für diesen Teilbereich des Gesundheitswesens durch eine Grundgesetzänderung dem Bund übertrug. Ein zur wirtschaftlichen Sicherung der Krankenanstalten geplanter Gesetzentwurf scheiterte jedoch an den gegensätzlichen Meinungen der Koalitionsparteien über die Beteiligung des Bundes an den Krankenhauskosten und an der Frage kostendeckender Pflegesätze. Erst nach dem 1969 vollzogenen Machtwechsel gelang es der neuen Regierungskoalition aus SPD und FDP, das Krankenhausfinanzierungsgesetz zu verabschieden. Das Gesetz trat zum 1. Juli 1972 in Kraft und bot im April 1973 die Grundlage für den Erlass einer Bundespflegesatzverordnung. Begünstigt wurde die erste große Krankenhausreform durch einen nachhaltigen Aufschwung der Konjunktur seit 1968, der dem Bund und den Ländern wachsende Steuereinnahmen und den Krankenkassen steigende Beitragszahlungen bescherte. Dadurch waren zu Beginn der siebziger Jahre die finanziellen Spielräume und die gesellschaftlichen Rahmenbedingungen für eine Reform des Krankenhauswesens gegeben.[1]

Das System der dualen Finanzierung und das Prinzip der Selbstkostendeckung bildeten die Kernpunkte des Krankenhausfinanzierungsgesetzes von 1972. Von der sozialliberalen Regierungskoalition wurde die Vorhaltung von Krankenhäusern als öffentliche Aufgabe anerkannt, die nicht allein den Beitragszahlern der gesetzlichen Krankenversicherung aufgebürdet werden konnte. Krankenkassen und Staat sollten die Krankenhauskosten teilen, wobei die öffentliche Hand die Investitionskosten übernahm. Für eine bedarfsgerechte Versorgung der Bevölkerung hatten die Länder auf mehrere Jahre angelegte Krankenhauspläne aufzustellen. Nur mit einer bestimmten Bettenzahl im Krankenhausbedarfsplan vorgesehene Anstalten kamen in den Genuss der staatlichen Investitionsförderung. Die Subventionen wurden pauschal pro Bett und Jahr und als gesondert zu beantragende Einzelförderungen für Großprojekte gewährt. Nicht im Bedarfsplan enthaltene Krankenhäuser hatten keine Zukunft, da auch der Anspruch auf Deckung der „Selbstkosten eines sparsam wirtschaftenden und leistungsfähigen Krankenhauses"[2] an die Aufnahme in den Krankenhausplan des Landes gekoppelt war. Die Höhe der Pflegesätze legte weiterhin der hessische Sozialminister fest, nunmehr allerdings „ohne Abzug der herkömmlich geleisteten öffentlichen Betriebszuschüsse und ohne Berücksichtigung der Leistungsfähigkeit der Sozialversicherungsträger."[3] Die Nichtanrechnung der bislang mehr oder weniger freiwillig gezahlten Zuschüsse befreite die Kommune von einer Zentnerlast. Hatte Frankfurt vor dem In-Kraft-Treten des Krankenhausfinanzierungsgesetzes 22 im Stadtgebiet betriebene Anstalten zuletzt mit rund 105 Millionen Mark im Jahr unterstützt, so zahlte die Kommune 1976 „nur" noch 41,4 Millionen Mark Krankenhausumlage an das Land und etwa zwanzig Millionen für das Universitätsklinikum. Die 1972er Krankenhausreform bezweckte die „wirtschaftliche Sicherung der Krankenhäuser, um eine bedarfsgerechte Versorgung der Bevölkerung mit leistungsfähigen Krankenhäusern zu gewährleisten und zu sozial tragbaren Pflegesätzen beizutragen."[4] Mit der finanziellen Absicherung der Krankenanstalten zu erträglichen Pflegesätzen wollten die Reformer das Unmögliche möglich machen.

Es hatte den Anschein, als ob nach 1972 in den Krankenhäusern die Kosten explodierten. Die Krankenkassen waren aufgrund der im Krankenhausfinanzierungsgesetz verankerten Deckung der Selbstkosten von einem deutlichen Anstieg der Pflegesätze ausgegangen, doch vom tatsächlichen Ausmaß der Kostenlawine wurden selbst Experten überrascht. Innerhalb von fünf Jahren schnellten in der Bundesrepublik die Ausgaben der Kostenträger für Krankenhausbehandlungen von circa sechs Milliarden Mark (1970) auf 17,5 Milliarden im Jahr 1975 hinauf. Der allgemeine Pflegesatz des St. Markus-Krankenhauses erhöhte sich 1972/73 mit einem Schlag von 78 auf über 132 Mark und kletterte bis 1982 auf gut 324 Mark. Die Krankenhausträger gerieten wegen der davongaloppierenden Pflegesätze ins Kreuzfeuer der Kritik. Zu Unrecht, denn nicht die Verschwendungssucht der Kliniken, sondern die vom Gesetzgeber gewollte Umverteilung der Lasten hatte zu der vermeintlichen Kostenexplosion geführt. Der Frankfurter Gesundheitsdezernent Ernst Gerhardt nahm die Krankenhäuser in Schutz: „Die Krankenhauskosten", so der Christdemokrat in einem von der „Frankfurter Allgemeinen Zeitung" am 9. Juni 1976 abgedruckten Bericht, „haben eine normale Kostensteigerung durchgemacht. Sie ist begründet durch die Wahrnehmung von Möglichkeiten, die der medizinische Fortschritt, die sozialen Verbesserungen und die Vierzig-Stunden-Woche brachten, und durch eine Reihe von Forderungen, die auf politischer Ebene an die Krankenhäuser herangetragen worden sind. [...] Dazu gehören Einrichtungen von Intensivstationen und die Schaffung eines möglichst breiten Angebots medizinischer Dienstleistungen."[5]

Seit dem „Ölpreisschock" von 1973 und der anschließenden konjunkturellen Talfahrt hatten die Krankenhausträger einen schweren Stand. Nachdem Willy Brandt 1974 von Helmut Schmidt im Amt des Bundeskanzlers abgelöst worden war, bekam die Konsolidierung des Haushalts höchste Priorität. Der Bund kürzte den Krankenhäusern die Investitionsmittel, der hessische Sozialminister setzte 1975 die Pflegesätze herab, so dass zum Beispiel das St. Markus-Krankenhaus binnen Jahresfrist ein Defizit von zweieinhalb Millionen Mark verbuchte. Im hessischen Krankenhausbedarfsplan wurde im September 1975 die ursprünglich für den Bereich Frankfurt/Offenbach bis 1985 angestrebte Bettenzahl von 15.771 auf 13.327 Plätze reduziert. Da es im Versorgungsbereich der Mainmetropole schon im August 1974 weit über 13.800 Krankenhausbetten gegeben hatte, kam es 1976 in der Gesundheitspolitik zu einer Zäsur: Der Bettenabbau begann. In Frankfurt am Main fielen das Kinderkrankenhaus in der Böttgerstraße und das alte Markus-Krankenhaus dem Rotstift zum Opfer.[6]

Die Schließung des St. Markus-Krankenhauses in der Falkstraße kam nicht aus heiterem Himmel. In einem Memorandum über die Zukunft des Krankenhauses hatte der Ärztliche Direktor, Eberhard Koch, schon im Februar 1969 mit dem Gedanken an die Aufgabe der Dependance gespielt. Von den Bockenheimern wurde das „Stadtteilkrankenhaus" trotz penetranter Küchengerüche, uralter Koksheizung und Krankenzimmern mit bis zu acht Betten gerne in Anspruch genommen. Als ein von der Stadt beauftragter Architekt die Sanierungskosten des maroden Gebäudekomplexes im Januar 1971 auf rund acht Millionen Mark bezifferte, waren die Tage des alten Markus-Krankenhauses gezählt. Mit der Bauaufsichtsbehörde im Nacken und der vom Sozialministerium angestrebten Bettenreduzierung vor Augen sahen die Vorstandsmitglieder des Vereins für Krankenpflege und Diakonie im Sommer 1975 keinen anderen Ausweg als die baldige Schließung der

Abriss des alten St. Markus-Krankenhauses in der Falkstraße, Februar 1980.

geschichtsträchtigen Krankenanstalt im Zentrum Bockenheims. Während Chefarzt Paul Collischonn das Markus-Krankenhaus verließ und die II. Medizinische Klinik aufgelöst wurde, wechselte Gottfried Schwander in die Zentrale an der Wilhelm-Epstein-Straße, wo er im ersten Stock des „Dr. Wilhelm Schöndube-Hauses" eine urologische Kassenpraxis einrichtete. Zudem wurde im Hauptgebäude unter Schwanders Leitung eine urologische Belegarztabteilung eröffnet. Indem die Abteilung II in der Falkstraße am 30. Juni 1976 ihre Pforten für immer schloss, verringerte sich die Bettenzahl des St. Markus-Krankenhauses von 669 auf 516 Plätze. Das ehemalige Krankenhaus musste im Februar 1980 für den Neubau einer Altenwohnanlage Platz machen. Der Abschied vom Stammhaus in der Falkstraße war 1976 ein Wermutstropfen der 100-Jahr-Feier des „St. Markus-Krankenhauses, Verein für Krankenpflege und Diakonie in Frankfurt am Main (gegründet 1876 als Bockenheimer Diakonissenverein)."[7]

Herzschrittmacher, 1976.

Der Verein für Krankenpflege und Diakonie wurde seit 1975 nicht mehr von einem Pfarrer, sondern von einem Bankier geleitet. Der Vorstand hatte die Zeichen der Zeit erkannt und am 11. Dezember 1974 Johann Philipp Freiherr von Bethmann zum Nachfolger von Pfarrer Johannes Müller gewählt, der sein Amt nach 25-jähriger Tätigkeit auf eigenen Wunsch zum 31. Dezember 1974 niederlegte. Im Vorstand des 1976 noch 793 Mitglieder zählenden Vereins für Krankenpflege saßen neben Bethmann und dem zum Ehrenvorsitzenden ernannten Müller Mechthild Liebrecht, Otto Ackermann, Richter W. Baumann, Dr. med. Hans Jürgen Bromme, der ehemalige Verwaltungsdirektor des Bürgerhospitals, Emil Caprano, Amtmann W. Goppelt, Wilhelm Schöndube und Bankdirektor Adam Wohlfahrt. Das Engagement auf dem Gebiet der Gemeindepflege, dem ursprünglichen Vereinszweck, spielte schon seit den sechziger Jahren kaum noch eine Rolle, beschränkte sich auf Beiträge finanzieller Art für die Arbeit der drei evangelischen Kirchen in Bockenheim und wurde 1984 ganz eingestellt. Den Vorsitz im Kuratorium hatte im Jubiläumsjahr Propst Dieter Trautwein inne.[8] Außer den vereinsinternen Funktionsträgern konnte Freiherr von Bethmann am 1. Februar 1976 zahlreiche Ehrengäste aus Politik, Kirche und Medizin zur Hundertjahrfeier des Vereins für Krankenpflege und Diakonie im Olga von Lersner-Haus begrüßen. In seiner Festrede bekannte sich der Präsident der Evangelischen Kirche in Hessen und Nassau, Helmut Hild, zum christlichen Krankenhaus und rief die Träger dazu auf, den religiösen Charakter ihrer Anstalten zu bewahren. „Es wäre zu wenig", appellierte der Kirchenpräsident, „wenn wir nur für das Wohl des kranken Menschen sorgen wollten und ihr Heil außer Acht lassen würden."[9] Um das Seelenheil der Patienten kümmerten sich im Markus-Krankenhaus vor allem die beiden Pfarrer Walther und Lizdiks.

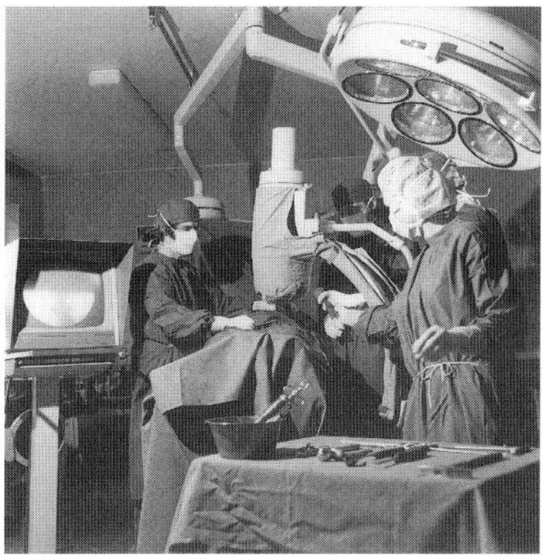

Knochen-Operationssaal, 1976.

Das St. Markus-Krankenhaus gliederte sich im Februar 1976 in elf Fach- und sechs Belegabteilungen. In der seit 1969 von Chefarzt Professor Dr. med. Jörg Jürgens geleiteten I. Medizinischen Klinik wurden alle inneren Krankheiten behandelt. Schwerpunkte waren Herz-, Kreislauf- und Gefäßerkrankungen, die Behandlung von Tumoren und Blutkrankheiten, Magen-, Darm- und Leberleiden sowie Erkrankungen der Niere. Durch den Einsatz neuester Methoden konnten oftmals größere Eingriffe vermieden werden. Magenpolypen entfernten die Fachärzte des Markus-Krankenhauses zum Beispiel ohne aufwendige Operation mit Gastroskop (Magenspiegel) und elektrischer Schlinge. Im Kampf gegen den Krebs kooperierte die Medizinische Klinik besonders eng mit anderen Abteilungen der Anstalt. Zur Aufnahme von in Lebensgefahr schwebenden Notfällen (Herzinfarkt) stand eine mit modernster Technik ausgerüstete Intensivstation bereit. Die in der Falkstraße betriebene II. Medizinische Klinik war zum Zeitpunkt der 100-Jahr-Feier in Auflösung begriffen.

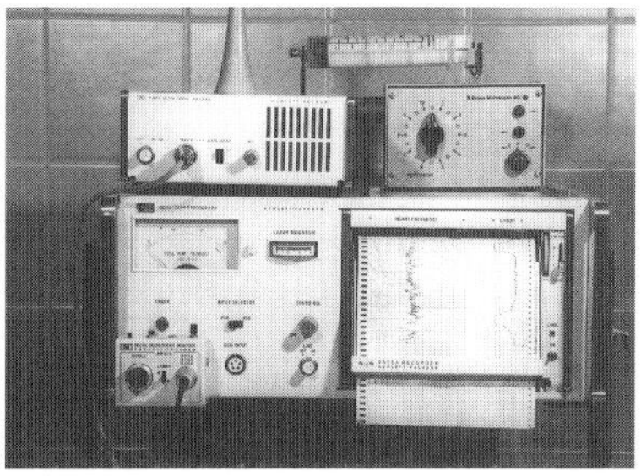

Herztonwehenschreiber, 1976.

Dafür hatte sich die Zahl der chirurgischen Kliniken auf drei erhöht. Die von Chefarzt Ernst Krönke geführte Klinik für Allgemeinchirurgie war für die operative Behandlung von Steinleiden der Gallenblase, Erkrankungen der Bauchspeicheldrüse sowie aller anderen Organe der Bauchhöhle bekannt. Herzschrittmacher wurden in Verbindung mit der I. Medizinischen Klinik implantiert. Außer der Klinik für Plastische- und Wiederherstellungs-Chirurgie war im Oktober 1974 auch noch eine Unfallklinik (Chefarzt Dr. med. Werner Schmidt) zur Versorgung von Verletzungen wie Schnittwunden oder Knochenbrüchen und zur Einsetzung künstlicher Gelenke eingerichtet worden. In der Chefarzt Adolf W. Schwenzer unterstellten Klinik für Geburtshilfe und Frauenkrankheiten konnten anhand von Herztonwehenschreibern und anderer Geräte sämtliche Phasen einer Schwangerschaft und Geburt überwacht werden. Die Haupttätigkeit der Gynäkologen betraf Krebsvorsorgeuntersuchungen sowie die Operation gut- und bösartiger Geschwülste. Für schmerzlose Operationen garantierte die Anästhesie-Abteilung von Chefarzt Herbert Kronschwitz. Das genau dosierte Betäubungsmittel wird über eine Kanüle in eine Armvene verabreicht. Während des Eingriffs und bis zum Aufwachen aus der Narkose findet eine kontinuierliche Überwachung des Kreislaufs, der Atmung und des Stoffwechsels statt. „Wir sind", versprachen die Anästhesisten des Markus-Krankenhauses 1976, „während der ganzen Zeit bei ihnen, so daß wir glauben, daß es wohl kaum einen Ort gibt, an dem Sie sicherer sind als in einem modern ausgerüsteten Narkosevorbereitungsraum oder Operationssaal."[10]

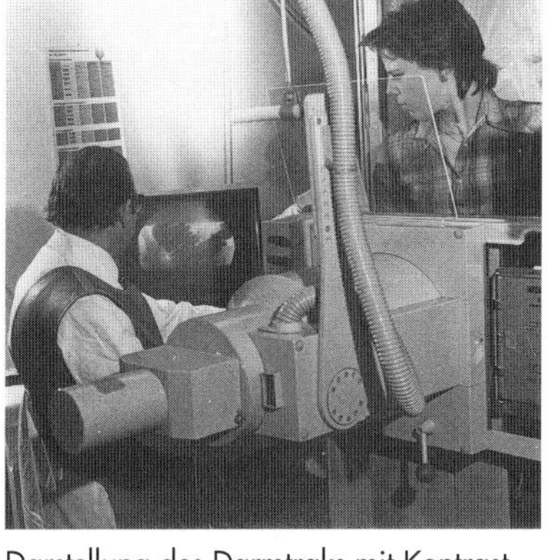

Darstellung des Darmtraks mit Kontrastmittel und Betrachtung der Schleimhaut auf dem Röntgenschirm, 1976.

Dem von Chefarzt Hans Joachim Süsse geleiteten und um eine Abteilung für Nuklearmedizin erweiterten Röntgen- und Strahleninstitut blieb nahezu kein Winkel des menschlichen Körpers verborgen. Röntgenbilder oder nach der Ein-

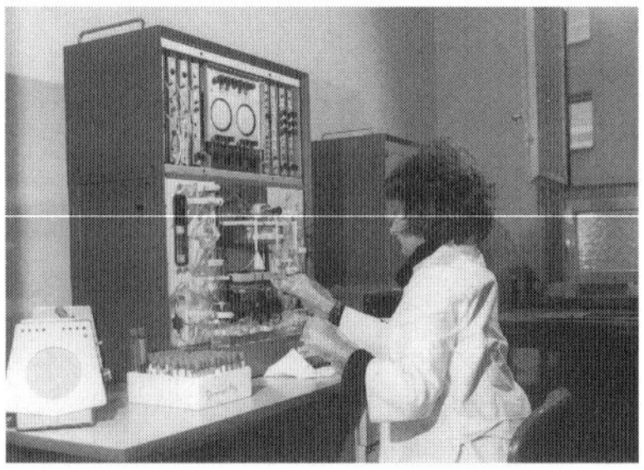

Blutkörperchenzählgerät, 1976.

In der Krankenhausapotheke, 1976.

nahme kurzlebiger radioaktiver Substanzen erstellte Szintigramme brachten krankhafte Veränderungen im Inneren des Körpers ans Licht. An der Spitze des Pathologischen Instituts stand im Jubiläumsjahr unverändert Chefarzt Dietrich Walther. Das Zentrallabor wurde seit 1974 von Chefarzt Dr. med. Klaus Röwe geführt. Der Umfang der Laborarbeit hatte sich im St. Markus-Krankenhaus innerhalb eines Jahrzehnts von rund 50.000 Untersuchungen (1965) auf etwa 500.000 Analysen im Jahr 1975 vervielfacht. Allein die routinemäßige Aufnahmeuntersuchung eines Patienten umfasste dreißig Laboranalysen. Der Labormedizin kam hinsichtlich der Früherkennung von Krankheiten, der Überwachung des Krankheitsverlaufs und der Steuerung der Behandlungsmethoden immer größere Bedeutung zu. Das Zentrallabor konnte die Masse von Untersuchungen nur durch den Einsatz leistungsstarker Technik bewältigen. In wenigen Minuten vermochte beispielsweise das Blutkörperchenzählgerät den Blutfarbstoffgehalt oder die Zahl der roten und weißen Blutkörperchen einer Probe zu bestimmen. Die von Chefapothekerin R. Kretschmann verwaltete Hausapotheke verzeichnete ähnliche Steigerungsraten wie das Labor. 1974 wurden Arzneimittel und Laborbedarf für circa 2,3 Millionen Mark umgesetzt und etwa 35.000 Zäpfchen oder 460 Kilogramm Salben selbst hergestellt.

Neben den beschriebenen sechs Kliniken, vier Instituten und der Apotheke umfasste das medizinische Spektrum des Markus-Krankenhauses im Jahr 1976 sechs Belegabteilungen für Augen-Heilkunde (Dr. med. Johannes Keil), Hals-Nasen-Ohren-Krankheiten (Dr. med. Alfred Stern), Innere Medizin mit dem Spezialgebiet Gastro-Enterologie (Dr. med. Wilhelm Schöndube), Kinder-Heilkunde (Dr. med. Dieter Klebe), Orthopädie (Dr. med. Walter Zahn) und Urologie (Dr. med. Gottfried Schwander). Die „Evangelische Schwesternschaft St. Markus" hatte sich 1973 in den „Arbeitskreis für Krankenpflege am St. Markus-Krankenhaus e. V." umgebildet. Der Arbeitskreis war jedoch nicht von langer Dauer und beschloss am 27. November 1979 seine Selbstauflösung. Das St. Markus-Krankenhaus beschäftigte 1976 fast 870 Mitarbeiter.[11] Alle Fäden liefen in den Händen der mit Dorothea Kroeber, Helmut Enke und Hans Joachim Süsse besetzten Krankenhausleitung zusammen. Oberin Kroeber war nur noch für kurze Zeit im Amt und trat nach der 100-Jahr-Feier des Vereins für Krankenpflege und Diakonie am 31. März 1976 in den Ruhestand. Die neue Oberin hieß Erdmute Leuchtmann und sollte die Führungsposition in den nächsten 23 Jahren bekleiden. Der Ärztliche Direktor Süsse übergab sein Amt im März 1979 an den Pathologen Dietrich Walther, der diese Position bis 1984 ausfüllte. Auf Verwaltungsdirektor Enke folgte im Herbst 1982 Dieter Hoffmann.[12] Das Zeitalter der elektronischen Datenverarbeitung hatte in der Verwaltung des Markus-Krankenhauses 1971 begonnen und erleichterte die ständigen Soll-Ist-Vergleiche im Rahmen der Etatkontrolle. Der Jahresumsatz von gut vierzig Millionen Mark rückte das evangelische Krankenhaus in die Nähe eines größeren Wirtschaftsunternehmens.

Das St. Markus-Krankenhaus steckte Mitte der siebziger Jahre in ernsten Geldschwierigkeiten. Als die Frankfurter Tageszeitungen im Februar 1977 über den Schuldenberg der Anstalt berichteten und die Artikel mit „Hospital steht vor der Pleite" oder „Schließung des Markus-Krankenhauses verhindern" überschrieben, steuerte die Krise ihrem Höhepunkt entgegen.[13] Begonnen hatte die finanzielle Talfahrt des Markus-Krankenhauses mit der Entscheidung des hessischen Sozialministers, den Pflegesatz nach Ablauf des ersten Halbjahrs 1975 von 198 auf nur noch 128 Mark herabzusetzen. Durch den unerwarteten Einnahmeausfall und den Rückgang der Bettenbelegung entstand dem Verein für Krankenpflege und

Diakonie als Krankenhausträger 1975 ein Defizit von zweieinhalb Millionen Mark. Die für 1976 herbeigesehnte Wende zum Guten trat nicht ein. Vielmehr erhöhte sich die Schuldenlast im Verlauf des Jahres um weitere drei auf etwa fünfeinhalb Millionen Mark, da nach der Aufgabe der Dependance in der Falkstraße beträchtliche Einnahmen aus Pflegegeldern entfielen, ohne dass nennenswerte Personalkosten eingespart werden konnten. Zu allem Übel waren im Herbst 1976 die monatelangen Verhandlungen mit der Allgemeinen Ortskrankenkasse um die Anhebung der Pflegesätze endgültig gescheitert. Die Festlegung des Pflegesatzes wurde nun vom Ausgang einer im Oktober 1976 durch den Sozialminister angeordneten Wirtschaftlichkeitsprüfung des St. Markus-Krankenhauses abhängig gemacht. Unterdessen stand dem Krankenhausträger das Wasser bis zum Hals: Im November 1976 konnten die Gehälter erst nach der Inanspruchnahme eines zusätzlichen Überziehungskredits bei der Frankfurter Sparkasse ausgezahlt werden.[14]

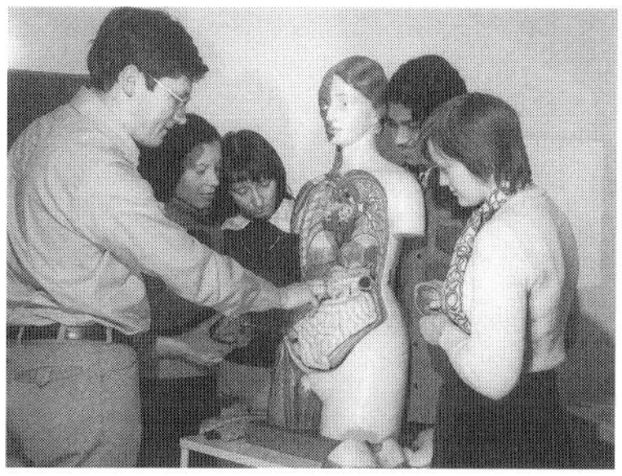

Anatomieunterricht, 1976.

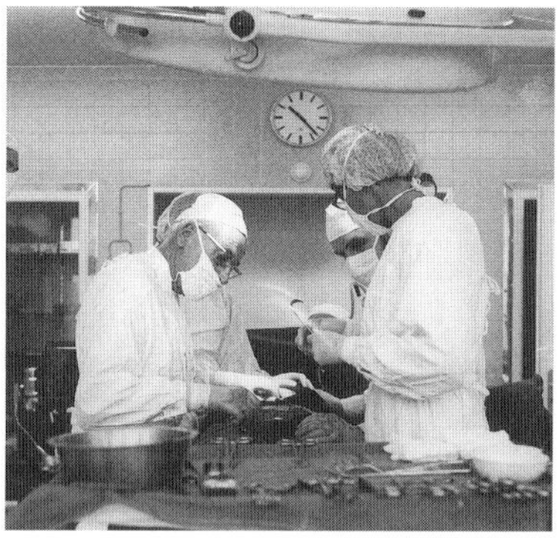

OP im St. Markus-Krankenhaus, 1976.

Krankenhausschild.

Von Oktober 1976 bis Februar 1977 schwebte die Wirtschaftlichkeitsprüfung wie ein Damoklesschwert über dem Markus-Krankenhaus. Als der Prüfbericht am 24. Februar 1977 endlich vorlag, warf er ein denkbar ungünstiges Licht auf die Betriebsführung der Anstalt. Der hessische Sozialminister Armin Clauss (SPD) wies den Vereinsvorsitzenden Johann Philipp von Bethmann am 25. Februar 1977 in einem persönlichen Gespräch eindringlich auf die Notwendigkeit hin, die Wirtschaftlichkeit des Krankenhauses zu verbessern. Obwohl der Prüfbericht einige Mängel aufwies, zeigte sich der Trägerverein einsichtig und versah im Mai 1977 auf Empfehlung einer eigens gebildeten „Sparkommission" sage und schreibe 89 Planstellen mit einem Kw-Vermerk (künftig wegfallend). Die Haushaltsansätze für den Lebensmitteleinkauf und den medizinischen Sachbedarf wurden gekürzt und zum Unmut der Pflegekräfte die außertariflich gewährten Wechselschichtzulagen ab 1. August 1977 ersatzlos gestrichen. Mit der vom Mitglied des Kuratoriums, Oberkirchenrat Jürgen Telschow, vorgeschlagenen Gründung einer GmbH zur strafferen Leitung des Krankenhauses konnten sich die Gremien im Sommer 1977 noch immer nicht anfreunden. Sofern die Kompetenzen der Krankenhausleitung und des übergeordneten Vereinsvorstandes bezüglich der Betriebsführung klarer als bisher voneinander abgegrenzt würden, hielt der Vereinsjustiziar Gloger die Bildung einer Gesellschaft mit beschränkter Haftung für überflüssig, zumal ein als GmbH organisiertes Hospital leicht in den „Geruch komme, ein ‚kapitalistischer Betrieb' zu sein, obwohl davon nicht die Rede sein kann."[15] Die Zahl der Krankenhausmitarbeiter wurde in den Folgejahren insbesondere im medizinisch-technischen Bereich sowie im Wirtschafts- und Verwaltungsdienst drastisch verringert und betrug 1978 nur noch 685 Personen (ohne Ausbildungsdienst). Nachdem der allgemeine Pflegesatz von 211 Mark (1976) sukzessive auf knapp 224 Mark im Jahr 1978 angehoben worden, die Bettenbelegung zwischen 1974 und 1978 von unter 75 auf über 79 Prozent gestiegen und die Stadt Frankfurt dem Hospital mit zinsgünstigen Darlehen beigesprungen war, konsolidierte sich die finanzielle Lage des St. Markus-Krankenhauses bis Ende der Siebziger auch ohne die Gründung einer GmbH.[16]

Die Medizinstudenten, die im April 1977 am damals noch krisengeschüttelten Markus-Krankenhaus ihr praktisches Jahr begannen, waren gleich zu Beginn Zeugen eines Lehrstücks in Sachen Krankenhausfinanzierung geworden. Nach der im Oktober 1970 verabschiedeten Approbationsordnung für Ärzte wurde als dritter Teil der Hochschulausbildung das praktische Jahr eingeführt. Da die Kapazitäten der Universitätskliniken angesichts ständig steigender Studentenzahlen nicht aus-

Einweihung der II. Medizinischen Klinik am 18. Juli 1978. An einem Dialyse-Platz fachsimpeln Privatdozent Dr. med. Jannis Vlachoyannis, Professor Dr. med. Wilhelm Schoeppe und der AOK-Mitarbeiter Arthur Pöhlmann (v.l.n.r.).

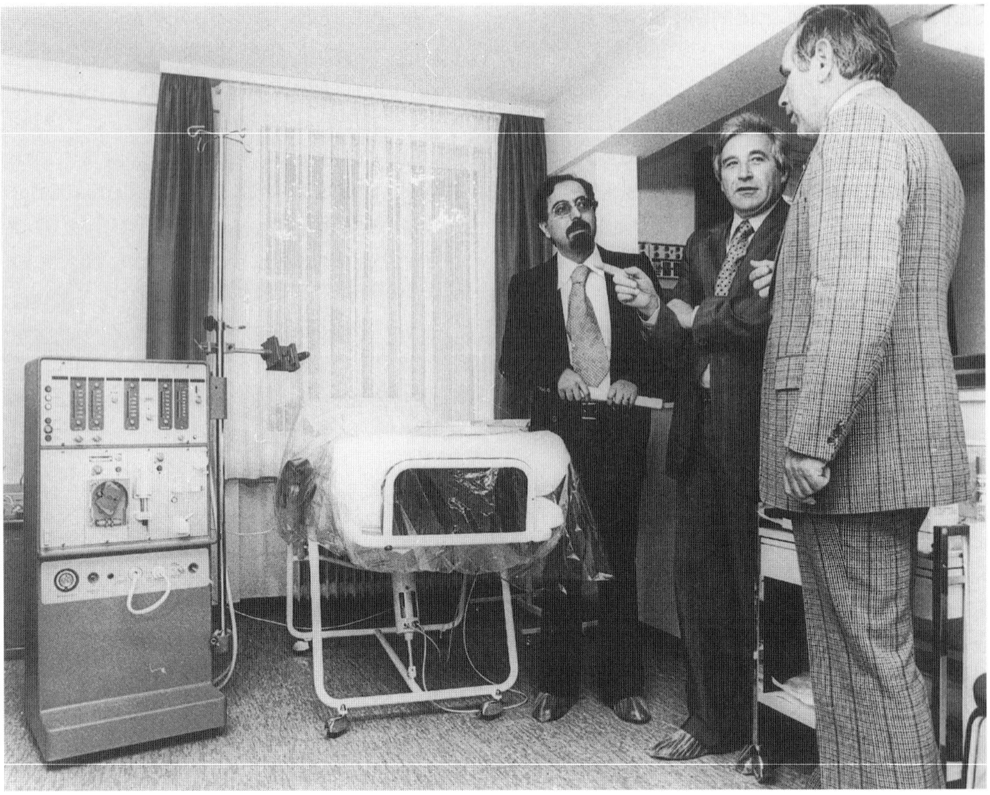

reichten, um jedem Bewerber einen Praktikumsplatz bieten zu können, wurden geeignete Anstalten zu Akademischen Lehrkrankenhäusern ernannt. Der Verein für Krankenpflege und Diakonie übernahm in Frankfurt die Vorreiterrolle und vereinbarte am 16. Februar 1977 als erster Krankenhausträger mit dem hessischen Kultusministerium die Einstufung als Akademisches Lehrkrankenhaus der Johann Wolfgang Goethe-Universität. Die habilitierten Chefärzte des Markus-Krankenhauses waren verpflichtet, sich an der Ausbildung der angehenden Mediziner zu beteiligen; die nichthabilitierten leitenden Ärzte wurden mit Lehraufträgen ausgestattet. Der Vereinsvorsitzende Freiherr von Bethmann, der Ärztliche Direktor Professor Süsse und der Dekan des Fachbereichs Humanmedizin, Professor Hans Joachim Müller, bildeten am 27. April 1977 im St. Markus-Krankenhaus das Empfangskomitee für die ersten 28 Teilnehmer eines praktischen Jahrs. Im Rotationsverfahren hatten die „PJler" jeweils vier Monate lang die Abteilungen für innere Medizin und für Chirurgie sowie die eines Wahlfachs zu durchlaufen. Als Wahlstation kamen im Markus-Krankenhaus die Urologie, Gynäkologie und Anästhesie in Frage. Allen 28 „PJlern" des ersten Jahrgangs wurde im Frühjahr 1978 nach bestandenem Examen die Approbation erteilt, die zur Eröffnung einer eigenen Praxis berechtigte. Außer dem Markus-Krankenhaus konnten sich 1978 vier weitere Anstalten in Frankfurt mit dem Titel eines Akademischen Lehrkrankenhauses schmücken: St. Marien, St. Elisabethen, Heilig Geist und das Höchster Stadtkrankenhaus. Hinsichtlich der Approbation legte der Staat 1987 die Latte noch etwas höher und verlangte von den Nachwuchsmedizinern die Absolvierung eines zusätzlichen 18monatigen Praktikums (Arzt im Praktikum).[17]

Im Chefarzt-Kollegium des St. Markus-Krankenhauses gab es 1977/78 drei neue Gesichter. Nachdem Ernst Krönke die Altersgrenze erreicht hatte, wurde die Chefarztposition an der Klinik für Allgemeinchirurgie im September 1977 mit

Privatdozent Dr. med. Ivar Boettcher besetzt. Boettcher hatte zuvor als Oberarzt an der Chirurgischen Universitätsklinik in Essen gearbeitet und sich dabei auf dem Gebiet der Magenchirurgie und der Onkologie (Geschwulstkrankheiten) ausgezeichnet. An seiner neuen Wirkungsstätte wollte sich Boettcher zusätzlich verstärkt der Gefäßchirurgie und der Proktologie (Erkrankungen des Mastdarms) widmen. Eine weitere chirurgische Chefarztstelle musste Anfang 1978 neu vergeben werden. Für den am 20. Februar 1978 verstorbenen Herbert Höhler übernahm dessen langjähriger Mitarbeiter Privatdozent Dr. med. Gottfried Lemperle die Leitung der Klinik für Plastische- und Wiederherstellungs-Chirurgie. Zum Chefarzt der am 18. Juli 1978 eingeweihten II. Medizinischen Klinik mit den Schwerpunkten Nephrologie (Erkrankungen der Niere) und Hochdruckkrankheiten berief der Verein für Krankenpflege und Diakonie Privatdozent Dr. med. Jannis Vlachoyannis.[18]

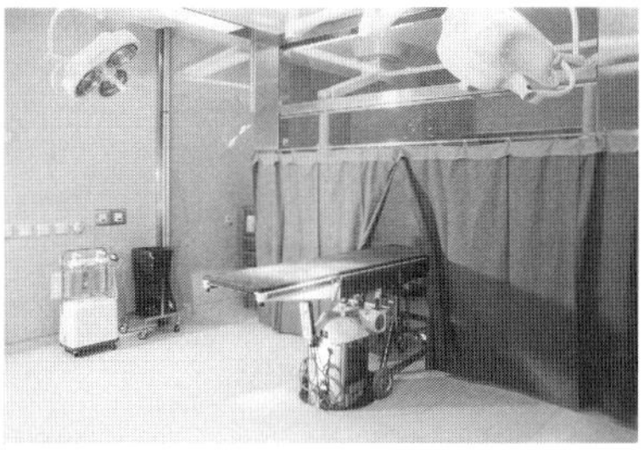

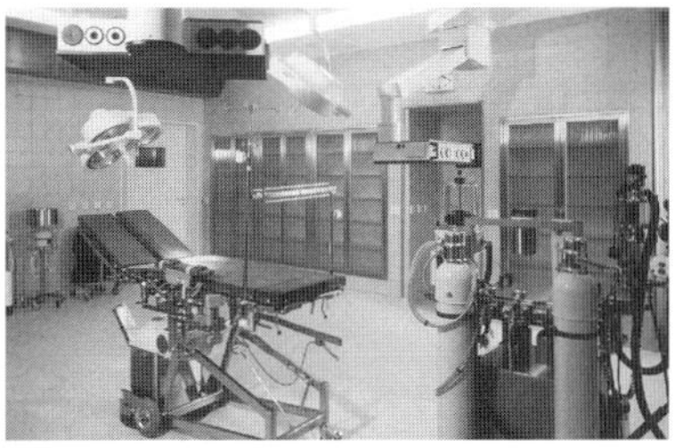

Operationsräume im neuen OP-Zentrum, 1980.

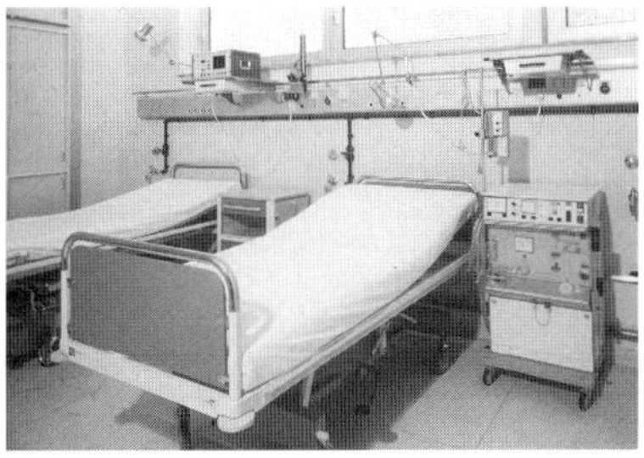

Intensivstation im OP-Zentrum, 1980.

Für chronisch Nierenkranke gab es in Frankfurt zu wenige Dialyseplätze. Ein Teil der Patienten, die drei- bis viermal pro Woche für ungefähr sechs Stunden zur „Blutwäsche" (Dialyse) an eine künstliche Niere angeschlossen werden mussten, wurde bis nach Heidelberg oder Mannheim überwiesen. Die Gründung der Dialyse-Abteilung am St. Markus-Krankenhaus ging auf eine von Paul Collischonn zu Beginn der siebziger Jahre gestartete Initiative zurück. Auf Anraten des Leiters der Nephrologie am Frankfurter Universitätsklinikum, Professor Dr. med. Wilhelm Schoeppe, wurde das Vorhaben, am Markus-Krankenhaus ein Dialyse-Zentrum einzurichten, um den Aufbau einer II. Medizinischen Klinik mit 37 Betten erweitert. Die Kombination von Spezialklinik für Nephrologie und Hochdruckkrankheiten und Dialyse-Einrichtung war sinnvoll, da im Rahmen von Nierenkrankheiten eine Entwicklung zum erhöhten Blutdruck erfolgen kann. Das Sozialministerium bewilligte für die erforderlichen Baumaßnahmen Landesmittel in Höhe von 900.000 Mark und genehmigte im Mai 1977 die Einstellung eines Nephrologen. Die im „Dr. Wilhelm Schöndube-Haus" eingerichteten elf Dialyse-Betten waren für über vierzig Patienten der Rettungsanker, an dem ihr Leben hing. Mit der II. Medizinischen Klinik des Markus-Krankenhauses standen 1978 in ganz Frankfurt 39 Dialyse-Plätze zur Verfügung. Den größten Beitrag zur Versorgung der Nierenkranken leistete die Nephrologie des Universitätsklinikums mit 23 Dialyse-Apparaten. Weitere fünf künstliche Nieren unterhielt das St. Elisabethen-Krankenhaus.[19]

Der St. Markus-Nephrologe Jannis Vlachoyannis übernahm 1984 das Amt des Ärztlichen Direktors und leitete seit 1987 in Personalunion auch noch das auf dem Krankenhausgelände an der Ginnheimer Landstraße errichtete ambulante Dialysezentrum des in Neu-Isenburg ansässigen Kuratoriums für Dialyse und Nierentransplantation. Das 1969, als wegen fehlender Behandlungsplätze in der Bundesrepublik noch etwa 2.500 Menschen im Jahr an Nierenversagen starben, gegründete Kuratorium ermöglichte chronisch Nierenkranken die Heim- oder Zentrumsdialyse, indem es die erforderlichen Geräte bereit stellte und die Patienten mit Dialysehilfsstoffen und Medikamenten versorgte. Darüber hinaus wurden Patienten und Angehörige im Umgang mit der künstlichen Niere geschult. Das als gemeinnützig anerkannte Kuratorium, auf dessen Initiative 1979 der Arbeitskreis Organspende ins Leben gerufen wurde, betreibt heute bundesweit rund 200 Behandlungseinrichtungen mit über 15.000 Patienten.[20] Nachdem der Chefarzt der II. Medizinischen Klinik und Leiter des angeschlossenen Dialysezentrums, Vlachoyannis, einen Ruf als ordentlicher Professor an die Universität Patras bekommen hatte, kehrte er 1989 in seine griechische Heimat zurück. Unter den 22 Bewerbern um die Nachfolge in der Klinikleitung machte der Frankfurter Privatdozent Dr. med. Peter Grützmacher das Rennen.[21]

Die Krankenhausleitung stand mit dem Technischen Überwachungsverein jahrelang wegen einer fehlenden Klimatisierung der Operationssäle über Kreuz. Beim Bau des St. Markus-Krankenhauses hatte der Bockenheimer Diakonissenverein 1956/57 aus Sparsamkeit und weil die Technik noch nicht ausgereift erschien auf die Installation von Klimaanlagen verzichtet. Da die nachträgliche Klimatisierung der OP-Räume den Krankenhausbetrieb für Wochen lahm gelegt hätte, favorisierte der Vorstand des Vereins für Krankenpflege und Diakonie seit 1975 den Neubau eines Operationszentrums am südwestlichen Fuße des Bettenhochhauses. Der hessische Sozialminister gab im Mai 1977 grünes Licht und stellte für das Bauvorhaben sechs Millionen Mark bereit. Die Frankfurter Aufbau AG begann im Februar 1978 mit der Ausführung des von Architekt Otto Dörzbach entworfenen Flachbaus. In zweijähriger Bauzeit entstand ein Funktionsbau mit zwei chirurgischen OPs und jeweils einem Operationssaal für unfallchirurgische, Urologie- und Gynäkologie-Patienten. Hinzu kamen noch eine zentrale Sterilisationsanlage, zwei Aufwachzimmer mit insgesamt zwölf Betten, eine Akut-Dialysestation für zwei Nierenkranke und eine hochmoderne Intensivstation mit zehn Plätzen.[22]

Die Intensivstation gehörte zur 1979 innerhalb der I. Medizinischen Klinik verselbstständigten Abteilung für internistische Intensivmedizin und wurde von Dr. med. Otto Ludwig geleitet. Der Internist Ludwig war 1968 in die Dienste des Markus-Krankenhauses getreten und hatte bald darauf mit dem Aufbau der Intensivmedizin begonnen. Die Aufgabe des Intensivmediziners besteht in der Wiederherstellung und Stabilisierung der lebenswichtigen Körperfunktionen ihm anvertrauter Patienten, wobei alle Register der modernen Apparatemedizin gezogen werden. Um die nüchtern-technoide Ausstrahlung der Intensivstation zu vermenschlichen, legte Ludwig großen Wert auf die persönliche Zuwendung zu den Schwerstkranken, die sich in einer existenziellen Grenzsituation befinden und von starken Ängsten heimgesucht werden. Das neue Operationszentrum und der

Luftbild des St. Markus-Krankenhauses, 1980.

Das neue Chefarzt-Trio. V.l.n.r.: Professor Dr. med. Hans-Joachim Hermann, Professor Dr. med. Karl-Hans Holtermüller und Privatdozent Dr. med. Günter Dathe, 30. September 1983.

im Zuge der Baumaßnahme mit angelegte unterirdische Verbindungsgang zwischen dem Bettenhochhaus und dem „Dr. Wilhelm Schöndube-Haus" wurden am 7. Juli 1980 von Sozialminister Armin Clauss eröffnet.[23]

Auf Chefarztebene kam es 1983 im St. Markus-Krankenhaus zu einem größeren Stühlerücken. Gleich drei neue Chefärzte wurden am 30. September 1983 offiziell in ihre Ämter eingeführt. In seiner Antrittsrede sprach der neue Chefarzt der I. Medizinischen Klinik, Professor Dr. med. Karl-Hans Holtermüller, über die Diskrepanz zwischen medizinischer Perfektion und menschlicher Isolation der Kranken im Klinikalltag. Die von Krankenhauskritikern bemängelte Vernachlässigung der Patienten schob Holtermüller „auf die Ambivalenz der modernen Medizin."[24] Für die Zukunft prognostizierte der Chefarzt einen weiteren Anstieg altersbedingter Krankheiten und eine damit einhergehende zunehmende Beanspruchung der inneren Medizin. Seine ärztliche Tätigkeit stellte Holtermüller unter die Maxime: „Heilen, wenn möglich, lindern, wenn nötig, aber immer dem Menschen dienen."[25] Diese Grundhaltung teilten auch die beiden anderen Neuzugänge. Professor Dr. med. Hans-Joachim Hermann übernahm am 1. September 1983 als Chefarzt und Nachfolger von Hans Joachim Süsse das Röntgen- und Strahleninstitut. Der Dritte im Bunde war Privatdozent Dr. med. Günter Dathe, der ab dem 1. Oktober als Chefarzt die neue Urologische Klinik leitete. Der urologische Belegarzt Gottfried Schwander hatte die Altersgrenze erreicht und sollte seine Praxis an der Ginnheimer Landstraße am 31. Dezember 1984 endgültig aufgeben. Mit Schwander verließ der letzte Mediziner das St. Markus-Krankenhaus, der noch den Wiederaufbau der Anstalt nach 1945 aktiv mitgestaltet hatte. Der Urologe Dathe folgte im Oktober 1988 dem Chefarzt-Kollegen Vlachoyannis im Amt des Ärztlichen Direktors.

Die Fluktuation unter den Chefärzten hielt weiter an. In der Klinik für Unfallchirurgie wechselte Ende 1984 die Leitung von Werner Schmidt auf Chefarzt Professor Dr. med. Herbert Weigand. Für den in den Ruhestand getretenen Chefarzt der Klinik für Geburtshilfe und Frauenkrankheiten, Adolf W. Schwenzer, kam am 1. September 1985 Privatdozent Dr. med. Klaus Wernicke. Der neue Chefarzt stellte sich am 21. Oktober 1985 der Jahreshauptversammlung des Vereins für Krankenpflege und Diakonie vor und sprach über den Wandel von der klassischen Hebammen-Geburtshilfe zur modernen, hochtechnisierten perinatalen Intensivmedizin. Wernicke beendete seine Tour d'Horizon über die moderne Geburtshilfe mit dem Wunsch, dass die neuen Erdenbürger vom ersten Moment an in „helfende Hände" geraten mögen.[26] Nach 34-jähriger Belegarzttätigkeit am St. Markus-Krankenhaus stellte der Kinderarzt Dieter Klebe seine Praxis zum 31. Januar 1986 ein. Die Krankenhausleitung traf daher mit dem Clementine Kinderhospital und der Universitäts-Kinderklinik eine Vereinbarung, die tägliche Konsiliardienste und die Verlegung erkrankter Säuglinge in eine der beiden Spezialkliniken vorsah. Im Gegenzug überwies der Chefarzt des Clementine Kinderhospitals, Professor Dr. med. Jürgen Dippell, chirurgische Fälle ans Markus-Krankenhaus.[27]

Als Pendant zum 1970 eingeweihten „Höhler-Bau" entstand 1984/85 am östlichen Kopfende des Funktionsgebäudes das „Professor Süsse-Haus". Die nach der Eröffnung des neuen Operationszentrums ohnehin notwendige Sanierung des alten Ostflügels wurde mit der Realisation des nach dem Ärztlichen Direktor des Markus-Krankenhauses von 1969 bis 1979 benannten Anbaus zusammengelegt. Nachdem das Land Hessen knapp fünf Millionen Mark bewilligt hatte, konnte die Frankfurter Aufbau AG am 2. April 1984 mit dem viergeschossigen Anbau beginnen. Im Keller entstand eine neue Bettenzentrale, in der benutzte Krankenlager desinfiziert und frisch bezogen wurden. Das Erdgeschoss beherbergte Räume zur Rehabilitationsgymnastik und eine von der Berufsgenossenschaft geforderte überdachte Krankenwagenanfahrt. Aus der wetterfesten Anfahrt gelangten die Patienten per Aufzug in die Unfallambulanz und zentrale Liegendauf-

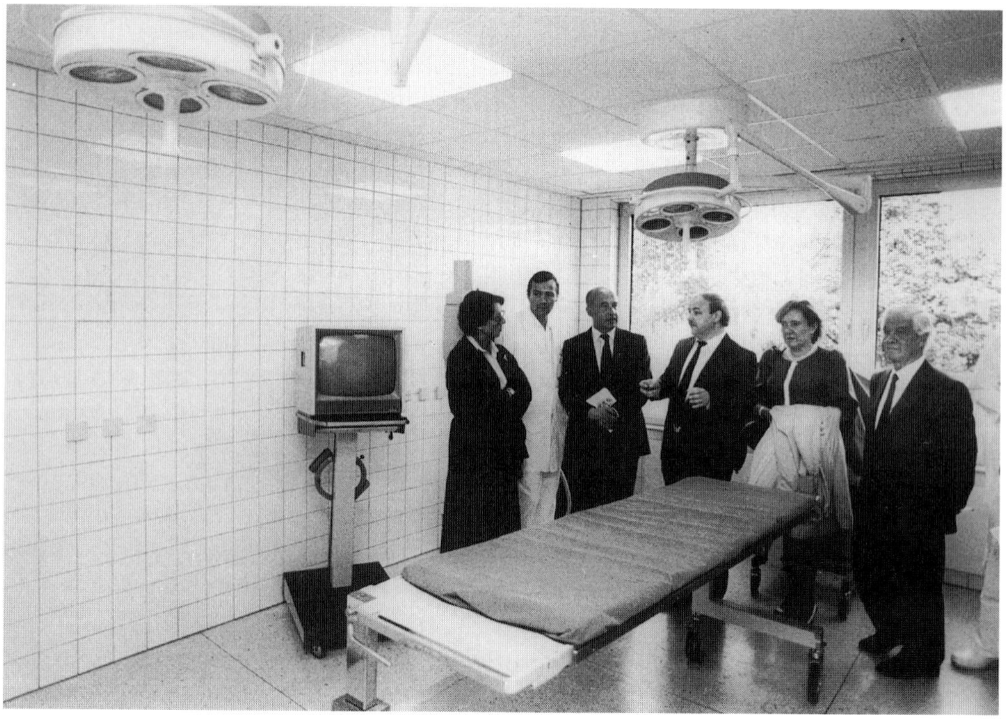

Einweihung des „Professor Süsse-Hauses" am 2. Oktober 1985. Verwaltungsdirektor Dieter Hoffmann (3.v.r.) erläutert Gesundheitsdezernent Peter Rhein (3.v.l.) bei einem Rundgang den neuen Behandlungsraum für unter Schock stehende Patienten.

nahme im ersten Stock, von wo aus sie nach einer vorläufigen Diagnose den zuständigen Kliniken zugewiesen wurden. Über der Ambulanz und der Aufnahme lagen Zimmer der Oberärzte und ein Raum zur Unterweisung von Heimdialyse-Patienten. Im dritten Obergeschoss waren die Büros der Pflegedienstleitung, der beiden Krankenhauspfarrer und des Vereins für Krankenpflege und Diakonie sowie die Ärztebibliothek untergebracht. Ganz oben befand sich das Zentrallabor. Als Vertreter der Stadt Frankfurt lobte Gesundheitsdezernent Professor Peter Rhein das um den Anbau erweiterte St. Markus-Krankenhaus in einem Grußwort zur Eröffnungsfeier am 2. Oktober 1985 mit einem Augenzwinkern: „Ein echtes Frankfurter Krankenhaus. Da möchte man fast gerne krank werden, um hier so optimal behandelt zu werden."[28]

Das zweite große Bauvorhaben der achtziger Jahre betraf die Sanierung des „Olga von Lersner-Hauses". Erste Schäden waren an dem 1968 fertig gestellten Schulgebäude schon im Jahr 1982 aufgetreten. Infolge mangelhafter Isolierung hatte Feuchtigkeit in das Mauerwerk eindringen können, so dass stellenweise der Putz von den Wänden abbröckelte. Die 1988 von der Frankfurter Aufbau AG begonnene Komplett-Sanierung sollte sich in mehreren Bauabschnitten bis 1996 hinziehen und fast 16 Millionen Mark verschlingen. Neben der Verkleidung und Isolierung der Fassade mit Kunststoffplatten waren der Anbau eines zusätzlichen Aufzugsschachts an der Westseite des Hochhauses und ein Verbindungsbau zwischen dem „Dr. Wilhelm Schöndube-Haus" und dem „Olga von Lersner-Haus" Bestandteile des Sanierungsprogramms. Damit das Land das Projekt als förderungsfähig einstufte und mit den notwendigen Mitteln ausstattete, musste das Internat geschlossen und das Gebäude in den Krankenhausbetrieb eingegliedert werden. Die einstigen Schülerzimmer wurden sukzessive umgestaltet und sind heute mit der Krankenpflegeschule (1. Obergeschoss), der Pflegedienstleitung (2. OG), dem Kindergarten (3. OG), der Apotheke (4. und 5. OG), der Gemeinschaftspraxis für Pathologie (6. und 7. OG), Büros des Fördervereins und der Geschäftsführung der Frankfurter Diakonie-Kliniken gGmbH sowie der Personalabteilung der Frankfurter Diakonie-Kliniken gGmbH (8. OG), der Praxis des Betriebsarztes und der Klinik für Plastische- und Wiederherstellungs-Chirurgie (9. OG) belegt.[29] Mit der Umquartierung der Krankenpflegeschüler in das benachbarte „Dr. Wilhelm Schöndube-Haus" wurde das Konzept des gemeinschaftlichen Lernens und Wohnens unter einem Dach fallen gelassen. Die seit August 1978 amtierende Schulleiterin, Marlies Prem, sah den Veränderungen mit gemischten Gefühlen entgegen, zumal sich bei den Schülerzahlen ohnehin ein Abwärtstrend bemerkbar machte. Während Mitte der siebziger Jahre an den Frankfurter Krankenpflegeschulen noch lange Wartelisten existiert hatten, blieben Ende der Achtziger mangels Bewerbern viele Plätze frei. An der für 75 Personen konzipierten Olga von Lersner-Schule ging die Anzahl der Schüler von 74 im Jahr 1987 zunächst auf sechzig zurück (1989) und lag im Herbst 1991 bei nur noch 41 Teilnehmern. Der Rückgang war für die Krankenhausträger doppelt bedenklich: Zum einen bildeten die hauseigenen Nachwuchskräfte die Garanten für den Fortbestand der von Spital zu Spital differierenden Pflegephilosophie, zum anderen drohte eine Zuspitzung des Pflegenotstandes.[30]

An Krankenschwestern und -pflegern hat es eigentlich immer gefehlt, doch um 1990 war der Mangel besonders groß. Durch die schrumpfende Zahl examinierter Absolventen von Krankenpflegeschulen, die hohe Quote an Berufsaussteigern und die ungenügende, auf völlig veralteten Richtzahlen aus dem Jahr 1969 beruhende Ausstattung der Krankenanstalten mit Planstellen wurde der Pflegenot-

Protestierende Krankenschwestern und Pfleger auf der Zeil, 15. April 1989.

stand geradezu heraufbeschworen. Zu viele Überstunden und Wochenenddienste bei vergleichsweise geringem Verdienst und der permanente Zeitdruck, der zu wenig Freiräume für die eigentliche Betreuung der Kranken ließ, drückte im Pflegedienst auf die Stimmung. Im Frühjahr 1989 riss einigen jüngeren Krankenschwestern und Pflegern der Geduldsfaden – sie gründeten den „Aktionsausschuss Frankfurter Krankenhäuser" und demonstrierten an einem Samstagvormittag im April 1989 mit Spruchbändern und Krankenhausbetten in Frankfurts Hauptgeschäftsstraße, der Zeil, für mehr Stellen und bessere Bezahlung. Unter den Passanten stieß die Aktion durchaus auf Verständnis, hatten doch in letzter Zeit immer wieder Berichte über Noteinweisungen und Flurbelegungen die Runde gemacht.[31]

Der Ärztliche Direktor des St. Markus-Krankenhauses, Günter Dathe, nannte im Jahresbericht 1990 die Probleme beim Namen. Im Pflegedienst waren 1990 mangels geeigneter Bewerber durchschnittlich 16 Planstellen vakant geblieben. Außerdem wurde die dünne Personaldecke durch hohe Fehlzeiten (circa 25 Prozent) und 15 Mitarbeiter, die sich im Erziehungsurlaub befanden, derart strapaziert, dass auch die Leitung des Markus-Krankenhauses nicht um die befristete Stilllegung von Betten umhinkam. Obwohl im Berichtsjahr durchschnittlich 19 Krankenbetten ausgegliedert waren, erreichte das „St. Markus" im Mittel eine zufriedenstellende Belegung von über 88 Prozent. Der Einsatz von Aushilfen (ehemalige Mitarbeiter, Studenten und Zeitarbeitsfirmen) gewährleistete die Versorgung der Patienten. 1990 wurden im St. Markus-Krankenhaus 13.681 Patienten mit einer durchschnittlichen Verweildauer von knapp zwölf Tagen behandelt. Einige Patienten der II. Medizinischen Klinik, die im Berichtsjahr zu 102 Prozent ausgelastet gewesen war, hatten zwangsläufig mit einem Krankenlager auf dem Flur vorlieb nehmen müssen. Trotz Pflegenotstand und Bettenschließungen konnten 1990 im Vergleich zum Vorjahr am Markus-Krankenhaus 282 zusätzliche Patienten behandelt und 320 Pflegetage mehr geleistet werden. Die positiven Behandlungszahlen sollten jedoch nicht darüber hinwegtäuschen, dass sich die allgemeine Misere im Pflegedienst weiter verschärfte. Wegen Personalmangels waren 1992 im Markus-Krankenhaus durchschnittlich 43 Betten stillgelegt und 45 Planstellen im Pflegebereich nicht besetzt. Händeringend suchten die Krankenhausleitungen qualifiziertes Pflegepersonal, doch der Arbeitsmarkt schien leer gefegt.[32]

Das Städtische Krankenhaus Frankfurt am Main-Höchst schaltete im Januar 1990 in Tageszeitungen und Fachzeitschriften großformatige Stellenanzeigen. Für ein neues Dienstzeitmodell wurden Krankenschwestern und -pfleger gesucht. Das mit 1.150 Betten zweitgrößte Krankenhaus Frankfurts umwarb die potentiellen Interessenten mit der üblichen Vergütung nach dem Bundesangestelltentarif, demzufolge eine 26-jährige ledige Krankenschwester etwa 3.000 Mark brutto im Monat verdiente, mit preisgünstigen Appartements und mit einer hauseigenen Kindertagesstätte. Das Kernstück des bundesweit beachteten „Höchster Modells" aber war die Abkehr vom, so die Frankfurter Gesundheitsdezernentin Margarethe Nimsch (Die Grünen), „gesundheitsschädigenden, frauen-, familien- und kinderfeindlichen" Wechselschichtdienst.[33] In dem vorerst auf ein halbes Jahr befristeten und auf vier der fünfzig Stationen des Höchster Stadtkrankenhauses beschränkten Modellversuch konnten sich die Mitarbeiter für einen Haupt-, Spät- oder Nachtdienst mit Arbeitsbeginn um 7:30, 15 oder 23 Uhr entscheiden. So weit, so gut – auch andere Krankenhäuser machten Anstrengungen, um mit flexibleren Arbeitszeitregelungen oder ganzheitlicher Betreuung statt Funktionspflege die Attraktivität der Pflegeberufe zu erhöhen. Dass den Teilnehmern des „Höchster Modells" die ungeliebten Spät- und Nachtschichten mit übertariflichen Zulagen von brutto 650 beziehungsweise 1.200 Mark versüßt werden sollten, löste bei den privaten Krankenhausträgern heftige Proteste aus. Der Verwaltungsdirektor des St. Markus-Krankenhauses, Dieter Hoffmann, brachte die Befürchtungen der freigemeinnützigen Krankenhausleitungen in einem Interview mit der „Frankfurter Neuen Presse" auf den Punkt: „Es geht nicht an, daß mit städtischer Hilfe ein Haus mit Zulagen allen anderen die Schwestern abwirbt."[34]

Im Streit um das „Höchster Modell" meldete sich der Hofacker-Verband als Sprachrohr der freigemeinnützigen Krankenhäuser Frankfurts zurück. Nachdem die Organisation der nichtstädtischen Krankenhausträger durch die Verabschiedung des Krankenhausfinanzierungsgesetzes 1972 ihr wichtigstes Wirkungsfeld (Pflegesatzverhandlungen) verloren hatte, war es um den Hofacker-Verband still geworden. Gleichwohl entschied sich die seit Jahren erstmals wieder einberufene Mitgliederversammlung am 20. Juni 1988 für den Fortbestand des Hofacker-Verbandes, um „bei Bedarf entsprechend gestärkt als Interessengemeinschaft auftreten zu können und damit dem Anliegen entsprechendes Gewicht zu verleihen. [...] Trotz weitgehender bester überregionaler Vertretung durch die Hessische Krankenhausgesellschaft können sich in Zukunft dennoch im Hinblick auf das Gesundheitsreformgesetz, Grundsätze der Budgetverhandlungen, Zuschußwesen der Stadt Frankfurt/M. u. a. örtliche Problemstellungen ergeben, die mit Hilfe des Hofacker-Verbandes im Interesse der Mitgliedshäuser geregelt werden könnten."[35] In dem reaktivierten Verband waren 1990 18 freigemeinnützige Krankenanstalten mit insgesamt 4.737 Betten organisiert, darunter auch als zweitgrößte private Einrichtung das St. Markus-Krankenhaus (513 Betten). Im Verbandsvorstand kam es 1988 ebenfalls zu einem Neubeginn. Die Mitgliederversammlung wählte am 20. Juni 1988 den Verwaltungsdirektor des Diakoniewerk Bethanien e. V., Bernd Weber, zum Vorsitzenden des Hofacker-Verbandes.

Chefarzt Holtermüller erklärt den Gebrauch des von Alois Ammerschläger (l.) gespendeten Endo-Sonographiegerätes zur Diagnose von Krebstumoren im Magen- und Darmtrakt.
Der Vereinsvorsitzende, Johann Philipp von Bethmann (r.), freut sich über die noble Geste des Stifters, 22. November 1989.

Kraft seines bis heute ausgeübten Ehrenamtes wurde Bernd Weber 1990 zu einem der profiliertesten Kritiker der finanziellen Aspekte des „Höchster Modells". Während bei der Höchster Pflegedienstleitung rund 1.300 Bewerbungen eingegangen waren und sich anschließend auf den Modellstationen zum Beispiel die krankheitsbedingten Fehlzeiten von 25 auf 15 Prozent verringerten, bildeten die mit öffentlichen Geldern finanzierten Schichtzuschläge in den Augen der freigemeinnützigen Krankenhausträger eine nicht von der Hand zu weisende Wettbewerbsverzerrung. Auf Drängen des Hofacker-Verbandes wurde mit der Stadt Frankfurt und der Allgemeinen Ortskrankenkasse eine Annäherung der gegenseitigen Standpunkte erzielt. Die AOK zahlte daraufhin den Krankenhäusern 1991 für jede Pflegekraft zusätzlich 300 Mark im Monat. Das Geld sollte den Mitarbeitern im Pflegedienst in Form von Gehaltsaufbesserungen oder Schichtzulagen zugute kommen und einem Arbeitsplatzwechsel oder dem Berufsausstieg entgegenwirken. Die Stadt Frankfurt bewilligte für das vom Hofacker-Verband vorgeschlagene und vom Eschborner Agnes Karll Institut für Pflegeforschung wissenschaftlich begleitete Pilotprojekt „Strukturverbesserung in der Krankenpflege durch den Einsatz von Stationsassistentinnen" die Summe von 930.000 Mark. Der am 1. Januar 1992 in 14 Krankenhäusern, zu denen auch das St. Markus-Krankenhaus zählte, gestartete Großversuch ergab, dass die Krankenschwestern und -pfleger normalerweise rund ein Drittel ihrer Arbeitszeit mit „pflegefremden" Tätigkeiten wie Putz- und Aufräumarbeiten oder Botengängen verbrachten, die ohne weiteres auch von Stationsassistentinnen erledigt werden konnten. Mit den Ergebnissen des Modellprojekts in der Tasche und in Absprache mit den Krankenkassen entschlossen sich die 14 Krankenhausleitungen im Herbst 1992 die Zahl der vorhandenen Stationsassistentinnen auf rund 100 zu verdoppeln. Neben preisgünstigen Wohnungen und finanziellen Anreizen gehörte die Entlastung der Mitarbeiter im Pflegedienst durch Stationsassistentinnen zu einem ganzen Maßnahmenbündel, mit dem die Krankenhausträger dem Pflegenotstand zu Leibe rückten. Der Bekämpfung des Pflegenotstands waren jedoch enge finanzielle Grenzen gesetzt.[36]

Die Handlungsspielräume der Krankenhäuser wurden seit 1986 in einem zwischen jeder einzelnen Anstalt und den Kostenträgern im Voraus vereinbarten Jahresbudget festgelegt. Nach einem massiven Konjunktureinbruch zu Beginn der achtziger Jahre verfolgte die neue, von Bundeskanzler Helmut Kohl geführte Regierungskoalition aus CDU/CSU und FDP eine strikte Sparpolitik. Mit dem im Dezember 1984 verabschiedeten Krankenhaus-Neuordnungsgesetz und der am 1. Januar 1986 in Kraft getretenen überarbeiteten Bundespflegesatzverordnung sollte die „Kostenexplosion" im Krankenhauswesen eingedämmt werden. Indem das seit 1972 geltende Anrecht der Krankenhäuser auf nachträgliche Erstattung der Selbstkosten eines abgelaufenen Pflegesatzzeitraums in einen Anspruch auf Deckung der „vorauskalkulierten Selbstkosten" (Budgetierung) umgewandelt wurde, sollten Anreize für eine sparsamere und wirtschaftlichere Betriebsführung geschaffen werden. Gewinne oder Verluste, die durch Über- oder Unterschreiten der dem Budget zugrunde gelegten Bettenbelegung entstanden, wurden nur zu 75 Prozent ausgeglichen. Eventuelle Mehreinnahmen musste sich das Krankenhaus mit den Kostenträgern teilen. Entgegen der beabsichtigten Kostendämpfung kletterten die Krankenhaus-Budgets scheinbar unaufhaltsam weiter in die Höhe. Das Budget des St. Markus-Krankenhauses, das 1990 noch knapp unter achtzig Millionen Mark gelegen hatte, durchbrach 1992 die Schallmauer von einhundert Millionen Mark. Gleichzeitig mehrten sich die Stimmen der Mahner, die auf das viel zu niedrige Eigenkapital und die anhaltende Überschuldung des Markus-Krankenhauses hinwiesen. Finanziell stand die Frankfurter Institution Anfang der Neunziger auf tönernen Füßen.[37]

Im Jahr 1992, am Vorabend des Gesundheitsstrukturgesetzes, zählte das St. Markus-Krankenhaus 871 Mitarbeiter und 513 Planbetten. Die 92er Bilanz verzeichnete 13.475 Patienten mit einer durchschnittlichen Verweildauer von 11,2 Tagen. Der Trend, immer mehr Patienten in immer kürzerer Zeit zu behandeln, hielt unvermittelt an. In der Krankenhausleitung hatten 1992 der Ärztliche Direktor, Karl-Hans Holtermüller, Verwaltungsdirektor Dieter Hoffmann und Oberin Erdmute Leuchtmann einander ergänzt. Das Kuratorium wurde seit 1988 von Pröpstin Helga Trösken geleitet. An der Spitze des Vereins für Krankenpflege und Diakonie stand seit 1990 Richard Burkholz, Vorstandsmitglied der Frankfurter Sparkasse. Der Bankier war der Wunschkandidat Johann Philipp von Bethmanns gewesen, der den Vereinsvorsitz nach 15-jähriger Amtszeit am 23. April 1990 niedergelegt hatte. Mit einer Grundsatzrede hatte sich Bethmann nach insgesamt dreißigjähriger Zugehörigkeit zum Vorstand am 23. April 1990 von der Mitgliederversammlung verabschiedet.

„Der Dienst in einem Krankenhaus", so Freiherr von Bethmann, „wird niemals voll entgolten in materiellem Entgelt. Das ist seine Bürde und Würde. Es ist aber auch das Geheimnis des Erfolgs. Ohne Opferbereitschaft, ohne ein von Mitmenschlichkeit und Nächstenliebe geprägtes Berufsethos bleibt der Dienst am Patienten und für den Patienten ohne Wärme, die heilt, ohne Trost, der Mut macht, und letztlich ohne Segen von oben. Alle bringen Opfer, aber gerecht verteilt ist das Opfer nicht. Das sage ich auch und ich sage es aus Erfahrung und Überzeugung, nicht um zu gefallen. Vom Beruf der Krankenpflege wird heute ein überproportionaler, ein relativ zu hoher Anteil an Verzicht und Opferbereitschaft erwartet. Das muß sich ändern. Die Gründe liegen meiner Meinung nach in der Organisation des Krankenhauswesens, ja des ganzen Gesundheitswesens, in dem zu viel Staat den Marktmechanismus von Leistung und Gegenleistung verfälscht. Zu viel Staat in zweifacher Hinsicht. Da ist zu viel Staat unter den Arbeitgebern, also unter den Betreibern der Gesundheitseinrichtungen. Darum bleiben die Interessen der Beschäftigten im Pflegedienst in der Tarifauseinandersetzung auf der Strecke. Zu viel Staat aber auch durch die direkte und indirekte Subventionierung der Kundschaft, der Patienten also, denen schon längst mehr Eigenbeitrag zugemutet werden könnte. Nur so könnte das verkümmerte Verständnis für den eigentlichen Wert der im Gesundheitswesen und vor allem auch in den Krankenhäusern erbrachten und in Anspruch genommenen Dienstleistungen wieder wachsen – mit der Folge einer besseren Honorierung."[38]

Eine neue Zeit – Das Markus-Krankenhaus im Verbund der Frankfurter Diakonie-Kliniken 1993–2001

8. Kapitel

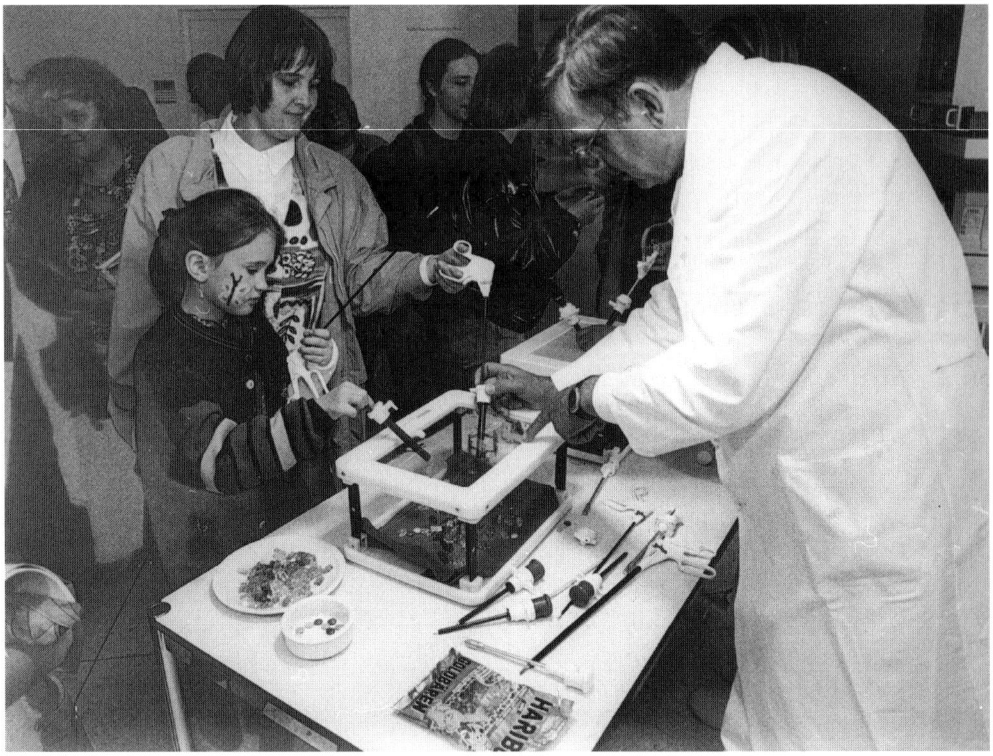

Über 3.000 Besucher kamen am 22. Juni 1996 zum „Tag der offenen Tür" ins Markus-Krankenhaus.
Unter Anleitung von Oberarzt Dr. med. Lothar Brandt (r.) konnten Interessierte zum Beispiel eine Bauchoperation simulieren und Gummibärchen mit Zangen und Spießen entfernen.

Im Montagsmagazin „Focus" erschien im Herbst 1994 ein fünfteiliger „Krankenhaus-Report". Auf der Basis einer, laut „Focus"-Redaktion, ersten deutschen Vergleichsstudie über die rund 2.150 Allgemeinkrankenhäuser wurde der stationären Krankenpflege auf den Zahn gefühlt. Die Magazinmacher, die den Lesern einen „Leitfaden für die Wahl der richtigen Klinik" an die Hand geben wollten, bewerteten das Frankfurter Markus-Krankenhaus auf einer Rangliste der „200 Top-Kliniken Deutschlands" mit einem guten 77. Platz.[1]

Zur gleichen Zeit, da in der Anstalt medizinische Höchstleistungen vollbracht wurden, hing das Überleben des tief in die roten Zahlen gerutschten Markus-Krankenhauses an einem seidenen Faden. Das schon seit geraumer Zeit in finanzieller Schieflage befindliche „St. Markus" war durch das am 1. Januar 1993 in Kraft getretene und von der Deutschen Krankenhausgesellschaft bis zuletzt vehement bekämpfte Gesundheitsstrukturgesetz zusätzlich unter Druck geraten. Das vom Verein für Krankenpflege und Diakonie getragene Markus-Krankenhaus war von einem effizienten Management, wie es dem Gesetzgeber vorschwebte, noch meilenweit entfernt. Die Hauptzielsetzung des Gesundheitsstrukturgesetzes bestand hinsichtlich des Krankenhauswesens – wie könnte es anders sein – in der Kostendämpfung. Als Sofortmaßnahme wurden die Krankenhausbudgets bis 1995 auf dem Stand von 1992 eingefroren, sprich „gedeckelt". Das Selbstkostendeckungsprinzip blieb, wenn auch in abgewandelter Form, bestehen. Anstelle der vorauskalkulierten Selbstkosten eines „sparsam wirtschaftenden und leistungsfähigen Krankenhauses" sah das Gesundheitsstrukturgesetz die Zahlung „leistungsgerechter Erlöse" aus den Pflegesätzen vor. Nach einer gewissen Übergangszeit sollte der allgemeine, vollpauschalierte Pflegesatz ab dem 1. Januar 1996 durch ein System differenzierter Entgelte ersetzt werden (Basispflegesatz, Abteilungspflegesätze und Fallpauschalen). Darüber hinaus eröffnete das Gesundheitsstrukturgesetz den Krankenhäusern die Möglichkeit, vor- und nachstationär zu behandeln und ambulant zu operieren, wovon sich der Gesetzgeber eine weitere Verkürzung der Verweildauer, den Abbau von Betten und eine Erhöhung der Wirtschaftlichkeit auf dem Gebiet der stationären Krankenpflege erhoffte. In einer Denkschrift zum Gesundheitsstrukturgesetz sah Verwaltungsdirektor Dieter Hoffmann „existenzielle Probleme“ auf das Markus-Krankenhaus zukommen.[2]

Die Krankenhäuser mussten den Gürtel enger schnallen. Das erste Amtsjahr des am 12. März 1993 für den gesundheitlich angeschlagenen Richard Burkholz als Vorsitzender des Vereins für Krankenpflege und Diakonie eingesprungenen Armin Clauss stand daher ganz im Zeichen von Sparmaßnahmen. So wurde beispielsweise zur Senkung der Personalkosten im ärztlichen Bereich eine sechsmonatige Wiederbesetzungssperre angeordnet und die Streichung einer Arztstelle pro Klinik beschlossen. Die Ausgaben für Arzneimittel, medizinischen Sachbedarf und externe Untersuchungen konnten 1993 um rund 900.000 Mark reduziert werden. Das Sparprogramm wurde von Dietrich Walther, der sich nach dem Rücktritt von Karl-Hans Holtermüller im Sommer 1993 noch einmal als Ärztlicher Direktor hatte in die Pflicht nehmen lassen, vorbehaltlos unterstützt. Um die für das wirtschaftliche Überleben des Markus-Krankenhauses erforderliche durchschnittliche Bettenbelegung von 85 Prozent zu erreichen und um sich im härter werdenden Wettbewerb unter den Krankenhäusern zu behaupten, intensivierten die Vereins- und die Krankenhausleitung die Öffentlichkeitsarbeit. Der ehemalige hessische Minister für Arbeit, Umwelt und Soziales, Armin Clauss, bewertete im November 1993 den „sehr guten Ruf“ als das „wichtigste Kapital“ des Markus-Krankenhauses.[3] Das Bekanntwerden von Schwierigkeiten bei der Geschäftsführung trübte im August 1994 nur für kurze Zeit das Ansehen des „St. Markus“. Die im gegenseitigen Einvernehmen erfolgte Trennung von Verwaltungsdirektor Hoffmann machte den Weg für die überfällige Neuordnung der Unternehmensstruktur frei. Auf Vorschlag des mit der hessischen Krankenhausszene bestens vertrauten Staatsministers a. D. Armin Clauss beauftragte der Verein für Krankenpflege und Diakonie im September 1994 den früheren Verwaltungsdirektor des Marburger Universitätsklinikums, Alfred Todtwalusch, als auf sechs Monate befristet eingestellten Interimsdirektor mit einer betriebswirtschaftlichen Strukturanalyse des Markus-Krankenhauses. Das Ergebnis der Untersuchung sollte für die zukünftige Rechtsform der Anstalt richtungsweisend sein.[4]

Die betriebswirtschaftliche Diagnose lautete auf Überschuldung. Ohne finanzkräftige Partner sah Verwaltungsdirektor Todtwalusch für das Markus-Krankenhaus schwarz. Armin Clauss bemühte sich um solvente Partner aus dem Kreis der Diakonie, um eine GmbH zum Betrieb des Markus-Krankenhauses zu gründen. Als Vorsitzende des Evangelischen Regionalverbandes in Frankfurt und Vorstandsmitglied des Vereins für Krankenpflege und Diakonie warb Pfarrerin Esther Gebhardt kirchenintern für eine Beteiligung an der geplanten Krankenhaus-Betriebsgesellschaft. Das Markus-Krankenhaus und die evangelische Kirche hatten sich schon immer nahe gestanden. Ein kurzer Blick in die Geschichtsbücher genügt, um auf die evangelischen Wurzeln der Anstalt in der Diakonie des ausgehenden 19. Jahrhunderts zu stoßen. Nachdem sich der Evangelische Gemeindeverband 1956/58 an der Finanzierung des neuen Markus-Krankenhauses in der Wilhelm-Epstein-Straße beteiligt hatte, waren die ohnehin engen Beziehungen zwischen Kirche und Krankenhausträger noch weiter intensiviert worden. An der Spitze des 1957 gebildeten Kuratoriums stand traditionell der Probst von Frankfurt und von den 15 Sitzen in dem neuen Gremium wurden fünf vom Gemeindeverband und einer von der Evangelischen Kirche in Hessen und Nassau besetzt.

Im Krankenhausalltag sorgten die Krankenhauspfarrerinnen und die Evangelische Krankenhaushilfe („Grüne Damen") für konfessionelle Akzente. In einem Positionspapier vom 29. März 1995 begründete Esther Gebhardt ihr Engagement für den Fortbestand des Markus-Krankenhauses nicht nur mit den gewachsenen Strukturen, sondern auch mit einem vom Ev. Regionalverband in Kooperation mit dem Verein für Krankenpflege und Diakonie in der Rechneigrabenstraße 12 geplanten Hospiz für palliative Medizin und kam zu dem Schluss: „Die moderne Klinik und das Gesundheitswesen stellen eine Herausforderung dar, der sich die evangelische Kirche nicht entziehen darf. Gerade weil das Krankenhaus der Ort ist, in dem von der Geburt bis zum Sterben Menschen Hilfe und Begleitung suchen, kommt ihm eine ständig wachsende Bedeutung zu. [...] Die Frage nach dem Sinn des Lebens und der Verantwortung des eigenen Lebens treten im Krankenhaus immer dringlicher in den Vordergrund. Vom Auftrag Jesu Christi her ist die evangelische Kirche berufen, auf wesentliche Fragestellungen, wie sie im Krankenhaus begegnen, Hilfestellung und vernehmbare Antworten zu geben. [...] Wenn die Kirche sich als aufsuchende Kirche versteht, die nicht nur depressiv-resigniert auf leerer werdende Gotteshäuser schaut, dann ist im evangelischen Krankenhaus ihre gestaltende Präsenz nötig und das nicht nur in der Seelsorge, sondern auch in der Trägerverantwortung."[5]

Der Diakoniewerk Bethanien e.V. und das Frankfurter Diakonissenhaus machten Anfang 1995 Nägel mit Köpfen und entwickelten in Absprache mit dem Vorsitzenden des Vereins für Krankenpflege und Diakonie, Armin Clauss, ein tragfähiges „Diakonie-Konzept zur Sicherstellung der evangelischen Krankenhäuser in der Region Frankfurt am Main". Kernpunkt des Konzepts war ein Sanierungsangebot der beiden in der „Diakonie-Beteiligungsgesellschaft Frankfurt am Main gGmbH" zusammengeschlossenen Institutionen, das dem in einem Liquiditätsengpass steckenden Markus-Krankenhaus konkrete finanzielle Hilfen in Aussicht stellte. Mitte Juni 1995 waren die Vorbereitungen so weit gediehen, dass die „Diakonie-Beteiligungsgesellschaft" mit dem Angebot an den Evangelischen Regionalverband herantrat, bei der geplanten „St. Markus-Krankenhaus gemeinnützigen GmbH" miteinzusteigen. Der Regionalverband begriff die Situation ebenfalls als Chance und hatte im Sommer 1995 mit der Evangelischen Kirche in Hessen und Nassau als Geldgeber im Hintergrund maßgeblichen Anteil an der Entstehung der gemeinnützigen Krankenhaus-GmbH. Die Befürworter der GmbH-Lösung mussten im Vorfeld viel Überzeugungsarbeit leisten, da beispielsweise die Mitarbeitervertretung zunächst um die Sicherheit der Arbeitsplätze fürchtete und die Nichtbeteiligung eines Arbeitnehmervertreters an dem geplanten Aufsichtsrat kritisierte. Zu guter Letzt beschloss am 28. September 1995 eine außerordentliche Mitgliederversammlung des Vereins für Krankenpflege und Diakonie mit „überwältigender Mehrheit", die Vereinssatzung zu ändern, eine Stiftung zu gründen und sich an der in Vorbereitung befindlichen Krankenhaus-Betriebsgesellschaft zu beteiligen.[6]

Aus dem Trägerverein wurde am 28. September 1995 ein Förderverein. Der zum zweiten Mal geänderte Name des Vereins lautete nunmehr in seiner vollen Länge: „Freunde und Förderer des St. Markus-Krankenhauses Verein für Krankenpflege und Diakonie in Frankfurt am Main (gegründet 1876 als Bockenheimer Diakonissenverein)". Der Vereinszweck besteht in der „Förderung von Einrichtungen der Kranken- und Altenpflege jeder Art, ebenso von Krankenpflegeschulen, Kindertagesstätten, Personalwohnungen und sonstigen Einrichtungen der Gesundheitsfürsorge, insbesondere von Einrichtungen des St. Markus-Krankenhauses Frankfurt am Main."[7] Zum Vorsitzenden des Vereins, der um die Jahres-

Repräsentanten des neuen Klinik-Verbundes. V.l.n.r.: Geschäftsführer Bernd Weber, der Vorsitzende der Gesellschafterversammlung, Armin Clauss, Professor Dr. med. Karl Huth (Frankfurter Diakonissen-Krankenhaus), Oberin Rose Häußermann (Diakoniewerk Bethanien), Dr. med. Hans-Friedrich Spieß (Bethanien-Krankenhaus) und Professor Dr. med. Markus Sold (Markus-Krankenhaus).

wende 1999/2000 noch 251 Mitglieder zählte, wurde 1997 der frühere Referent des Frankfurter Gesundheitsdezernenten Gerhardt und jetzige Geschäftsführer der Parkhaus-Betriebsgesellschaft mbH, Helmut Schmitt, gewählt. Der Verein übertrug seine Besitzrechte an der am Rande Bockenheims gelegenen Anstalt einer neu ins Leben gerufenen „St. Markus-Krankenhaus Stiftung", die wiederum den Komplex der Betriebsgesellschaft unentgeltlich zur Verfügung stellte. An der gemeinnützigen GmbH, die seit 1. Januar 1996 das Markus-Krankenhaus betrieb, beteiligten sich das Diakoniewerk Bethanien e.V., das Frankfurter Diakonissenhaus, der Evangelische Regionalverband und die eigens gegründete Stiftung. Die Gesellschafterversammlung wählte Armin Clauss zum Vorsitzenden und übertrug dem Geschäftsführer der Diakoniefördergesellschaft Speyer, Helmut Riener, und dem Verwaltungsdirektor des Diakoniewerks Bethanien, Bernd Weber, die gemeinsame Geschäftsführung der „St. Markus-Krankenhaus gemeinnützige GmbH". Die geänderte Rechtsform des Trägers bescherte dem Markus-Krankenhaus einen Kapitalzufluss von rund zwanzig Millionen Mark, womit die Liquiditätsprobleme der Einrichtung erst einmal überwunden waren.[8]

Seit dem 1. Januar 1998 machen die diakonischen Krankenhäuser in Frankfurt „gemeinsame Sache". Mit 1.057 Planbetten, 1.983 Mitarbeitern und einem Jahresumsatz von rund 200 Millionen Mark waren die Frankfurter Diakonie-Kliniken – Bethanien- und Mühlberg-Krankenhaus sowie Diakonissenhaus und Markus-Krankenhaus – seinerzeit der größte diakonische Krankenhausträger in Hessen. Der Verbund war, dem erneut zum Vorsitzenden der Gesellschafterversammlung gewählten Armin Clauss zufolge, „fit für den Wettbewerb" und rangierte in Frankfurt, gemessen an der Bettenzahl, direkt hinter der Uniklinik und dem Städtischen Krankenhaus Höchst an dritter Stelle. Zum Geschäftsführer des größten freigemeinnützigen Krankenhausträgers der Mainmetropole wurde Bernd Weber berufen. „In der Bündelung der Ressourcen aller vier Krankenhäuser", zeigte sich Pfarrerin Esther Gebhardt zuversichtlich, „liegt deren Überlebenschance."[9] Der Zusammenschluss rettete das Diakonissenhaus vor dem drohenden Aus. Jede An-

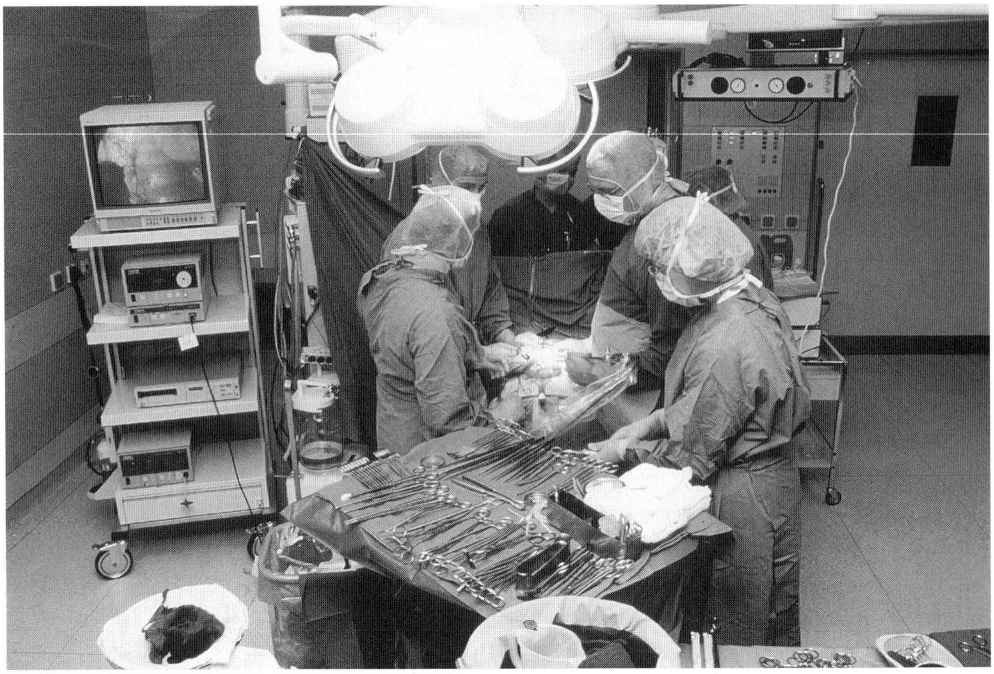

OP-Team bei einem laparoskopischen Eingriff, 1997.

stalt im Verbund der Diakonie-Kliniken sollte sich künftig auf bestimmte Bereiche spezialisieren. Während sich das Diakonissenhaus im Rahmen dieser Aufgabenteilung auf die Innere Medizin und Geriatrie (Alterskrankheiten) konzentrierte, wurden am Markus-Krankenhaus die Angebote auf dem Gebiet der Chirurgie, der Gynäkologie und der Psychiatrie erweitert.

Der Krankenhaus-Verbund sollte betriebswirtschaftliche Synergieeffekte erzielen. Die Apotheke im Markus-Krankenhaus beliefert seit dem Frühjahr 1998 auch die drei anderen diakonischen Anstalten sowie weitere Krankenhäuser mit Arzneimitteln, Verbandstoffen, Infusionslösungen, Sondennahrung und Pflegeprodukten. Von den einstmals drei Krankenpflegeschulen wurden zwei, und zwar die Ausbildungsstätten am Bethanien-Krankenhaus und am Diakonissenhaus, aufgegeben und die Nachwuchsförderung ab 1. Oktober 2000 auf die von Ingrid Hoffmann geleitete Schule verlagert. Ein weiterer Schritt in Richtung Verwaltungsvereinfachung war bereits am 1. Januar 2000 erfolgt, als Christa Laporte-Goebel die mittlerweile im Olga von Lersner-Haus untergebrachte Gesamtpersonalleitung der „Frankfurter Diakonie-Kliniken gGmbH“ übernahm. In naher Zukunft soll nun auf dem Gelände des Markus-Krankenhauses ein Versorgungszentrum für die Küche, das Warenlager und die Verwaltung des evangelischen Krankenhaus-Verbundes errichtet werden. „Am Ende dieser Maßnahmen [zur Reorganisation der Diakonie-Kliniken] sollen Krankenhäuser stehen“, so Geschäftsführer Weber, „die dank einer qualitativ hochwertigen Patientenversorgung der Konkurrenz zwischen den Kliniken standhalten. Insofern arbeiten wir auch daran, daß die Arbeitsplätze unserer Mitarbeiterinnen und Mitarbeiter weiter auf solider Basis stehen.“[10]

1999 zählte das Markus-Krankenhaus durchschnittlich 926 „Vollkräfte“, davon waren 125 im ärztlichen Dienst und 362 in der Pflege beschäftigt. In dem Stichjahr wurden in der Wilhelm-Epstein-Straße 15.174 Patienten behandelt (1998 = 13.929 Patienten), deren Verweildauer im Mittel nur noch bei 10,7 Tagen lag. Die 580 Planbetten wiesen 1999 im Jahresdurchschnitt einen Belegungsgrad von 76,8

Prozent auf (1998 = 73,2 Prozent). Bis zum Jahr 2001 schrumpfte die Bettenzahl des Markus-Krankenhauses von 593 (inklusive 13 Dialyse-Plätze) auf 553. Der Bettenabbau war Teil eines Ende 1998 zwischen dem Hofacker-Verband und den gesetzlichen Krankenkassen vereinbarten „Partnerschaftsmodells", demzufolge an 15 freigemeinnützigen Krankenhäusern bis 2002 mehr oder weniger freiwillig rund 650 Betten gestrichen werden sollen. Der Vorsitzende des Verbandes der Angestellten-Krankenkassen in Frankfurt, Ulrich Blondin, bezifferte das aufgrund des in Deutschland bis dahin einmaligen „Partnerschaftsmodells" zu erwartende Einsparvolumen auf rund 64 Millionen Mark. Im Gegenzug garantierten die Kostenträger den am Modell beteiligten Krankenhäusern feste Budgets bis 2003, was in Zeiten gesundheitspolitischer Ungewissheit für Planungssicherheit sorgt.[11]

Patientenaufnahme des Markus-Krankenhauses, 1997.

An der Jahrtausendwende befindet sich das Markus-Krankenhaus im Umbruch. Angesichts einschneidender betriebswirtschaftlicher und baulicher Veränderungen bilden die dem Krankenhaus seit vielen Jahren angehörenden Chefärzte gleichsam ruhende Pole. Als Dienstältester Chefarzt leitet Privatdozent Dr. med. Ivar Boettcher seit 1977 die Allgemeinchirurgische Klinik, Visceral-, Gefäß- und Thoraxchirurgie. Vom minimal-invasiv operierten Leistenbruch bis zur Einpflanzung von Herzschrittmachern deckt die Klinik das gesamte Spektrum der modernen Chirurgie ab. Mittels Endoskopie[12] und Ultraschalluntersuchung des Magen-Darm-Trakts und des Einsatzes des Farbdopplers zur Diagnose von Gefäßkrankheiten werden – gegebenenfalls in Verbindung mit ambulanten Eingriffen – schnelle Heilerfolge erzielt. Die große Tumorchirurgie ist fester Bestandteil des Leistungsangebots, wobei die hohe Zahl von Dickdarmkrebs-Operationen hervorsticht.

Die Schwerpunkte der seit 1983 von Chefarzt Professor Dr. med. Karl-Hans Holtermüller geleiteten Medizinischen Klinik I liegen in der Behandlung von Verdauungs-, Stoffwechsel-, Infektions- und Tumorerkrankungen. Die Klinik besitzt eine Hightech-Lasereinheit und eine Diagnostikeinrichtung mit Farbduplex- und Endo-Sonographie[13], Lungenfunktionsprüfung, Endoskopie des Verdauungstrakts und der oberen Luftwege. Die bildgebenden Untersuchungsverfahren ergänzt ein gastroenterologisches[14] Funktionslabor zur Erfassung von Motilitätsstörungen[15], bakteriellen Fehlbesiedlungen im Darm oder auch von Enzymdefekten in der Darmschleimhaut als Ursache von Verdauungsstörungen. Professor Dr. med. Peter Grützmacher steht seit 1989 als Chefarzt an der Spitze der Medizinischen Klinik II und amtiert in Personalunion zugleich als ärztlicher Leiter des vom Kuratorium für Dialyse und Nierentransplantation in der Ginnheimer Landstraße betriebenen Dialysezentrums. In Abstimmung mit den anderen internistischen Abteilungen werden in der Medizinischen Klinik II Nieren-, Hochdruck- und arterielle Gefäßkrankheiten (Arteriosklerose) sowie Fettstoffwechselstörungen diagnostiziert und therapiert. Patienten mit zu hohem Blutdruck macht der Internist Grützmacher Mut: „Wir stellen jeden Blutdruck ein, es gibt keinen Blutdruck, der nicht einzustellen ist."[16] Die Notfallbereitschaft zur Behandlung von Nierenversagen und Vergiftungen ist rund um die Uhr besetzt und wird von der ganzen Region in Anspruch genommen. Das jüngste Mitglied im Chefarzt-Kollegium des Markus-Krankenhauses ist Professor Dr. med. Rainer Schräder, der am 1. April 2000 die Nachfolge von Dr. med. Otto Ludwig in der Medizinischen Klinik III (Kardiologie[17] und Internistische Intensivmedizin) angetreten hat. Als Belegarzt dem Cardiologischen Centrum Bethanien seit 1995 verbunden und als Mitglied der dortigen Kardiologischen Gemeinschaftspraxis bekleidet Schräder nun auch noch die Chefarztstelle der Medizinischen Klinik III und verkörpert

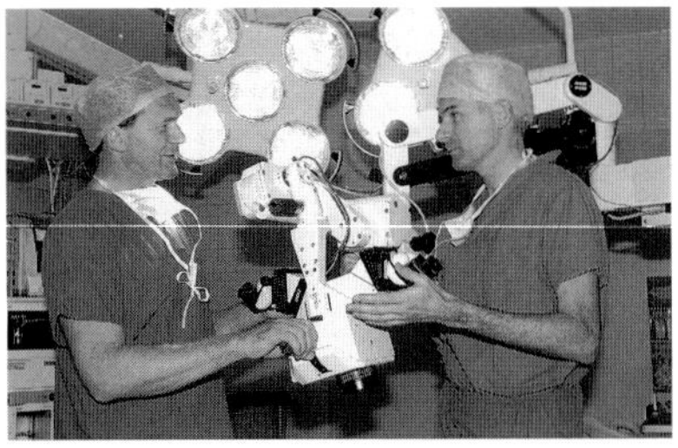

Chefarzt Privatdozent Dr. med. Klaus Exner (l.), und Oberarzt Dr. med. Alberto Peek, November 2000.

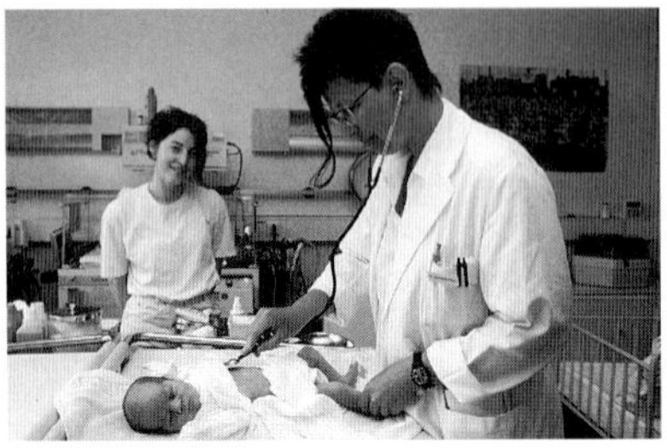

Ein neuer Erdenbürger in guten Händen, 1997.

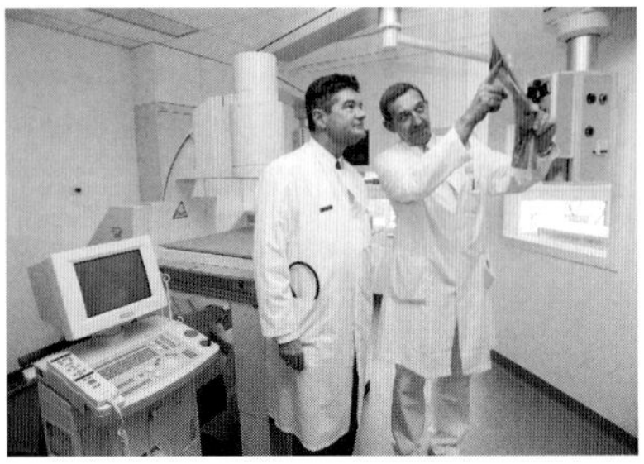

Prof. Dr. med. Michael Sohn (r.) bespricht mit Prof. Dr. med. Karl-Hans Holtermüller eine Röntgenaufnahme, Dezember 1998.

somit das angestrebte Zusammenrücken der kardiologischen Funktionseinheiten der beiden evangelischen Krankenhäuser.

Herannahende Hubschraubergeräusche kündigen den Mitarbeitern der seit 1984 von Chefarzt Professor Dr. med. Herbert Weigand geleiteten Klinik für Unfall- und Gelenkchirurgie die bevorstehende Einlieferung eines Schwerstverletzten an. Rettungshubschrauber können den Landeplatz des Markus-Krankenhauses seit August 1999 anfliegen. Bei Verletzungen des Bewegungsapparates stellen die Unfallchirurgen zusammen mit den Röntgenologen die Diagnose. Alle Eingriffe erfolgen in einer hochsterilen Reinraumkabine, die für Operationen an Knochen und Gelenken reserviert ist. Unter Federführung der Unfallchirurgie werden Mehrfachverletzte von den zuständigen Kliniken gemeinsam behandelt. Weitere Schwerpunkte der im ersten und siebten Stock des Bettenhochhauses untergebrachten Klinik sind die arthroskopische[18] Kniegelenkschirurgie zur Behandlung der Menisken und der Kreuzbänder sowie das Einsetzen künstlicher Hüft- und Kniegelenke. Bekannt aus Funk und Fernsehen ist der Chefarzt der Klinik für Plastische Chirurgie, Wiederherstellungs- und Handchirurgie (Berufsgenossenschaftliche Sonderabteilung), Privatdozent Dr. med. Klaus Exner. Der Chirurg, der 1980 als Assistenzarzt an das Markus-Krankenhaus gekommen war, avancierte 1994 zum Klinikchef. Während Schönheitsoperationen nur etwa zwanzig Prozent der Fälle ausmachen, stehen im Klinikalltag die Wiederherstellung nach schweren Unfallverletzungen und Verbrennungen, die operative Behandlung von angeborenen Fehlbildungen sowie die Rekonstruktion bei Brustkrebs und anderen Tumoren im Vordergrund. Die Einführung der Handchirurgie am Markus-Krankenhaus geht auf eine Initiative Exners zurück, der die erste erfolgreiche Daumenreplantation in Deutschland vorgenommen hat. Schwestern und Ärzte der Klinik organisieren regelmäßige „Interplast"-Einsätze in der Dritten Welt, um vor Ort den Ärmsten der Armen mit plastischen Wiederherstellungsoperationen zu helfen.[19]

In „Frankfurts schönsten Kreißsälen"[20] kamen 2000 über 700 Babys zur Welt. Dem 1996/98 mit warmen Farbtönen, indirekter Beleuchtung und holzverkleideten Schrankwänden – hinter denen sich modernste Apparaturen verbergen – komplett umgestalteten Kreißsaalbereich bescheinigte der seit 1985 amtierende Chefarzt der Klinik für Geburtshilfe und Frauenheilkunde, Privatdozent Dr. med. Klaus Wernicke, „Wohnzimmer"-Atmosphäre. Ansonsten wird in der Frauenklinik des Markus-Krankenhauses das gesamte Spektrum gynäkologischer Erkrankungen behandelt. Bei operativen Verfahren werden neben den konservativen Techniken in zunehmendem Maße auch minimal-invasive Methoden angewandt. Ein besonderer Akzent liegt auf der Behandlung gut- und bösartiger Geschwülste im Bereich der weiblichen Brust. Nach seinen Spezialgebieten befragt, nannte Professor Dr. med. Michael Sohn 1995 bei seiner offiziellen Einführung als Chefarzt der Urologischen Klinik Inkontinenz und Impotenz. Die Klinik besitzt das erforderliche Equipment für urodynamische[21] Messungen bei Harninkontinenz und Blasenstörungen sowie für Spiegelungen der Blase, der Harnleiter und der Nierenbecken. Ende 1998 wurde ein ultramoderner Nierensteinzertrümmerer angeschafft, der zum Beispiel auch die Behandlung von Gallengangsteinen erlaubt. Die operativen Schwerpunkte betreffen Tumore der Nieren, der Harnleiter und der Blase sowie der Prostata, der Hoden und des Penis. Prostataentfernungen erfolgen statt durch den riskanteren Bauchschnitt über einen kleinen Schnitt im Dammbereich – eine besonders schonende, aber nur an wenigen Kliniken in Deutschland verfügbare Operationstechnik. Männlicher Impotenz wird sowohl mit klassischen Stimulationsverfahren als auch mit mikroskopischen Maßnahmen oder Prothesenimplantationen abgeholfen.

Für Schmerzfreiheit bei Operationen und anderen belastenden Eingriffen ist das seit 1993 von Chefarzt Professor Dr. med. Markus Sold geleitete Institut für Anästhesiologie und operative Intensivmedizin zuständig. Neben der Vollnarkose werden rückenmarksnahe Leitungsanästhesien, Plexusanästhesien[22] oder auch Nervenblockaden angewendet. Die operative Intensivstation liegt ebenfalls im Verantwortungsbereich von Sold, der seit 1994 auch noch das Amt des Ärztlichen Direktors bekleidet. Die Station verfügt über sämtliche Einrichtungen zur Beatmung, Blutwäsche und Kreislaufüberwachung. Bei ausgedehnten Operationen findet neben der Eigenblutspende die intraoperative Autotransfusion statt, wobei anfallendes Blut steril gesammelt, wiederaufbereitet und dem Kreislauf erneut zugeführt wird. Ein weiteres Institut, das seit 1983 Chefarzt Professor Dr. med. Hans-Joachim Hermann unterstellte Radiologische Institut, versorgt ambulante und stationäre Patienten mit röntgendiagnostischen, nuklearmedizinischen und strahlentherapeutischen Leistungen. In der Röntgendiagnostik werden mit Hilfe zum Teil computerunterstützter Geräte sämtliche Untersuchungen bei minimaler Strahlenbelastung durchgeführt. Mammographien zur Durchleuchtung der weiblichen Brust, Angiographien[23], Behandlungen von Gefäßverengungen mittels Ballonkatheter sowie Computer- und Kernspintomographien[24] gehören heute zum täglichen Brot der Röntgenologen. In der Nuklearmedizin wird am Markus-Krankenhaus eine Gammakamera für Funktionsanalysen des Knochens, des Herzens, der Nieren und anderer Organe eingesetzt. Die Strahlentherapie wurde Ende 1996 durch die Errichtung eines Behandlungstraktes und die Installation eines Linearbeschleunigers zur Bekämpfung von bösartigen Tumoren auf den neusten Stand gebracht. Im seit 1987 von Dr. med. Christa Horbach geleiteten Funktionsbereich Neurologie werden organisch bedingte Erkrankungen des Gehirns, des Rückenmarks, der Nerven und der Muskulatur behandelt und Patienten mit Schlaganfällen, Tumorerkrankungen, M. Parkinson oder Bandscheibenveränderungen betreut.

Im Zuge der Umstrukturierungen – Stichwort: Outsourcing – wurden Ende der neunziger Jahre die Institute für Laboratoriumsmedizin und Pathologie aus dem Markus Krankenhaus ausgegliedert. Die aus den ehemaligen Instituten hervorgegangenen eigenständigen Praxen sind weiter für das Markus-Krankenhaus tätig. Von der im vierten Stock des Funktionsgebäudes untergebrachten und von Professor Dr. med. Norbert Scheiermann geleiteten „KLG Krankenhaus-Labor-Gesellschaft mbH und Praxis für Laboratoriumsmedizin“ werden alle Kliniken und Institute des Markus-Krankenhauses mit Laboruntersuchungen bedient. Das Labor betreut ein umfangreiches Blutkonservendepot und führt Blutgruppenbestimmungen und Verträglichkeitsprüfungen vor Transfusionen durch. Fremdblutkonserven werden vom DRK-Blutspendedienst in Frankfurt bezogen. Die von sechs Fachärzten, darunter auch der ehemalige Chefarzt des Pathologischen Instituts am Markus-Krankenhaus, Professor Dr. med. Horst Peter Lange, in der Ginnheimer Landstraße 94 betriebene „Gemeinschaftspraxis für Pathologie“ untersucht bei Operationen oder diagnostischen Eingriffen entnommene Gewebeproben und Zellabstriche nach krankhaften Veränderungen. Besondere Bedeutung haben die Bestimmung bösartiger Tumore und die intraoperative „Schnellschnittdiagnostik“, die für den weiteren Verlauf einer Operation ausschlaggebend sein kann. Zu den Aufgaben der Pathologen gehört auch die innere Leichenschau. Dabei werden Grund- und Nebenkrankheiten, Todesursache und Auswirkungen

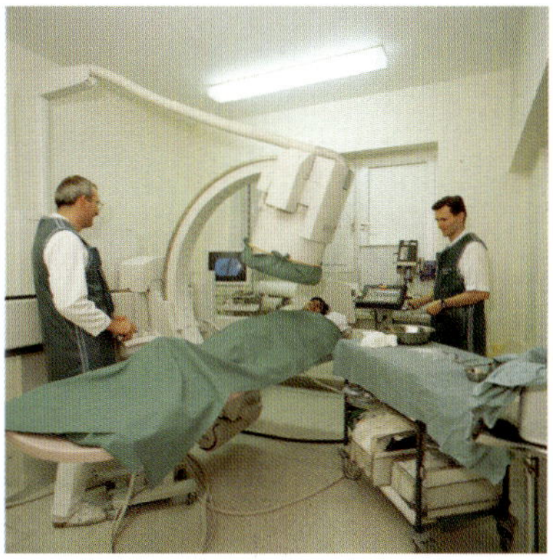

Interventionelle Radiologie in Aktion, 1997.

Vorbereitung histologischer Präparate zur mikroskopischen Begutachtung im Pathologischen Institut, 1997.

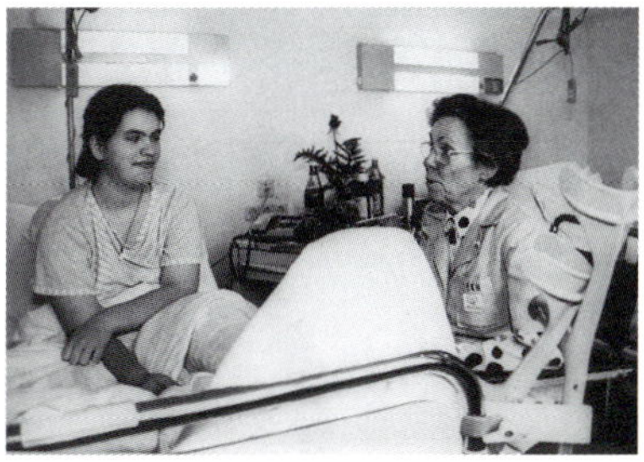

Die Mitarbeiterin der Evangelischen Krankenhaushilfe, Hella Bornmann (r.) im Gespräch mit einer Patientin, Dezember 1992.

Andachtsraum im sechsten Stock des Hauptgebäudes, 1997.

der Therapie festgestellt. Außer für die Pathologie und das Labor wurde inzwischen auch für den Krankenhaus-Kindergarten eine kostengünstigere Lösung gefunden. Nachdem die „Gesellschaft zur Förderung betrieblicher und betriebsnaher Kindereinrichtungen e.V." 1999 den im dritten Obergeschoss des Olga von Lersner-Hauses befindlichen Kindergarten übernommen hat, wird die Institution zu jeweils einem Drittel von den Eltern, der Stadt und dem Krankenhaus finanziert.

Beim Betreten eines Krankenhauses verspürt fast jeder unwillkürlich Schwellenängste. Neuankömmlinge werden daher im Markus-Krankenhaus von ehrenamtlichen Mitarbeitern der Evangelischen Krankenhaushilfe in Empfang genommen, bei den Aufnahmeformalitäten unterstützt und auf ihre Station begleitet. Die bundesweit anzutreffende Hilfsorganisation geht auf eine Initiative von Brigitte Schröder, der Frau des Bundesverteidigungsministers von 1966 bis 1969, Gerhard Schröder, zurück. 1979 sprang der Funke auch nach Frankfurt am Main über. Die Oberin des Markus-Krankenhauses, Erdmute Leuchtmann, leitete die Gründung einer ersten Gruppe der Evangelischen Krankenhaushilfe in Frankfurt in die Wege. Zählte die St. Markus-Krankenhaushilfe beim Auftakt am 3. Dezember 1979 noch 22 Freiwillige, so gehören der Gruppe heute etwa vierzig Helferinnen und einige wenige Helfer an. Außer den „Lotsendiensten" absolvieren die Mitglieder der Evangelischen Krankenhaushilfe Patientenbesuche, sie übernehmen für alleinstehende Kranke kleinere Besorgungen und verwalten die Patientenbibliothek. Die St. Markus-Krankenhaushilfe steht seit 1980 unter der Leitung von Renate Becker, der 1990 auch noch das Ehrenamt der Patientenfürsprecherin überantwortet wurde.[25]

Der Aufenthalt im Krankenhaus ist mit Ängsten verbunden. Viele Patienten geraten in „situative Not", das heißt sie fühlen sich „verunsichert und manchmal auch voller Angst durch die plötzliche Erkrankung oder die bereits diagnostizierte Krankheit; – ausgegrenzt vom normalen sozialen Umfeld; – von der Selbständigkeit in die manchmal totale Abhängigkeit gefallen; – ausgeliefert dem oft genug bedrohlich wirkenden und zunächst undurchschaubaren System Krankenhaus."[26] Die evangelischen Pfarrerinnen Heide Fischer und Barbara Hirt, die katholische Seelsorgerin Gertrud Dott und ihr evangelischer Kollege Siegfried Kittler suchen das Gespräch mit den Patienten, den Angehörigen und den Krankenhaus-Mitarbeitern. An den Wochenenden wird im Andachtsraum jeweils ein evangelischer und ein katholischer Gottesdienst abgehalten. Abendmahl, Kommunion oder Krankensalbung sind auch auf den Stationen möglich. Sofern sie es möchten, werden Sterbende seelsorgerisch begleitet. Der Umgang mit Schwerstkranken und Sterbenden ist für das im März 1997 am Markus-Krankenhaus eröffnete „Zentrum für Ethik in der Medizin" ein Schlüsselthema. Die von der Evangelischen Kirche in Hessen und Nassau gemeinsam mit dem Regionalverband und der Evangelischen Akademie Arnoldshain geschaffene und von dem promovierten Theologen Kurt W. Schmidt geleitete Institution befasst sich im weitesten Sinne mit der Frage nach dem guten Handeln: „Wann ist ein Eingriff bei einem Schwerstkranken ethisch noch vertretbar? Wo liegen die Grenzen der zumutbaren Behandlung? Was kann, was darf, was muß dem Patienten von seiner Erkrankung gesagt werden?"[27] Zu diesen und zu anderen ethischen Problemstellungen im klinischen Alltag unterbreitet das Zentrum den Beschäftigten im pflegerischen, ärztlichen und seelsorgerischen Bereich Gesprächsangebote. Darüber hinaus hinterfragt die in Hessen einzigartige Einrichtung zusammen mit der Evangelischen Akademie Arnoldshain aktuelle Trends in der Medizin und im Gesundheitswesen. Mit

Am Modell der Klinik. V.l.n.r.: Karl-Hans Holtermüller, Armin Clauss, Margarethe Nimsch, Armin Löw und Iris Blaul, 27. Mai 1994.

wechselnden Partnern werden in Frankfurt Veranstaltungen, so zum Beispiel zu medizinischen, ethischen und rechtlichen Aspekten des Suizids oder der ärztlichen Schweigepflicht, organisiert und Publikationen veröffentlicht.[28]

Wer im Krankenhausbereich etwas bewegen möchte, braucht einen langen Atem und gute Nerven. Bestes Beispiel hierfür ist die Entstehungsgeschichte der Klinik für Psychiatrie und Psychotherapie am Markus-Krankenhaus, die sich über den Zeitraum von zwei Jahrzehnten hingezogen hat. Um 1975 fehlten in Frankfurt rund 550 Betten zur stationären Versorgung psychisch Kranker. Ein Teil der Patienten musste zur Behandlung in abgelegene Spezialkliniken des Landeswohlfahrtsverbandes in Köppern, Weilmünster oder Hadamar überwiesen werden. Um dem Bettenmangel abzuhelfen, verhandelte der Landeswohlfahrtsverband Hessen 1978/79 mit dem Verein für Krankenpflege und Diakonie über die Errichtung einer psychiatrischen Klinik mit 120 bis 150 Betten in unmittelbarer Nähe zum Markus-Krankenhaus. Unter der Trägerschaft des Landeswohlfahrtsverbandes stehend sollte die Psychiatrie an die Infrastruktur des Markus-Krankenhauses (Küche, Wäscherei, Labor usw.) angekoppelt werden. Da sich die beiden Krankenhausträger nicht über ein gemeinsames Konzept einigen konnten, verfolgte der Verein für Krankenpflege und Diakonie ab November 1979 die Absicht, die Klinik in eigener Regie zu verwirklichen.[29] Das Grundkonzept für eine psychiatrische Klinik wurde dem hessischen Sozialminister im Frühjahr 1980 vorgelegt. Gleichzeitig erklärte sich der Verein für Krankenpflege und Diakonie aber außer Stande, den psychiatrischen Versorgungsauftrag zu übernehmen, bevor nicht die infrastrukturellen Voraussetzungen für eine Erhöhung der Gesamtbettenzahl des Markus-Krankenhauses von 516 auf circa 660 Plätze geschaffen wor-

Die Klinik für Psychiatrie und Psychotherapie im Werden, Januar 1996.

Das um die Psychiatrie und ein Personalwohnheim erweiterte Markus-Krankenhaus, 1998.

den wären. In den achtziger Jahren standen daher fast alle größeren Baumaßnahmen am Markus-Krankenhaus auch im Zusammenhang mit der geplanten Psychiatrie.

Wiesbaden gab am 26. April 1994 grünes Licht. Nachdem Gesundheitsministerin Iris Blaul (Bündnis 90/Die Grünen) den Bewilligungsbescheid über 38,8 Millionen Mark für die psychiatrische Klinik des St. Markus-Krankenhauses unterzeichnet hatte, konnte im Dezember 1994 mit den Bauarbeiten für das von der Frankfurter Aufbau AG geplante Klinikgebäude am Ostrand des Krankenhausgeländes begonnen werden. Die Chefarztposition wurde am 1. August 1997 mit der Mainzer Privatdozentin Dr. med. Sabine Schlegel besetzt. Hessens neue Gesundheitsministerin Margarethe Nimsch (Bündnis 90/Die Grünen) eröffnete am 19.

Dezember 1997 die Klinik für Psychiatrie und Psychotherapie am Markus-Krankenhaus. Der Vorsitzende der Gesellschafterversammlung, Armin Clauss, erinnerte in seiner Festansprache an die Vorteile einer „gemeindenahen Psychiatrie" und betonte den integrativen Ansatz der neuen Klinik: „Der psychisch Kranke geht also nicht in eine separate psychiatrische Einrichtung, sondern ist Patient des Markus-Krankenhauses."[30] Während die psychiatrischen Einrichtungen des Universitätsklinikums und des Höchster Stadtkrankenhauses die Versorgung im südlichen und westlichen Stadtgebiet sicher stellten, stand die Psychiatrie des Markus-Krankenhauses den Einwohnern der nördlichen Stadtteile Frankfurts offen.

Die von der inzwischen zur Professorin ernannten Chefärztin Schlegel geleitete Klinik für Psychiatrie und Psychotherapie des Markus-Krankenhauses gliedert sich in einen vollstationären Bereich mit fünf Stationen für jeweils 16 in Ein-, Zwei- und Dreibettzimmern untergebrachte Patienten und eine Tagesklinik für zwanzig Patienten mit eigenen Untersuchungs- und Therapiebereichen. Das Leistungsspektrum umfasst die Diagnostik und Therapie aller psychiatrischen Erkrankungen im Erwachsenenalter, wie zum Beispiel organisch bedingte psychische Störungen, Demenzen, Schizophrenien, Depressionen und Manien, Angst-, Zwangs- und Abhängigkeitserkrankungen. Das Konzept orientiert sich an der Integration biologischer, psychotherapeutischer und sozialer auf den Einzelfall abgestimmter Behandlungsmöglichkeiten, die durch ein multiprofessionelles Team aus Ärzten, Psychologen, Pflegepersonal, Sozialarbeitern, Beschäftigungstherapeuten und Krankengymnasten umgesetzt werden. Neben verschiedenen neurobiologischen Behandlungsverfahren kommen verhaltenstherapeutische Einzel- und Gruppenarbeit zur Anwendung. Trainingsangebote für soziale Kompetenz und Alltagsbewältigung, Beratung und Unterstützung bei der sozialen, beruflichen und familiären Wiedereingliederung bilden weitere Schwerpunkte. Beschäftigungs-, Ergo- und Bewegungstherapie ergänzen das Angebot.

Parallel zur Psychiatrie wurde 1997/98 am Südrand des Markus-Krankenhausgeländes von der Frankfurter Aufbau AG ein fünfgeschossiges Personalwohnheim erbaut.[31] Kaum waren die beiden Großprojekte abgeschlossen, wandten sich die Krankenhausgremien dem nächsten Bauvorhaben zu. Im Herbst 1999 wurde der Neubau eines halbrunden Eingangsgebäudes mit repräsentativem Foyer, Funktions- und Ambulanzräumen und einem ebenso kunstvoll wie einfühlsam gestalteten Aussegnungsbereich begonnen. Gleichzeitig wird der Nordwestflügel des Funktionsgebäudes um ein viertes Obergeschoss aufgestockt und die darunter liegende dritte Etage saniert. Im zweiten Obergeschoss entsteht ein nach modernsten Gesichtspunkten ausgestatteter Linksherzkatheterarbeitsplatz für diagnostische und therapeutische Eingriffe im ambulanten und stationären Bereich. Das neue Eingangsgebäude wird zur 125-Jahr-Feier des ehemaligen Träger- und heutigen Fördervereins „Freunde und Förderer des St. Markus-Krankenhauses Verein für Krankenpflege und Diakonie in Frankfurt am Main (gegründet 1876 als Bockenheimer Diakonissenverein)" eröffnet werden. Da die Pläne für künftige Baumaßnahmen bereits heranreifen, gilt auch für das Markus-Krankenhaus: „Wo Leben ist, da wird gebaut."[32]

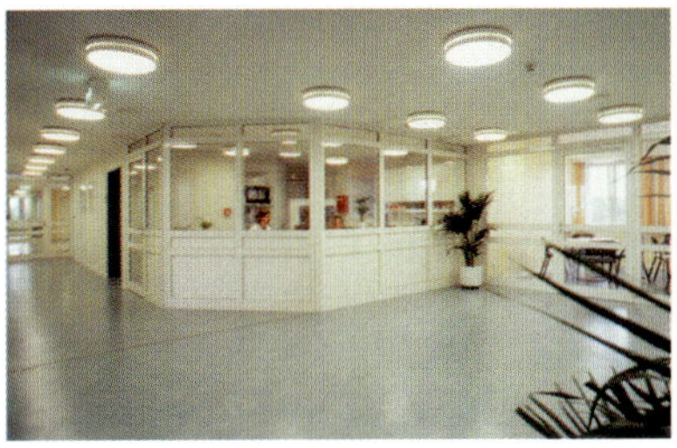

Station und Doppelzimmer der psychiatrischen Klinik des Markus-Krankenhauses, 1998.

Der kaufmännische Leiter des Markus-Krankenhauses, Michael Keller, und das Modell des neuen Eingangsgebäudes, Dezember 1999.

Isometrie des Markus-Krankenhauses, Oktober 2000.

ORIENTIERUNGSPLAN

A	Eingangsgebäude	I	Psychiatrie S
B	Erschliessungstrakt	J	Olga-von-Lersner-Haus
C	Haupthaus NO	L	Dr. Wilhelm-Schöndube-Haus / Dialyse
D	Haupthaus SO	GL80	WH Ginnheimer Landstr. 80
E	Haupthaus SW Zentraler OP-Trakt	GL82	WH Ginnheimer Landstr. 82
F	Haupthaus NW	GL84	WH Ginnheimer Landstr. 84
G	Isotopentrakt	GL92	Kuratorium für Heimdialyse und Nierentransplantation
H	Psychiatrie N		

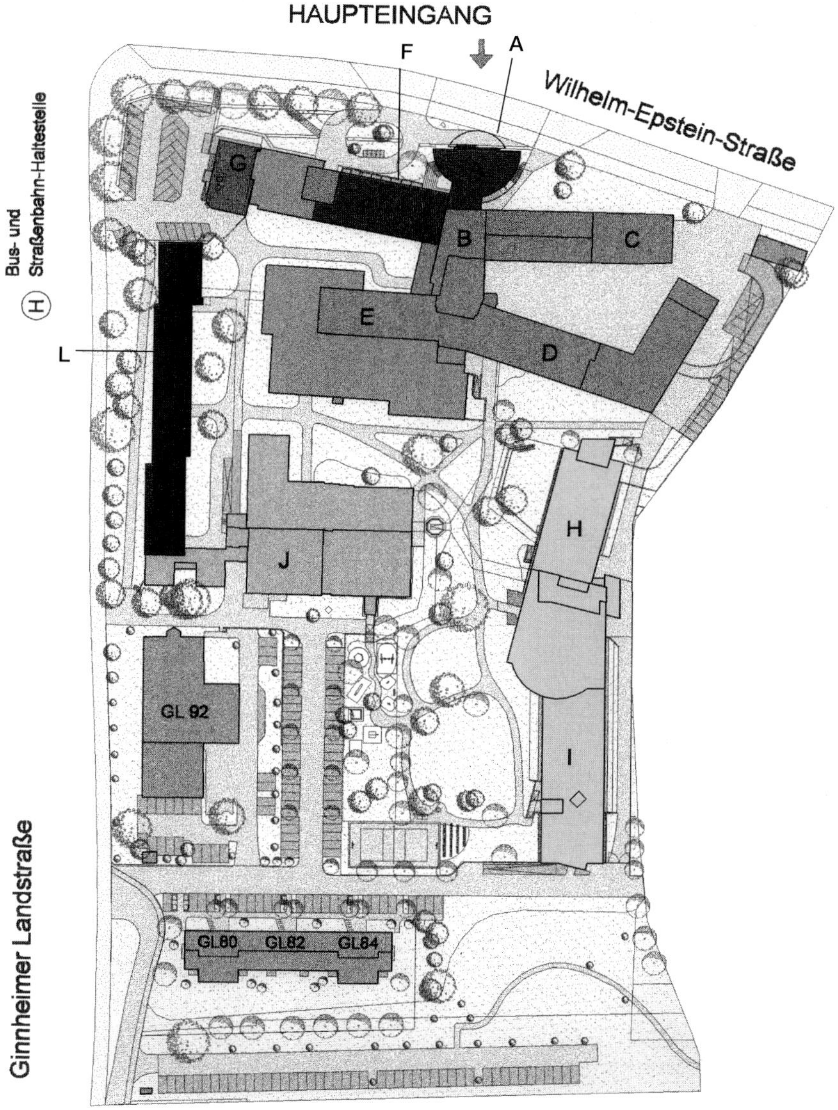

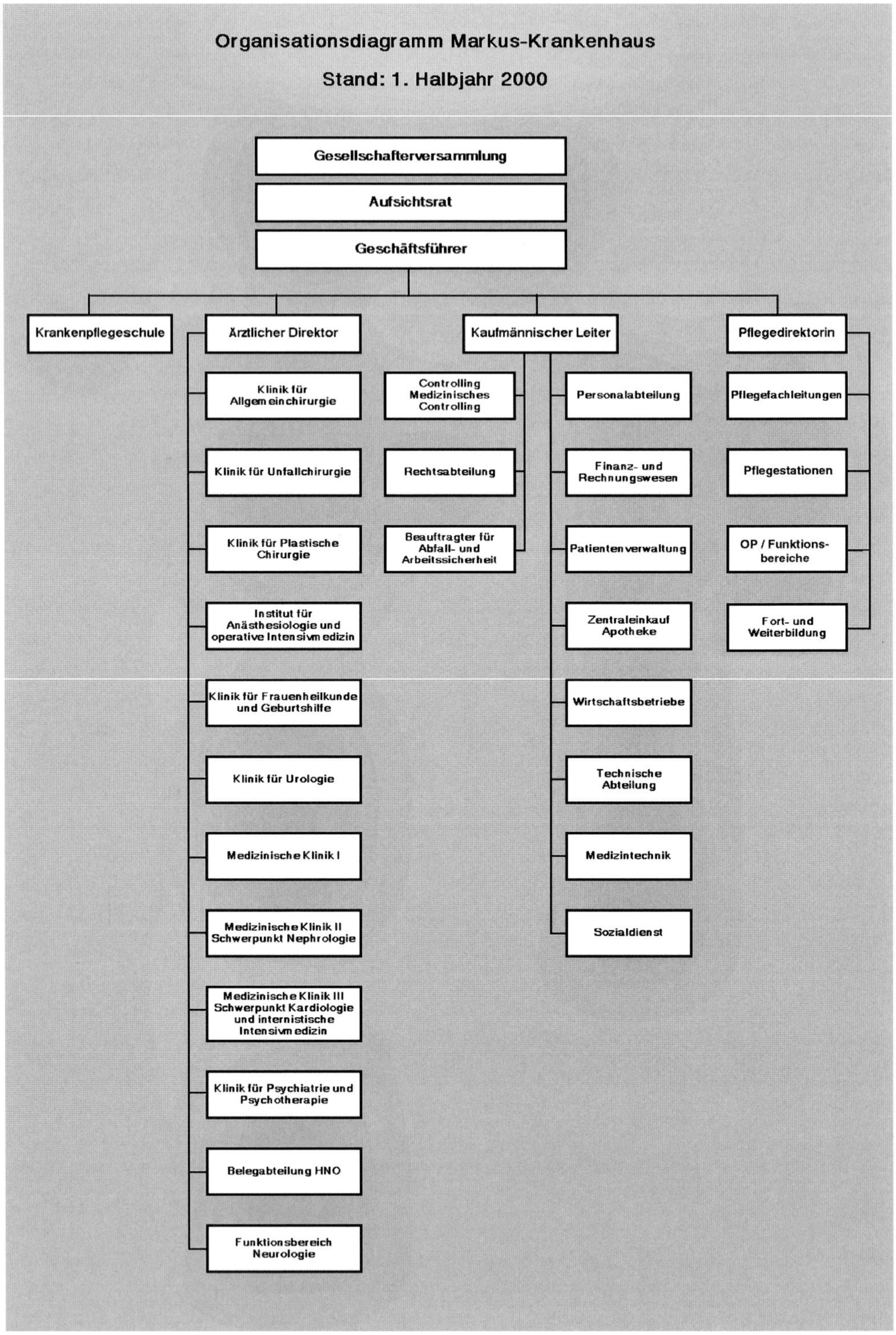
Organisationsdiagramm Markus-Krankenhaus
Stand: 1. Halbjahr 2000
Gesellschafterversammlung
Aufsichtsrat
Geschäftsführer
Krankenpflegeschule
Ärztlicher Direktor
Kaufmännischer Leiter
Pflegedirektorin
Klinik für Allgemeinchirurgie
Klinik für Unfallchirurgie
Klinik für Plastische Chirurgie
Institut für Anästhesiologie und operative Intensivmedizin
Klinik für Frauenheilkunde und Geburtshilfe
Klinik für Urologie
Medizinische Klinik I
Medizinische Klinik II Schwerpunkt Nephrologie
Medizinische Klinik III Schwerpunkt Kardiologie und internistische Intensivmedizin
Klinik für Psychiatrie und Psychotherapie
Belegabteilung HNO
Funktionsbereich Neurologie
Controlling Medizinisches Controlling
Rechtsabteilung
Beauftragter für Abfall- und Arbeitssicherheit
Personalabteilung
Finanz- und Rechnungswesen
Patientenverwaltung
Zentraleinkauf Apotheke
Wirtschaftsbetriebe
Technische Abteilung
Medizintechnik
Sozialdienst
Pflegefachleitungen
Pflegestationen
OP / Funktionsbereiche
Fort- und Weiterbildung

Die Gremien des Markus-Krankenhauses im Jubiläumsjahr

Staatsminister a. D., MdL Armin Clauss

Vorsitzender der Gesellschafterversammlung

Dipl.-Kaufmann Hermann Schöttler Vorsitzender
Superintendent Reinhard R. Theysohn Stellvertretender Vorsitzender
Professor Dr. med. Karl-Heinz Muhrer
Oberkirchenrat Dr. Rudolf Kriszeleit
Dipl.-Verwaltungswirt Hans-Peter Maier
Rechtsanwalt Christian Schaarschmidt
Pfarrer Christof Warnke

Aufsichtsrat der Frankfurter Diakonie-Kliniken gemeinnützige GmbH

Dipl.-Betriebswirt Bernd Weber

Geschäftsführer der Frankfurter Diakonie-Kliniken gemeinnützige GmbH

Barbara Taumberger Pflegedirektorin
Professor Dr. med. Hans-Joachim Hermann Ärztlicher Direktor
Professor Dr. med. Markus Sold Stellvertretender Ärztlicher Direktor
Dipl.-Kaufmann Michael Keller Kaufmännischer Leiter

Krankenhausdirektorium des Markus-Krankenhauses

Staatsminister a. D., MdL Armin Clauss Vorsitzender
Dipl.-Verwaltungswirt Helmut Schmitt Stellvertretender Vorsitzender
Oberkirchenrat Werner Wenzel Stellvertretender Vorsitzender

Stiftungsvorstand der St. Markus-Krankenhaus Stiftung

Pröpstin Helga Trösken Vorsitzende
Edda Bachmann Stellvertretende Vorsitzende
Oberkirchenrat Dr. Wolfgang Leineweber Stellvertretender Vorsitzender
Brigitte Babbe
Stadtrat Nikolaus Burggraf
Professor Dr. med. Helmut Geiger
Dipl.-Verwaltungswirt Helmut Schmitt

Stiftungsrat der St. Markus-Krankenhaus Stiftung

Dipl.-Verwaltungswirt Helmut Schmitt Vorsitzender
Staatsminister a. D., MdL Armin Clauss 1. stellvertretender Vorsitzender
Professor Dr. med. Karl-Hans Holtermüller 2. stellvertretender Vorsitzender
Eckhard Dietrich
Privatdozent Dr. med. Klaus Exner
Pfarrerin Esther Gebhardt
Professor Dr. med. Herbert Weigand

Vorstand der Freunde und Förderer des St. Markus-Krankenhauses Verein für Krankenpflege und Diakonie in Frankfurt am Main (gegründet 1876 als Bockenheimer Diakonissenverein)

Die Vereinsvorsitzenden

1876 – 1908	Jakob Strobel
1908 – 1935	Heinrich Kahl
1935 – 1945	Emil Riegner
1945 – 1954	Otto Fricke
1954 – 1975	Johannes Müller
1975 – 1990	Johann Philipp Freiherr von Bethmann
1990 – 1993	Richard Burkholz
1993 – 1997	Armin Clauss
Seit 1997	Helmut Schmitt

Zeittafel

1.2.1876	Gründung des Bockenheimer Diakonissenvereins.
16.10.1889	Der Diakonissenverein erhält das Korporationsrecht.
5.7.1891	Einweihung des Diakonissenheims in der Falkstraße 35.
4.8.1914	Ankauf eines Grundstücks gegenüber dem Bockenheimer Friedhof für einen Krankenhausneubau scheitert kriegsbedingt.
25.8.1914	Als Vereinslazarett 15 wird das Diakonissenheim dem Bockenheimer Garnisonslazarett angegliedert.
17.3.1919	Dr. med. Otto Loewe erwirbt das Gebäude Falkstraße 37 und stellt es teilweise dem benachbarten Diakonissenheim zur Verfügung.
26.10.1921	Die Gemeinnützigkeit des Bockenheimer Diakonissenvereins wird anerkannt.
Sommer 1922	Schwestern des Diakonissenhauses Hebron in Marburg-Wehrda übernehmen die Krankenpflege im Bockenheimer Diakonissenheim.
6.11.1924	Der Bockenheimer Diakonissenverein erwirbt das Anwesen Falkstraße 37.
Januar 1927	Der Diakonissenverein erhält den Status einer milden Stiftung.
Juni 1927	Das Diakonissenheim wird in St. Markus-Krankenhaus umbenannt.
Februar 1928	Dr. med. Otto Loewe wird Chefarzt.
18.3.1928	Eröffnung des sanierten und auf 174 Betten erweiterten St. Markus-Krankenhauses.
1.10.1928	Das Markus-Krankenhaus eröffnet eine staatlich anerkannte Krankenpflegeschule.
1.4.1933	Reichsweiter Boykott „jüdischer" Geschäfte, Anwaltskanzleien und Arztpraxen.
22.4.1933	Entzug der Kassenzulassung für „jüdische" Ärzte.
September 1933	Rücktritt von Otto Loewe als Chefarzt.
14.12.1933	Dr. med. Wilhelm Schöndube zum Chefarzt ernannt.
4.10.1935	Das Markus-Krankenhaus wird durch die Kassenärztliche Vereinigung Deutschlands für Kassenpatienten gesperrt.
5.10.1935	Otto Loewe stellt seine Tätigkeit am Markus-Krankenhaus ein.
19.10.1935	Die Sperre des Markus-Krankenhauses durch die Kassenärztliche Vereinigung wird aufgehoben.
4.1.1936	Wilhelm Schöndube tritt aus dem Vorstand des Bockenheimer Diakonissenvereins aus.
26.8.1936	Verabschiedung einer neuen Satzung nach dem „Führerprinzip".
1.1.1938	Das Marburger Diakonissenmutterhaus Hebron übernimmt die Gemeinde-Krankenpflege in Bockenheim.
12.11.1938	Otto Loewe wird zwei Tage nach seiner Verhaftung an der Christuskirche tot aufgefunden.
1938	Fertigstellung eines Krankenhaus-Luftschutzkellers für 240 Personen.
15.3.1939	Änderung der Satzung des Bockenheimer Diakonissenvereins: Beschränkung der Mitgliedschaft auf „Arier".
11.12.1942	Nach einer erneuten Satzungsänderung ist die Mitgliedschaft im Vorstand des Diakonissenvereins nicht mehr an die evangelische Religionszugehörigkeit gebunden.
8.2.1944	Bei einem Luftangriff wird das Markus-Krankenhaus schwer beschädigt.
Mai 1944	Verlagerung des Markus-Krankenhauses in das Hotel „Römerbad" in Schlangenbad.
14.5.1945	Räumung des Behelfskrankenhauses in Schlangenbad.
1.11.1945	Der Frankfurter Diakonissen-Verein übernimmt die Krankenpflege im Diakonissenheim.

24.1.1946	Wiedereröffnung des Bockenheimer Diakonissenheims.
1.3.1948	Dr. med. Wilhelm Schöndube wird Chefarzt.
12.9.1955	Der Frankfurter Diakonissen-Verein kündigt den Gestellungsvertrag zum 15. März 1956.
2.1.1956	Erster Spatenstich für das neue St. Markus-Krankenhaus.
Juli 1956	Gründung der „Evangelischen Schwesternschaft St. Markus e.V."
5.7.1957	Konstituierende Sitzung des Kuratoriums des Bockenheimer Diakonissenvereins.
26.4.1958	Einweihung des Markus-Krankenhauses in der Wilhelm-Epstein-Straße 2 mit 514 Betten.
30.6.1961	Martin Niemöller eröffnet die beiden Wohnhäuser für Schwestern und Angestellte in der Wilhelm-Epstein-Straße.
31.1.1966	Befristete Einstellung südkoreanischer Krankenschwestern.
18.4.1968	Einweihung der Olga von Lersner-Schule im gleichnamigen Hochhaus.
29.5.1970	Eröffnung der Klinik für Plastische und Wiederherstellungs-Chirurgie im Nordwestflügel des Funktiongebäudes („Höhler-Anbau").
Juni 1972	Der Vereinsname wird geändert in: St. Markus-Krankenhaus Verein für Krankenpflege und Diakonie in Frankfurt am Main (gegründet 1876 als Bockenheimer Diakonissenverein).
1973	Die „Evangelische Schwesternschaft St. Markus e.V." wird in „Arbeitskreis für Krankenpflege am St. Markus-Krankenhaus e.V." umbenannt.
30.6.1976	Schließung des St. Markus-Krankenhauses (Abteilung II) in der Falkstraße. Die Bettenzahl verringert sich von 669 auf 516 Plätze.
16.2.1977	Das Markus-Krankenhaus wird Akademisches Lehrkrankenhaus der Johann Wolfgang Goethe-Universität.
27.11.1979	Auflösung des „Arbeitskreises für Krankenpflege am St. Markus-Krankenhaus e.V."
3.12.1979	Die Evangelische Krankenhaushilfe nimmt ihre Tätigkeit auf.
7.7.1980	Hessens Sozialminister Armin Clauss eröffnet das neue Operationszentrum.
1987	Inbetriebnahme des Dialysezentrums in der Ginnheimer Landstraße.
2.10.1985	Einweihung des am Nordostflügel des Funktionsgebäudes errichteten „Professor Süsse-Hauses".
28.9.1995	Der Trägerverein wird in einen Förderverein umgewandelt und ändert seinen Namen in: Freunde und Förderer des St. Markus-Krankenhauses Verein für Krankenpflege und Diakonie in Frankfurt am Main (gegründet 1876 als Bockenheimer Diakonissenverein).
19.12.1995	Konstituierung der „St. Markus-Krankenhaus-Stiftung".
1.7.1995/1.1.1996	Die „St. Markus-Krankenhaus gemeinnützige GmbH" übernimmt die Betriebsführung der Anstalt, Bernd Weber wird Geschäftsführer.
21.3.1997	Zentrum für Ethik in der Medizin eröffnet.
19.12.1997	Einweihung der Klinik für Psychiatrie und Psychotherapie.
1.1.1998	Drei evangelische Krankenhäuser schließen sich zur „Frankfurter Diakonie-Kliniken gemeinnützigen GmbH" unter Einbindung des Markus-Krankenhauses zusammen.
5.8.1999	Das Regierungspräsidium gibt den Betrieb des Hubschrauberlandeplatzes auf dem Dach der Klinik für Psychiatrie und Psychotherapie frei.
2001	Übergabe des neuen Eingangsgebäudes.

Anmerkungen

1. Kapitel (1876–1891)

1. Schreiben von Carl Leydhecker an Jakob Strobel vom 7. Juni 1875, SMKA. Siehe auch das Vorstands-Protokoll des Frankfurter Diakonissenvereins vom 20. Mai 1875, FDA.

2. 15. Jahresbericht der Frankfurter Diakonissen-Anstalt 1875, S. 7, FDA. Vgl. die Vorstands-Protokolle des Frankfurter Diakonissenvereins vom 20. Mai, 28. Juni und 27. Dezember 1875, FDA.

3. Vorstands-Protokoll des Frankfurter Diakonissenvereins vom 28. Februar 1876. Siehe auch: W. Schöndube, Diakonissenheim, S. 10 und das undatierte Typoskript „Auszug aus den Erinnerungen des im Januar 1859 geborenen Fräulein Toni Gross über die Anfänge des Bockenheimer Diakonissenvereins", SMKA.

4. Zitiert nach: J. Schmidt, S. 140. Siehe auch: J.-C. Kaiser, S. 18.

5. Zitiert nach: E. Seidler, S. 197.

6. Achter Jahresbericht über die Diakonissen-Anstalt zu Kaiserswerth am Rhein vom 1. Januar 1844 bis 1. Januar 1845, S. 1, Fliedner-Archiv Kaiserswerth. Vgl. E. Seidler, S. 198, J. Schmidt, S. 142 und L. Katscher, S. 153.

7. G. Heller, S. 37.

8. Vgl. L. Katscher, S. 153 und 156ff. sowie J. Schmidt, S. 142f.

9. Vgl. Hanna Lachenmann, 200. Geburtstag von Theodor Fliedner, in: Blätter aus dem Frankfurter Diakonissenhaus, März 2000, S. 12f. und S. Volz, S. 6.

10. Aus dem ersten Vorstands-Protokollbuch des Frankfurter Diakonissenvereins, zitiert nach: H. Lachenmann, S. 14.

11. Die Hausordnung ist abgedruckt bei: H. Lachenmann, S. 57.

12. Vgl. ebd., S. 58–61 und S. Volz, S. 7 und 16.

13. Vgl. A. Spiess, S. 105f.

14. Vgl. die beiden Schreiben des Vorsitzenden des Frankfurter Diakonissenvereins Friedrich Adolph von Welling an den BDV vom 29. Juni und 30. Oktober 1877, SMKA.

15. Protokoll einer Ortsbesichtigung im Bernus'schen Kinderspital vom 9. März 1883, f. 1r., SMKA.

16. Ebd., f. 1v.

17. Der Hinweis auf die Verlegung des Kinderspitals findet sich im Protokoll der Generalversammlung vom 1. Juli 1887, in: NBD, S. 18.

18. Statuten des Bockenheimer Diakonissen-Vereins vom 5. Juli 1886, SMKA. Siehe auch das Protokoll der Generalversammlung vom 1. Juli 1887, in: NBD, S. 18.

19. Vgl. das Protokoll der Generalversammlung vom 1. Juli 1887, in: NBD, S. 17–21.

20. Protokoll der Vorstandssitzung vom 16. März 1887, in: NBD, S. 12.

21. Vgl. ebd., S. 12f. und 21.

22. Vgl. Bockenheim, S. 9 und 41–48 sowie F. Lerner, S. 49f.

23. Protokolle der Vorstandssitzungen vom 19. März und 30. Juni 1887, in: NBD, S. 14f.

24. Schreiben des BDV an Polizeipräsident Matthias von Köller vom 16. November 1888, SMKA. Siehe auch die gedruckten Satzungen des Bockenheimer Diakonissen-Vereins festgestellt durch die Generalversammlungen vom 17. August 1888 und vom 9. August 1889, SMKA, das Protokoll der Vorstandssitzung vom 21. Februar 1890, in: NBD, S. 66 und O. Bußmann, S. 46.

25. Schreiben des BDV an Kreisarzt August Klingelhöffer vom 6. Juli 1891, f. 1v., SMKA. Siehe auch das von Kreisarzt Grandhomme angefertigte Protokoll der Besichtigung des Bockenheimer Diakonissenheims im Frühjahr 1902, HStAW, Abt. 405, Nr. 276, f. 88r.-89v., den 31. Jahresbericht der Frankfurter-Diakonissen-Anstalt 1891, S. 5, FDA und W. Schöndube, Diakonissenheim, S. 11f.

26. „Lokal-Nachrichten", in: BA vom 7. Juli 1891.

27. Vgl. das Protokoll der Vorstandssitzung vom 13. März 1891, in: NBD, S. 89.

2. Kapitel (1891–1918)

1. Vgl. H. Ludwig, S. 263f. und 326, F. Lerner, S. 8–11, D. Rebentisch, Industrialisierung, S. 101f. und W. Forstmann, S. 385f.

2. Gesetz betreffend die Dienststellung des Kreisarztes und die Bildung von Gesundheitskommissionen vom 16. September 1899, MA: R 1447, Bd. 1, f. 59r. Siehe auch: Bockenheim, S. 16f. und Th. Bauer, Kanalisation, S. 194f.

3. Eingabe der Anstalts-Deputation an den Magistrat vom 20. August 1895, MA: V 336, f. 1r./v. Siehe auch das Schreiben der Anstalts-Deputation an den Magistrat vom 2. November 1896, ebd., f. 12r./v., Bockenheim, S. 12, A. Spiess, S. 68 und W. Kallmorgen, S. 85f.

4. Vgl. Ludwig Hanau, Diakonissenheim in Bockenheim, in: JVM 45 (1901), S. 254, Fritz Rauch, Krankenhaus der Barmherzigen Schwestern, in: JVM 40 (1896), S. 196 und Bockenheim, S. 10–13.

5. Protokoll der Vorstandssitzung vom 25. Januar 1892, in: NBD, S. 107.

6. Ebd.

7. Protokoll der Vorstandssitzung vom 7. Dezember 1892, in: NBD, S. 170.

8. Vgl. V. Hentschel, S. 9–23.

9. Vgl. Bockenheim, S. 71f., W. Hanauer/ H. Schlesinger, S. 135 und R. Schmidt, S. 20.

10. Vgl. H. Müller, S. 190f., K. Maly, Honoratioren, S. 205 und W. Forstmann, S. 365f.

11. Vgl. D. Rebentisch, Industrialisierung, S. 101–106 und Th. Bauer, Kanalisation, S. 425f.

12. Dienst-Instruction für den Stadtarzt der Stadt Frankfurt a. M. vom 11. Mai 1883, MA: R 1460/ II, f. 54r./v. Siehe auch: Th. Bauer, Stadt und Gesundheit, S. 40–44.

13. Andreas Peterhans, Offener Brief, in: Volksstimme vom 30. November 1895 (1. Beilage). Zum Quellenproblem in Bezug auf die Krankenhauspatienten: B. Elkeles, S. 358: „Krankenhauspatienten gehörten großenteils zu den historisch stummen Schichten."

14. A. Peterhans, wie Anm. 13.

15. Protokoll der Vorstandssitzung vom 6. Dezember 1895, in: NBD, S. 154f.

16. Die zum Beispiel auch von den Hausärzten des Bockenheimer Stadtkrankenhauses und des Hospitals der Armen Dienstmägde Jesu Christi, Daube und Rauch, unterzeichnete Erklärung vom 7. Dezember 1895 wird im SMKA verwahrt.

17. Schreiben von Carl Leydhecker an Jakob Strobel vom 9. Dezember 1895, SMKA. Siehe auch das Schreiben von Rektor Flach an Strobel vom 7. November 1895 und den Brief des Regierungspräsidenten an den BDV-Vorstand vom 30. Dezember 1895, SMKA sowie „Kleine Lokalchronik", in: Frankfurter General-Anzeiger vom 17. Dezember 1895.

18. Schreiben von Schwester Katharina an Jakob Strobel vom 7. Oktober 1898, SMKA. Zahlreiche Belege für die Abberufung von in Bockenheim stationierten Diakonissen enthält die im SMKA archivierte Mappe „Schriftwechsel mit dem Diakonissen-Mutterhaus zu Frankfurt a/M."

19. Gedruckte Mitteilung des Frankfurter Diakonissen-Vereins an den „Vorstand der Diakonissen-Station Bockenheim" vom 21. Dezember 1911, SMKA. Siehe auch die Protokolle der Vorstandssitzungen vom 13. Januar 1899 und 2. März 1909, in: NBD, S. 182 und 284 sowie F. Lerner, S. 96.

20. Vgl. den Rundbrief des Frankfurter Polizeipräsidenten vom 15. Mai 1909, SMKA und die Protokolle der Vorstandssitzungen vom 2. März 1909, 1. Juli 1909 und 13. August 1912, in: NBD, S. 284, 287 und 348.

21. Vgl. die Protokolle der Vorstandssitzungen vom 9. Juli 1891, 11. September 1893 und 7. Mai 1893, in: NBD, S. 92, 129f. und 176f.

22. Zitiert nach: JVM 43 (1899), S. 38. Zur Bevölkerungsentwicklung im Jahr 1899, ebd., S. 19 und 22.

23. Vgl. K. Schlosser, S. 16 und JVM 43 (1899), S. 39 und 46.

24. Abgedruckt bei: Alexander Spiess, Das städtische Sanitätswesen, in: JVM 36 (1892), S. 55. Siehe auch: G. Göckenjan, S. 122 und W. Hanauer, S. 30.

25. Vgl. Ludwig Hanau, Diakonissenheim in Bockenheim, in: JVM 43 (1899), S. 225f. und W. Schöndube, Diakonissenheim, S. 14.

26. Vgl. das Protokoll der Vorstandssitzung vom 10. Oktober 1898, in: NBD, S. 178f. und P. Pfeiffer, S. 47f. und 109ff.

27. die Berichte des Kreisarztes über die Revisionen der Krankenhäuser im Stadtkreis Frankfurt vom 30. April 1902, 22. Februar 1904, 20. August 1904 und 13. März 1906, HStAW, Abt. 405, Nr. 276, f. 88r.-89v., 196r.-197v., 275r.-276v. und 391r.-394v. sowie den Revisionsbericht vom 28. Oktober 1909, HStAW, Abt. 405, Nr. 3003, f. 105r.-108r. Siehe auch das Schreiben des Polizeipräsidenten an den BDV vom 30. Oktober 1909, SMKA.

28. Schreiben von Kreisarzt Fromm an den Regierungspräsidenten vom 28. Februar 1914, HStAW, Abt. 405, Nr. 3003, f. 304r.

29. Vgl. Protokolle der Vorstandssitzungen vom 13. Januar 1899, 8. September 1899, 13. Dezember 1901 und 30. April 1903, in: NBD, S. 181f., 190, 212f. und 225 sowie das Schreiben von Kreisarzt Fromm an den Frankfurter Polizeipräsidenten vom 1. März 1909, HStAW, Abt. 405, Nr. 3003, f. 10r./v. Zur Geschichte des Frankfurter Rettungswesens: Th. Bauer, Rotes Kreuz, S. 37–44 und 52–57.

30. Vgl. die Protokolle der Vorstandssitzungen vom 4. Dezember 1900, 2. August 1901, 24. August 1904 und 15. Dezember 1904, in: NBD, S. 203f., 238 und 241f. sowie W. Schöndube, Diakonissenheim, S. 14ff.

31. Ärzte-Appell an den BDV-Vorstand vom 27. April 1910, SMKA.

32. Vgl. die Protokolle der Vorstandssitzungen vom 27. April 1910, 13. September und 7. November 1911 sowie die Generalversammlung vom 23. November 1911, in: NBD, S. 297ff., 325 und 334ff. sowie W. Schöndube, Diakonissenheim, S. 16f.

33. Vgl. W. Kallmorgen, S. 105, 226 und 341f., W. Schöndube, Diakonissenheim, S. 18f., Protokolle der Vorstandssitzungen vom 21. Januar 1910 und 5. Dezember 1913, in: NBD, S. 293 und 376f.

34. Otto Loewe, Der Neubau des Diakonissenheims in Bockenheim, in: BA vom 9. Dezember 1911.

35. Ebd.

36. Ebd.

37. Protokoll der Vorstandssitzung vom 14. Mai 1914, in: NBD, S. 380f. Siehe auch die Protokolle der Vorstandssitzungen vom 4. Januar, 4. und 12. Juni 1912, in: NBD, S. 337 und 341–345 sowie die „Erwiderung", in: BA vom 15. Dezember 1911 und W. Schöndube, Diakonissenheim, S. 18f.

38. Zitiert nach: G. Kulicke, o. S.

39. Vgl. H. Müller, S. 197ff.

40. Vgl. das Schreiben der Geschäftsstelle für freiwillige Krankenpflege im Krieg an das Lazarett Stammnummer 15 vom 22. Oktober 1915, SMKA, H. Drüner, S. 82–92, W. Kallmorgen, S. 129ff. und Th. Bauer, Rotes Kreuz, S. 59–63.

41. Vgl. die Protokolle der Vorstandssitzungen vom 28. Dezember 1915, 17. Juli 1917 und 4. Juli 1918, in: NBD, S. 396, 409 und 415, W. Schöndube, Diakonissenheim, S. 19f., W. Forstmann, S. 418f. und das „Vollständige Verzeichnis aller in den Kriegsjahren 1914 bis 1920 in Frankfurt am Main und seinen Vororten der Heeresverwaltung zur Verfügung gestellten 18.307 Betten", in: Die Frankfurter Reservelazarette 1914–1918. Aufrufe, Verzeichnisse und Statistiken (unveröffentlichtes Typoskript im IfSG).

3. Kapitel (1918–1933)

1. Zitiert nach dem Protokoll der Vorstandssitzung vom 13. Februar 1919, in: NBD, S. 419. Siehe auch: H. Müller, S. 233f. und 257.

2. Vgl. die Protokolle der Vorstandssitzungen vom 13. Februar, 28. März und 29. Mai 1919, in: NBD, S. 419–424, die Abschrift des zwischen den Eheleuten Knackmuss und Loewe über das Anwesen Falkstraße 37 vereinbarten Kaufvertrags vom 17. März 1919, SMKA und W. Schöndube, Diakonissenheim, S. 20f.

3. Zitiert nach einem vom Verwaltungsdirektor des Bürgerhospitals Gustav Ebeling am 21. März 1919 an die Administration der Dr. Senckenbergischen Stiftung gerichteten Schreibens, Archiv der Dr. Senckenbergischen Stiftung im IfSG, Nr. 613, f. 215v. In derselben Akte befindet sich auch ein Exemplar der ersten Satzung des „Verbandes Frankfurter Krankenanstalten" (f. 1r.-2v.) und weitere Hinweise zur Entstehungsgeschichte des heutigen „Hofacker-Verbandes". Siehe auch: K. Hofacker, S. 5 und D. Rebentisch, Frankfurt, S. 423–431.

4. Vgl. W. Schöndube, Diakonissenheim, S. 21 und den Erläuterungsbericht zum Entwurf für bauliche Veränderungen in der Krankenanstalt des BDV vom 30. Juli 1921, SMKA.

5. Vgl. das Schreiben des Landesfinanzamts-Präsidenten an den BDV vom 26. Oktober 1921 und den zwischen Otto Loewe und dem BDV ausgehandelten Entwurf für einen Kaufvertrag der Falkstraße 37 vom Dezember 1921, beide SMKA sowie die Protokolle der Vorstandssitzungen vom 23. Juni 1921, 28. April und 9. August 1922, in: NBD, S. 453, 470 und 479.

6. Vgl. die Protokolle der Vorstandssitzungen vom 29. Mai 1919 und 28. August 1922, in: NBD, S. 425 und 476.

7. Gustav Ebeling, Die Notlage der nichtstädtischen Krankenanstalten, in: Kleine Presse vom 12. August 1920. Siehe auch das Schreiben des Verbandes Frankfurter Krankenanstalten an den Magistrat vom 12. August 1920 und den Magistrats-Beschluss Nr. 1714 vom 28. Oktober 1920, MA: R 1532, f. 49b/c und 54.

8. Zitiert nach: Jahresbericht für 1922, in: Blätter aus dem Diakonissenhaus, Nr. 167 (1923), S. 796. Zur Höhe der Jahresbeiträge: W. Schöndube, Diakonissenheim, S. 22.

9. Vgl. die Protokolle der Vorstandssitzungen des Frankfurter Diakonissen-Vereins vom 19. Januar, 20. Februar und 1. Mai 1922, FDA und die Protokolle der Vorstandssitzungen vom 8. März und 28. April 1922, in: NBD, S. 467–470.

10. Vgl. die Vorstandssitzungen vom 9. November 1922 und 25. April 1923, in: NBD, S. 483ff. und 487 und die Protokolle der BDV-Vorstandssitzungen vom 6. September und 1. Oktober 1923, SMKA, W. Schöndube, Diakonissenheim, S. 21 und D. Rebentisch, Frankfurt, S. 440f.

11. Zitiert nach dem Protokoll der BDV-Vorstandssitzung vom 20. Juni 1924, SMKA.

12. Vgl. die beiden Ordnungen betr. die Errichtung einer gemischten Deputation für das städtische Gesundheitswesen vom 10. Februar 1921 und 23. Oktober 1922, in: Anzeigenblatt der städtischen Behörden vom 13. Februar 1921 und 28. Oktober 1922 sowie Statistisches Handbuch, S. 52 und 159–164 und Th. Bauer, Stadt-Gesundheit-Amt, S. 58ff. und 77f.

13. Die Goldmark war kein umlaufendes Zahlungsmittel, sondern eine Rechnungseinheit im Gegenwert von 0,358423 Gramm Feingold. Ab August 1924 entsprach eine Reichsmark einer Goldmark.

14. Vgl. die Protokolle der BDV-Vorstandssitzungen vom 14. August 1924, 31. Oktober 1924 und 12. Februar 1925, SMKA und die Abschrift des zwischen dem Ehepaar Loewe und dem BDV am 6. November 1924 für die Falkstraße 37 vereinbarten Kaufvertrags, SMKA.

15. Vgl. die Protokolle der BDV-Vorstandssitzungen vom 1. April und 21. August 1925 und das Protokoll der BDV-Arbeitsausschusssitzung vom 16. Oktober 1925, alle SMKA.

16. Darlehensvertrag zwischen dem BDV und der Stadt Frankfurt vom 28. Juni 1926, SMKA. Siehe auch die Niederschrift über die Vertragsverhandlung zwischen Stadtrat Schlosser und den BDV-Vertretern vom 7. November 1925 und das Schreiben des Stadtgesundheitsamtes an den BDV-Vorstand vom 7. März 1928, beide SMKA, das Schreiben des Rechneiamts an den Magistrat vom 19. Februar 1926, den Vortrag des Magistrats an die Stadtverordnetenversammlung vom 22. Februar 1926 und den Protokoll-Auszug der Stadtverordnetenversammlung, § 351 vom 31. März 1926, beide MA: V 406, f. 36 r./v. und 47r.-48r.

17. Vgl. die Protokolle der BDV-Vorstands- und Arbeitsausschusssitzungen vom 20. August und 11. Oktober 1926, SMKA.

18. Vgl. die Protokolle der BDV-Vorstandssitzungen vom 19. Januar und 15. Juni 1927, SMKA, H. Kahl, S. 28–45 und C. Dahm, Sp. 850–854.

19. Otto Loewe, Fragen des Krankenhausbaus. Rede, gehalten bei der Einweihung des St. Markus-Krankenhauses, in: Westdeutsche Ärzte-Zeitung vom 6. April 1928. Siehe auch: W. Schöndube, Diakonissenheim, S. 25.

20. Vgl. O. Loewe, wie Anm. 19, das Schreiben der Frankfurter Baupolizei an den Regierungspräsidenten vom 1. Juli 1926, HStAW, Abt. 405, Nr. 3603, f. 28r.-29r., „Die Einweihung des St. Markus-Krankenhauses in Bockenheim“, in: Frankfurter Post vom 19. März 1928, „Der Bockenheimer Krankenhaus-Neubau“, in: Frankfurter General-Anzeiger vom 21. März 1928.

21. O. Loewe, wie Anm. 19. Hierzu auch das Kapitel „Das Krankenhaus als Hochhaus“, in: A. H. Murken, S. 225–234.

22. „Das St. Markus-Krankenhaus in Bockenheim“, in: FN vom 17. März 1928 (2. Blatt). Siehe auch: Ludwig Ascher, Bericht über sämtliche Frankfurter Krankenanstalten in bezug auf Zweck und Bettenzahl für 1928, in: Jahresbericht des Aerztlichen Vereins Frankfurt am Main über die Jahre 1927–1928, S. 24f., „Krankenhaus-Einweihung in Bockenheim“ in: Main-Nidda-Bote/Bockenheimer Anzeiger vom 17. März 1928 und „Ein neues Krankenhaus in Bockenheim“ in: FZ vom 17. März 1928.

23. Vgl. D. Klebe, S. 20ff., W. Schöndube, Diakonissenheim, S. 26, das Protokoll der BDV-Vorstandssitzung vom 22. August 1927 und den 52. und 53. Jahresbericht des BDV vom 1. Juni 1927 bis 31. Mai 1928 und vom 1. Juni 1928 bis 31. Mai 1929, S. 5 und 4f., alle SMKA.

24. Zitiert nach einer Abschrift des zwischen dem Diakonissenmutterhaus Hebron und dem BDV am 31. Januar 1929 vereinbarten Gestellungsvertrages, FDA. Siehe auch das Protokoll der BDV-Vorstandssitzung vom 28. Juni 1928, SMKA.

25. O. Loewe, wie Anm. 19. Siehe auch den 53. Jahresbericht, wie Anm. 23, S. 3 und 7.

26. Vgl. das Protokoll der BDV-Vorstandssitzung vom 12. April 1929 und den Entwurf für ein Schreiben des BDV an den Regierungspräsidenten vom 24. Juni 1929, beide SMKA.

27. Vgl. die Satzungen des Bockenheimer Diakonissenvereins festgestellt durch die Generalversammlungen vom 17. August 1888, 9. August 1889 und 25. Februar 1931, S. 4f., den 53. und 55./56. Jahresbericht des BDV vom 1. Juni 1928 bis 31. Mai 1929 und 1. Juni 1930 bis 31. Dezember 1931, S. 7 und 5, alle SMKA und D. Rebentisch, Frankfurt, S. 477.

28. W. Schöndube, Diakonissenheim, S. 28. Siehe auch das Protokoll der BDV-Vorstandssitzung vom 3. Juli 1931 und den 57. Jahresbericht des BDV für das Jahr 1932, S. 4f., beide SMKA sowie R. Schmidt, S. 30f.

1. W. Schöndube, Diakonissenheim, S. 28.

2. „Am liebsten würde man schweigen über das, was sich in diesen Jahren ereignet hat", so W. Schöndube, Diakonissenheim, S. 29.

3. In einer „Krisenzeit, d. h. entscheidungsreichen Zeit" wähnte sich Pfarrer Hofmann vom Frankfurter Diakonissenhaus in einem Schreiben an die dortige Schwesternschaft, zitiert nach H. Lachenmann, S. 88.

4. Ebenda.

5. Ebenda, S. 86.

6. Elly Schwedtke am 4. Juli 1933 in einem Brief an die Schwesternschaft des Frankfurter Diakonissenhauses, ebenda, S. 87.

7. Einen Überblick über die Entwicklung der politischen Verhältnisse Frankfurts zur Zeit des Nationalsozialismus gibt D. Rebentisch, Frankfurt, S. 479ff.

8. Zu Propaganda der rechten Kräfte vor der nationalsozialistischen Machtergreifung vergleiche F. Koch.

9. „Aufruf an die deutsche Ärzteschaft", in: Ziel und Weg, 3, 1933, S. 37-40, zitiert nach P. Zunke, S. 9.

10. Ein Bericht über die Bücherverbrennung auf dem Römerberg und die dabei von Otto Fricke gehaltene Rede in den Frankfurter Nachrichten vom 11. Mai 1933, hier zitiert nach N. Hammerstein, S. 275 ff. Mit diesen Aussagen konfrontiert verteidigte sich Fricke in seinem Spruchkammerverfahren, dass er davon ausgegangen war, „es handle sich bei der Verbrennung um pornographische Schriften und Schundliteratur", zitiert nach G. Stuchlik, S. 112.

11. M. Benad/J. Telschow, S. 42 ff. und S. 116 f. Dort auch Dokumente, die Frickes Widerstand und seine daraus resultierende Verhaftung 1937 belegen.

12. N. Hammerstein, S. 279f.

13. Den ebenso tragischen wie widersprüchlichen ärztlichen Leidensweg von Max Flesch-Thebesius während des Dritten Reiches hat Gerald Kreft anhand der Tagebücher des späteren Frankfurter CDU-Stadtvcrordncten nachgezeichnet.

14. Wagner an Strebel am 23.Oktober 1933, zitiert nach G. Kreft, S. 332.

15. Heinrich Kahl an den Regierungspräsidenten in Wiesbaden, 15. Oktober 1935, HStAW, Abt. 405, Nr. 3094, f. 2.

16. 58. Jahresbericht des BDV, SMKA.

17. Anna Koch, Erlebnisse mit Herrn Dr. Loewe, ungedrucktes Manuskript, niedergeschrieben von der früheren Oberschwester am St. Markus-Krankenhaus, Anna Koch, im Sommer 1947 (Original im Besitz von Dr. Ricardo Loewe, Mexiko).

18. So nach G. Kreft, S. 334.

19. Vorstand BDV an den Regierungspräsidenten in Wiesbaden, Frankfurt am Main 15.Oktober 1935, in: HStAW, Abt. 405, Nr. 3094, f. 3.

20. Ebenda.

21. Ärzteblatt für Hessen, 15. März 1934, S. 81.

22. Jahresbericht 1934 des BDV, S. 3, SMKA.

23. Vorstand des BDV an den Regierungspräsidenten in Wiesbaden, Frankfurt am Main 18. Dezember 1934, SMKA.

24. Ebenda.

25. Abschrift des Protokolls der Sitzung des engeren Vorstandes des BDV vom 6. September 1935, HStAW, Abt. 405, Nr. 3094, f. 82.

26. Strebel an Schöndube, Frankfurt am Main 13. August 1935, Abschrift, HStAW, Abt. 405, Nr. 3094, f. 80.

27. Abschrift des Protokolls der Sitzung des engeren Vorstandes des BDV vom 6. September 1935, HStAW, Abt. 405, Nr. 3094, f. 82.

28. So allgemein D. J. Goldhagen, S. 125; speziell zur Rolle der Mediziner im 3. Reich, auch vereinzelten Widerstand aufzeichnend bei M. Kater.

29. Schöndube an Strebel, Frankfurt am Main 15. August 1935 , Abschrift, HStAW, Abt. 405, Nr. 3094, f. 81.

30. Die verschiedenen Phasen der Ausschaltung rassisch und politisch missliebiger Ärzte durch die Nazis ist detailreich beschrieben von W. F. Kümmel.

31. Vgl. W. Wippermann, S. 68f.

32. Abschrift des Protokolls der Sitzung des engeren Vorstandes des BDV vom 6. September 1935, SMKA.

33. W. Schöndube, Diakonissenheim, S. 30f.

34. Diese bisher unbekannten Details einer möglichen Emigrationsabsicht Otto Loewes berichtet im Jahr 2000 mündlich sein Enkel Dr. Ricardo Loewe, Mexiko.

35. Abschrift des Protokolls der Vorstandssitzung des BDV am 1. Oktober 1935, HStAW, Abt. 405, Nr. 3094, f. 83f.

36. Der Vorstand des BDV an den Beauftragten des Reichsführers für ärztliche Angelegenheiten, Herrn Dr. Strebel, Frankfurt am Main, 2. Oktober 1935, Abschrift in HStAW, Abt. 405, Nr. 3094, f. 85.

37. Ebenda.

38. Strebel an das Regierungspräsidium in Wiesbaden, Frankfurt am Main 10. Oktober 1935, HStAW, Abt. 405, Nr. 3094, f. 92.

39. Protokoll der außerordentlichen Sitzung des engeren Vorstandes des BDV vom 7. Oktober 1935, HStAW, Abt. 405, Nr. 3094, f. 86.

40. Ebenda.

41. Vorsitzender des BDV Kirchenrat Kahl an den Regierungspräsidenten in Wiesbaden, Frankfurt am Main 15. Oktober 1935, HStAW, Abt. 405, Nr. 3094, f. 70-75, hier f. 75.

42. Vorsitzender des BDV Kirchenrat Kahl an den Regierungspräsidenten in Wiesbaden, Frankfurt am Main 17. Oktober 1935, HStAW, Abt. 405, Nr. 3094, f. 89

43. Schreiben Strebel an Oberbürgermeister Krebs, Frankfurt am Main 8. Oktober 1935, HStAW, Abt. 405, Nr. 3094, f. 97f.

44. Schreiben Strebel an Pfarrer Falk von der St. Markusgemeinde, Frankfurt am Main 9. Oktober 1935, HStAW, Abt. 405, Nr. 3094, f. 100f.

45. Strebel an den Regierungspräsidenten, Frankfurt am Main 10. Oktober 1935, HStAW, Abt. 405, Nr. 3094, f. 90.

46. Handschriftliche Notiz des Schreibens vom Regierungspräsidium an das Frankfurter Gesundheitsamt, Wiesbaden 24. Oktober 1935, HStAW, Abt. 405, Nr. 3094, f. 109f.

47. Richter war Sanitätssturmführer der SA und früher Assistenzarzt am Sachsenhäuser Privatkrankenhaus in der Schifferstraße, vergleiche G. Kreft, S. 333, und W. Kallmorgen, S. 382.

48. Gutachten der städtischen Rechtsstelle an das Stadtgesundheitsamt mit dem Vermerk „Vertraulich“, Frankfurt am Main 6. November 1935, IfSG, MA: AZ 7236, 6 Blätter.

49. Fischer-Defoy an das Regierungspräsidium, Frankfurt am Main 20. Dezember 1935, HStAW, Abt. 405, Nr. 3094, f. 103. Das von der SA gegen Schöndube veranlasste Verfahren sollte in der Verhandlung Schöndubes vor der Frankfurter Spruchkammer eine ihn entlastende Rolle spielen.

50. Die Zahlen und weitere Angaben vergleiche BDV, Jahresbericht Nr. 59 für das Jahr 1935, Frankfurt am Main 1936, SMKA.

51. Protokoll der außerordentlichen Generalversammlung des BDV, Frankfurt am Main 26. August 1936, SMKA.

52. Satzung des BDV festgestellt durch die Generalversammlungen vom 17. August 1888, 9. August 1889, 25. Februar 1931 und 26. August 1936, SMKA.

53. „Die Amtsdauer des Vorsitzenden endet erstmalig mit der ordentlichen Generalversammlung des Jahres 1942.“ Damit hatte die Generalversammlung dem neuen Vorsitzenden entgegen Paragraf 6 der neuen Satzung sogar eine sechsjährige Amtszeit zugestanden, Protokoll der außerordentlichen Generalversammlung des BDV, Frankfurt am Main 26. August 1936, SMKA.

54. Die Zahlen entstammen den Jahresberichten des BDV für die Jahre 1933 bis 1943, SMKA.

55. FDA, Akte „Aufgegebene Stationen 1938-1959“.

56. Niederschrift der Hauptversammlung des BDV vom 27. April 1933, SMKA.

57. W. Schöndube, Diakonissenheim, S. 32f.

58. Zitiert nach ebenda, S. 31.

59. Otto Loewe an seinen Sohn Paul in Mexiko, Frankfurt am Main 12. Oktober 1935, Original im Besitz von Dr. Ricardo Loewe, Mexiko.

60. Tagebuchnotiz von Flesch-Thebesius für den 16.4.1937, zitiert nach G. Kreft, S. 337.

61. Der sich über den Zeitraum eines Jahres hinziehende Konflikt um das Viktoria-Institut und die dort praktizierenden Ärzte sowie die tragische Rolle von Flesch-Thebesius dabei wurde von G. Kreft, S. 340 ff. anhand der Tagebuchaufzeichnungen von Flesch-Thebesius dokumentiert.

62. O. Loewe, Theorie und Praxis in der Tetanus-Prophylaxe, in: Die Medizinische Welt. Ärztliche Wochenschrift, Nr. 19, 1937.

63. Über den Paulskirchenpfarrer Karl Veidt und dessen Widerstand gegen die Gleichschaltung vergleiche W. Becher, S. 215-229.

64. M. Benad/J. Telschow, S. 83 ff. und 116 ff.

65. W. Wippermann, S. 101.

66. Zur Vor-, Ereignis- und Nachgeschichte des Novemberpogroms in Frankfurt am Main vergleiche J. Steen/W. Wolzogen.

67. Vgl. Historische Kommission, S. 40ff.

68. Abschrift des Obduktionsbefundes von Hans Loewe, Frankfurt am Main 20. November 1938, im Privatbesitz von Dr. Ricardo Loewe, Mexiko.

69. Hans Loewe an Paul Loewe, Frankfurt am Main 20. November 1938, Original im Privatbesitz von Dr. Ricardo Loewe, Mexiko.

70. Erinnerungen von Karl Veidt, nach: M. Benat/J. Telschow, S. 137.

71. Anna Koch, Erlebnisse mit Herrn Dr. Loewe; auch der Sohn Hans Loewe berichtet an seinen Bruder Paul von einem Vater, der wenige Tage vor seinem Tod „noch vergnügt auf der Hütte" im Taunus gewesen war, Hans Loewe an Paul Loewe, Frankfurt am Main 20. November 1938.

72. Hans Loewe an Paul Loewe, Frankfurt am Main 20. November 1938.

73. Protokoll der Generalversammlung des BDV vom 7. Mai 1937, SMKA.

74. Jahresbericht Nr. 62 (1938) des BDV, Frankfurt am Main 1939, SMKA.

75. Jahresbericht Nr. 63 (1939) des BDV, Frankfurt am Main 1940, SMKA.

76. Vgl. oben abgedruckte Statistik sowie die entsprechenden Jahresberichte des BDV.

77. Jahresbericht Nr. 63 (1939) des BDV, Frankfurt am Main 1940, SMKA.

78. Der Regierungspräsident an die Oberbürgermeister von Frankfurt und Wiesbaden u. a., Wiesbaden 11. November 1941, IfSG MA: AZ 7100, Bd. 1, f. 243.

79. Protokoll der Vorstandssitzung des BDV vom 11. Dezember 1942, SMKA.

80. Vergleiche entsprechend geänderte Fassung der Satzung des BDV von 1936 mit Genehmigungsvermerk des Regierungspräsidiums, SMKA.

81. Satzung des BDV vom 15. März 1939, SMKA. Vgl. mit der Satzung vom 26. August 1936, SMKA.

82. Vgl die Satzung des BDV vom 11. Dezember 1942, Paragraf 5, SMKA.

83. Protokoll der außerordentlichen Generalversammlung des BDV vom 26. August 1936, SMKA.

84. Lagebericht des Stadtgesundheitsamtes an das Regierungspräsidium Wiesbaden, Frankfurt am Main 5. Juli 1944, IfSG MA: AZ 7100, Bd. 2.

85. Der Oberbürgermeister an den Regierungspräsidenten, Frankfurt am Main 2. Juni 1944, IfSG MA: AZ 7236.

86. Ebenda.

87. Jahresbericht Nr. 67/69 des BDV, Frankfurt am Main 1946, SMKA.

5. Kapitel (1945–1958)

1. Vgl. W. Schöndube, Diakonissenheim, S. 36 und den Entwurf für ein Schreiben des Magistrats an das hessische Finanzministerium vom 6. November 1950, MA: AZ 7236, Bd. 1 sowie F. Balser, S. 49ff. und Th. Bauer, Walter Kolb, S. 31.

2. Vgl. Bethanien-Krankenhaus, S. Hff., R. Tassius, passim, H. Lohne, S. 260, H. Lachenmann, S. 107 und S. Volz, S. 21f.

3. „Krankenhaus – nur noch, wenn unbedingt nötig", in: FR vom 19. September 1945.

4. „Achtung, Ärzte!", in: Frankfurter Presse vom 31. Mai 1945. Die „Frankfurter Presse" war ein Nachrichtenblatt der amerikanischen 12. Heeresgruppe für die deutsche Zivilbevölkerung.

5. Vgl. „Aerzte weiter tätig" und „Praxisverbot für 25 Aerzte", in: FR vom 3. Oktober und 8. November 1945.

6. Anordnung der Militärregierung vom 13. November 1945, MA: AZ 7110, Bd. 2. Siehe auch: L. Krämer, S. 114ff.

7. Vgl. Denkschrift, S. 7, 10f. und 34 sowie R. Menzer, S. 21f.

8. Vgl. „Wir wiegen 30 Pfund zu wenig" und „Gesundheitszustand und Ernährungslage", in: FR vom 28. Juni 1946 und 9. Oktober 1947 sowie die Stellungnahme des Amtsarztes Josef Strüder „Zur

gegenwärtigen Ernährungslage" vom 12. September 1946, MA: AZ 7100, Bd. 2. Siehe auch: W.-A. Kropat, S. 201f. und R. Krämer-Badoni, passim.

9. „Grundsätze für die Ausführung von Wiederherstellungsarbeiten an Gebäuden" vom 17. August 1945, MA: AZ 3801, Bd. 1. Vgl. die „Bekanntmachung über die zentrale Lenkung des bauwirtschaftlichen Einsatzes" vom 17. August 1945, ebd.

10. Vgl. die von Adolf Miersch in Vertretung des Oberbürgermeisters am 15. August 1945 unterzeichnete „Dringlichkeitsliste I. A.", MA: AZ 3803, Bd. 1.

11. Vgl. „Pfarrer Dr. Otto Fricke gestorben", in: FAZ vom 9. März 1954 und Johannes Müller, Dem 1. Vorsitzenden des Bockenheimer Diakonissenvereins Dr. theol. Otto Fricke D. D. zum Gedächtnis, in: 77. Jahresbericht des BDV 1953, S. 7–10 (Exemplar der Stadt- und Universitätsbibliothek Frankfurt).

12. Vgl. den 67./69. Jahresbericht des BDV 1943/45, S. 4f., SMKA.

13. Vgl. ebd., S. 1f., W. Schöndube, Diakonissenheim, S. 37f., F. Balser, S. 17, H. Lachenmann, S. 114–118 und den am 22. Juni 1946 vom Frankfurter Diakonissenmutterhaus und dem BDV unterzeichneten Gestellungsvertrag, FDA.

14. Zitiert nach: „Markuskrankenhaus wiedereröffnet", in: FR vom 29. Januar 1946.

15. Vgl. den 67./69. und den 70. Jahresbericht des BDV 1943/45 und 1946, S. 2 und 1, SMKA, das Protokoll der 2. BDV-Arbeitsausschusssitzung vom 13. Juli 1946, SMKA, W. Schöndube, Diakonissenheim, S. 38f. und die von Schwester Christine Wittkamp am 25. Januar 2000 aufgezeichneten Erinnerungen der Diakonisse Margaret Dick, FDA.

16. Zitiert nach dem Protokoll der 2. Beiratssitzung des Stadtgesundheitsamtes vom 5. März 1946, S. 1f., MA: AZ 7110, Bd. 2. Vgl. das Protokoll der 3. Beiratssitzung vom 16. April 1946, S. 1f., ebd.

17. Satzungen des BDV festgestellt durch die Generalversammlung vom 19. Februar 1947, S. 1, SMKA. Siehe auch das Protokoll der ordentlichen BDV-Hauptmitgliederversammlung vom 19. Februar 1947, SMKA.

18. Paragraf eins des am 15. Juni 1946 vom Frankfurter Diakonissenmutterhaus und dem BDV unterzeichneten Gestellungsvertrages, FDA. Siehe auch den 70. Jahresbericht des BDV 1946, S. 2, SMKA.

19. Vgl. den 67./69. und 72. Jahresbericht des BDV 1943/45 und 1948, S. 4 und 2, SMKA.

20. Vgl. das Protokoll der Hauptmitgliederversammlung, wie Anm. 17, Hans Loewe, Bericht über die Prüfung der Geschäftsbücher und die Aufstellung des Jahresabschlusses 31. Dezember 1947 des BDV, S. 11, Protokoll der 2. Sitzung des engeren BDV-Vorstandes vom 15. November 1947 und den Entwurf für den 71. Jahresbericht des BDV 1947, S. 1, alle SMKA.

21. Protokoll der öffentlichen Sitzung der 134. Spruchkammer der Kammer Frankfurt a. M. vom 29. Mai 1947, HStAW, Abt. 520 F.

22. Vgl. die Sitzungsprotokolle des engeren BDV-Vorstandes vom 29. November 1947, 30. Januar und 21. Februar 1948 sowie das Protokoll der BDV-Vorstandssitzung vom 30. Januar 1948, alle SMKA.

23. Wilhelm Schöndube, Rede am 70. Geburtstag von Dr. Otto Loewe anlaesslich der Einweihung neuer Raeume im ersten Stock des Hauses Falkstrasse 33c des St. Markus-Krankenhauses, S. 4 (Typoskript im Besitz von Dr. Hans Loewe). Siehe auch das Protokoll der BDV-Vorstandssitzung vom 1. Oktober 1948, SMKA und W. Schöndube, Diakonissenheim, S. 40.

24. Vgl. H. Müller, S. 323 und F. Balser, S. 110ff.

25. 72. Jahresbericht des BDV 1948, S. 2, SMKA. Siehe auch das Protokoll der BDV-Vorstandssitzung vom 10. August 1948, SMKA.

26. A. de Bary, S. 240.

27. Vgl. M. Simon, S. 41–46, H.-W. Müller, S. 7f., „Die Pflegesätze der Krankenanstalten" und „Wie steht es um Frankfurts Krankenhäuser?", in: FR vom 8. Januar 1949 und 24. Januar 1950.

28. Zitiert nach: „Hofacker-Verband kündigt Pflegesatzabkommen", in: FR vom 23. August 1951. Siehe auch: „Erhöhung der Pflegesätze um 15 Prozent" und „Krankenhäuser vor schwerer Entscheidung", in: FR vom 14. Januar 1949 und 19. Juli 1951 sowie das Protokoll der Sitzung der Deputierten für das Gesundheitswesen vom 5. Oktober 1951, S. 6, MA: AZ 7110, Bd. 2.

29. Vgl. „Auf dem Rücken der Patienten...", in: FR vom 6. Oktober 1951 und die Denkschrift der Hessischen Krankenhausgesellschaft über die derzeitige Lage der Krankenhäuser in Hessen vom 22. September 1951, S. 1f., MA: AZ 7110, Bd. 3.

30. Vgl. J. Heibel, S. 302f.

31. Zitiert nach dem Antrag des Stadtgesundheitsamtes an den Magistrat vom 12. März 1952, MA: AZ 7220, Bd. 1. Siehe auch den Protokoll-Auszug der Frankfurter Stadtverordnetenversammlung, § 462 vom 3. April 1952, ebd., das Protokoll der Sitzung der Deputierten für das Gesundheitswesen

vom 19. November 1953, MA: AZ 7110, Bd. 2 und „Hilfe für private Krankenhäuser", in: FR vom 29. März 1952.

32. Vgl. die Protokolle des engeren Vorstandes und des BDV-Gesamtvorstandes vom 12. Januar 1951 und 28. August 1951, SMKA, W. Schöndube, Diakonissenheim, S. 41ff. und W. Schöndube, 100 Jahre, S. 11.

33. Zitiert nach dem Protokoll der BDV-Gesamtvorstandssitzung vom 21. März 1952, SMKA. Siehe auch: W. Schöndube, Diakonissenheim, S. 42f., das Protokoll der BDV-Generalversammlung vom 3. November 1948 und das der BDV-Gesamtvorstandssitzungen vom 19. Mai und 18. September 1950, SMKA sowie „St. Markus-Krankenhaus mußte Rücklagen auflösen", in: FR vom 27. Oktober 1953.

34. Vgl. die Protokolle der Magistratssitzungen AS 3447, S. 11 (19. Februar 1951) und „Krankenhausstadt auf der Ginnheimer Höhe?", in: FR vom 11. April 1953.

35. Zahlenangaben nach: Frankfurt gestern und heute, S. 3f. und Th. Bauer, Walter Kolb, S. 85.

36. Zitiert nach dem Sitzungsprotokoll der Deputation für das Gesundheitswesen vom 29. Mai 1953, S. 5, MA: AZ 7110, Bd. 2. Zur „relativen Bettenzahl": Entwurf für einen Bericht des Magistrats an die Stadtverordnetenversammlung vom 16. Juli 1951, S. 3f., MA: AZ 7100, Bd. 2.

37. W. Kolb, S. 5.

38. Vgl. das Protokoll der gemeinsamen Sitzung der Deputation für das Gesundheitswesen und des Gesundheitsausschusses der Stadtverordnetenversammlung vom 20. Mai 1955, S. 3f., MA: AZ 7110, Bd. 3.

39. Die Entstehungsgeschichte des neuen St. Markus-Krankenhauses schildert detailliert: W. Schöndube, Geschichte, passim. Siehe auch die Protokolle der BDV-Gesamtvorstandssitzungen vom 21. März 1952, 12. Mai 1953 und 19. März 1954, SMKA, das Sitzungsprotokoll des engeren BDV-Vorstands vom 14. Juli 1954, SMKA und J. Bredow/ H. Lerch, S. 9, 19 und 136.

40. Vgl. „Krankenhausstadt auf der Ginnheimer Höhe?", „Das Krankenhaus-Projekt Ginnheimer Höhe" und „Ein Sack voller Wünsche – ein Säckchen voll Geld", in: FR vom 11. April 1953, 9. Dezember 1953 und 10. März 1956.

41. Bericht des Revisions- und Organisationsamtes vom 27. Mai 1954, MA: AZ 7100, Bd. 2. Siehe auch den Antrag des Stadtgesundheitsamtes vom 20. Mai 1954 und die Magistrats-Beschlüsse § 467 und 832 vom 14. Juni und 19. Juli 1954, ebd.

42. Zitiert nach dem Protokoll der BDV-Vorstandssitzung vom 10. November 1954, SMKA.

43. Vgl. W. Schöndube, 100 Jahre, S. 14–17, die Vorträge des Magistrats an die Stadtverordnetenversammlung den Neubau des St. Markus-Krankenhauses betreffend vom 29. März und 20. Juni 1955 sowie den Vertrag über den Verkauf der BDV-Immobilien an die Stadt Frankfurt vom 12. Februar 1958, MA: AS 2.758 und die Protokolle der Magistratssitzungen AS 3.457 (28. März 1955).

44. Zitiert nach einem internen Bericht über den Verlauf des Richtfests am 15. November 1956, S. 2, SMKA. In der Anlage des Berichts findet sich auch der Richtspruch, in dem es heißt: „Möge dieses Haus aufs Neue/ lang der Menschheit Segen spenden/ unter liebevollen, treuen,/ nimmermüden Schwesternhänden, Mögen fortan viele Leiden/ in dem Haus Genesung finden,/ und so manche Herzen glücklich/ schwerste Stunden überwinden!" Vgl. „Vorerst keine finanzielle Beteiligung", in: FR vom 13. April 1956, die Satzungen des BDV festgestellt durch die Generalversammlung vom 18. Dezember 1956, § 6a-6e und den Bericht von Schöndube für die BDV-Jahreshauptversammlung am 5. Juni 1957, S. 4ff, beide SMKA.

45. Vgl. Hans Henrich, Krankheit und Sterben des Wilhelm Becker, in: FR vom 21. März 1956.

46. Vgl. Hans Simon, Eine Sterbende findet kein Bett, in: FR vom 29. Dezember 1956. Der Vorfall hatte ein parlamentarisches Nachspiel, siehe den Vortrag des Magistrats an die Stadtverordnetenversammlung vom 25. März 1957, MA: Nr. 2696.

47. Vgl. „Kein Platz für kranke Bürger?", in: FR vom 4. April 1957, „8500 Krankenhausbetten bis zum Jahre 1960 in Frankfurt", in: FAZ vom 30. August 1957 und L. Krämer, S. 120ff.

48. Mit zahlreichen Abbildungen: W. Schöndube, Das neue St. Markus-Krankenhaus, S. 151–154 und O. Bartning/ O. Dörzbach, S. 154–157. Zur Architektur der Krankenhochhäuser: A. H. Murken, S. 234–253 und J. R. Sahl, S. 421–426.

49. Zitiert nach einem Grußwort von J. Müller, S. 1. Siehe auch: „Heute kommen die ersten Patienten" und „Schlimmste Bettennot behoben", in: FR vom 3. Februar und 28. April 1958 sowie das Protokoll der BDV-Bauausschusssitzung vom 25. Februar 1958, Privatarchiv Ernst Ludwig Schulz.

50. Vgl. den Schöndube-Bericht, wie Anm. 44, W. Schöndube, Geschichte, S. 26 und den Finanzbericht des BDV-Bauausschusses vom 10. Oktober 1958, Privatarchiv Ernst Ludwig Schulz.

51. Der BDV ernannte Schöndube im Januar 1959 zum Ärztlichen Direktor, vgl. das Sitzungsprotokoll des engeren BDV-Vorstands vom 22. Januar 1959, SMKA. Zu Enke: Protokoll der BDV-Gesamtvorstandssitzung vom 23. Oktober 1957, SMKA und „Frankfurter Gesichter: Helmut Enke", in: FAZ vom 21. Juni 1975. Der Hinweis auf die skandinavischen Wurzeln der dreigeteilten Kran-

kenhausleitung findet sich in einem Schreiben des Ärztlichen Direktors Dietrich Walther an den Frankfurter Magistrat vom 29. Juli 1980, SMKA.

52. Satzung der Evangelischen Schwesternschaft St. Markus e. V. vom 5. Dezember 1960, § 2, SMKA. Siehe auch: H. Lachenmann, S. 48 und 132, das Protokoll der Vorstandssitzung des Frankfurter Diakonissenvereins vom 23. November 1955, FDA und Wilhelm Schöndube, Über die Gründung der Markusschwesternschaft, in: Evangelische Schwesternschaft St. Markus e. V. 1956–1966 (Broschüre), hrsg. von Dorothea Kroeber, Frankfurt a. M. 1972, S. 2ff.

53. Vgl. Dorothea Kroeber, Die Schwesternschaft 1958–1966, in: ebd., S. 8, H. Brehm, S. 27 und „Heute kommen die ersten Patienten“, in: FR vom 3. Februar 1958.

54. „Markus-Krankenhaus bestand alle Proben“, in: FR vom 31. Januar 1959. Siehe auch: W. Schöndube, Erfahrungen, S. 351–355, ders., 100 Jahre, S. 14 und das Sitzungsprotokoll des engeren BDV-Vorstands vom 8. Oktober 1969, SMKA.

6. Kapitel (1958–1972)

1. Vgl. W. Schöndube, Geschichte, S. 34 und 46f., die Vorlage des Gesundheitsverwaltungsamtes für den Magistrat vom 30. Dezember 1960, MA: AS 2.758 und die Sitzungsprotokolle des engeren BDV-Vorstandes vom 14. Januar und 17. November 1960, SMKA.

2. Vgl. den Entwurf für ein Schreiben des Magistrats an den hessischen Minister für Arbeit, Volkswohlfahrt und Gesundheitswesen vom 25. Juli 1963 mit den Anlagen „Übersicht über die Frankfurter Krankenhäuser, Stand 1. März 1963“ und „Verzeichnis der in den Frankfurter Krankenanstalten im Jahre 1962 stationär behandelten Kranken sowie die Verweildauer“, MA: Nr. 2696, H. Appel, S. 27f. und „Wenn der Patient sein Bett wählen könnte“, in: FAZ vom 6. April 1965.

3. Vgl. Rudolf Appel, „Es ist dringend, Schwester!“ Patienten zwischen Hoffnung und Verzweiflung, in: FR vom 24. Oktober 1959, „Diese Leitstelle ist auch eine Leidstelle“ und „Noteinweisung als letzte Rettung“, in: FR vom 10. Mai 1962 und 6. Februar 1965 sowie „Frankfurter Krankenhäuser gehören zur Spitzenklasse“, in: FAZ vom 25. Oktober 1969. Siehe auch das Rundschreiben Nr. 8 des Hofacker-Verbandes vom 21. April 1967, HVA.

4. Vgl. M. Simon, S. 51–57, „Südbalkon für Krankenschwestern“, in: FAZ vom 29. Juni 1961, „Zur Pflege der Kranken: Ein System von Aushilfen“, in: FR vom 6. August 1962, „Neue Belastung für die Krankenhäuser“, in: FNP vom 23. Juni 1970 und das Protokoll der Jahreshauptversammlung des Hofacker-Verbandes vom 23. November 1960, S. 10, HVA.

5. Vgl. „Südbalkon für Krankenschwestern“, in: FAZ vom 29. Juni 1961 und „Eigene vier Wände für jede Schwester“, in: FR vom 29. Juni 1961.

6. Vgl. M. Simon, S. 56, „Alltag einer Krankenschwester“, in: FNP vom 3. Juli 1965, „Krankenhaus statt Kaserne“ und „Weißer Kittel statt grauem Rock“, in: FR vom 31. März 1962 und 16. Juni 1967. Zu den südkoreanischen Schwestern: „Koreanerinnen am Krankenbett“, in: FR vom 2. Februar 1966 und „Ein Hindernis – die deutsche Sprache“, in: FAZ vom 6. Dezember 1968. Zum Schwesternmangel: Hans H. Reichert, „Weiße Häubchen“ vom Fortschritt vergessen?, in: FR vom 22. Februar 1969.

7. Zitiert nach: Ellen Ludin, Für drei Säuglinge zwei Schwestern, in: FAZ vom 30. November 1963. Siehe auch das Protokoll der BDV-Vorstandssitzung vom 10. Oktober 1962, SMKA, H. Appel, passim sowie „Alltag einer Krankenschwester“ und „Hochhaus für Krankenschwestern“ in: FNP vom 3. Juli 1965 und 25. Juli 1966.

8. Vgl. das Sitzungsprotokoll des engeren BDV-Vorstandes vom 4. Mai 1965 und die Einladungskarte zur Schul-Einweihung am 18. April 1968, beide SMKA sowie „Schwestern nicht mehr ‚Mädchen für alles‘“, in: FR vom 19. April 1968.

9. Iris Manier, Olga von Lersner – Eine Pionierin der neuzeitlichen Pflegeausbildung. Vortrag anläßlich des Festaktes zum 100. Geburtstag von Olga von Lersner an der Schwesternschule der Universität Heidelberg am 7. November 1997, Heidelberg 1997. Zum Folgenden: Elke Kobbert, Ziel, Aufbau und Entwicklung der Schwesternschule der Universität Heidelberg, hrsg. von der Schwesternschule, Heidelberg 1997[2] (Typoskript), H. Twelsiek, S. 433–438 und C. Bischoff-Wanner, S. 177–182.

10. Vgl. Olga von Lersner, Unsere Kranken und wir, hrsg. von der Leitung der Olga von Lersner-Schule, Frankfurt a. M. 1968 (Typoskript).

11. Hans Joachim Süsse, Arzt als Patient, in: Informationsblatt für alle Mitarbeiter des St. Markus-Krankenhauses in den Abteilungen I und II, Dezember 1969, S. 16f. (Typoskript im SMKA).

12. Vgl. W. Schöndube, Geschichte, S. 33–42, D. Klebe, S. 20 und das Protokoll der BDV-Vorstandssitzung vom 20. Oktober 1960, SMKA.

13. Vgl. W. Schöndube, Geschichte, S. 38ff. und die Sitzungsprotokolle des engeren BDV-Vorstandes vom 11. April 1962, 18. November 1966 und 15. Mai 1968, SMKA.

14. Margot Felsch, Neues Selbstvertrauen durch das Chirurgen-Messer, in: FR vom 23. Mai 1970. Siehe auch: W. Schöndube, Geschichte, S. 38f. und 44, das Sitzungsprotokoll des engeren BDV-

Vorstandes vom 6. November 1963, SMKA, „Spezialklinik für plastische Operationen", in: FAZ vom 4. November 1965, „Eine Million für das Markuskrankenhaus" und „Hilfe für unglückliche Menschen", in: FNP vom 1. Juni 1967 und 30. Mai 1970 sowie das Protokoll der BDV-Jahreshauptversammlung vom 26. November 1970, SMKA.

15. Zitiert nach: „Neues Pathologisches Institut", in: FAZ vom 26. Mai 1971. Siehe auch: „Zur Früherkennung von Krebs", in: FNP vom 26. Mai 1971 und das Sitzungsprotokoll des engeren BDV-Vorstandes vom 4. Februar 1970, SMKA.

16. Vgl. W. Schöndube, Geschichte, S. 50f., das Protokoll der Jahreshauptversammlung des Hofacker-Verbandes vom 23. November 1960, HVA, das Protokoll der BDV-Vorstandssitzung vom 13. November 1968, die Übersicht zum Haushaltsvoranschlag des St. Markus-Krankenhauses für das Jahr 1970 und das Protokoll der VKD-Jahreshauptversammlung vom 22. November 1973, alle SMKA. Siehe auch: „Frankfurter Krankenhäuser gehören zur Spitzenklasse" und „Krankenhäuser kosten mehr", in: FAZ vom 25. Oktober 1969 und 23. September 1970.

17. Vgl. die VKD-Presseinformation zum 100-jährigen Vereinsjubiläum am 1. Februar 1976, S. 2–5, SMKA und W. Schöndube, Geschichte, S. 48.

18. Zitiert nach dem Protokoll der BDV-Vorstandssitzung vom 20. November 1969, SMKA.

19. Martin Gloger, Grundsatzpapier zur Verwaltungsreform des St. Markus-Krankenhauses vom 15. Juni 1970, S. 9, SMKA. Siehe auch das Protokoll der BDV-Vorstandssitzung vom 20. November 1969 und das Schreiben von Helmut Enke an Martin Gloger vom 26. Januar 1970, beide SMKA.

20. Satzung des St. Markus-Krankenhaus Vereins für Krankenpflege und Diakonie in Frankfurt am Main (gegründet 1876 als Bockenheimer Diakonissenverein) vom 12. Juni 1972, S. 9, SMKA.

21. Vgl. ebd., Präambel und die Protokolle der BDV-Vorstandssitzung, der BDV-Jahreshauptversammlung und der außerordentlichen BDV-Mitgliederversammlung vom 27. Oktober, 30. November und 14. Dezember 1971, alle SMKA.

22. Zahlenangaben ohne Säuglingsbetten nach: Gesundheitsplan der Stadt Frankfurt am Main, Teil I: Krankenhauswesen, hrsg. vom Magistrat, Frankfurt a. M. 1970, S. 5. Siehe auch: L. Krämer, S. 122f. und „Ein Schritt zum klassenlosen Krankenhaus", in: FR vom 29. Oktober 1970.

23. Vgl. die Vorlage des Stadtgesundheitsamtes für den Magistrat vom 16. Mai 1969, MA: Nr. 2.696 und den Gesundheitsplan, wie Anm. 22, S. 25ff. und 40–43.

24. Ebd., S. 55f.

25. Ebd., S. 59. Siehe auch: „Mehr Geld für leitende Krankenhausärzte", in: FR vom 12. November 1971.

7. Kapitel (1972–1993)

1. Vgl. M. Simon, S. 69ff. und P. Browsky, S. 64f.

2. Paragraf 4, Absatz 1 des Krankenhausfinanzierungsgesetzes vom 1. Juli 1972, zitiert nach: M. Simon, S. 78.

3. Paragraf 19, Absatz 1, ebd. Zum Folgenden: Erwin Mikula, Die Krankenhäuser auf der Anklagebank, in: FAZ vom 9. Juni 1976.

4. Paragraf 1, Absatz 1 des Krankenhausfinanzierungsgesetzes vom 1. Juli 1972, zitiert nach: M. Simon, S. 74.

5. Zitiert nach: E. Mikula, wie Anm. 3. Siehe auch: M. Simon, S. 83f., 25 Jahre St. Markus-Krankenhaus, S. 12 und „Wer ist schuld an Kostenexplosion in Krankenhäusern?", in: FAZ vom 26. August 1975.

6. Vgl. M. Simon, S. 80 und 89–95, „Keine neuen Krankenhäuser mehr im Untermaingebiet", in: FR vom 23. September 1975, „Fünftausend Krankenhausbetten weniger", in: FAZ vom 12. Dezember 1975 und „Sinkende Bevölkerungszahl – weniger Krankenhäuser", in: FR vom 8. Februar 1979.

7. Vgl. das von Eberhard Koch verfasste Memorandum vom 27. Februar 1969, SMKA, „Bald weht ein frischer Wind durch das Markuskrankenhaus", in: FNP vom 12. November 1969, „Eine Sanierung lohnt nicht mehr", in: FAZ vom 16. Januar 1971, die Protokolle der VKD-Vorstandssitzungen vom 13. August und 10. September 1975 sowie vom 14. Juli und 10. November 1976, alle SMKA. Siehe auch: „Beinahe Vollbelegung", in: FR vom 16. November 1976 und „An Pflegebetten besteht kein Bedarf", in: FNP vom 24. Februar 1977.

8. Vgl. die Protokolle der VKD-Vorstandssitzungen vom 11. Dezember 1974 und 13. Oktober 1976 sowie der VKD-Jahreshauptversammlung vom 30. Oktober 1984, alle SMKA und W. Schöndube, 100 Jahre, S. 21f.

9. Zitiert nach: „Gott, Geld und Humanität", in: FNP vom 2. Februar 1976. Siehe auch: „Christliche Impulse in der Krankenpflege", in: FAZ vom 2. Februar 1976.

10. Zitiert nach: 100 Jahre St. Markus-Krankenhaus, S. 28. Siehe auch die Ansprache des Ärztlichen Direktors, Hans Joachim Süsse, zur Einführung des Leiters des Zentrallabors, Dr. med. Röwe, und des Leiters der Unfallklinik, Dr. med. Schmidt, am 1. Oktober 1974, SMKA.

11. 87 Ärzte, 386 Pflegedienst, 119 medizinisch-technischer Dienst, 211 Wirtschafts- und Instandhaltungsdienst, 40 Verwaltung, 10 Schulschwestern der Krankenpflegeschule, 16 Kindergärtnerinnen, 1 Sozialarbeiterin und 2 Pfarrer, vgl. 100 Jahre St. Markus-Krankenhaus, S. 11. Siehe auch das Protokoll der VKD-Vorstandssitzung vom 13. Juni 1973 und das Schreiben des Arbeitskreises für Krankenpflege an den VKD-Vorstand vom 3. Dezember 1979, beide SMKA.

12. Zu den Gründen für das Ausscheiden des langjährigen Verwaltungsdirektors siehe das Protokoll der VKD-Vorstandssitzung vom 20. Oktober 1982, SMKA.

13. Vgl. „Hospital steht vor der Pleite. März-Gehälter sind in Gefahr", in: Nachtausgabe vom 19. Februar 1977, „Markuskrankenhaus existenzbedroht", in: FNP vom 19. Februar 1977 und „Schließung des Markuskrankenhauses verhindern", in: FAZ vom 21. Februar 1977.

14. Vgl. die Protokolle der VKD-Kuratoriumssitzungen vom 16. August 1976 und 2. März 1977 sowie das Protokoll der VKD-Finanzausschusssitzung vom 1. Dezember 1976, alle SMKA. Siehe auch: „Es gibt keine Krise der Frankfurter Krankenhäuser", in: FAZ vom 24. März 1977.

15. Martin Gloger, Betrieb des St. Markus-Krankenhauses durch eine GmbH, Denkschrift vom 13. Juli 1977, S. 6, SMKA. Siehe auch den Gesprächsvermerk Johann Philipp von Bethmanns vom 25. Februar 1977, das Protokoll der VKD-Vorstandssitzung vom 11. Mai 1977 und das Protokoll der VKD-Kuratoriumssitzung vom 31. Mai 1977, alle SMKA.

16. Vgl. 25 Jahre St. Markus-Krankenhaus, S. 11f. und 16 sowie die Protokolle der VKD-Vorstandssitzungen vom 29. Juni und 12. Dezember 1979, beide SMKA.

17. Vgl. „In Sankt-Markus beginnt das praktische Jahr" und „Fünf Krankenhäuser bilden Medizinstudenten aus", in: FAZ vom 30. April 1977 und 2. Mai 1978 sowie das Protokoll der VKD-Vorstandssitzung vom 10. Mai 1978, SMKA.

18. Vgl. die Protokolle der VKD-Jahreshauptversammlung und der VKD-Vorstandssitzung vom 9. Oktober 1978 und 17. Dezember 1986, beide SMKA, „Boettcher neuer Chefarzt", in: FNP vom 2. September 1977.

19. Vgl. das Protokoll der VKD-Jahreshauptversammlung vom 22. November 1973 sowie die Protokolle der VKD-Vorstandssitzungen vom 8. Oktober 1975, 8. Juni und 12. Oktober 1977. Siehe auch: „Dialyse bald auch in St. Markus möglich" und „Neue Dialyseabteilung im St. Markus-Krankenhaus", in: FR vom 16. Mai 1977 und 19. Juli 1978.

20. Vgl. die Protokolle der VKD-Vorstandssitzungen vom 14. März 1979 und 24. April 1985 sowie den Jahresbericht 1978 des Kuratoriums für Dialyse und Nierentransplantation (Kurzfassung), Neu-Isenburg 1999, S. 4, 6 und 15ff.

21. Vgl die Protokolle der VKD-Vorstandssitzungen vom 8. Februar 1984, 12. April und 12. Juli 1989, alle SMKA.

22. Vgl. die Protokolle der VKD-Vorstandssitzungen vom 18. Juni und 12. November 1975, SMKA sowie „Neun Millionen für die Krankenhäuser", in: FR vom 12. Mai 1977 und „Ein neues OP-Zentrum", in: FNP vom 24. Februar 1978. Siehe auch die Projektbroschüre „Verbesserung der Krankenversorgung durch Umbau und Erweiterungsmaßnahmen. St. Markus in Frankfurt am Main", hrsg. von der Frankfurter Aufbau AG 1980.

23. Vgl. die Protokolle der VKD-Jahreshauptversammlung und der VKD-Vorstandssitzung vom 6. Oktober 1980 und 11. März 1981, beide SMKA sowie „Nach drei Jahren neues Operationszentrum", in: FAZ vom 8. Juli 1980.

24. Zitiert nach: „Aber immer den Menschen dienen", in: FAZ vom 1. Oktober 1983. Vgl. das Protokoll der VKD-Jahreshauptversammlung vom 18. Oktober 1983, SMKA.

25. Zitiert nach: „Aber immer den Menschen dienen", in: FAZ vom 1. Oktober 1983.

26. Vgl. das Protokoll der VKD-Jahreshauptversammlung vom 21. Oktober 1985 und die Protokolle der VKD-Vorstandssitzungen vom 18. Januar und 5. September 1984 sowie 9. Juli 1985, alle SMKA.

27. Vgl. das Protokoll der VKD-Vorstandssitzung vom 13. Februar 1986, SMKA.

28. Zitiert nach „Keine Wartezeit und Soforthilfe", in: FNP vom 3. Oktober 1985. Siehe auch: „Neuer Schutz vor Wind und Regen", in: FAZ vom 3. Oktober 1985 sowie die Protokolle der VKD-Vorstandssitzungen vom 16. Mai und 17. August 1983 sowie 4. April und 16. November 1984, alle SMKA.

29. Vgl. die Protokolle der VKD-Vorstandssitzungen vom 1. Dezember 1982, 6. Februar 1987, 10. Mai und 12. Juli 1989 sowie 4. Februar 1992, alle SMKA.

30. Vgl. das Protokoll der VKD-Vorstandssitzung vom 9. August 1978 und das der gemeinsamen Sitzung von Schulvorstand und Schulbeirat vom 3. Februar 1989 sowie den Jahresbericht der Olga von Lersner-Schule 1989, alle SMKA. Siehe auch: „Stadt an der Spitze", in: FNP vom 13. Mai 1975.

31. Vgl. M. Simon, S. 188ff., „Immer öfter melden Krankenhäuser dem Notarztwagen ‚voll belegt'" und „Das längste Zimmer ist der Gang", in: FR vom 17. April 1989, 6. Juni 1991 und 20. Januar 1992 sowie „Die Klagen der Krankenhäuser werden immer lauter", in: FAZ vom 5. Dezember 1989 und „Frankfurter Krankenhäuser weisen sogar Todkranke ab", in: FNP vom 24. April 1992.

32. Vgl. das Protokoll der VKD-Jahreshauptversammlung vom 28. Mai 1991 und den Jahresbericht 1992 der Pflegedienstleitung, beide SMKA.

33. Zitiert nach: „Sehr gute Erfahrungen mit den neuen Dienstzeiten“, in: FAZ vom 26. März 1991. Siehe auch den Anzeigenteil der FR vom 20. Januar 1990 und „Die Kliniken locken mit Wohnungen“, in: FR vom 23. April 1990.

34. Zitiert nach: „18 Klinik-Chefs sauer auf Gesundheitsdezernentin“, in: FNP vom 27. Februar 1990.

35. Protokoll der außerordentlichen Mitgliederversammlung des Hofacker-Verbandes vom 20. Juni 1988, HVA.

36. Vgl. „Kliniken besorgt über Höchster Modell“, in: FAZ vom 28. Februar 1990, „Kein Schichtdienst mehr fürs Pflegepersonal“, in: Amtsblatt der Stadt Frankfurt am Main vom 9. Oktober 1990, „Zulage soll Stimmung in der Pflege verbessern“, in: FR vom 27. Oktober 1990 und den Geschäftsbericht des Hofacker-Verbandes vom 1. Februar bis 31. Oktober 1990, S. 1f. Zu den Stationsassistentinnen: „Personalmangel in Kliniken: Geld für Verbesserungen“, in: FAZ vom 28. April 1990, „Stationsassistentinnen entlasten Pflegekräfte“, in: FR vom 20. Dezember 1991 und „Rezept gegen Pflegenotstand“, in: FAZ vom 30. Oktober 1992 sowie das Rundschreiben des Hofacker-Verbandes vom 7. Juni 1991, HVA.

37. Vgl. M. Simon, S. 106–117, Günter Bölke, Bundespflegesatzverordnung 1985 – Auswirkungen und Umsetzung, passim (Typoskript), die Protokolle der VKD-Vorstandssitzungen vom 13. Dezember 1989, 4. Februar 1992 und 12. November 1993 sowie C & L Treuarbeit Deutsche Revision, Bericht über die bei dem St. Markus-Krankenhaus Verein für Krankenpflege und Diakonie in Frankfurt am Main vorgenommene Prüfung des Jahresabschlusses zum 31. Dezember 1992, S. 3ff., alle SMKA.

38. Johann Philipp Freiherr von Bethmann, Ansprache zur Mitgliederversammlung des St. Markus-Krankenhaus-Vereins am 23. April 1990, S. 4 (Bethmann-Privatarchiv). Siehe auch das Protokoll der VKD-Vorstandssitzung vom 31. Januar 1990, den Jahresbericht der Verwaltung zur Mitgliederversammlung am 16. November 1993 für das Jahr 1992 und C & L Treuarbeit Deutsche Revision, Bericht über die bei dem St. Markus-Krankenhaus, Frankfurt am Main, vorgenommene Prüfung des Jahresabschlusses zum 31. Dezember 1992, S. 16 und 20.

8. Kapitel (1993–2001)

1. „Dr. med. Tele. Krankenhausreport Teil 4“, in: Focus vom 10. Oktober 1994. An der vom „Focus“ im Vorfeld des „Krankenhaus-Reports“ durchgeführten Fragebogenaktion hatte sich die Leitung des Markus-Krankenhauses nicht beteiligt, da sie die Aussagekraft und die Zuverlässigkeit von Ranglisten anzweifelte, siehe das Protokoll der VKD-Vorstandssitzung vom 13. Oktober 1994, SMKA.

2. Vgl. Dieter Hoffmann, Das Gesundheitsreformgesetz – Auswirkungen auf das Krankenhaus, Denkschrift vom 29. März 1993, SMKA, M. Simon, S. 177–186, 212–218 und 228-243 sowie F. Riege, S. 85–94.

3. Vgl. den Jahresbericht 1993 des Ärztlichen Direktors, die Beschlüsse des VKD-Finanzausschusses vom 19. Juli 1993, die Protokolle der VKD-Vorstandssitzungen vom 8. Dezember 1992 und 26. Juli 1993 sowie das Protokoll der VKD-Jahreshauptversammlung vom 16. November 1993, alle SMKA.

4. Vgl. den Jahresbericht 1993 des Ärztlichen Direktors, die von Hans-Albert König angefertigte „Schwachstellenanalyse Markus-Krankenhaus“ vom 10. August 1994, das Protokoll der außerordentlichen VKD-Vorstandssitzung vom 4. August 1994 und das Protokoll der VKD-Vorstandssitzung vom 1. September 1994, alle SMKA. Siehe auch: „St. Markus: Verwaltungschef mußte gehen“, in: FNP vom 8. August 1994.

5. Schreiben von Esther Gebhardt an Oberkirchenrat Helmut Köpke (Stellvertretender Präsident der Evangelischen Kirche in Hessen-Nassau) vom 29. März 1995. Siehe auch das Gutachten der Treuarbeit AG zur Ausgliederung des St. Markus-Krankenhauses aus dem St. Markus-Krankenhausverein für Krankenpflege und Diakonie vom 6. Januar 1992, das Protokoll der VKD-Vorstandssitzung vom 13. Oktober 1994, das Protokoll der VKD-Kuratoriumssitzung vom 12. Dezember 1994 und das Schreiben des Hessischen Rechnungshofs an den VKD-Vorsitzenden Armin Clauss vom 3. Februar 1995, alle SMKA.

6. Vgl. das gemeinsame Schreiben des Frankfurter Diakonissenhauses und des Diakoniewerks Bethanien an den Evangelischen Regionalverband vom 10. Juni 1995, das Schreiben des Evangelischen Regionalverbandes Frankfurt an Armin Clauss vom 20. Juni 1995, das Schreiben der Mitarbeitervertretung an den VKD-Vorstand vom 4. August 1995 und den Bericht über die außerordentliche VKD-Mitgliederversammlung vom 28. September 1995, alle SMKA. Siehe auch: „Im Markus-Krankenhaus herrscht jetzt Unruhe“, in: FNP vom 5. September 1995 und „Drei Krankenhäuser bilden GmbH“, in: FR vom 30. September 1995.

7. Satzung der Freunde und Förderer des St. Markus-Krankenhauses Verein für Krankenpflege und Diakonie in Frankfurt am Main [...] vom 28. September 1995, § 2.

8. Vgl. den Vorvertrag zwischen dem VKD und den zukünftigen Gesellschaftern vom 26. Juni 1995, das Schreiben von Oberkirchenrat Jürgen Telschow an die Evangelische Kirche in Hessen und Nassau vom 29. Juni 1995, die Protokolle der VKD-Kuratoriumssitzung und der VKD-Vorstandssitzung vom 11. und 24. Oktober 1995, alle SMKA. Siehe auch die am 6. November 1996 vom Regierungspräsidium Darmstadt genehmigte Satzung der St. Markus-Krankenhaus Stiftung in Frankfurt am Main und „Krankenhaus als GmbH", in: FAZ vom 30. September 1995.

9. Zitiert nach: „Diakonische Krankenhäuser im Spannungsfeld der Sozialpolitik", in: impuls. Zeitschrift der Frankfurter Diakonie-Kliniken, Mai 1998, S. 13. Siehe auch: „Vier Krankenhäuser künftig mit einer Dachorganisation", in: FAZ vom 4. November 1997, „Frankfurt: Vier Krankenhäuser unter einem Träger", in: Das Krankenhaus (1997), Nr. 12 und „Diakonie-Kliniken unter einem Dach", in: FR vom 28. Mai 1998.

10. Zitiert nach: Bernd Weber, Liebe Mitarbeiterinnen und liebe Mitarbeiter..., in: impuls intern. Zeitschrift für die Mitarbeiter der Frankfurter Diakonie-Kliniken, Januar 2000, S. 1. Siehe auch: „Ich bin eine Vermittlerin" und „Nachrichten", in: ebd., Januar 1999, S. 2 und 4.

11. Vgl. den Geschäftsbericht 1999 der Freunde und Förderer des St. Markus-Krankenhauses[...], S. 4, „550 Klinikbetten weniger" und „In Frankfurt bald 600 Krankenhausbetten weniger", in: FAZ vom 23. Januar 1999 und 4. Januar 2000 sowie „Bettenentwicklung unserer Krankenhäuser", in: impuls intern. Zeitschrift für die Mitarbeiter der Frankfurter Diakonie-Kliniken, Juli 2000, S. 1.

12. Endoskopie = Ausleuchtung und Ausspiegelung einer Körperhöhle mit Hilfe des Endoskops.

13. Mit der Sonographie können Veränderungen im Bereich der Leber, der Lymphknoten und der Nieren sowie Entzündungen im Magen-Darm-Trakt nachgewiesen werden.

14. Gastroenterologie = Wissenschaft von den Krankheiten des Magens und des Darms.

15. Motilität = unwillkürliche Muskelbewegungen.

16. Zitiert nach: „Behandlung im Frühstadium kann Organe erhalten", in: impuls. Zeitschrift der Frankfurter Diakonie-Kliniken, Juli 1999, S. 5.

17. Kardiologie = Teilgebiet der Medizin, das sich mit der Funktion und den Erkrankungen des Herzens befasst.

18. Arthroskopie = Gelenkspiegelung, Betrachten des Gelenkinnenraums mittels eines Endoskops. Mit speziellen Instrumenten können am Kniegelenk auch arthroskopische Operationen vorgenommen werden.

19. Vgl. „Narben am Ohr für glattes Gesicht und gestärktes Selbstvertrauen", in: FAZ vom 2. Januar 1996, „Ab 10000 Mark gibt's ein neues Gesicht" und „Danke Onkel Doc – für mein Gesicht", in: FNP vom 29. Juli 1996 und 6. Februar 1999.

20. „Frankfurts schönster Kreißsaal", in: BILD-Frankfurt vom 13. Dezember 1996. Siehe auch: „Im Kreißsaal soll es nicht aussehen wie in einer Klinik", in: FNP vom 13. Dezember 1996.

21. Urodynamisch = Harnflußmessung. Siehe auch: „Neuer Chefarzt für Urologie" und „Durch den Damm zur Prostata", in: FAZ vom 26. Oktober 1995 und 16. Juli 1997.

22. Plexusanästhesie = lokale Anästhesie eines Nervenstrangs (Leitungsanästhesie).

23. Angiographie = röntgenologische Darstellung von Blutgefäßen mit Hilfe injizierter Kontrastmittel.

24. Computertomographie = Verfahren der Röntgenuntersuchung, das eine direkte Darstellung von Weichteilstrukturen des Körpers auf dem Bildschirm eines Monitors ermöglicht. Bei der Computertomographie des Gehirns lassen sich geringe Veränderungen des Hirngewebes infolge Durchblutungsstörungen, Ödemen oder Tumorbildungen erkennen, während man bei der Ganzkörpertomographie vor allem Tumoren der Nieren, der Oberbauchorgane sowie des Lymphsystems im Brustraum frühzeitig nachweisen kann. Kernspintomographie = Bildgebendes Untersuchungsverfahren zur Gewinnung von Schichtbildern des Körpers unter Verwendung der magnetischen Kernspinresonanz.

25. Vgl. 10 Jahre Evangelische Krankenhaushilfe im St. Markus-Krankenhaus (Broschüre), Frankfurt a. M. 1989, S. 3 und 5. Siehe auch: „Freiwillige gesucht" und „Alle Patienten lieben das ‚Mädchen für alles'", in: FNP vom 9. August 1979 und 16. Dezember 1992.

26. Helga Bill, Bericht der Krankenhaus-Seelsorge bei der Mitgliederversammlung des Vereins für Diakonie und Krankenpflege am 16. November 1993, S. 1, SMKA.

27. Kurt W. Schmidt, Zentrum für Ethik in der Medizin, in: impuls. Zeitschrift der Frankfurter Diakonie-Kliniken, Mai 1998, S. 22. Siehe auch: „Frage nach richtigem Handeln" und „Die Wahrheit sagen und das Prinzip Verantwortung", in: FAZ vom 22. März 1997 und 22. März 1999.

28. Vgl. Torsten Verrel, Kurt W. Schmidt, Wer Selbstbestimmung fordert, muß sich seiner Endlichkeit stellen. Das Frankfurter Gerichtsurteil zur „Sterbehilfe" und die Bedeutung von Patientenverfügungen, in: FR vom 6. August 1998.

29. Vgl. „Die Psychiatrie in der Nervenkrise" und „Einigt man sich endlich im Krankenhausstreit?", in: FR vom 23. November 1974 und 14. September 1979. Siehe auch das Protokoll der VKD-Vor-

standssitzung vom 12. Juli 1978 und das Protokoll der „Planungskommission über den Bau einer Psychiatrischen Klinik am St. Markus-Krankenhaus“ vom 22. November 1979, beide SMKA.

30. Zitiert nach: „Neue Klinik für Psychiatrie“, in: FAZ vom 20. Dezember 1997. Siehe auch das von Verwaltungsdirektor Hoffmann an das Dezernat für Frauen und Gesundheit gerichtete Schreiben vom 25. Juli 1990 und den Bewilligungsbescheid des hessischen Gesundheitsministeriums vom 26. April 1994, beide SMKA sowie „Nichts mehr mit dickem Schlüsselbund und Ketten“, in: FR vom 20. Dezember 1997.

31. Vgl. „Ärzte, Schwestern und Patienten wohnen Tür an Tür“, in: FNP vom 13. August 1997.

32. H. Lachenmann, S. 135. Siehe auch: „Markus-Krankenhaus: Klinik bekommt ein Stockwerk mehr“, in: FNP vom 24. Dezember 1999.

Literaturverzeichnis

Appel, H.: Die freigemeinnützigen Krankenhäuser in Frankfurt am Main, in: Frankfurter Wochenschau, Sonderheft 23 (1961), S. 27–37.

Balser, Frolinde: Aus Trümmern zu einem europäischen Zentrum. Geschichte der Stadt Frankfurt am Main 1945–1989, Sigmaringen 1995.

Bartning, Otto/ Dörzbach, Otto: Der Bau des Krankenhauses in seiner organisatorischen und technischen Durchführung, in: Der Krankenhausarzt 31 (1958), S. 154–157.

Bary, August de: Zur Pflegesatzfrage, in: Das Krankenhaus, Nr. 12 (1951), S. 240–242.

Bauer, Thomas: Im Bauch der Stadt. Kanalisation und Hygiene in Frankfurt am Main 16.–19. Jahrhundert, Frankfurt a. M. 1998 (Studien zur Frankfurter Geschichte, Bd. 41).

Bauer, Thomas: „... die Hauptthätigkeit doch eine sociale ist.“ 125 Jahre Rotes Kreuz in Frankfurt am Main 1866–1991, Frankfurt a. M. 1991.

Bauer, Thomas: „Seid einig für unsere Stadt.“ Walter Kolb – Frankfurter Oberbürgermeister 1946–1956, hrsg. von der Historisch-Archäologischen Gesellschaft Frankfurt am Main e. V., Frankfurt a. M. 1996.

Bauer, Thomas: Stadt-Gesundheit-Amt. Konzeption und Auftrag gesundheitlicher Verwaltung in Frankfurt am Main 1917–1933, in: Vom „stede arzt“ zum Stadtgesundheitsamt. Die Geschichte des öffentlichen Gesundheitswesens in Frankfurt am Main, hrsg. vom Stadtgesundheitsamt, Frankfurt a. M. 1992, S. 51–83.

Bauer, Thomas: „der stede arzt“ Stadt und Gesundheit in Frankfurt am Main vom Mittelalter bis zur Neuzeit, in: Vom „stede arzt“ zum Stadtgesundheitsamt. Die Geschichte des öffentlichen Gesundheitswesens in Frankfurt am Main, hrsg. vom Stadtgesundheitsamt, Frankfurt a. M. 1992, S. 11–50.

Becher, Wolfgang: Die Nikolaikirche von der Reformationszeit bis zum Jahr 1949, in: Die Alte Nikolaikirche am Römerberg, hrsg. von Wolfgang Becher und Roman Fischer, Frankfurt a. M. 1992, S. 157–244 (Studien zur Frankfurter Geschichte, Bd. 32).

Benad, Matthias/ Telschow, Jürgen: „Alles für Deutschland – Deutschland für Christus“. Evangelische Kirche in Frankfurt am Main 1929–1945, Frankfurt a. M. 1985.

Bethanien-Krankenhaus (Hrsg.): 50 Jahre Krankenhaus Bethanien in Frankfurt am Main Auf dem Mühlberg 30 1938–1988 (Festbroschüre), Frankfurt a. M. 1988.

Bischof-Wanner, Claudia: Frauen in der Krankenpflege. Zur Entwicklung von Frauenrolle und Frauenberufstätigkeit im 19. und 20. Jahrhundert, Frankfurt a. M., New York 1997[3].

Bockenheim, seine Entwicklung, gegenwärtigen Einrichtungen und sonstigen Verhältnisse, hrsg. vom Verein für Handel und Industrie, Bockenheim 1892.

Bredow, Jürgen/ Lerch, Helmuth: Materialien zum Werk des Architekten Otto Bartning, Darmstadt 1983.

Brehm, Hans: Der Bockenheimer Diakonissenverein und die Evangelische Schwesternschaft St. Markus, in: Welthilfe 14 (1964), S. 24–27.

Browsky, Peter: Deutschland 1970–1976, Hannover 1980[4].

Bußmann, Otto: Der Bockenheimer Diakonissenverein und seine Mitglieder, in: Erbe und Auftrag. 75 Jahre Bockenheimer Diakonissenverein Frankfurt a. M.-West 1876–1951, hrsg. vom Bockenheimer Diakonissenverein, Frankfurt a. M. 1951, S. 45–52.

Dahm, Christof: Markus: in: Biographisch-Bibliographisches Kirchenlexikon, Bd. 5, hrsg. von Traugott Bautz, Herzberg 1993, Sp. 850–854.

Denkschrift über die wirtschaftlichen und sozialen Verhältnisse im Jahre 1946 in Frankfurt am Main, hrsg. vom Statistischen Amt und Wahlamt der Stadt Frankfurt am Main, Frankfurt a. M. 1947.

Drüner, Hans: Im Schatten des Weltkrieges. Zehn Jahre Frankfurter Geschichte von 1914–1924, Frankfurt a. M. 1934.

Elkeles, Barbara: Der Patient und das Krankenhaus, in: „Einem jeden Kranken in einem Hospitale sein eigenes Bett" Zur Sozialgeschichte des Allgemeinen Krankenhauses in Deutschland im 19. Jahrhundert, hrsg. von Alfons Labisch und Reinhard Spree, Frankfurt a. M., New York 1996, S. 357–373.

Erbe und Auftrag. 75 Jahre Bockenheimer Diakonissenverein Frankfurt a. M.-West 1876–1951, hrsg. vom Bockenheimer Diakonissenverein, Frankfurt a. M. 1951.

Forstmann, Wilfried: Frankfurt am Main in Wilhelminischer Zeit 1866–1918, in: Frankfurt am Main. Die Geschichte der Stadt in neun Beiträgen, hrsg. von der Frankfurter Historischen Kommission, Sigmaringen 1991, S. 349–422.

Frankfurt gestern und heute. Zehn Jahre Wiederaufbau im Spiegel der Zahlen, hrsg. vom Magistrat, Frankfurt a. M. 1956.

Göckenjan, Gerd: Über den Schmutz. Überlegungen zur Konzeptionierung von Gesundheitsgefahren, in: Stadt und Gesundheit. Zum Wandel von „Volksgesundheit" und kommunaler Gesundheitspolitik im 19. und frühen 20. Jahrhundert, hrsg. von Jürgen Reulecke und Adelheid Gräfin zu Castell Rüdenhausen, Stuttgart 1991, S. 115–128.

Goldhagen, Daniel Jonah: Hitlers willige Vollstrecker. Ganz gewöhnliche Deutsche und der Holocaust, Berlin 1996.

Hammerstein, Notker: Die Johann Wolfgang Goethe-Universität Frankfurt am Main. Bd. 1: Von der Stiftungsuniversität zur staatlichen Hochschule, Frankfurt a. M. 1989.

Hanauer, Wilhelm: Die Tuberkulosesterblichkeit in Frankfurt am Main von 1851–1929, Berlin 1931.

Hanauer, Wilhelm/ Schlesinger, Hermann (Hrsg.): Führer für das Heilpersonal der Stadt Frankfurt a. Main, Frankfurt a. M. 1900.

Heibel, Jutta: Rudolf Prestel – Amtsjurist in der NS-Sozialverwaltung, in: AFGK 65 (1999), S. 259–305.

Heller, Geneviève: Weiss, strahlend glatt. Über hygienische Werkstoffe, in: archithese 15 (1985), S. 35–37.

Hentschel, Volker: Geschichte der deutschen Sozialpolitik (1880–1980), Frankfurt a. M. 1983.

Historische Kommission zur Erforschung der Geschichte der Frankfurter Juden (Hrsg.): Dokumente zur Geschichte der Frankfurter Juden 1933–1945, Frankfurt a. M. 1963.

Hofacker, Karl (Bearb.): Die Anstalten des Verbandes Frankfurter Krankenanstalten zu Frankfurt am Main, Düsseldorf 1932.

25 Jahre St. Markus-Krankenhaus in der Entwicklung 1958–1983 (Festbroschüre), hrsg. von der Krankenhausleitung, Frankfurt a. M. 1983.

100 Jahre St. Markus-Krankenhaus, Verein für Krankenpflege und Diakonie in Frankfurt am Main (gegründet 1876 als Bockenheimer Diakonissenverein), Festschrift, Frankfurt a. M. 1976.

Kahl, Heinrich: Die evangelisch-unierten Gemeinden Frankfurt (Main)-Bockenheim in alter und moderner Zeit. Eine Festgabe zur 25-Jahrfeier der Markuskirche 1912–1937, Frankfurt a. M. 1937.

Kaiser, Jochen-Christoph: Innere Mission und Diakonie, in: Die Macht der Nächstenliebe. Einhundertfünfzig Jahre Innere Mission und Diakonie 1848–1998, hrsg. von Ursula Röper und Carola Jüllig, Berlin 1998, S. 14–43.

Kallmorgen, Wilhelm: Siebenhundert Jahre Heilkunde in Frankfurt am Main, Frankfurt a. M. 1936.

Kater, Michael H.: Medizin und Mediziner im Dritten Reich. Eine Bestandsaufnahme, in: Historische Zeitschrift 244 (1987), S. 299–352.

Katscher, Liselotte: Die Krankenpflege, in: Die Macht der Nächstenliebe. Einhundertfünfzig Jahre Innere Mission und Diakonie 1848–1998, hrsg. von Ursula Röper und Carola Jüllig, Berlin 1998, S. 152–161.

Klebe, Dieter: In memoriam Dr. med. Wilhelm Schöndube, in: Hessisches Ärzteblatt, Nr. 1 (1987), S. 20–22.

Koch, Fritz: „Die Artillerie des Nationalsozialismus." Die NS-Gau-Presse vom „Frankfurter Beobachter" bis zur „Rhein-Mainischen Zeitung" 1927–1945, in: AFGK 65 (1999), S. 9–52.

Koch, Rainer (Hrsg.): Das Hospital zum Heiligen Geist. Grundzüge seiner Entwicklung, Kelkheim 1989.

Kolb, Walter: Unsere Kommunalpolitik war richtig, in: Dem Ziele näher. Jahresbericht 1955/1956 der Stadt Frankfurt am Main, hrsg. vom Presseamt, Frankfurt a. M. 1956, S. 5–30.

Krämer, Leoni: Vom Mangel zum Wohlstand, in: Vom „stede arzt" zum Stadtgesundheitsamt. Die Geschichte des öffentlichen Gesundheitswesens in Frankfurt am Main, hrsg. vom Stadtgesundheitsamt, Frankfurt a. M. 1992, S. 113–184.

Krämer-Badoni, Rudolf: Zustand einer Großstadtbevölkerung am Beispiel Frankfurts, in: Die Wandlung 2 (1947), S. 821–841.

Kreft, Gerald: „Ich habe Angst, ich darf es mir aber nicht merken lassen." Zu den Tagebüchern (1933–1945) des „Mischlings 1. Grades" Professor Dr. med. Max Flesch-Thebesius (1889–1983), in: Medizin-Historisches Journal 33 (1998), S. 323–347.

Kropat, Wolf-Arno: Hessen in der Stunde Null 1945/47. Politik, Wirtschaft und Bildungswesen in Dokumenten, Wiesbaden 1979.

Kulicke, Gustav: Das Lazarettwesen der Stadt Frankfurt am Main im Ersten Weltkrieg 1914–1918, Frankfurt a. M. 1958 (unveröffentlichtes Typoskript im IfSG).

Kümmel, Werner F.: Die Ausschaltung rassisch und politisch mißliebiger Ärzte, in: Ärzte im Nationalsozialismus, hrsg. von Fridolf Kudlien, Köln 1985, S. 56–81.

Labisch, Alfons/ Spree, Reinhard (Hrsg.): „Einem jeden Kranken in einem Hospitale sein eigenes Bett" Zur Sozialgeschichte des Allgemeinen Krankenhauses in Deutschland im 19. Jahrhundert, Frankfurt a. M., New York 1996.

Lachenmann, Hanna: Getrost und freudig. 125 Jahre Frankfurter Diakonissenhaus 1870–1995, hrsg. vom Frankfurter Diakonissenhaus, Frankfurt a. M. 1995.

Lerner, Franz: Bockenheim und der Bienenkorb, Frankfurt a. M. 1976[3].

Loewe, Otto: Theorie und Praxis in der Tetanus-Prophylaxe, in: Die Medizinische Welt. Ärztliche Wochenschrift (1937), Nr. 19.

Lohne, Hans: Von der nationalsozialistischen Machtergreifung bis in die neueste Zeit, in: Das Hospital zum Heiligen Geist. Grundzüge seiner Entwicklung, hrsg. von Rainer Koch, Kelkheim 1989, S. 257–273.

Ludwig, Heinrich: Geschichte des Dorfes und der Stadt Bockenheim, Frankfurt a. M. 1940.

Maly, Karl: Die Macht der Honoratioren. Geschichte der Frankfurter Stadtverordnetenversammlung, Band 1: 1867–1900, Frankfurt a. M. 1992 (Veröffentlichungen der Frankfurter Historischen Kommission, Bd. 18/1).

Menzer, Rudolf: Probleme der allgemeinen Verwaltung, in: Frankfurt am Main 1945–1965. Ein 20-Jahresbericht der Stadtverwaltung Frankfurt am Main, hrsg. vom Magistrat, Frankfurt a. M. 1965, S.21–31.

Müller, Helmut M.: Schlaglichter der deutschen Geschichte, Bonn 1986.

Müller, Johannes: Das St. Markus-Krankenhaus des Bockenheimer Diakonissenvereins in Frankfurt am Main, hrsg. vom Bockenheimer Diakonissenverein, Frankfurt a. M. 1958, S. 1.

Müller, Hans-Werner: 25 Jahre Deutsche Krankenhausgesellschaft, in: Historia Hospitalium 11 (1976), S. 7–39.

Murken, Axel Heinrich: Vom Armenhospital zum Großklinikum. Die Geschichte des Krankenhauses vom 18. Jahrhundert bis zur Gegenwart, Köln 1991[2].

Pfeiffer, A.: Bericht über die Verwaltung des Medicinal- und Sanitätswesens im Regierungsbezirk Wiesbaden für die Jahre 1892, 1893 und 1894, Wiesbaden 1897.

Rebentisch, Dieter: Frankfurt am Main in der Weimarer Republik und im Dritten Reich 1918–1945, in: Frankfurt am Main. Die Geschichte der Stadt in neun Beiträgen, hrsg. von der Frankfurter Historischen Kommission, Sigmaringen 1991, S. 423–519.

Rebentisch, Dieter: Industrialisierung, Bevölkerungswachstum und Eingemeindungen. Das Beispiel Frankfurt am Main 1870–1914, in: Die deutsche Stadt im Industriezeitalter. Beiträge zur modernen deutschen Stadtgeschichte, hrsg. von Jürgen Reulecke, Wuppertal 1980[2], S. 90–113.

Riege, Fritz: Kurzer Abriß der Gesundheitspolitik. Das Gesundheitswesen in der Bundesrepublik Deutschland, Frankfurt a. M. 1999.

Röper, Ursula/ Jüllig, Carola (Hrsg.): Die Macht der Nächstenliebe. Einhundertfünfzig Jahre Innere Mission und Diakonie 1848–1998, Berlin 1998.

Sahl, J. R.: 30 Jahre Krankenhausbau in Deutschland – Rückblick und Ausblick, in: Krankenhaus-Umschau 6 (1975), S. 421–426.

Schlosser, Karl: Welches sind heute die dringlichsten Aufgaben auf dem Gebiete der Kommunalhygiene?, in: Deutsche Zeitschrift für öffentliche Gesundheitspflege 1 (1924/25), S. 16.

Schmidt, Jutta: „Die Frau hat ein Recht auf die Mitarbeit am Werke der Barmherzigkeit", in: Die Macht der Nächstenliebe. Einhundertfünfzig Jahre Innere Mission und Diakonie 1848–1998, hrsg. von Ursula Röper und Carola Jüllig, Berlin 1998, S. 138–149.

Schmidt, Robert: 100 Jahre AOK in Frankfurt am Main 1884–1984, Frankfurt a. M. 1984.

Schöndube, Wilhelm: Vom Diakonissenheim zum St. Markus-Krankenhaus. Beitrag zur Geschichte einer Diakonie, in: Erbe und Auftrag. 75 Jahre Bockenheimer Diakonissenverein Frankfurt a. M.-West 1876–1951, hrsg. vom Bockenheimer Diakonissenverein, Frankfurt a. M. 1951, S. 10–45.

Schöndube, Wilhelm: Zur Geschichte des Bockenheimer Diakonissen-Vereins und des St. Markus-Krankenhauses, Frankfurt a. M. 1968.

Schöndube, Wilhelm: 100 Jahre Bockenheimer Diakonissenverein, hrsg. vom St. Markus-Krankenhaus, Verein für Krankenpflege und Diakonie, Frankfurt a. M. 1976.

Schöndube, Wilhelm: Sieben Jahre Erfahrungen mit dem St. Markus-Krankenhaus Frankfurt am Main, in: Der Krankenhausarzt 38 (1965), S. 351–355.

Schöndube, Wilhelm: Das neue St. Markus-Krankenhaus in Frankfurt, in: Der Krankenhausarzt 31 (1958), S. 151–154.

Seidler, Eduard: Geschichte der Medizin und der Krankenpflege, Stuttgart, Berlin, Köln 1993[6].

Simon, Michael: Krankenhauspolitik in der Bundesrepublik Deutschland. Historische Entwicklung und Probleme der politischen Steuerung stationärer Krankenversorgung, Opladen, Wiesbaden 2000 (Studien zur Sozialwissenschaft, Bd. 209).

Spiess, Alexander (Bearb.): Frankfurt am Main. Führer durch die Stadt mit besonderer Berücksichtigung der naturwissenschaftlichen, ärztlichen und hygienischen Anstalten und Einrichtungen, Frankfurt a. M. 1896.

Steen, Jürgen/ Wolzogen, Wolf von (Bearb.): „Die Synagogen brennen...!" Die Zerstörung Frankfurts als jüdische Lebenswelt, Frankfurt a. M. (Kleine Schriften des Historischen Museums, Bd. 41).

Stuchlik, Gerda: Goethe im Braunhemd. Universität Frankfurt 1933–1945, Frankfurt a. M. 1984.

Tassius, Rudolf: Die Entwicklung des Krankenhauswesens in Frankfurt a. M., Diss. med., Frankfurt a. M. 1949 (unveröffentlichtes Typoskript).

Twelsiek, Hildegard: 30 Jahre Entwicklung in der Krankenpflege, in: Krankenhaus-Umschau 6 (1975), S. 433–438.

Volz, Samuel: Bethanien im Horizont eines Jahrhunderts, in: Diakonissenwerk Bethanien Frankfurt a. M. 1874–1974, hrsg. vom Diakonissenwerk Bethanien für allgemeine Krankenpflege e. V., Frankfurt a. M. 1974, S. 5–36.

Wippermann, Wolfgang: Das Leben in Frankfurt zur NS-Zeit, Teil 1: Die nationalsozialistische Judenverfolgung, Frankfurt a. M. 1986.

Zunke, Peter: Der erste Reichsärzteführer Dr. med. Gerhard Wagner, Diss., Kiel 1973.

Abkürzungen

AOK	Allgemeine Ortskrankenkasse
BA	Bockenheimer Anzeiger
BDV	Bockenheimer Diakonissenverein
DRK	Deutsches Rotes Kreuz
FAZ	Frankfurter Allgemeine Zeitung
FDA	Frankfurter Diakonissenhaus-Archiv
FN	Frankfurter Nachrichten
FNP	Frankfurter Neue Presse
FR	Frankfurter Rundschau
FuF	Freunde und Förderer des St. Markus-Krankenhauses Verein für Krankenpflege und Diakonie in Frankfurt am Main (gegründet 1876 als Bockenheimer Diakonissenverein)
FZ	Frankfurter Zeitung
HStAW	Hessisches Hauptstaatsarchiv Wiesbaden
HVA	Hofacker-Verband Archiv
IfSG	Institut für Stadtgeschichte Frankfurt
JVM	Jahresbericht ueber die Verwaltung des Medicinalwesens die Krankenanstalten und die Oeffentlichen Gesundheitsverhaeltnisse der Stadt Frankfurt am Main
KVD	Kassenärztliche Vereinigung Deutschlands
MA	Magistratsakten (Institut für Stadtgeschichte Frankfurt)
NBD	Niederschriften des Bockenheimer Diakonissenvereins 1886–1923 (Protokollbuch im St. Markus-Krankenhaus-Archiv)
NSDAP	Nationalsozialistische Deutsche Arbeiterpartei
NSV	Nationalsozialistische Volkswohlfahrt
SA	Sturmabteilung der NSDAP
SMKA	St. Markus-Krankenhaus-Archiv
VKD	St. Markus Krankenhaus Verein für Krankenpflege und Diakonie in Frankfurt am Main (gegründet 1876 als Bockenheimer Diakonissenverein)

Bildquellennachweis

Auer, Helmut: 130, 131, 136, 138u., 139–141
Dabrowski, Tadeusz: 123
Eckert, Daniel: 89
Frankfurter Aufbau AG: 143, 144, 165, 166 u., 167
Frankfurter Diakonissenhaus: 16, 95, 105
Grosse, Mick: 154, 166o.
Günther, Jochen: 148
Hegner, Dr. med. Gerald: 43
Hessisches Hauptstaatsarchiv Wiesbaden: 71
Institut für Stadtgeschichte Frankfurt: 19, 25, 28, 61, 83, 88, 92, 106
Kaiserswerther Diakonie – Fachbibliothek für Frauendiakonie und Fliedner-Archiv: 13
Kerner: 124o.
Loewe, Dr. med. Ricardo: 46, 57 u., 59, 67, 72, 79o., 81, 85
Markus-Krankenhaus: 10, 11, 15, 17, 20, 26, 36, 49–56, 57o., 68, 79u., 86, 97–104, 108–122, 124u., 126, 128, 164 u.
Meier-Ude, Klaus: 114o.r.
Müller, Peter: 161 u.
Nahke, Gerd: 163
Noske, Sylvia: 141u., 158–162
Orth, Falk: 164 o.
Reuning-Daniel, Ilo: 157
Rohnke, Thomas: 160u.
Scheffler, Gerd: 142, 145, 146
Senftleben, Frank: 150, 160o.
Stadt- und Universitätsbibliothek Frankfurt: 12, 32
Vogel, Günter: 30

Danksagung

Weder der Förderverein noch die Verwaltung des Markus-Krankenhauses führen ein historisches Archiv. Fünf in einem Kellerraum des „Dr. Wilhelm Schöndube-Hauses“ vorgefundene Umzugskisten enthielten ungeordnete Archivalien und Vorstandsprotokolle. Der kleine Bestand wies große Überlieferungslücken auf, so dass wir auch auf die Unterstützung von Zeitzeugen angewiesen waren.

Als Markus-Kenner standen uns der ehemalige Oberarzt Dr. med. Gottfried Schwander (1946–1954/1958–1984) und der erst vor kurzem in den Ruhestand getretene Chefarzt Dr. med. Otto Ludwig (1968–2000) beratend zur Seite. Unveröffentlichtes Bildmaterial stellten uns die Tochter Dr. med. Wilhelm Schöndubes, Frau Marga Schulz, der Privatsammler und frühere Assistenzarzt am Markus-Krankenhaus, Dr. med. Othmar Hermann (1979–1990) sowie Helmut Auer zur Verfügung. Der Archivleiter der „Frankfurter Neuen Presse“, Hans Peter Dieterich, half bei der Sichtung der umfangreichen Fotosammlung und stellte die Kontakte zu den Pressefotografen her. Zwei Gemälde – OP-Szene im alten Markus-Krankenhaus und Otto Loewe am Schreibtisch – sowie eine Radierung wurden bei Dr. med. Ricardo Loewe, einem Enkel von Dr. med. Otto Loewe, in Mexiko aufgespürt und freundlicherweise zur Veröffentlichung freigegeben.

Der Vorsitzende des Vereins für Krankenpflege und Diakonie von 1975 bis 1990, Johann Philipp Freiherr von Bethmann, öffnete für uns sein Privatarchiv. Von den Archivarinnen des Frankfurter Diakonissenhauses, den Schwestern Hanna Lachenmann und Christine Wittkamp, wurden wir besonders herzlich aufgenommen. Viele kleine und größere Steine haben uns die Mitarbeiterinnen des Markus-Krankenhauses, Gabriele Kieß und Heike Törber, aus dem Weg geräumt. Ihnen allen danken wir.

Frankfurt am Main, im Januar 2001 — Thomas Bauer und Roland Hoede

Die Autoren

Dr. Thomas Bauer promovierte 1997 nach Geschichtsstudium und Museumsvolontariat in Frankfurt am Main. Neben seiner mit dem Johann Philipp von Bethmann-Studienpreis ausgezeichneten Doktorarbeit über die Geschichte der Kanalisation hat er sich in zahlreichen Publikationen und Ausstellungen mit der Frankfurter Stadt- und Krankenhausgeschichte befasst. Autor der Geschichte des DRK-Bezirksverbandes (1991) und einer vom Stadtgesundheitsamt veröffentlichten Abhandlung über das Frankfurter Gesundheitswesen seit dem Mittelalter (1992). Mitarbeiter der geplanten neuen Dauerausstellung im Historischen Museum Frankfurt seit August 2000.

Roland Hoede M. A. studierte Mittlere und Neuere Geschichte sowie Politikwissenschaft an der Johann Wolfgang Goethe-Universität Frankfurt am Main. Zahlreiche Ausstellungen und Publikationen zur Geschichte der Stadt Frankfurt und zur deutschen Freiheitsbewegung im 19. Jahrhundert. Seit 1998 Forschungsarbeit zur kommunalen Gesundheitsfürsorge in der Zeit des Nationalsozialismus.